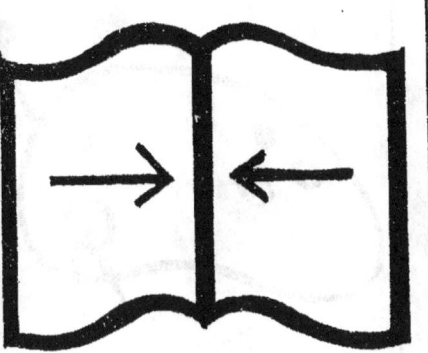

RELIURE SERREE
Absence de marges intérieures

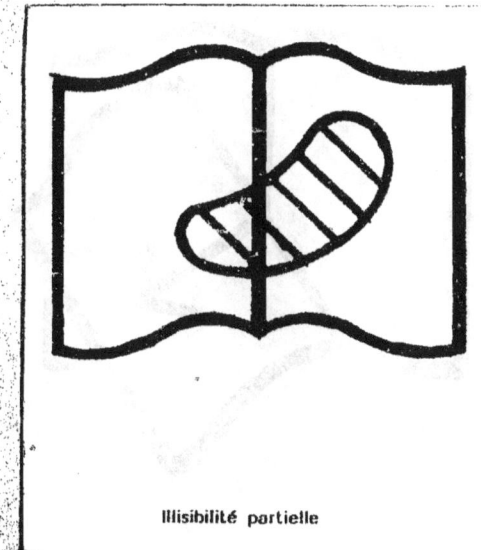

Illisibilité partielle

Valable pour tout ou partie du document reproduit

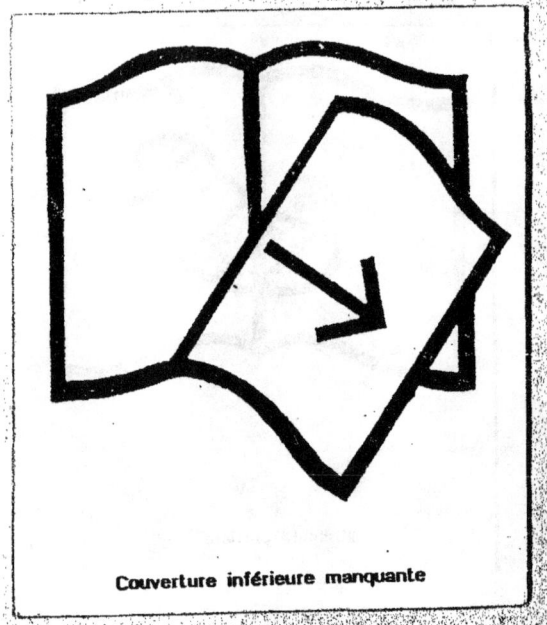

Couverture inférieure manquante

Original en couleur
NF Z 43-120-8

214 DICTIONNAIRES : 20 VOLUMES ILLUSTRÉS

POLYLEXIQUE
MÉTHODIQUE

PAR

E. DESORMES
Directeur de l'École Gutenberg,
Officier de l'Instruction publique.

ADRIEN BASILE
Professeur à l'École Gutenberg,
Officier d'Académie.

DICTIONNAIRE DES ARTS GRAPHIQUES

COMPRENANT

8 VOCABULAIRES

1° Technologie générale,
2° Gravure, Lithographie et procédés,
3° Matériel et outillage,
4° Chimie photographique, 5° Technique photographique,
6° Personnages ayant illustré les Arts graphiques,
7° Bibliographie graphique et photographique,
8° Dictionnaire industriel.

3ᵉ ET 4ᵉ SECTIONS

TOME II

PARIS
RUE DENFERT-ROCHEREAU, 77

SOUS PRESSE :

5ᵉ **Section du Polylexique méthodique : Dictionnaire de l'Ancien français.**

DES MÊMES AUTEURS :

1ʳᵉ **Section du Polylexique méthodique : Dictionnaire des Sociétés secrètes et des Sciences occultes,** 1 volume de 180 pages. — Prix 2 fr. 25. — En vente, 77, rue Denfert-Rochereau, Paris.

2ᵉ **Section du Polylexique méthodique : Dictionnaire Moderne,** 1 volume de 400 pages. — Prix 3 fr. 75. — En vente, 77, rue Denfert-Rochereau, Paris.

Notions de Typographie, précédées d'un Avant-Propos sur l'origine de l'imprimerie, par E. Desormes, Directeur technique de l'école Gutenberg. — Un volume de 500 pages in-8° raisin, 8 fr. — En vente, 77, rue Denfert-Rochereau, Paris.

Le Livre du Bon Français, Instruction morale et civique enseignée par la théorie et des exemples, par Adrien Basile. — Prix 1 fr. 25. — Gustave Guérin, éditeur, 22, rue des Boulangers.

Le Livre du Bon Soldat, par Jules Maurie et Adrien Basile. — Prix 0 fr. 75, chez Baudoin, 30, rue Dauphine, Paris.

L'Alcoolisme, *ses dangers pour l'individu, la famille et la société.* — Prix 0 fr. 50, au *Moniteur de la Jeunesse*, avenue La Motte-Piquet, 31, Paris.

DICTIONNAIRE
DES
ARTS GRAPHIQUES

214 DICTIONNAIRES : 20 VOLUMES ILLUSTRÉS

POLYLEXIQUE MÉTHODIQUE

PAR

E. DESORMES	Adrien BASILE
Directeur de l'École Gutenberg,	Professeur à l'École Gutenberg,
Officier de l'Instruction publique.	Officier d'Académie.

DICTIONNAIRE DES ARTS GRAPHIQUES

COMPRENANT

8 VOCABULAIRES

1° Technologie générale,
2° Gravure, Lithographie et procédés,
3° Matériel et outillage,
4° Chimie photographique, 5° Technique photographique,
6° Personnages ayant illustré les Arts graphiques,
7° Bibliographie graphique et photographique,
8° Dictionnaire industriel.

3ᵉ ET 4ᵉ SECTIONS

TOME II

PARIS

77, RUE DENFERT-ROCHEREAU, 77

HOMMAGE
A François COPPÉE

DE L'ACADÉMIE FRANÇAISE

En réponse à la lettre qu'ils avaient adressée à l'auteur du *Passant*, des *Jacobites*, etc., pour lui offrir la dédicace du **Polylexique méthodique** — après lui avoir communiqué les grandes lignes de cet ouvrage — MM. Desormes et Adrien Basile ont reçu de l'éminent académicien la lettre suivante :

La Fraizière, par Mandres (S.-et-O.)

Votre idée est excellente. J'y souscris, et j'accepte avec le plus grand plaisir la dédicace de votre intéressant et savant travail.

François Coppée

DICTIONNAIRE

DE

PHOTOGRAPHIE

CHIMIE PHOTOGRAPHIQUE

ACÉ

Acétates n. m. Sels résultant de la combinaison de l'acide acétique avec une base. Un grand nombre d'acétates sont employés en photographie.

Acétate d'ammoniaque ou **d'ammonium** $C^2H^3O^2AzH^4$. On l'utilise comme accélérateur dans les développements alcalins. Ducos du Hauron le préconise comme augmentant la sensibilité des plaques au gélatino-chlorure.

Acétate d'amyle $C^2H^3O^2C^5H^{11}$. Admis par le Congrès photographique de 1889, comme combustible pour la lampe-étalon de lumière. Il sert à fabriquer les vernis, dissout les pyroxylines, et donne un collodion excellent pour l'émaillage.

Acétate d'argent $C^2H^3O^2Ag$. Altérable à la lumière; proposé par Poitevin pour sensibiliser la gélatine.

ACÉ

Acétate de chaux ou de **Calcium** $(C^2H^3O^2)^2Ca$. Il s'emploie dans les bains de virage, aux lieu et place de l'acétate de sodium.

Acétate de cuivre $C^2H^3O^2Cu$ appelé encore *verdet*. Sert à augmenter la sensibilité des bains négatifs, dans les procédés au collodion.

Acétate de fer $C^2H^3O^2Fe$. On l'utilise à teindre l'intérieur des chambres noires; il sert encore, dans les procédés au collodion, pour les développements.

Acétate de mercure $C^2H^3O^2Hg$. Très employé dans le procédé dit mercuro-photographie.

Acétate de morphine $C^2H^3O^2C^{17}H^{19}AzO^3$. Il est employé comme conservateur du collodion sec et comme accélérateur du collodion humide.

Acétate de plomb $C^2H^3O^2Pb$

ou **Sel de Saturne.** Accélérateur utilisé pour l'élimination des hyposulfites dans les photocopies ; en solution à 2/1000, il entre dans la formule des bains de virage pour papier à la gélatine ou à la celluloïdine.

Acétate de potasse ou de **potassium** $C^2H^3O^2K$. Il donne des tons noir-bleu dans les virages où on l'emploie.

Acétate de soude ou de **Sodium** $C^2H^3O^2Na$. On l'emploie surtout à l'état de sel fondu, dans les virages pour papiers albuminés ; il agit comme retardateur de l'hydroquinone.

Acétate d'urane ou **d'uranium** $(C^2H^3O^2)^4Ur^2$. Très sensible à la lumière, il a servi à la préparation des papiers salés et fut utilisé par Fisch pour les papiers sensibles.

Acéteux. Nom sous lequel on désigne quelquefois l'aldéhyde en photographie.

Acétique (Acide) $C^2H^4O^2$. Le principe acide du vinaigre, résultant de l'oxydation de l'alcool ; on l'obtient par la distillation du bois ou la fermentation acide du vin et des liqueurs spiritueuses. Il empêche à petite dose (5 gouttes par litre) l'altération du sulfate ferreux dissous. Acidulateur de l'eau de lavage des phototypes, il évite la production du voile jaune des révélateurs ferreux. Acidulateur des bains destinés à retarder l'action de l'hydroquinone et à sensibiliser le collodion. Il est utilisé également dans les procédés photomécaniques.

Acétone C^3H^6O. Sa propriété de dissoudre les résines et les matières grasses le fait employer à la préparation des vernis ; il sert également à la fabrication des collodions et à la dessiccation des émulsions au gélatino-bromure.

Acéto-Nitrate d'argent. Corps de la formule hypothétique $C^2H^3AzO^5Ag$. Semble être un mélange d'acide acétique, d'eau et d'azotate d'argent, plutôt qu'un sel double d'acétate et de nitrate d'argent. Dans le procédé négatif sur papier à l'iodure d'argent, est utilisé dans le bain sensibilisateur.

Acéto-Tungstate de potasse ou de **potassium** $TuO^4K^2 + C^2H^3O^2K$. Il donne des tons d'un violet-noir dans les virages à l'or pour papier albuminé, et dans les virages aristotypiques.

Acéto-Tungstate de soude ou de **sodium** $TuO^4Na^2 + C^2H^3O^2Na$. Il donne des tons pourpres violacés dans les bains de virage pour papiers albuminés et aristotypiques.

Acide. Tout corps de saveur aigre, généralement caractérisé par ce fait qu'il rougit la teinture de tournesol et que, combiné avec des bases, il donne des sels. La photographie emploie un grand nombre d'acides ; on les trouvera au mot qui en désigne l'espèce ; par exemple, pour acide acétique, voir *Acétique (Acide)*.

Aciduler, Acidifier. Donner une réaction acide à un bain, à un liquide photographique en y ajoutant quelques gouttes d'une substance acide.

Aconitique (Acide) ou **Équi-**

sétique $C^6H^6O^6$. Il décompose les sels d'or et s'emploie dans les virages pour photographie sur soie.

Adragante (Gomme). Extraite d'un arbrisseau de l'Asie Mineure et de la Perse, la gomme adragante sert comme préservateur dans le collodion sec et est utilisée aussi au montage des épreuves.

Agar-Agar. Substance renfermant de la gélose ; on l'extrait d'algues de l'île de Ceylan (*gracilaria lichenoïdes*) ; elle sert de colle et remplace, en photographie, la gélatine dans certaines émulsions.

Albumine $C^{72}H^{112}Az^{18}O^{22}S$. (Lieberkühn). Seule, l'albumine de blanc d'œuf est d'un bon usage en photographie. S'emploie en émulsions avec la gélatine ; elle sert encore à clarifier et à dégraisser celle-ci. On l'utilise également pour albuminer le papier, à fabriquer des plaques à l'albumine, et comme couche préparatoire dans la photocollographie sur glace.

Albuminate d'argent. Combinaison d'albumine et de sousoxyde d'argent. Il est très sensible à la lumière et donne leur coloration pourpre aux épreuves sur papier albuminé.

Alcalis. Nom donné aux oxydes, et parfois, en photographie, aux carbonates des métaux de la première section : potasse, soude, chaux, baryte, etc. Ils se combinent facilement aux acides, sont employés dans le développement ; leur action consiste à s'emparer du brome mis en liberté. Les alcalis caustiques ont l'inconvénient d'amener le décollement de la gélatine.

Alcool dénaturé. Alcool dont l'odeur et le goût ont été altérés par des substances étrangères. On en fait usage, mélangé avec l'alcool éthylique, pour préparer des collodions très tenaces, servant à l'émaillage.

Alcool éthylique ordinaire ou **vinique** C^2H^6O. Il sert au nettoyage des glaces et permet de sécher rapidement les phototypes. On utilise ses propriétés dissolvantes à la fabrication des vernis et des collodions. Son inconvénient est d'être d'un prix trop élevé. Aussi l'emploie-t-on souvent, mélangé avec *l'alcool méthylique* CH^4O (esprit de bois) ou avec *l'alcool amylique* (alcool de grains ou de pommes de terre), dont le prix est moindre et dont on se sert généralement pour le chauffage des appareils.

Aldéhyde C^2H^4O. Alcool déshydrogéné ; il réduit l'azotate d'argent et sert à reconnaître les traces d'hyposulfite de sodium dans les épreuves positives et à les éliminer.

Alizarine $C^{14}H^8O^4$. Matière colorante extraite de la garance. Elle sert à colorer les papiers au charbon, les positifs sur verre, et à préparer les plaques orthochromatiques.

Aluminium Al. La légèreté de ce métal le fait employer à la confection de chambres noires et d'appareils photographiques légers et portatifs. Pulvérisé, il brûle comme le magnésium, mais en donnant une flamme plus jaune ;

à ce titre, il entre dans la composition des photo-poudres.

Aluns. Sulfates doubles formés par la combinaison d'un sulfate de protoxyde et d'un sulfate de sesquioxyde *métalliques*. Les aluns sont antiseptiques, durcissent et éclaircissent la gélatine des phototypes. Les aluns employés sont : 1° *L'alun ordinaire*, sulfate double d'alumine et de potasse ; il sert à durcir et à rendre la gélatine insoluble — 2° *L'alun de chrome*, sulfate double de sesquioxyde de chrome et de potasse. Il est préféré à l'alun de potasse, car il est beaucoup moins acide et agit plus énergiquement sur la gélatine. - 3° *L'alun ammoniacal*, sulfate double d'alumine et d'ammoniaque, est aussi employé quelquefois en photographie.

Alunage. Action *d'aluner*, c'est-à-dire d'imprégner une substance d'une solution d'alun.

Amalgame. Combinaison d'un métal avec le mercure. Les amalgames sont employés en mercurographie. Les daguerréotypes développés étaient recouverts d'un amalgame d'argent.

Ambre jaune. Résine fossile qui, dissoute dans 100 fois son poids de benzine ou de chloroforme, donne un bon vernis à froid pour les phototypes négatifs.

Amiante. Minéral fibreux, incombustible, formé par un silicate de calcium, de magnésium et d'aluminium. Sert, comme tampon, à filtrer les liquides qui attaqueraient les matières organiques et à faire des mèches pour les lampes à alcool.

Amidol $C^6H^2(NH^2)OH$. Employé comme révélateur, soit tel quel, soit à l'état de chlorhydrate, dans la proportion de 5 d'amidol pour 1000 d'eau, à laquelle on ajoute 80 de sulfate de soude.

Amidon $C^6H^{10}O^5$. Chauffé, ce corps appelé *fécule* quand il provient de la pomme de terre, et *amidon* quand il est extrait des céréales, se transforme en *dextrine* et forme *l'empois* ; on en obtient une bonne colle avec la proportion de 10 d'amidon pour 100 d'eau, surtout si l'on a soin de stériliser cette colle avec de l'acide phénique ou un peu de carbonate de soude ; elle sert alors à l'encollage des épreuves. L'amidon est un bon réactif de l'iode, avec lequel il forme un iodure d'amidon bleu-violet caractéristique. Niepce a utilisé un procédé sur amidon, en sensibilisant dans un bain d'argent une glace enduite d'un empois d'amidon et d'une solution d'iodure de potassium.

Ammoniaque, Ammoniac AzH^3. Ce corps est utilisé pour le nettoyage des glaces, le renforcement des clichés après leur passage au chlorure de mercure, et à la préparation des émulsions au gélatino-bromure.

Anhydre. Se dit de tout corps qui ne contient pas d'eau.

Aniline $C^6H^5AzH^2$. Liquide employé à la préparation des matières colorantes pour la photographie orthochromatique.

Anthraquinone $C^{14}H^3O^2$. Corps de la famille des quinones, qui se produit lorsqu'on abandonne à l'air un bain d'hydroquinone.

Antimoine Sb. Mélangé à la poudre de magnésium, il donne, pour les instantanés, une lumière artificielle très vive et très photogénique.

Antiseptiques. Composés chimiques qui s'opposent aux fermentations. Les photographes emploient le plus souvent comme antiseptiques l'acide salicylique ou l'acide phénique en solution, dont ils ajoutent quelques gouttes aux colles d'amidon ou de gomme arabique.

Aphanogène. Vernis mat employé pour la retouche des phototypes négatifs. Il est constitué par la dissolution de 12 parties de mastic en larmes et 12 de sandaraque dans 100 parties de benzine et 200 d'éther.

Arabique (Gomme) $C^{12} H^{19} O^{10}$. Additionnée de quelques gouttes d'acide phénique, comme antiseptique, la gomme arabique fournit une excellente colle pour le collage des photo-copies. Elle sert également au vernissage des négatifs.

Argent Ag. Sous forme de plaque, l'argent donne la couche sensible dans le daguerréotype. Sauf les fluorures, ses combinaisons avec les métalloïdes *halogènes* (chlore, fluor, brome, iode) sont très employées en photographie. Les sels d'argent sont décomposables par la lumière et noircissent principalement au contact des matières organiques.

Argent corné. Ancien nom du chlorure d'argent fondu.

Arrow-root. Amidon ou fécule de manioc, employé à la préparation d'un papier sensible et à l'encollage des papiers albuminés.

Arsénieux (Acide) $As^2 O^3$. Davanne et Barreswill en indiquent l'emploi comme agent réducteur ; c'est un toxique violent.

Asphalte ou **Bitume de Judée** $C^{20} H^{32} O^3$. Mélange, dit Boussaingault, d'*asphaltène* solide et de *pétrolène* liquide, le bitume de Judée devient insoluble dès qu'il a été insolé en couche mince ; cette propriété le fait employer dans la gravure photographique. Niepce avait fondé un système photographique sur cette propriété. Cette substance sert encore à faire des vernis noirs et à réparer les cuvettes de carton durci.

Asphaltène. Hydrocarbure solide qui, d'après Boussaingault, formerait le bitume de Judée lorsqu'il est dissous dans le pétrolène.

Aspic (Essence d') ou **Essence de lavande.** Substance huileuse extraite de la lavande, labiée commune dans les Alpes, et qui sert à la fabrication de certains vernis ou encaustiques. Niepce l'a jadis utilisée à dissoudre le bitume de Judée non insolé.

Aurantia. Matière colorante employée à la teinture du collodion pour le maquillage des clichés et la préparation des écrans compensateurs.

Aurate d'ammoniaque ou **Or fulminant.** On a essayé de le substituer au chlorure d'or dans les virages ; mais il est très explosif et dangereux à manier.

Auréoline. Poudre jaune, de composition complexe, utilisée dans la photographie dite diazotype ; on l'emploie en solution aqueuse à 3 p. °/₀ pour teindre le papier, le calicot, la soie.

Azaline. Mélange employé à l'orthochromatisation des plaques et qu'on obtient en ajoutant une solution alcoolique de cyanine au 1/100 avec une solution ammoniacale de rouge de quinoléine ainsi composée : 10 parties de solution alcoolique de rouge de quinoléine au 1/500 dans une solution de 2 gr. 5 d'ammoniaque dans 1000 grammes d'eau.

Azotates. Sels résultant de la combinaison de l'acide azotique avec des bases. Un grand nombre d'azotates sont employés en photographie.

Azotate d'aluminium. Est employé dans le développement par le pyrogallol du collodion humide.

Azotate d'ammonium $AzO^3 AzH^4$. Sert dans la sensibilisation du papier albuminé et à l'abaissement de la température des bains révélateurs, pour éviter le décollement de la couche sensible.

Azotate d'argent ou **Nitrate d'argent** $(AzO^3)^2 Ag$. Ce sel se réduit en présence des matières organiques et est très sensible à la lumière. Il entre dans la composition des émulsions, où il précipite à l'état de bromure ou d'iodure ; dans les bains de renforcement, il sert encore à sensibiliser le collodion.

Azotate de baryum $(AzO^3)^2 Ba$. Utilisé dans le développement des ferrotypes et dans la préparation de l'azotate ferreux qui sert au développement du collodion humide.

Azotate de calcium $(AzO^3)^2 Ca$. Utilisé pour rendre sensibles les papiers albuminés. On l'emploie encore aux mêmes usages sous forme d'azotate de calcium et de chaux. Ce produit est un mélange plutôt qu'un sel double.

Azotate de cuivre $(AzO^3)^2 Cu$. Sert à la sensibilisation du papier albuminé.

Azotate de fer $(AzO^3)^2 Fe$. Ce sel est particulièrement en usage dans la ferrotypie.

Azotate de magnésie $(AzO^3)^2 Mg$. Est utilisé à augmenter, comme conservateur, la durée des papiers sensibles.

Azotate de mercure $(AzO^3)^2 Hg$. Ce sel est employé en mercurographie.

Azotate de plomb $(AzO^3)^2 Pb$. Accélérateur du virage des papiers aristotypiques et renforçateur des phototypes au gélatinochlorure et au collodion.

Azotate de potassium ou **Salpêtre** $AzO^3 K$. Entre dans la fabrication du coton-poudre, et, avec le magnésium et l'aluminium, dans la confection des poudres-éclairs ; il empêche la coloration des bains sensibilisateurs pour les papiers.

Azotate de sodium $AzO^3 Na$. Il jouit de propriétés analogues à celles du salpêtre.

Azotate de strontium $AzO^3 Sr$. Sert dans la préparation des émulsions au chlorure d'argent.

Azotate d'urane $AzO^4 U$. Réducteur des sels d'or, d'argent, de platine ; en présence de la lu mière il est employé, avec le ferrocyanure de potassium, comme renforçateur dans certains virages. Dans les procédés de Niepce, on l'a utilisé à l'obtention d'épreuves colorées.

Azotate de zinc ($AzO^3, 2Zn$). Est quelquefois employé, avec le collodion humide, comme accélérateur.

Azotique (Acide) Az^2O^5 ou AzO^3H. Liquide très acide et très corrosif. Il sert à fabriquer le coton-poudre, l'eau régale, et à produire la gravure sur zinc. Utilisé dans certaines émulsions au gélatino-bromure, pour donner du brillant et éviter les voiles. Sert encore au nettoyage des vieilles glaces et à l'acidification des bains d'argent dans les procédés au collodion et au papier albuminé.

B

Base. Corps ramenant au bleu la teinture de tournesol rougie par les acides. Combinées aux acides, les bases forment des sels.

Baume du Canada. Résine produite par les *abies balsamea* et *canadensis*, qui entre dans la composition des vernis, sert à coller le verre, et à rendre le papier transparent.

Benjoin. Le benjoin en larmes donne de la souplesse aux vernis, dans la fabrication desquels il entre, et sert au couchage des papiers destinés aux tirages photocollographiques, qu'il rend plus brillants et imperméabilise.

Benzine C^6H^6. Ce carbure d'hydrogène est employé en phoographie, à cause de sa propriété de dissoudre le caoutchouc, l'iode, les résines, les cires, le bitume de Judée non insolé.

Benzoates. Sels résultant de la combinaison de l'acide benzoïque et d'une base.

Benzoate d'ammonium $C^7H^6O^2AzH^4$. Utilisé, en platinotypie, comme révélateur.

Benzoate d'argent $C^7H^6O^2Ag$. Est sensibilisateur du papier salé.

Benzoate ferreux $C^7H^6O^2Fe$. Révélateur du gélatino-bromure.

Benzoate de potassium $C^7H^6O^2K$. Utilisé dans les bains de virage.

Benzoate de sodium $C^7H^6O^2Na$. Employé dans les bains de virage.

Benzoïque (Acide) $C^7H^6O^2$. Cet acide est utilisé dans les bains de virage, pour l'encollage et le satinage des papiers.

Beurre. Ce corps gras sert parfois, dans la photographie au gélatino-bromure, à donner de la transparence aux photocopies.

Bicarbonates. Sels renfermant deux équivalents d'acide carbonique pour un de base. Les bicarbonates alcalins sont très employés en photographie.

Bicarbonate de potassium CO^3KH. Sert, en photographie, aux mêmes usages que le bicarbonate de sodium.

Bicarbonate de sodium CO^3NaH. Imprégnant des feuilles de papier buvard, en solution à 1/20, il empêche de jaunir le papier sensible intercalé dans ce buvard. Dans les bains de virage, il neutralise les sels d'argent.

Bichlorures. Composés dans

lesquels le chlore entre, comme corps électro-négatif, en quantité double de celle qui existe dans les chlorures analogues.

Bichlorure de mercure Cl_2Hg. Appelé encore *sublimé corrosif*. Toxique très dangereux. Utilisé comme renforçateur. Sert également à blanchir les ferrotypes et les photocopies positives sur verre, et revivifie les photocopies jaunies.

Bichlorure de platine Cl^4Pt. Il sert à faire des bains de virage au platine, qu'on emploie dans 10 parties d'eau. Ces bains renferment 5 parties de bichlorure de platine pour 100 d'eau, contenant en dissolution 6 de bitartrate de soude et 20 de chlorure de sodium.

Bichromates. Combinaison d'une base avec deux équivalents d'acide chromique. La photographie fait usage de bichromates alcalins.

Bichromate d'ammonium $Cr_2O^7(AzH^4)^2$. A les mêmes usages que le bichromate de potassium et de sodium auxquels sa plus grande solubilité et sa plus grande pureté tendent à le faire substituer en photographie.

Bichromate de potassium $C_2O^7K^2$. Employé par Lippmann, en solution aqueuse, en raison de sa propriété d'arrêter les radiations bleues et violettes. Utilisé également dans les procédés au charbon, les émaux photographiques, etc.; car il rend insolubles certaines substances avec lesquelles on le mélange, lorsqu'on expose celles-ci à la lumière.

Bichromate de sodium $Cr^2O^7Na^2$. Ce sel est employé aux mêmes usages que les bichromates de potassium et d'ammonium.

Bière. La bière est utilisée quelquefois, dans les émulsions au gélatino-bromure, comme préservateur.

Bioxyde de manganèse MnO^2. Ce composé sert à la préparation de l'oxygène destiné à l'éclairement des appareils à projection.

Bisulfite de potassium SO^3KH. Ce corps est employé comme fixateur et comme préservateur de l'acide pyrogallique.

Bisulfite de sodium SO^3NaH. Dans la proportion de 50 parties pour 1000 d'eau contenant 15 parties d'hyposulfite, donne un excellent bain de fixage. C'est également un bon conservateur des fixateurs utilisés dans les développements.

Bitartrate de potassium. Utilisé pour le révélateur ferreux du gélatino-bromure.

Bitartrate de sodium. Ce corps sert à acidifier certains virages.

Bitume de Judée. (V. Asphalte.)

Borate. Sel résultant de la combinaison de l'acide borique avec les bases.

Borate de soude ou **Borax.** La photographie utilise ce sel pour les analyses au chalumeau, les bains de virage, et comme adjuvant aux bains d'alun, pour la conservation des phototypes.

Borique (Acide) BoO^3. Entre comme antiseptique dans la composition des bains, des colles; est un retardeur, avec le pyrogallol.

Brillantine. Emulsion alcoolique de cire, servant en photographie à donner du brillant aux photocopies.

Brome Br. Métalloïde qui entre dans la composition des bromures utilisés en photographie.

Bromhydrique (Acide) HBr. Ce corps se forme dans la révélation des plaques, par la combinaison de l'hydrogène des réducteurs avec le brome du bromure d'argent, ce dernier métal étant mis alors en liberté.

Bromures. Corps formés de la combinaison d'un métal et du brome, et ayant beaucoup d'analogie avec les iodures et les chlorures. La photographie utilise un grand nombre de bromures.

Bromure d'ammonium Br Az H^4. Il rend les collodions plus fluides ; est employé comme retardateur dans les développements, et sert à la préparation du gélatino-bromure d'argent.

Bromure double d'ammonium et de cadmium Br (Az H^4)', Br^2 Cd. Est employé aux mêmes usages que le bromure d'ammonium, sur lequel il présente l'avantage d'être plus soluble dans l'alcool éthéré.

Bromure d'argent BrAg. Ce sel sert de substance sensible dans un grand nombre de procédés.

Bromure de baryum BrBa. Est utilisé quelquefois dans les procédés au collodion humide.

Bromure de cadmium Br^2 Cd. Est utilisé pour les émulsions, le renforcement et dans les procédés au collodion.

Bromure de calcium BrCa^2.

Ce sel entre dans la composition de certains collodions.

Bromure de calcium et d'or. Est utilisé comme agent de virage. Sa composition est peu connue.

Bromure de lithium Br Li. Utilisé dans la préparation des émulsions.

Bromure de potassium Br K. Il entre, comme renforçateur, dans la préparation du gélatino-bromure d'argent et sert comme retardateur dans les révélateurs alcalins.

Bromure de sodium Br Na. S'emploie dans les émulsions et dans les procédés au collodion.

Bromure de zinc Br^2 Zn. Ce sel sert à préparer des collodions.

C

Cadmium Cd. Ce métal sert à décolorer les vieux collodions.

Café. A été employé dans certains procédés au collodion sec, à cause de sa richesse en tannin.

Calomel (V. Bichlorure de mercure.)

Caméléon minéral. (V. Permanganate de potasse.)

Camphre C^{10} H^{16} O. Antiseptique de l'albumine et de la gélatine ; il sert, avec le fulmi-coton, à fabriquer le celluloïd et à préparer les vernis et les papiers cirés.

Caoutchouc C^{4}H^7. Hydrocarbure provenant du latex de certains *ficus* des régions équatoriales. Combiné au soufre, on en fait des cuvettes pour la photographie ; dissous dans la benzine, il sert à réparer les appareils en caoutchouc, poires, cuvettes, etc., et à fixer la couche sensible sur les plaques. Il entre également dans la composition des vernis.

Caoutchouc durci. (V. Ebonite.)

Caramel. Sucre ordinaire chauffé vers 220° et ayant perdu 2 équivalents d'eau. On en recouvre l'envers des plaques pour éviter le halo.

Carbonates. Sels résultant de la combinaison de l'acide carbonique et des bases.

Carbonate d'ammonium ou **Sesqui-Carbonate d'ammonium** $(CO^3)^3 (AzH^4)^1 H^2$. Ce sel augmente la sensibilité des gélatino-bromures et accroît la rapidité des révélateurs au pyrogallol.

Carbonate d'argent $CO^3 Ag^2$. Ce sel se forme dans certaines émulsions.

Carbonate de calcium, de chaux ou **Craie** $CO^3 Ca$. Il est utilisé en photographie pour neutraliser certains bains et polir les plaques.

Carbonate de lithium $CO^3 Li^2$. Ce sel agit comme alcali énergique dans les bains de développement.

Carbonate de plomb $CO^3 Pb$. Ce corps est mélangé au collodion pour obtenir des phototypes sur verre opale.

Carbonate de potassium $CO^3 K^2$. Favorise l'action du pyrogallol et neutralise les solutions acides.

Carbonate de sodium $CO^3 Na^2$. Il sert à la conservation des papiers albuminés et s'emploie avec les révélateurs alcalins au pyrogallol et à l'hydroquinone.

Carmin. La belle couleur rose du carmin, extraite de la cochenille, est très employée en photominiature.

Carmin d'indigo ou **Acide sulfo-indigotique.** Combinaison d'acide sulfurique et d'indigo, servant à la teinture.

Caséine. Matière albuminoïde du lait, qui se coagule sous l'influence de ferments tels que la présure. Elle entre dans la composition de certaines émulsions et donne des plaques très sensibles.

Celluloïd, Celluloïde. Corps obtenu en traitant la cellulose par l'acide azotique et le camphre. On en a fait, pour la photographie, des cuvettes qui ont l'inconvénient de se dissoudre dans l'alcool, et des plaques souples remplaçant le verre.

Cellulose $C^6 H^{10} O^5$. Ce composé ternaire, qui constitue la partie résistante de la grande masse des végétaux, est employé dans la fabrication des pyroxyles.

Céroléine. Principe chimique, actif, de la cire d'abeilles. Dissoute dans l'alcool, elle servait jadis à rendre translucide le papier photographique. Sur verre, dissoute dans l'éther froid et iodurée, elle formait une couche très fine à la surface des plaques, analogue à la couche d'albumine employée de nos jours.

Céruse. (V. Carbonate de plomb.)

Charbon C. Ce métalloïde est employé en photographie et donne des photocopies inaltérables dans le procédé dit au charbon.

Chlorates. Sels résultant de la combinaison de l'acide chlorique et d'une base. Ils sont très riches en oxygène et servent à la préparation de ce gaz, utilisé pour les procédés à la lumière oxhydrique et pour les projections.

Chlorate de potassium ClO^3K. Sert à la préparation de l'oxygène; employé comme agent accélérateur dans les procédés au platine.

Chlorhydrate d'ammonium $ClAzH^4$. Réducteur des oxydes métalliques, il sert au décapage des métaux. Augmente la solubilité du mercure, sert à préparer certaines émulsions au gélatino-bromure, et se mêle également à l'albumine.

Chlorhydrate d'hydroxylamine $ClOAzH^4$. Ce sel est employé comme révélateur dans les procédés au gélatino-chlorure et au gélatino-bromure.

Chlorhydrate de paramidophénol. Il a été proposé comme révélateur, dans la proportion de 12 parties pour 1000 d'eau renfermant 200 grammes de carbonate de sodium et 100 grammes de sulfite de sodium.

Chlorhydrique (Acide) HCl. Dilué, il sert à décolorer les négatifs fixés et les épreuves au gélatino-bromure. Précipite l'argent dans les résidus des bains. On l'emploie à nettoyer les flacons et les cuvettes de verre. Il détache les pellicules de gélatine et sert à enlever le voile blanc des phototypes développés aux sels ferreux.

Chlorique (Acide) ClO^3. Très dilué, il sert, dans les négatifs et dans les épreuves positives, à éliminer les traces d'hyposulfite; il entre également dans certaines émulsions au gélatino-bromure.

Chloro-fluorescéine. (V. Eosine.)

Chloroforme $CHCl^3$. Ce liquide doit être employé pur en photographie; on lui reconnaît cette qualité s'il ne précipite pas l'azotate d'argent. Avec l'ambre à 1/100, sert à préparer un vernis excellent pour les phototypes.

Chlorophylle. Substance verte des feuilles. Employée en photographie, elle augmente la sensibilité des plaques isochromatiques pour le rouge. La préparation de chlorophylle se fait en laissant macérer dans l'alcool, pendant une heure, des feuilles de lierre hachées.

Chloroplatinite de potassium. Cl^4PtK^2. Ce corps est employé dans le procédé au platine et dans les virages. On mélange dans ce cas 1 partie de chloroplatinite avec 1000 parties d'eau acidulée par 5 parties d'acide sulfurique.

Chloroplatinite de sodium. Cl^4PtNa^2. Ce sel, analogue au précédent, a les mêmes usages en photographie.

Chlorure. Combinaison, d'apparence saline, de chlore avec certains métaux. Un grand nombre de chlorures servent aux photographes.

Chlorure d'argent ClAg. Ce corps est des plus employés en photographie comme matière sensible dans les procédés au gélatino-chlorure et au collodion.

C'est avec lui que fut faite la découverte de la photographie. La lumière le colore en noir et il est facilement réduit par les matières organiques.

Chlorure de baryum ClBa. Ce sel sert à fabriquer de faux verres opales et à sensibiliser le papier albuminé.

Chlorure de brome ClBr. Ce corps servait autrefois à la préparation des plaques en daguerréotypie.

Chlorure de cadmium ClCd. Est d'un usage peu fréquent en photographie.

Chlorure de calcium Cl^2Ca. Sa faculté d'absorber facilement l'eau le fait employer à la conservation des papiers au platine. Il donne un mélange très réfrigérant quand on l'ajoute à la neige dans la proportion de 3 de chlorure de calcium pour 2 de neige.

Chlorure de cobalt Cl^2Co. Ce corps sert à la préparation des collodions, et quelquefois pour les virages.

Chlorure de fer ClFe. Succédané photographique du sulfate de fer comme réducteur. En héliogravure on l'emploie en qualité de corrosif pour attaquer le zinc et le cuivre. Il sert également à diminuer l'intensité des couleurs des phototypes.

Chlorure d'Iode ClIo. Ce corps est un accélérateur employé en daguerréotypie.

Chlorure de lithium ClLi. Est utilisé pour la fabrication des papiers artistiques et des papiers au collodio-chlorure.

Chlorure de magnésium Cl^2Mg. Très employé dans les émulsions au gélatino-bromure ; 150 parties de chlorure de magnésium mêlées à 1,000 parties d'eau, contenant 20 d'alun, donnent un bon fixateur.

Chlorure d'or Cl^3Au. Ce corps se réduit au contact des matières organiques et donne une coloration violette. Il provient de l'action de l'eau régale sur l'or.

Chlorure double d'or et de potassium Cl^4AuK. Corps ayant les mêmes usages photographiques que le chlorure double d'or et de sodium.

Chlorure double d'or et de sodium Cl^4AuNa. Est fréquemment utilisé dans les bains de virage.

Chlorure de potassium ClK. Est employé dans la préparation des papiers sensibilisés et dans les émulsions au gélatino-bromure.

Chlorure de sodium ou **Sel marin** ClNa. Utilisé pour la préparation du chlorure d'argent employé en photographie ; il sert encore à précipiter et à dorer l'argent ; forme un mélange réfrigérant facile à obtenir quand on le mêle à la neige.

Chlorure d'uranium ClUr. Ce chlorure est utilisé dans le procédé au platine et dans certains virages, à cause de ses propriétés réductrices des sels d'or et d'argent en présence de la lumière.

Chondrine. Une des substances qui entrent dans la composition de la gélatine ; elle est surtout abondante dans les cartilages.

Chromate de potasse CrO^4K^2. Sa propriété de former une couche jaune inactinique le fait employer à la retouche des phototypes.

Chrysaniline $C^{20}H^{17}AzH^3$. Sa propriété de sensibiliser pour le vert ou de diminuer la sensibilité des plaques pour le violet et le bleu, la fait employer dans les procédés orthochromatiques.

Chrysoïdine C^6H^5Az. Cette substance est employée à teinter le papier ou le verre en rouge inactinique.

Cire vierge. Sert à former une encaustique pour enduire les photocopies avant de les satiner. On prépare cette encaustique en saturant de cire vierge un mélange de 20 parties d'éther sulfurique et de 200 parties d'alcool à 90°.

Citrates. Combinaisons d'acide citrique et d'une base. La photographie emploie plusieurs sortes de citrates comme retardateurs.

Citrate d'ammonium $C^6H^6O^7(AzH^4)^2$. Utilisé comme retardateur; en solution à 1/20, il atténue la teinte trop foncée que prennent certaines plaques au sortir du développement.

Citrate d'argent $C^6H^5O^7Ag$. Ce sel donne des photocopies très fines, quand on l'emploie à sensibiliser les papiers couchés.

Citrate de fer ammoniacal $(C^6H^5O^7)^5Fe^2(AzH^4)^2$. Sel utilisé dans la photographie au ferrocyanure de potassium.

Citrate de magnésium. $C^6H^5O^7Mg^3$. Sel utilisé comme retardateur dans le développement au gélatino-bromure.

Citrate de paramidophénol. Cette préparation a été utilisée par Liesegang comme révélateur.

Citrate de potassium $C^6H^5O^7K^3$. Ce sel est un conservateur du papier albuminé; il retarde la maturation des émulsions au gélatino-bromure et sert comme retardateur dans le développement des épreuves positives sur verre.

Citrate de sodium $C^6H^5O^7Na^3$. Ce sel est employé dans le développement des épreuves positives au gélatino-chlorure; c'est encore un conservateur qui sert dans l'encollage des papiers sensibles et un retardateur des révélateurs alcalins.

Citrate d'uranium $C^6H^5O^7Ur^3$. Il est d'un usage peu fréquent en photographie; sert comme retardateur.

Citrique (Acide) $C^6H^5O^7$. Conservateur des bains d'argent pour papier albuminé et dissolutions de sulfate ferreux; combiné à l'alun, il enlève le voile jaune des négatifs. Réducteur du chlorure d'or; est employé comme développateur dans le traitement des papiers au gélatino-bromure.

Colcotar. (V. Peroxyde de fer.)

Colle. Nom générique des substances spécialement employées en raison de leurs propriétés agglutinatives. La colle ne doit jamais être acide. On la rend antiseptique par l'addition de produits qui s'opposent aux fermentations et à la putréfaction. La meilleure colle employée pour les photocopies est la colle d'amidon stérilisée; la gélatine en solution, additionnée de 1/1000 de sulfate de quinine, forme également une bonne colle imputrescible.

Colle de poisson. (V. Ichthyocolle.)

Collodion normal. Dissolution de coton-poudre dans un mélange d'alcool et d'éther. On met généralement 650 parties d'éther à 60° B avec 350 d'alcool rectifié à 40°, et de 12 à 22 parties de coton-poudre.

Collodion coloré. On colore le collodion avec de l'aurantia, de l'éosine, de la fuchsine. Au tirage, le collodion coloré retarde l'insolation des parties du phototype qu'il recouvre.

Collodion riciné. Collodion additionné de 3 à 4 % d'huile de ricin et servant à l'émaillage et à la préparation des clichés pelliculaires.

Collodion sensibilisé. Collodion normal mélangé avec des iodures et des bromures alcalins, tels que ceux d'ammonium, de cadmium et de potassium.

Colophane. Résine jaunâtre, employée pour fabriquer des vernis, des mastics, et donner du grain aux planches de photogravure.

Copal. Résine qui, dissoute dans l'essence de térébenthine, donne le vernis copal.

Coralline. Matière colorante rouge, employée en isochromatisme.

Coton-Poudre $C^{18}H^{22}(AzO^2)^8 O^{15}$, ou *cellulose octonitrique*. Une des nombreuses combinaisons de la cellulose et de l'acide azotique, mais qui paraît être plutôt un mélange de plusieurs fulmi-cotons. Il est employé à la confection de certaines mèches, à la fabrication du celluloïde et du collodion.

Couperose. Nom donné jadis aux sulfates. (Pour *couperose bleue*, voir Sulfate de cuivre ; pour *couperose verte*, voir Sulfate de fer.)

Craie. (V. Carbonate de chaux.)

Crème de tartre. (V. Bitartrate de potassium.)

Créosote. La propriété qu'a ce corps de coaguler l'albumine, le fait employer fréquemment en photographie.

Cristaux de soude. (V. Carbonate de sodium.)

Cristallos. Solution de 20 parties de sulfite de sodium, 60 de ferrocyanure de potassium et 25 de soude caustique dans 500 grammes d'eau, employée comme révélateur.

Curcuma. La matière jaune appelée curcuma sert de réactif dans certains procédés au collodion sec.

Cyanine $C^{28}H^{35}Az^2I$. Cette substance sert à sensibiliser les plaques pour le rouge et l'orangé. Très influencée par la lumière, la solution doit être conservée dans l'obscurité.

Cyanure de potassium. Ce sel sert en photographie comme fixateur, dans les procédés au collodion, en raison de sa propriété de dissoudre les sels d'argent.

D

Dammar (Gomme). Cette gomme, employée à dépolir les portions d'un négatif qu'on veut retrancher, est utilisée dissoute dans l'essence de térébenthine, dans la proportion de 1 partie de gomme pour 20 d'essence.

Daturine. Alcaloïde du *datura stramonium* ou pomme épineuse, utilisé pour la conservation des émulsions.

Dentosulfure de potassium. (V. Foie de soufre.)

Dextrine $C^6H^{10}O^5$. Elle sert à l'encollage ; est encore employée comme préservatif dans les procédés au collodion sec.

Dialyse. Procédé d'analyse chimique qui consiste à utiliser l'inégale diffusibilité des corps dissous à travers les diaphragmes poreux, pour les séparer.

Diamant. Carbone pur cristallisé. Les parcelles de diamant sont utilisées, montées sur un bloc de métal, par les photographes, pour couper les plaques de verre. Quelquefois ils font usage de molettes d'acier, qui ont l'inconvénient de ne rayer les verres que sous une forte pression et font courir le risque de briser les plaques.

Diamidophénol. (V. Amidol.)

Diazotype. (V. Auréoline.)

Diphenal. Développateur dû à Jacobsen et Tigges, et qui est à base de diamidooxydiphényl ; on l'emploie en dissolution dans 8 à 16 fois son poids d'eau.

E

Eau H^2O. L'eau employée en photographie doit être chimiquement pure ; il faut donc avoir recours à l'eau distillée, surtout pour les bains de virage. A défaut d'eau distillée, utiliser les eaux de pluie ou de rivière, préalablement débarrassées, par l'ébullition, de l'oxygène, des matières organiques et des sels de chaux qu'elles contiennent.

Eau de baryte. Dissolution de baryte dans l'eau, utilisée dans les virages pour papier albuminé.

Eau blanche. Acétate tribasique de plomb, employé quelquefois pour les renforcements.

Eau bromée. Dissolution de brome dans l'eau, qui est un retardateur très énergique.

Eau iodée. Solution d'iode au 1/20 avec addition d'iode en paillettes, en excès. Elle sert à affaiblir les phototypes trop développés. On l'emploie comme renforçateur dans les procédés au collodion ; on l'utilise encore à revivifier le papier ou les plaques au gélatino-bromure qui ont été accidentellement exposés à la lumière.

Eau de Javel $ClOK + KCl$. Elle sert à éliminer les hyposulfites : pour les photocopies, en solution dans l'eau, à 1/100 ; et, pour les phototypes, en solution à 150 d'eau de Javel pour 1000 d'eau.

Eau régale ou **Eau royale.** Ainsi appelée parce qu'elle a la propriété d'attaquer l'or, regardé comme le *roi des métaux* ; formée d'un mélange de 1 d'acide azotique à 35° Baumé, avec 4 d'acide chlorhydrique à 22° Baumé, elle sert à préparer les chlorures d'or et de platine utilisés en photographie.

Ebonite ou **Caoutchouc durci.** Combinaison de caoutchouc avec 25 ou 30 % de soufre. Les plaques d'ébonite donnent du brillant aux photocopies qu'on applique sur elles, pour les faire sécher.

Elémi (Gomme) $C^{20}H^{32}O$. Cette variété de résine entre dans la confection des vernis. Elle provient de certains arbres du Brésil.

Emétique $C^4H^4O^6KSbO$. On s'en sert quelquefois avec le sulfate ferreux pour le développement au gélatino-bromure.

Encaustique n. f. Solution de cire dans l'éther, la benzine, l'essence de térébenthine, qui sert à enduire les photocopies pour les préserver de l'humidité et leur donner du brillant. Voici une bonne formule d'encaustique : cire vierge, 25 grammes ; éther sulfurique ou benzine, 150 cm. cubes.

Encre de Chine. Encre formée de noir très divisé, rendu adhérent par une substance agglutinante, gomme ou gélatine. En photographie, l'encre de Chine entre dans la préparation du papier au charbon.

Encre photographique. Encre avec laquelle on écrit sur les photocopies. En mélangeant 2 grammes d'iode et autant de gomme arabique avec 20 grammes d'iodure de potassium dans 60 grammes d'eau distillée, on a une bonne encre photographique qui permet d'écrire en blanc sur le bord noir des photocopies.

Encre phototypique. Encre destinée à l'impression par les procédés phototypographiques. Cette encre est obtenue en mélangeant des encres typographiques, que l'on teint avec des couleurs d'aniline, et auxquelles on donne la fluidité voulue en y ajoutant du vernis moyen. Cette addition de vernis est surtout nécessaire en photocollographie ; pour la phototypographie proprement dite, les encres d'imprimerie ordinaires peuvent suffire à donner des tirages réguliers.

Eosilamine. Composé d'éosine, proposé comme accélérateur du développement aux sels ferreux.

Eosine $C^{20}H^8O^2Br^4$. Employée, dans les procédés orthochromatiques, comme sensibilisateur pour le rouge et le jaune.

Equisétique (Acide). (V. Aconitique (Acide.)

Erythrosine $C^5H^{18}As^2O^3$. Cette substance augmente la sensibilité des plaques pour le rouge, et précipite l'argent ; le précipité formé est sensible à la lumière.

Esculine. Produit retiré de l'écorce des marronniers. Sa propriété de ne pas laisser passer les rayons ultra-violets, le fait utiliser en microphotographie. On l'emploie alors en solution, à raison de 5 centigrammes pour 25 grammes d'eau, 2 de glycérine et 2 de gélatine.

Esprit de bois. Alcool méthylique.

Esprit de vin. Alcool éthylique.

Essence. Pour essence *d'aspic*, de *lavande*, de *térébenthine*, voir ces mots.)

Ethers. Nom de corps résultant de l'action des acides sur les alcools ; on les regarde comme des combinaisons définies, ayant de grands rapports d'analogie avec les sels minéraux. La photographie emploie l'éther ordinaire et l'éther acétique à la fa-

...ication des collodions, qui ne ...nt autre chose que des dissolu... ...ns de coton-poudre dans des ...élanges variables d'alcool et ...éther.

F

Fécule. Nom donné à l'amidon de la pomme de terre et de différents tubercules. (V. Amidon.)

Fer Fe. En photographie, le fer sert en plaques minces utilisées dans le procédé dit ferrotypie ou phototypie. On emploie, dans l'art photographique, un grand nombre de composés ferreux et ferriques, dont les principaux sont le sulfate de fer, le ferrocyanure et le ferricyanure de potassium.

Ferreux (Sels). Sels de fer oxydés au minimum.

Ferriques (Sels). Sels de fer oxydés au maximum. La lumière transforme les sels ferriques en sels ferreux.

Ferricyanure de potassium Cy^6FeK^3. Mêlé à l'hyposulfite de soude, ce sel est employé comme réducteur des phototypes; il sert également à la préparation des papiers sensibles au fer.

Ferrocyanure de potassium Cy^6FeK^4. Ce sel est employé, notamment avec l'hydroquinone, comme modérateur; les procédés au fer l'utilisent comme révélateur.

Fiel de bœuf. Liquide verdâtre visqueux, à saveur amère et désagréable, à réaction alcaline, qui représente la bile du bœuf; il entre dans la composition de certaines émulsions au gélatino-bromure et est utilisé à préparer les photocopies sur albumine destinées à la coloration.

Filmogène. Solution de nitro-cellulose dans de l'acétone. Appliquée sur une surface, elle forme des *films* ou pellicules fines très souples.

Fluoréal. Nom sous lequel M. Mercier a désigné un développateur contenant de la fluorescéine et de la lithine caustique.

Fluorescéine $C^{20}H^{12}O^5$. Poudre rouge, avec fluorescence verte, employée dans les procédés orthochromatiques.

Fluorhydrique (Acide) HFl. Cet acide attaque tous les corps connus, même le verre. C'est pourquoi on l'emploie pour graver sur verre et à détacher les couches sensibles des supports en verre. En raison de ses propriétés corrosives, on ne peut conserver l'acide fluorhydrique que dans des récipients de gutta-percha.

Fluorure d'argent. Barker l'a employé dans la préparation des émulsions au gélatino-bromure.

Foie de soufre ou **Deutosulfure de potassium** S^3K^2. Ce corps est utilisé pour le traitement des résidus.

Formique (Acide). Cet acide est utilisé comme accélérateur dans le développement du gélatino-bromure avec l'hydroquinone.

Fuchsine. Rouge d'aniline, constitué principalement par le chlorhydrate de rosaniline. En photographie, elle sert à sensibiliser la couleur verte.

Fulmi-Coton. Combinaison de cellulose et d'acide azotique, appelée encore coton-poudre. (V. ce mot.)

G

Gaïacol $C^6H^4O^2$. Développateur et réducteur énergique, extrait de la résine de gaïac.

Gallates. Sels résultant de la combinaison de l'acide gallique avec une base.

Gallate de fer $C^7H^6O^5Fe$. Ce sel fournit un procédé pour obtenir des photocopies donnant des traits noirs sur fond blanc.

Gallique (Acide) $C^7H^6O^5$. Employé comme préservateur pour le collodion sec, et comme révélateur pour les procédés au collodion sur papier ciré et sur albumine, à cause de sa propriété de réduire facilement les sels d'argent en présence de la lumière, ou lorsqu'ils ont été déjà insolés.

Garance. Matière colorante fournie par la garance ou *rubia tinctoria*. C'est un pigment qui donne des glycosides solubles appelés *rubian*, *alizarine*, *purpurine*, etc. La garance est utilisée en photominiature.

Gelanthe. Vernis dans la composition duquel entrent de la gomme adragante et de la gélatine. Il s'applique à froid et sèche très rapidement.

Gélatine. Production résultant de l'action prolongée de l'eau bouillante sur les substances collagènes. La gélatine est rendue insoluble par l'action des aluns. Elle sert à la fabrication de plaques souples, à l'encollage des papiers et à la préparation des plaques au gélatino-bromure d'argent.

Gélatine bichromatée. Gélatine traitée par le bichromate de potasse, qui a la propriété de la rendre insoluble quand elle est exposée à la lumière. Cette substance est utilisée dans les procédés de reproduction dits photomécaniques.

Gélatino-Bromure. Nom abrégé du gélatino-bromure d'argent, qui est la base d'un procédé très usité en photographie. Le gélatino-bromure est un mélange de gélatine et de bromure d'argent.

Gélatino-Chlorure. Nom abrégé du gélatino-chlorure d'argent, résultant de la précipitation du chlorure d'argent dans la gélatine.

Gélatino-Iodure. Nom abrégé du gélatino-iodure d'argent, qui est un mélange d'iodure d'argent et de gélatine.

Gélose. Substance gélatineuse extraite de certaines algues marines, qui est employée à l'encollage des papiers.

Glucose ou **Glycose** $C^6H^{12}O^6$. Réducteur très énergique, la glucose sert comme conservateur dans les collodions secs, et comme accélérateur dans le développement alcalin.

Glu marine. Solution de caoutchouc dans l'huile essentielle de goudron additionnée de gomme-laque, qui sert à réparer les cuvettes en bois ou en carton durci, et à faire des vernis noirs.

Glycérine $C^6H^8O^6$. La glycérine est employée dans certains procédés au collodion, et aussi comme antiseptique. Combinée à l'acide azotique, c'est une substance dangereuse à manier, à cause de ses propriétés explosives, qui la font entrer, comme agent actif, dans la composition de la dynamite.

Glycine. On donne ce nom à un corps formé de sucre et de glycinium, et qui entre dans les proportions suivantes, dans les révélateurs d'instantanés : 10 de glycine, pour 30 de sulfite de sodium, 50 de carbonate de potassium et 200 d'eau.

Glycocolle $C^2H^5AzO^2$. Ce corps, résultant de l'action de l'acide sulfurique sur la gélatine, est employé dans certains procédés au collodion.

Gommes. Substances complexes qui, dissoutes dans l'eau, donnent des liquides mucilagineux et facilement adhérents. La photographie en fait usage fréquemment. (Pour gommes : *arabique, dammar, élémi, laque,* voir ces mots.)

Gomme-Laque. (V. Laque résine.)

Graphite. La photographie emploie cette variété de carbone pur, sous forme de crayons, qui servent à faire les retouches.

Graphol. Nom d'un révélateur dont l'iconogène est la base.

Gutta-Percha. Substance analogue au caoutchouc et extraite du latex exsudé par l'*inosandra gutta*, arbre de la Malaisie. Elle sert aux photographes à faire des récipients pour l'acide fluorhydrique. On en fabrique encore des cuvettes, et elle entre dans la composition des vernis.

H

Halogènes. Nom sous lequel on désigne les métalloïdes suivants : chlore, brome, iode, fluor, parce que leurs combinaisons avec les métaux offrent les caractères et les propriétés des sels.

Haloïdes (Sels). Nom donné par Berthollet aux combinaisons des corps halogènes avec les métaux : iodure de potassium, chlorure d'argent, bromure de sodium, etc.

Hélianthine. Matière colorante rouge, extraite de l'aniline, elle sert à former des écrans colorés, et on l'emploie comme sensibilisateur orthochromatique pour le rouge.

Huile de lin. Extraite des semences du lin, et très siccative, cette huile sert à fabriquer les couleurs, les encres d'imprimerie, certains vernis, et à donner de la transparence aux clichés pelliculaires.

Hydrocellulose. Cellulose ou coton qui s'hydrate sous l'action des acides forts. Elle sert à préparer des collodions poreux.

Hydrogène H. Ce gaz est utilisé pour la préparation de la lumière oxhydrique, où il joue le rôle de combustible puissant. Il déplace l'argent, le platine dans les combinaisons. Il sert également pour révéler les plaques insolées, par suite de sa facilité de combinaison avec les halogènes. Le développateur s'empare de l'oxygène de l'eau, dont l'hydrogène, mis en liberté, se combine avec l'halogène pour laisser le métal seul.

Hydroquinone $C^6H^6O^2$. Employée comme révélateur, cette substance, dans le développement, donne de la quinone par oxydation.

Hydrosulfureux (Acide). Combiné avec la soude, cet acide donne un hydrosulfite employé comme révélateur, mais qui s'altère avec une très grande rapidité.

Hydroxylamine. Le chlorhydrate d'hydroxylamine est employé comme révélateur, mélangé avec l'eau, l'acide nitrique et le carbonate de soude.

Hypo. Préfixe employé en chimie pour désigner certains acides qui sont à un degré moindre d'oxydation : acides hypoazotique, hyposulfureux. En photographie, l'expression *hypo* est employée comme abréviation d'hyposulfite de soude.

Hypochlorites. Sels qui sont des combinaisons d'acide hypochloreux et d'un corps jouant le rôle de base. Les hypochlorites, très souvent mélangés de chlorures, sont des décolorants énergiques.

Hypochlorite de calcium $(ClO)^2Ca$. On se sert de ce corps pour enlever les taches d'argent sur les doigts et les tissus. Employé dans les bains de virage.

Hypochlorite de potassium ClO^2K. Ce sel enlève l'hyposulfite de soude; aussi l'utilise-t-on, à l'état de grande dilution, pour le lavage des photocopies.

Hypochlorite de sodium ClO^2Na. Ce corps sert comme décolorant et pour le lavage des photocopies.

Hyposulfites. Combinaisons de l'acide hyposulfureux avec des oxydes métalliques. Les hyposulfites alcalins sont très employés en photographie à cause de leur propriété de dissoudre certains sels d'argent insolubles dans l'eau, tels que chlorure, bromure et iodure d'argent. On fixe l'image en dissolvant, par les hypochlorites alcalins, le sel d'argent qui n'a pas subi l'action de la lumière. Les hyposulfites sont encore appelées thiosulfates.

Hyposulfite d'ammonium $S^2O^3(AzH^4)^2$. Quelques photographes tendent à substituer ce sel à l'hyposulfite de sodium, en raison de sa stabilité plus grande; ce produit a malheureusement l'inconvénient d'être d'un prix très élevé.

Hyposulfite d'or et de sodium $S^2O^3AuNa^3$. Joue le rôle d'accélérateur dans le développement au fer. Très usité dans les virages, pour le fixage des préparations sensibles et la revivification des images daguerriennes passées.

Hyposulfite de sodium $S^2O^3Na^2$. Les solutions de ce sel doivent être alcalinisées avec un peu de carbonate de sodium pour en assurer la conservation. Il a été utilisé en daguerréotypie. Sa facilité de dissoudre les sels haloïdes d'argent le fait employer comme fixateur. C'est également un accélérateur dans le développement au fer.

I

Ichthyocolle ou **Colle de poisson** $C^6H^{10}Az^2O^2$. Cette variété de gélatine, très pure, sert à l'encollage des papiers et au collage des photocopies. On la retire de la vessie natatoire de certains poissons, notamment de l'esturgeon.

Iconogène $C^{10}H^5AzH^2OHSO^3Na$. Ce corps est employé comme révélateur, mais il a l'inconvénient d'ulcérer les doigts quand on le manie sans précaution.

Idrol. Nom donné au citrate d'argent.

Indigo. Produit colorant bleu, extrait de l'indigotier ou fabriqué artificiellement. Transformé en matière blanche soluble par les réducteurs, l'indigo reprend sa couleur bleue au contact de l'air.

Iode I ou Io. Ce métalloïde sert à nettoyer les glaces, à sensibiliser les plaques en daguerréotypie, à la fabrication des collodions, et comme accélérateur pour le développement.

Iodhydrique (Acide) HI. Sert quelquefois, avec l'eau iodée, pour l'affaiblissement des clichés.

Iodures. Combinaisons d'iode et d'un métal, très utilisées en photographie pour la sensibilisation des collodions.

Iodure d'aluminium I^2Al^3. Employé dans la préparation de certains collodions.

Iodure d'ammonium $IAzH^4$. Sel facilement décomposable à la lumière; il entre dans la composition des collodions qu'il rend plus fluides.

Iodure d'argent IAg. Ce sel, très altérable à la lumière, se précipite dans la sensibilisation du collodion. Il s'en produit dans l'affaiblissement des phototypes par l'eau iodée.

Iodure de cadmium ICd. Ce corps entre dans la préparation des collodions qu'il rend épais et gélatineux. On fait encore usage d'un iodure double de cadmium et de potassium.

Iodure de calcium ICa. Sert à préparer des collodions qui sont susceptibles de servir à la reproduction au trait.

Iodure de fer IFe. Sert à la préparation des collodions et d'un papier spécial très sensible employé dans le procédé dit calysotype.

Iodure de lithine ILi. Iodure à base très alcaline; entre dans la formule de certains collodions.

Iodure de magnésium IMg. Sert à la préparation des collodions.

Iodure de potassium IK. Ce sel sert de renforçateur après le passage du négatif au bichlorure de mercure. Il est encore employé pour l'affaiblissement des photocopies. Entre également dans la préparation des collodions et du papier sensible.

Iodure de sodium INa. Sel analogue à l'iodure de potassium: comme ce dernier, il entre dans la préparation des collodions.

Iodure de zinc IZn. Ce corps entre dans la préparation des collodions auxquels il donne de la rapidité.

Ivoirine. (V. Caoutchouc.)

J

Javel (Eau de). (V. Eau de Javel.)

K

Kaolin. Argile blanche, formée par un silicate d'alumine et de potasse provenant de la décomposition des feldspaths par les agents atmosphériques. Très abondant en Chine, au Japon, en France (Saint-Yrieix), le kaolin sert à la fabrication de la porcelaine, et, en photographie, à décolorer les vieux bains d'argent, à faire le papier émail, à clarifier certains vernis à l'alcool.

Karabé de Sodome. (V. Asphalte.)

Kinocyanine $C^{25}H^{12}O^{10}$. Couleur extraite du phénol, employée comme développateur.

L

Lactates. Combinaisons d'acide lactique avec des oxydes métalliques. Quelques lactates sont employés en photographie.

Lactate d'argent $C^3H^5O^3Ag$. Ce corps est utilisé comme sel sensible dans certains papiers positifs à la gélatine.

Lactate de fer $(C^3H^5O^3)^2Fe$. Ce sel est employé dans les procédés au fer.

Lactique (Acide) $C^3H^5O^3$. Il entre dans certaines formules de virage aux sels de platine et sert à conserver les développateurs à l'acide pyrogallique.

Lait. Liquide secrété par les mamelles des mammifères. Il sert à la préparation de la caséine; le lait caillé a aidé à obtenir des épreuves positives sur papier ioduré humide; on se sert encore de lait avec du papier négatif sec non ciré. On l'emploie également comme préservateur dans certains procédés au collodion.

Laque résine. Matière résineuse qui se forme sur le chêne à cochenille. Dans la proportion de 1/10 avec l'alcool à 40°, elle sert à fabriquer un vernis qui s'applique à chaud.

Laudanum. On désigne sous le nom de laudanum des composés ayant l'opium pour base, ou plutôt des teintures alcooliques d'opium. Le laudanum a été proposé en photographie comme préservateur, dans le procédé au collodion sec.

Lavande (Essence de). V. Aspic (Essence d').

Lichénine. Principe retiré du lichen d'Islande, et qui sert de préservateur dans le collodion sec.

Litharge. Oxyde de plomb.

Lithine. Oxyde de lithium, métal alcalin. Les sels de ce métal sont employés en photographie comme révélateurs.

M

Magnésium Mg. Ce métal brûle en donnant une lumière riche en rayons chimiques, d'où son usage comme substance photogène dans la photographie. On l'utilise en rubans et en limaille mélangée avec des oxydants énergiques, pour prendre des instantanés.

Malthe. (V. Asphalte.)

Manganate de potassium MnO^4K^2. Cette substance, désignée encore sous le nom de caméléon minéral, est utilisée quelquefois comme couche sensible.

Margarine. Corps gras neutre, formé d'une combinaison d'acide margarique et de glycérine. Un mélange de 10 de margarine et 10 de blanc de baleine, bouilli au bain-marie dans 1000 d'alcool, donne une excellente encaustique servant à préparer les photocopies avant le satinage.

Mastics. On donne le nom de mastics à des composés de consistance variable qui servent à agglutiner les corps. Le mastic ordinaire, formé de blanc d'Espagne et d'huile de lin crue, sert à préparer les joints, à assurer des fermetures hermétiques. Le mastic en larmes, d'origine végétale, sert à la préparation de certains vernis.

Mattolein, Matolain. Vernis formé d'essence de térébenthine et de gomme de Dammar. On l'applique à froid sur la gélatine des phototypes pour faciliter les retouches au crayon.

Mercure Hg. Le mercure sert à former des amalgames avec les métaux; ses vapeurs fournissent un excellent révélateur en daguerréotypie.

Métabisulfite de potassium. (V. Bisulfite de potassium.)

Métol. Ce composé de crésol, à formule très compliquée, est employé comme agent révélateur dans les procédés au bromure d'argent.

Miel. Ce corps est employé pour conserver les plaques au collodion sec. Il donne du brillant au négatif dans les procédés à l'albumine et au fer. Sert encore au coloriage des épreuves et entrait jadis dans la composition d'un virage qu'on ajoutait au bain d'argent.

Minium. On désigne sous ce nom un mélange de divers oxydes de plomb. Ces corps, de belle couleur rouge, sont utilisés pour la retouche des négatifs et le coloriage des photographies.

Molybdate d'ammonium. Ce sel, qui a déjà été employé en photographie, est sensible à l'action de la lumière. M. Niewenglowski, un des maîtres de la photographie moderne, a obtenu une image bleue en insolant derrière un négatif une feuille de papier gélatiné, imprégnée d'une solution de molybdate d'ammonium au 1/20 et séchée dans l'obscurité.

Monosulfate de potassium SO^4KH. Cette substance sert au traitement des résidus photographiques.

Mordant. Se dit généralement de toute substance exerçant une action corrosive. On emploie encore ce terme pour désigner les vernis épais servant à fixer l'or et les couleurs en poudre. En teinturerie, en chimie, en photographie, on donne l'appellation spéciale de mordant à tout sel destiné à donner de la fixité à une couleur.

Moscouade. Sucre brut, préservateur du collodion sec; il sert encore dans la préparation du révélateur au fer.

2.

N

Naphtaline. $C^{10}H^8$. Hydrocarbure tiré des charbons fossiles et voisin de l'iconogène. Cette similitude de propriétés le destine à des usages analogues.

Naphte. Carbure d'hydrogène, employé en photographie pour l'éclairage des lanternes d'agrandissement, auquel cas il est bon d'y ajouter un peu de carbure (2 gr. par litre), pour les procédés au bitume et la fabrication des vernis et encaustiques.

Nitrates. Nom donné aux azotates, et tiré du *nitre* (azotate de potasse), et de l'azote, qu'on désignait sous le nom de *nitrogène* et qui était symbolisé jadis par la lettre N.

Nitrate d'argent. (V. Azotate d'argent.)

Nitre. (V. Azotate de potassium.)

Nitro-Glucose. Cette substance, déjà employée à la préparation d'un papier très sensible, s'obtient en faisant subir à 2 parties de sucre l'action d'un mélange de 2 parties d'acide sulfurique et 1 partie d'acide azotique.

Nitro-Glycérine. Ce corps, éminemment détonant, entre dans la composition de la dynamite. En photographie, il a été employé par Bolton à développer des clichés au collodion humide.

Nitro-muriatique (Acide). (V. Eau régale.)

Noir de fumée. Dépôt charbonneux pulvérulent, employé en photographie dans le procédé dit au charbon. Il sert aussi à colorer les gélatines pour papier au charbon.

Noix de galle. Noix provenant d'un chêne de l'Asie Mineure (*quercus infectiora*); elle est due à l'excroissance provoquée par la piqûre de certains *cynips*. Est très riche en tannin et fournit l'acide gallique. Sert à la fabrication des encres, qui sont des précipités noirs de tannate de fer.

O

Or Au. Les sels d'or servent en photographie à préparer les bains de virage.

Or fulminant. (V. Aurate d'ammoniaque.)

Orange méthyle ou **Tropæoline.** Matière colorante dont on a extrait l'iconogène.

Osmium Os. Les sels d'osmium, introduits en photographie par Mercier, servent à former des bains de virage qui donnent une teinte spéciale aux photocopies.

Oxalates. Combinaisons de l'acide oxalique et d'une base. Un grand nombre d'oxalates sont employés par la photographie.

Oxalate d'ammonium C^2O^4 $(AzH^4)^2$. Ce corps sert à préparer l'oxalate double d'ammonium et de fer.

Oxalate d'argent. A été proposé pour la préparation du papier salé.

Oxalate double d'ammonium et de fer. Ce sel sert dans la platinotypie et les procédés au fer.

Oxalate de fer ammoniacal. (V. Oxalate double d'ammonium et de fer.)

Oxalate ferreux C^2O^4Fe. Est usité comme développateur. Étant très altérable, il forme un précipité jaune qui occasionne un voile poussiéreux sur les négatifs.
Oxalate ferrique $(C^2O^4)^3Fe^2O^3$. Est employé comme révélateur dans la platinotypie.
Oxalate de potassium $C^2O^4K^2$. Ce corps s'emploie en platinotypie et comme révélateur pour le gélatino-bromure ; on l'utilise dans la préparation du révélateur à l'oxalate ferreux.
Oxalate potassico-ferreux $(C^2O^4)^2FeK$. Ce corps est employé dans les procédés au gélatino-bromure, à cause de ses propriétés réductrices très énergiques.
Oxalate potassico-ferrique $C^2O^4K^2(C^2O^4)^3Fe^2$. Les propriétés et les usages de ce corps sont les mêmes que ceux de l'oxalate ferrique.
Oxalate sodico-ferrique $C^2O^4Na^2(C^2O^4)^3Fe^2$. Sert aux retouches et est employé dans certains procédés au fer, en raison de sa décomposition sous l'influence de la lumière.
Oxalate de sodium $C^2O^4Na^2$. Ce corps sert aux retouches et a des propriétés analogues à celles de l'oxalate de potassium.
Oxalique (Acide) $C^2H^2O^4$. Cet acide est un retardateur énergique pour la platinotypie. Combiné avec la chaux des eaux de lavage, il donne de l'oxalate de chaux, qui forme un voile blanc laiteux sur les épreuves et sur les négatifs développés au sulfate de fer.
Oxydes. Composés dans lesquels l'oxygène entre comme corps électro-négatif.
Oxyde d'argent Ag^2O. Il est employé à la sensibilisation du papier albuminé.
Oxygène O. Mélangé comme comburant à l'hydrogène, il sert à produire la flamme oxhydrique dans la lumière de Drummond, utilisée en photographie.
Oxyphénols. Nom sous lequel on groupe l'hydroquinone, la résorcine et la pyrocatéchine.
Ozone, Oxygène allotropique ou **Oxygène électrique.** Ce corps, obtenu par l'électrisation de l'oxygène, est regardé comme de l'oxygène condensé. Il amène la décoloration des photocopies.

P

Paraffine $C^{24}H^{30}$. Cette substance est employée pour imperméabiliser les cuvettes et cirer les papiers.
Paraphényldiamine $C^6H^4(AzH^2)^2$. Ce corps est utilisé comme développateur.
Pentasulfure de potassium. (Voir Foie de soufre.)
Péonine $C^{19}H^{12}O^3Az^2$. On fait usage de cette matière qui, dissoute avec l'alcool, donne une belle couleur rouge, dans les procédés orthochromatiques.
Perchlorique (Acide) ClO^7. Très riche en oxygène, il entre dans la composition du perchlorate de potasse. On l'utilise à éliminer l'hyposulfite de soude des épreuves positives.
Perchlorure de fer Cl^2Fe^2. Il sert au renforcement du papier

au cyanoïer et diminue l'intensité des négatifs.

Permanganate de potassium ou **de potasse** MnO^4K. Oxydant très énergique, ce corps sert à purifier l'eau, à décolorer les bains d'argent et à renforcer les négatifs au collodion humide. Dans les virages à la craie, quelques gouttes de permanganate de potassium donnent une jolie teinte verdâtre aux photocopies.

Peroxyde de fer. Ce composé sert à nettoyer les plaques daguerriennes.

Pétrole. Hydrocarbure employé à l'éclairage des lanternes à projection.

Phénique (Acide). Cet acide jouit de la propriété de coaguler l'albumine ; il est employé en photographie comme antiseptique, notamment dans la préparation des colles.

Phloroglucine $C^6H^6O^3$. Réductrice des sels d'argent et de mercure, la phloroglucine est employée comme développateur.

Phosphate d'argent PO^4Ag. Ce corps a été utilisé en photographie pour la préparation d'un papier sensible.

Phosphate de soude ou de sodium PO^4Na^2H. Le phosphate de soude est employé dans les virages alcalins et comme accélérateur dans le développement.

Phosphorique (Acide) PO^4. A été employé comme développateur.

Photochlorures. Nom donné aux chlorures d'argent ayant subi, par suite de l'action de la lumière, une modification physique sans changement dans leur composition chimique.

Photo-Poudres. Mélanges pulvérulents de magnésium et d'oxydants énergiques, qui brûlent avec plus d'intensité et d'éclat que le magnésium seul : tel celui qui renferme 1 de magnésium pour 2 de chlorate de potasse ; ou 100 de magnésium pulvérisé contre 75 de perchlorate et 75 de chlorate de potasse.

Phtalique (Acide). Cet acide a servi déjà à rendre orthochromatiques des plaques au gélatino-bromure.

Picramique (Acide). Ce corps a été utilisé comme sensibilisateur.

Picrique (Acide) ou **Acide phénique trinitré.** Cet acide, qui est dangereux à manier, à cause de sa facilité de déflagration, est utilisé comme vernis inactinique. Il sert également dans la préparation des plaques orthochromatiques.

Pierre ponce. En photographie, c'est au moyen de la pierre ponce qu'on diminue l'épaisseur du papier des photocopies destinées au coloriage.

Platine Pt. Ce métal donne deux chlorures qui, combinés avec le chlorure de potassium, sont employés dans les photocopies dites aux sels de platine.

Plomb Pb. Ce métal sert, en photographie, à faire des cuvettes et des planches destinées à la photoplastographie.

Plombagine. (V. Graphite.)

Poix. Substance extraite de *l'abies excelsea*. La variété la plus connue est la poix de Bourgogne, utilisée en photographie.

Potasse KHO ou K^2O. Oxyde de potassium. Cet alcali, très caustique, sert au nettoyage des glaces ; il donne de la rapidité aux révélateurs alcalins.

Pourpre rétinien. Matière colorante rouge, qui existe dans la rétine, d'où on l'extrait au moyen des acides biliaires. Elle est contenue dans l'article externe des bâtonnets de la rétine. Elle existe chez tous les vertébrés, à l'exception du poulet, du pigeon, et d'une chauve-souris, le *rhinolophus hipposideros*. Elle manque chez les invertébrés. Elle passe au jaune à la lumière, puis se décolore complètement. Dans l'obscurité, elle se régénère aux dépens de l'épithélium sous-jacent. Cette propriété la fait, fréquemment, assimiler aux préparations sensibles employées en photographie.

Préservateurs. Sous ce nom on désigne les substances destinées à empêcher l'oxydation des réducteurs employés au développement, et, par suite, à en assurer la conservation ; tels sont les acides citrique, formique, lactique et tartrique employés avec le pyrogallol ; les sulfite et bisulfite de potassium et de sodium.

Primuline. (V. Auréoline.)

Prussiate jaune. (V. Ferrocyanure de potassium.)

Prussiate rouge. (V. Ferricyanure de potassium.)

Pyro. Abréviation par laquelle certains photographes désignent le pyrogallol.

Pyrocatéchine $C^6H^6O^2$. Ce corps est employé comme révélateur, à cause de sa propriété de réduire les sels de cuivre et d'argent et le chlorure d'or.

Pyrogallique (Acide) $C^6H^6O^3$. Ce corps joue un grand rôle en photographie. On le regarde comme le meilleur des révélateurs connus.

Pyrogallol $C^6H^6O^3$. Utilisé comme révélateur ; c'est un réducteur énergique de la liqueur cupro-potassique et des sels de mercure, d'or, d'argent et de platine.

Pyronaphtol. Est employé comme révélateur. Peu soluble dans l'eau, on le dissout dans une solution de sulfite de soude.

Q

Quinoléine $C^{26}H^{19}Az^2Cl$. Poudre rouge amorphe, très employée dans les procédés orthochromatiques.

Quinone. Substance dérivée des phénols diatomiques, et donnant par oxydation des oxyphénols. Des quinones résultent des couleurs magnifiques, telles que la purpurine et l'alizarine.

R

Réactif. Toute substance chimique employée pour déceler la présence ou l'absence de certains corps dans un composé ; en général, les réactifs manifestent leur action par des changements de couleurs ou la formation de précipités.

Réalgar. Sulfure d'arsenic.

Résine $C^{20}H^{30}O^2$. Matière jaunâtre, exsudée par des arbres de la famille des conifères. Elle est employée pour la fabrication des vernis, et dans certains procédés au collodion.

Résine de gaïac. Cette résine, extraite du gaïac, est utilisée dans les procédés au collodion sec.

Résorcine $C^6H^6O^2$. Ce corps, très antiseptique, a été proposé par certains techniciens comme développateur.

Rhodopsine. (V. Pourpre rétinien.)

Ricin (Huile de). Cette huile, extraite du *ricinus*, sert dans la préparation des pellicules souples et du collodion à émailler.

Rodinal. Nom sous lequel les Allemands désignent le chlorhydrate de paramidophénol.

Rouge rétinien. (V. Pourpre rétinien.)

S

Saccharates. Sels résultant de la combinaison de l'acide saccharique et des bases.

Saccharate de baryte $C^{12}H^{22}O^{11}BaO$. Ce corps est utilisé dans certains développements, où il joue le rôle d'alcali.

Saccharate de chaux $C^{12}H^{22}O^{11}CaO$. Il sert dans les développements alcalins et pour le noircissement des clichés traités par le bichlorure de mercure.

Saccharine. Substance à saveur sucrée, extraite de divers carbones fossiles. Elle a un pouvoir édulcorant 280 fois plus considérable que le sucre de canne. Antifermentescible, elle sert à assurer la conservation de certains bains de virage à l'air.

Saccharique (Acide) $C^6H^{10}O^8$. Acide résultant de l'oxydation de divers sucres, sous l'influence de l'acide azotique. Il entre dans la composition des saccharates.

Safranine $C^{21}H^{20}Az^4$. Matière rouge employée dans la préparation des plaques orthochromatiques sensibilisées pour le vert.

Salicylique (Acide) $C^7H^6O^3$. Ce corps, éminemment antiseptique, est employé en photographie, pour empêcher la fermentation de la colle et de la gélatine.

Sandaraque. Résine jaunâtre entrant dans la préparation de certains vernis.

Sang-Dragon. Suc résineux provenant du fruit du *calamus draco*; on l'emploie quelquefois à vernir en rouge les carreaux des laboratoires photographiques.

Savon. Nom donné à toute combinaison d'un corps gras et d'une base alcaline. Les savons entrent dans la préparation de plusieurs émulsions au gélatino-bromure. Avec le savon de Marseille et divers autres ingrédients, on prépare un vernis qui sert à encaustiquer les photographies avant le satinage.

Seignette (Sel de). Bitartrate double de potasse et de soude, employé en photographie pour le développement.

Sel. Combinaison d'un acide et d'une base.

Sel de Glauber. (V. Sulfate de sodium.)

Sélénium Se. La propriété de ce métal de modifier la résistance électrique, suivant l'intensité des radiations dirigées à sa surface, l'a fait utiliser à la fabrication de certains photomètres.

Sesquicarbonate d'ammonium. Ce corps a les mêmes usages photographiques que le carbonate correspondant.

Sesquicarbonate de sodium. Est employé par la photographie dans certains bains de virage.

Silicate de potassium SiO^3K^2. Ce corps sert à soutenir les couches de gélatine et de colle pour les cuvettes de porcelaine.

Silicate de sodium SiO^3Na^2. Cette substance a les mêmes usages photographiques que le silicate de potassium.

Soude caustique Na^2 ou $NaHO$. Elle sert au nettoyage des glaces et à la neutralisation des bains, dans les développements alcalins ; mais on peut lui reprocher de produire le décollement de la couche de gélatine.

Soufre S. Ce métalloïde est employé en photographie dans la préparation de certains feux.

Spermacéti. Blanc de baleine.

Stannate de soude SnO^3Na^2. Ce sel est utilisé comme accélérateur, avec l'iconogène.

Stéarine. Composé d'acide stéarique et de glycérine, qu'on emploie en solution dans l'alcool, pour donner de la transparence aux papiers.

Sublimé corrosif. (V. Bichlorure de mercure.)

Sucrate. (V. Saccharate.)

Sucre $C^{12}H^{22}O^{11}$. Mélangé avec de la gomme arabique, il sert à fabriquer la colle ; on l'emploie encore comme préservateur du collodion sec dans les préparations du révélateur au fer.

Sulfates. Sels résultant de la combinaison de l'acide sulfurique et d'une base. L'art photographique utilise un grand nombre de ces sels.

Sulfate d'aluminium $(SO^4)^3Al^2$. Cette substance est utilisée par les photographes pour le durcissement de la gélatine.

Sulfate d'argent. Ce corps sert pour le bain d'argent et la sensibilisation du papier salé. On l'emploie encore dans le collodion humide.

Sulfate de calcium ou **Plâtre.** Ce corps est très employé pour la glyptographie.

Sulfate de cuivre SO^4Cu. Mélangé au chlorure de sodium, agit comme faiblisseur ; mélangé au sulfate ferreux, il en empêche l'oxydation. Sert encore pour la préparation d'épreuves positives au cuivre.

Sulfate de fer SO^4Fe. En photographie, on fait usage de solutions de sulfate ferreux qu'on additionne de quelques gouttes d'acide, pour les conserver. Ces solutions sont utilisées dans le développement.

Sulfate de fer ammoniacal $(SO^4)^2Fe(AzH^4)^2$. Ce sel double sert comme développateur dans les procédés au collodion.

Sulfate de magnésium. En solution, il empêche l'effritement des plaques qu'on y a baignées avant d'être développées.

Sulfate de quinine. La solution de sulfate de quinine est employée quelquefois en photographie, à cause de sa propriété d'absorber certaines radiations.

Sulfate de sodium. La solution de sulfate de sodium est quelquefois employée en photographie.

Sulfate d'uranium. Le sulfate d'uranium est utilisé dans le développement au collodion humide.

Sulfites. Composés résultant de l'action de l'acide sulfureux sur certaines bases; leur rôle photographique consiste à s'opposer à l'oxydation des révélateurs.

Sulfite d'ammonium $SO^2(AzH^4)^2$. Sert à la précipitation de l'argent dans les bains d'hyposulfite dont on ne se sert plus; il est également employé dans le renforcement au bichlorure de mercure.

Sulfite de sodium SO^3Na^2. Dissolvant du chlorure et de l'albuminate d'argent, ce corps sert comme fixateur dans la photographie; on l'emploie au noircissement des phototypes blanchis au protochlorure et à la conservation du pyrogallol et de l'hydroquinone.

Sulfoantimoniate de sodium. Ce corps est employé, en photographie, comme renforçateur avec le bichlorure de mercure.

Sulfocarbamide. Substance utilisée dans le renversement des images, quand on les développe par l'iconogène.

Sulfocyanure d'ammonium $CAzSAzH^3$. Est employé pour le fixage et le virage simultanés.

Sulfocyanure de potassium $CAzSK$. Ce corps est utilisé dans les fixages et virages simultanés, comme le sel analogue d'ammonium.

Sulfo-indigotique (Acide). (V. Carmin d'indigo.)

Sulfophénylurée $C^6H^5AzH^2CSAzH$. Cette substance est employée pour le renversement des images.

T

Tabac. Le tabac a été employé comme préservateur dans le procédé au collodion sec. Sa richesse en ammoniaque l'indique comme révélateur pour les photographies sur papier au chlorure de mercure, dites photographies *magiques*.

Talc $(SiO^3)^4(MgO)^2$. Ce silicate de magnésium sert à assurer l'adhérence du collodion sur le verre, et à faciliter le décollement de la gélatine.

Tannin. (V. Acide tannique.)

Tartrates. Sels provenant de la combinaison de l'acide tartrique avec une base.

Tartrate double de potasse et de soude $C^4H^4O^6NaK$. Ce sel est employé dans les émulsions au gélatino-bromure.

Tatrate de potasse (Bi-) $C^4H^5O^6K$. Ce sel inaltérable sert en photographie comme développateur.

Tartrique (Acide) $C^8H^6O^2$. Ce corps sert dans le révélateur au fer.

Tectoquinone $C^{18}H^{16}O^2$. Est employé comme révélateur.

Térébenthine $C^{10}H^{16}$. Carbure d'hydrogène utilisé, dans les procédés de Niepce, pour dissoudre le bitume de Judée non insolé. Il entre également dans la préparation des vernis.

Thé. En raison de sa richesse en tannin, le thé a été employé comme préservateur dans les procédés au collodion sec et à l'albumine.

Thiosinnamine. Corps résultant de l'action de l'ammoniaque sur l'essence de moutarde, et qui a pour les sels haloïdes d'argent, un pouvoir dissolvant à peu près égal à celui de l'hyposulfite de sodium. On pourrait l'employer, à ce titre, comme fixateur, n'était son prix trop élevé.

Thiosulfates. (V. Hyposulfites.)

Thymol $C^{10}H^{14}O$. Se trouve à l'état naturel dans l'essence du *monarda punctata* et du *ptychotis ayowan*. Antiseptique énergique, il sert de conservateur dans les émulsions au gélatinobromure.

Toluène $C^{14}H^8$. Ce carbure, qui sert dans l'industrie à la préparation d'un grand nombre de couleurs, est utilisé par la photographie pour vernis opaques.

Triméthylamine $(CH^3)^3Az$. Liquide huileux, sentant le poisson pourri, employé comme accélérateur.

Tungstates. Sels résultant de la combinaison d'une base avec des composés très oxygénés du tungstène. La photographie utilise les tungstates de potassium et de sodium.

Tungstate de potassium TuO^4K^2. Ce sel est employé dans les virages et donne des tons d'un noir violacé.

Tungstate de sodium TuO^4Na^2. Ce sel sert dans les virages; sa solution, additionnée d'acide chlorhydrique, bleuit en présence des matières organiques.

Tungstène Tu. Les composés du tungstène sont réduits par la lumière en présence des matières organiques. M. Niewenglowski a obtenu par insolation des images bleues en plaçant derrière un négatif un papier gélatiné qui avait flotté sur une solution de tungstène dans un acide, en présence de matières organiques.

V

Vanadate de sodium VO^3Na. Combinaison de vanadium, d'oxygène et de sodium, qui sert à préparer un papier sensible développable par l'action des couleurs d'aniline.

Vaseline. Elle sert à la préparation des papiers transparents.

Verdet. Acétate de cuivre.

Verre soluble. Silicate de potassium.

Violet de méthyle. Cette substance est employée dans les procédés isochromatiques et augmente la sensibilité pour le jaune.

Vitriol. (V. Sulfurique, Acide.)

X

Xyloïdine. Produit résultant du traitement de l'amidon par l'acide azotique concentré; on l'a proposé pour remplacer le collodion.

Y

Yxol. Révélateur à base d'hydroquinone.

Z

Zinc Zn. Ce métal sert à faire des cuvettes, des dégradateurs, etc.; quelquefois on le trouve mélangé en poudre avec le magnésium du commerce. Il est très employé en photographie.

Zirconium Zr. L'oxyde de ce métal ou zircone donne une belle flamme blanche, aussi l'emploie-t-on à enduire les manchons d'amiante de certains becs de gaz.

TECHNIQUE PHOTOGRAPHIQUE

ABE

Aberration n. f. Défaut de netteté dans les images fournies par des miroirs ou des lentilles, et dû à ce que les rayons réfléchis ou réfractés ne vont pas se rencontrer rigoureusement en un même point.

Aberration chromatique ou de **réfrangibilité** n. f. Celle qui se produit, par suite de l'inégale réfrangibilité des radiations lumineuses dans les prismes ou les lentilles.

Aberration de sphéricité ou **Aberration par réflexion**. Celle qui se produit sur les rayons réfléchis. Les points d'intersection des rayons marginaux donnent dans l'espace des surfaces brillantes désignées sous le nom de *caustiques par réflexion*.

Absorption. Perte graduelle qu'éprouve la lumière en traversant les milieux diaphanes.

ACC

Accélérateur n. m. Toute substance ou solution employée en photographie, et destinée à diminuer la durée du développement. On emploie comme accélérateurs : l'iode, le prussiate jaune, le stannate de soude, dans les bains à l'iconogène ; le borax, le prussiate jaune, l'iode, l'iconogène, la térébenthine, dans les bains à l'hydroquinone ; l'iode, l'hyposulfite de soude, dans les bains aux sels ferreux ; le carbonate de soude, le prussiate jaune, l'iode, les iodures, l'acide formique, dans les bains au pyrogallol.

Accélérer v. Diminuer la durée d'un développement.

Accessoires n. m. Tous les ustensiles tels que cuves, cuvettes, etc., qui ne jouent en photographie qu'un rôle secondaire dans l'obtention du résultat définitif. — Tous les détails qui donnent à une scène la couleur locale ; on doit éviter de leur sacrifier la mise au point du sujet principal qu'on veut photographier.

Achromatique adj. Se dit de tout système optique disposé de façon à éviter l'aberration de réfrangibilité.

Achromatisme n. m. Phénomène de la réfraction de la lumière sans dispersion.

Actiniques (Radiations) n. f. pl. Radiations lumineuses qui exercent une action chimique sur certaines substances.

Actinisme n. m. Propriété qu'a la lumière d'exercer une action chimique sur les corps.

Actinographe, Actinomètre n. m. Tout appareil destiné à mesurer la puissance actinique des rayons lumineux. Le principe sur lequel reposent ces instruments est la durée nécessaire à une substance sensible pour atteindre un certain degré de teinte, sous l'action des radiations lumineuses dont on recherche l'actinisme.

Actinographie. Le mot *actinographie*, adopté en Allemagne pour désigner les photographies produites par les rayons Röntgen, est incontestablement préférable au mot *radiographie*, plus répandu en France.

L'Institut Röntgen, de Berlin, n'a pas le mérite de l'avoir employé le premier. En effet, on lit dans le *Bulletin de la Société Zoologique de France*, séance du 7 juillet 1896, sous la signature de M. le professeur R. Blanchard, la note suivante :

« Le terme de *radiographie* tend à se répandre pour désigner les photographies obtenues à l'aide des rayons Röntgen. C'est un terme hybride, auquel il serait plus correct de substituer celui d'*actinographie*, que nous proposons ici. »

Adaptateur n. m. Appareil qui sert à monter les objectifs sur la chambre. Les plus connus sont ceux de Molteni et Clezil.

Affaiblissement n. m. Opération photographique ayant pour but de diminuer l'opacité d'un phototype trop intense. Elle s'effectue au moyen de bains faiblisseurs.

Agent. Cette expression désigne tout ce qui exerce une action. En photographie, la lumière est le plus grand agent.

Agitateur n. m. Baguette de verre qui sert à agiter une substance dans un liquide, pour faciliter la dissolution de cette substance.

Agrandissement n. m. Toute reproduction plus grande que l'original. (V. Grossissement.) Les agrandissements sont obtenus d'après les principes suivants : 1º La reproduction est d'autant plus grande que l'original est situé plus près du foyer principal de l'objectif ; 2º la reproduction est d'autant plus grande que la distance focale principale de l'objectif est plus faible, pour une même position du modèle par rapport à l'objectif ; 3º la surface d'une image croissant comme le carré de ses dimensions, il faut d'autant plus éclairer l'objet qu'on veut plus l'agrandir ; 4º le temps de pose doit croître aussi comme le carré du grossissement linéaire.

Alambic n. f. Appareil à distiller; il se compose essentiellement d'une chaudière à chapiteau, d'un serpentin où l'eau se condence et d'un réfrigérent.

Album n. m. Carnet sur lequel on colle les photographies pour les conserver. Certains albums sont à passe-partout, dans lesquels on glisse les photographies collées sur cartes.

Albuminage du papier. Action d'enduire le papier d'albumine On y arrive en posant la feuille de papier dans un bain formé de 40 parties d'albumine pour 1 de chlorure de sodium et 10 d'eau.

Albumine (Plaques à l'). On les prépare en étendant à la surface des plaques une mixture de 100 grammes d'albumine à laquelle on ajoute 1 gramme d'iodure et 25 centigrammes de bromure de potassium. Ces plaques sont sensibilisées dans un bain de 10 d'acide acétique et 10 de nitrate d'argent pour 100 d'eau. On développe dans une solution d'acide gallique à saturation, à laquelle on ajoute successivement : 1° quelques gouttes d'une solution de pyrogallol dans l'alcool absolu (1 de pyrogallol pour 10 d'alcool) ; 2° quelques gouttes d'une solution de nitrate d'argent dans l'eau distillée (3 de nitrate d'argent pour 100 d'eau). Puis on lave et on fixe.

Albuminé (Papier). (V. Papier albuminé.

Alpha paper. Papier photographique, d'origine anglaise, au gélatino-bromure d'argent.

Altération des photographies (Causes de l'). Un lavage insuffisant amène l'altération des positifs et des négatifs, par suite de l'action des traces d'hyposulfite qui n'a pas été complètement enlevé. La décomposition de l'albumine peut aussi produire des sulfures d'argent. Les fixages insuffisants sont parfois des causes d'altération, par suite de la formation des sulfures d'argent insolubles.

Ambrotype n. m. Nom donné aux plaques de tôle vernie, dites encore ferrotypes, employées dans la photographie dénommée ferrotypie.

Ambrotypie. Nom par lequel les Américains désignent la ferrotypie.

Amidol (Révélateur à l'). Ce révélateur, très employé, et d'un prix peu élevé, se compose de 0,15 d'amidol pour 5 de sulfite de sodium et 100 parties d'eau.

Amphipositives adj. Nom donné par de La Blanchère à des phototypes qui, au lieu de conserver leur caractère d'images négatives, apparaissent comme des images positives, par transparence. Ce résultat est produit par l'exagération des temps de pose ou l'emploi de sulfo-carbamides dans le révélateur.

Amplificateur pour photo-jumelle. Les châssis positifs amplificateurs ont pour objet d'agrandir les épreuves obtenues avec de petits clichés, comme par exemple ceux des photo-jumelles, qui, mesurant au maximum 6 1/2 $\times$ 9 peuvent donner des épreuves amplifiées de 9 $\times$ 12, 13 $\times$ 18 et

18 × 24. Prix : 60, 80 et 95 fr., selon format.

en plongeant, après le virage, l'épreuve dans un bain d'eau

Amplificateur pour photo-jumelle.

Ampoules. Petits soulèvements qui se produisent soit sur les plaques, soit sur le papier, et qui sont un des désagréments les plus fâcheux pour les débutants ou les amateurs peu exercés. Elles se forment très souvent dans les papiers contenant trop d'albumine. Pour les plaques, elles apparaissent dans le bain de fixage ou au lavage ; elles indiquent un décollement complet. On évite les ampoules sur le papier albuminé contenant 5 % d'acide acétique. On lave et l'on fixe. Pour faire disparaître les ampoules après le dernier lavage, on place l'épreuve entre deux feuilles de papier buvard ; on frotte d'abord légèrement, puis un peu plus fort.

Anallatique. Ce qualificatif s'applique à l'objectif de Porro (1848) formé de trois lentilles dont une mobile et les deux autres se touchant presque. Cet objectif permet de prendre des vues de différentes dimensions d'un même modèle sans changer de place.

Analyse. Opération chimique ayant pour objet la recherche des éléments d'un corps composé. Elle est dite *qualitative* quand elle s'applique à la nature les éléments, et *quantitative* lorsqu'elle s'occupe de leurs proportions respectives.

Anastigmats. Se dit d'objectifs dus à Zeiss, et qui ne sont pas symétriques, à dessein, dans le but de réduire l'astigmatisme.

Angle de déviation. Angle que fait la direction d'un rayon lumineux dévié, avec sa direction primitive.

Angle de dispersion. L'angle de dispersion d'un prisme est l'angle que forment entre eux les rayons rouges et violets extrêmes.

Angle d'incidence. Angle que forme le rayon incident avec la normale à la surface sur laquelle il tombe.

Angle d'un objectif. Angle formé par deux droites issues du point nodal d'émergence, et aboutissant à deux points milieux, des deux côtés opposés de la glace dépolie.

Angle de réflexion. Angle que forme le rayon réfléchi avec la normale à la surface réfléchissante.

Angle de réfraction. Angle que forme le rayon réfracté avec la normale à la surface de réfraction.

Antiplanat, Antiplanétique (Objectif). Cet objectif asymétrique, dû à Steinheil, est formé par la combinaison frontale d'une lentille convexe de crown-glass associée à une lentille divergente de flint-glass.

Antiplanat pour portraits d'atelier. Dans cet antiplanat, les deux lentilles de la combinaison postérieure sont séparées par une couche d'air.

Antiplanat pour instantanés et groupes en plein air. Dans ce système, les deux lentilles de la combinaison postérieure sont accolées, mais l'épaisseur de la lentille biconvexe de crown est telle qu'il y a le plan du diaphragme entre les deux combinaisons.

Aplanétique adj. Se dit de tout système exempt d'aberration de sphéricité.

Apochromatique (Objectif). Objectif dû à Zeiss. Il présente un champ très étendu et permet de travailler à grande ouverture.

Appareil photographique. Les parties essentielles de l'appareil nécessaire à la photographie sont : la chambre noire, l'objectif et le pied.

Appareils d'agrandissement. Ces sortes d'appareils sont de formes très variables, celui dont nous donnons ici la figure est un appareil perfectionné du constructeur Ch. Mendel. Il est en tôle pleine, avec porte de côté à coulisse pour permettre l'emploi de la lumière oxhydrique si l'on désire remplacer par elle la lampe à trois mèches au pétrole. Le prix de cet appareil est de 150 fr. pour clichés de 9 × 12 et de 300 fr. pour clichés de 13 × 18.

Appareil redresseur. Cet appareil a pour objet d'éviter les poses invraisemblables dans la photographie en plein air Il est

Appui-Tête. Appareil destiné à assurer l'immobilité de la tête

Appareil d'agrandissement.

peu volumineux, prend facilement place dans le matériel photogra-

des personnes que l'on photographie. Il doit maintenir la tête sans

Appareil pour la photomicrographie.

phique et permet de juger par avance de la valeur artistique d'un cliché. Prix, 12 fr.

donner au modèle une rigidité qui nuit au naturel de l'attitude.
Argent réduit (Coloration

de l'). Réduit et opaque, l'argent apparaît en noir par *transparence;* tassium et de sodium au 1/100 et 2º une solution de 3 d'ammo-

Appareil redresseur.

vu par *réflexion*, il produit l'effet d'un miroir et apparaît avec un vif éclat métallique ; c'est ce qui explique, que lorsqu'on regarde une épreuve photographique au collodion humide, on la voit négative par transparence et positive par réflexion.

Argent (Taches d'). On fait disparaître les taches d'argent sur les doigts ou le linge blanc en les imprégnant de teinture d'iode et en les lavant ensuite avec de l'ammoniaque.

Argenture du verre. Le verre est préalablement nettoyé et chauffé à 25 ou 30º. Puis on y verse : 1º un mélange d'une solution de tartrate double de po- niaque et 5 d'azotate d'argent dans 1000 parties d'eau. En 40 minutes environ l'argent adhère au verre. On vernit alors, après avoir lavé à l'eau pure.

Aristotype (Papier). Papier au gélatino-chlorure d'argent, préparé d'abord par Liesegang. Il donne des épreuves plus fines que le papier albuminé, et le fixage et le virage se font dans le même bain.

Aristotypie n. f. Art d'employer le papier aristotype.

Ar'stotypique adj. Qui a rapport à l'aristotypie.

Astigmate adj. Se dit de tout système optique dans lequel se produit le phénomène de l'astigmatisme.

3.

Astigmatisme. Défaut de certains systèmes d'optique consistant en ce que les rayons lumineux partis d'un point ne se réunissent pas en un même point après avoir traversé le système. L'astigmatisme donne lieu à des déformations des objets à reproduire : un point donne deux lignes droites situées à des distances différentes, dans deux plans perpendiculaires ; une ligne droite donne une ligne droite et une bande lumineuse ; un objet à trois dimensions donne une image difforme, à couleurs diffuses.

dans les couleurs accidentelles, apparaissent autour de l'objet lui-même, lorsqu'on le regarde fixement. L'impression de l'auréole est opposée à celle de l'objet : si celui-ci se détache en clair, l'auréole est obscure, et réciproquement.

Autocopiste n. m. Appareil qui sert à appliquer les procédés photocollographiques de la reproduction. On étale la gélatine bichromatée sur une feuille de papier parcheminé. Cette feuille, après insolation et lavage, est ensuite tendue sur un châssis spé-

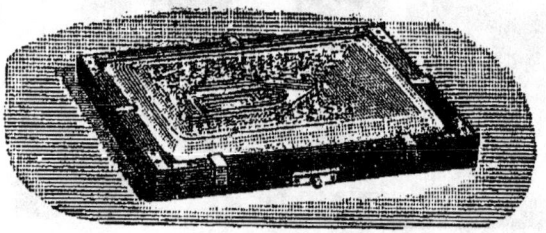

Autocopiste photographique.

Astrophotographie n. f. Photographie des astres. On a remarqué qu'en laissant la plaque sensible exposée plusieurs heures, on a obtenu sur le phototype, l'image d'étoiles jusque-là ignorées.

Atelier n. m. L'endroit où travaille le photographe. Il faut, autant que possible, qu'il soit éclairé au Nord, de manière que les rayons du soleil ne viennent jamais frapper directement le modèle.

Athermane adj. Se dit de tout corps qui ne transmet pas les rayons calorifiques du spectre.

Auréole accidentelle. Couleurs qui, au lieu de succéder à l'impression d'un objet, comme

cial et on peut l'encrer pour le tirage. — L'autocopiste photographique permet de reproduire toute photographie à un nombre illimité d'exemplaires absolument inaltérables.

Autophotochromie n. f. Photographie directe des couleurs.

Autotypie sur cuivre. Comme on peut le voir au *Dictionnaire de la gravure*, etc., l'autotypie se fit d'abord sur gélatine. On en fait aujourd'hui sur cuivre, soit directement, soit d'après photographie. Celle que nous donnons ici, et que nous devons à l'obligeance de MM. Montbaron, Wolfrath et Cie, de Neuchâtel (Suisse), a été prise directement d'après l'objet représenté. Le procédé est américain, il est tenu secret, et nous regrettons de ne pouvoir en donner la description.

le centre géométrique de ce miroir à son centre de figure.

Axe secondaire n. m. Ligne droite passant par le centre optique d'un système, et faisant un

Autotypie sur cuivre.

Axe principal. L'axe principal d'un système optique est la ligne qui joint les centres de toutes les surfaces sphériques constituant ce système. L'axe principal d'une lentille est la ligne qui joint les centres des deux sphères limitant la lentille. L'axe principal d'un miroir est la ligne qui joint

angle quelconque avec l'axe principal.

Azotate d'argent sur la peau (Taches d'). Lorsque l'azotate d'argent est en contact avec la peau, il se décompose en acide azotique, qui attaque l'épiderme, et en argent métallique qui se dépose en couche noire. Les chimistes, les photographes et amateurs de photographie connaissent tous cet inconvénient des solutions argentiques, moins fréquent depuis l'invention des plaques au gélatino-bromure d'argent.

Voici un moyen facile et inoffensif de faire disparaître ces taches : Dissoudre 5 grammes d'iodure de potassium dans 5 cent. cubes d'hypochlorite de potassium ou eau de Javel, et lavez les taches avec cette liqueur. La décoloration est assez rapide ; il se forme un mélange de chlorure et d'iodure d'argent soluble dans l'hyposulfite de sodium. Lorsque les taches ont à peu près disparu, on trempe les mains dans une solution d'hyposulfite de sodium et la peau reprend son aspect habituel.

B

Bain. Liquide dans lequel on plonge les préparations photographiques, et où se produisent les effets ou réactions qui doivent conduire au résultat définitif.

Bain d'argent. Bain servant à sensibiliser le papier albuminé. Il se compose d'une solution de 6 à 10 pour 100 d'azotate d'argent, auquel on ajoute divers azotates de potassium, sodium, magnésium, un peu d'alun, de sucre, de glycérine, etc.

Bain d'argent pour ferrotypie. Le bain d'argent pour ferrotypie doit être d'une limpidité parfaite, fortement acidulé et assez faible en sel d'argent.

Bain aristotype. Formule donnée par le commandant Le-gros : chlorure d'argent sec, finement pulvérisé, 2 gr. ; azotate de plomb pulvérisé, 2 à 5 gr. ; solution saturée d'alun, 50 gr. ; acétate de soude fondu, 15 gr. ; sulfocyanure d'ammonium, 25 gr. ; hyposulfite de sodium, 200 gr. ; eau pure, 300 gr. Lorsque le chlorure d'argent est dissous, on ajoute à la solution ci-dessus la suivante : chlorure d'or, 1 gr. ; chlorure d'ammonium, 2 gr. ; eau distillée, 200 gr.

Bains faiblisseurs. Bains destinés à diminuer l'opacité des phototypes trop intenses. On a un bon bain faiblisseur en mettant 100 gr. de sulfate de cuivre et 100 gr. de chlorure de sodium dans 1000 gr. d'eau. Voici encore d'autres formules : 10 gr. de bichromate de potasse dans 1000 gr. d'eau acidulée de 30 gr. d'acide chlorhydrique ; ou encore : 50 gr. d'iodure de potassium dans 1000 gr. d'eau, auxquels on ajoute des paillettes d'iode en excès.

Bain de fixage. On a un excellent bain de fixage avec 200 gr. d'hyposulfite de soude dans 1000 gr. d'eau. Le cliché doit demeurer dix minutes au moins dans cette solution. On constate que le fixage est achevé lorsque la partie laiteuse visible au dos des plaques a complètement disparu.

Bain de virage-fixage. La formule suivante donne un excellent bain de virage-fixage : solution d'or à 1 %, 0 gr. 750 ; acétate de plomb, 2 gr. ; alun pulvérisé, 15 gr. ; hyposulfite de soude, 300 gr. ; eau, 1000 gr.

Bain sensibilisateur. Ce bain est formé de 100 gr. de nitrate d'argent pour 1000 gr. d'eau distillée. Le bain doit être alcalin. On y laisse flotter la feuille à sensibiliser, de 3 à 5 minutes; on agite le bain avant d'y remettre une autre feuille : une petite latte de bois sert d'agitateur. Laisser ensuite sécher lentement les papiers après les avoir sensibilisés.

Bain sensible pour papier albuminé. Ce bain est composé de la manière suivante : 60 gr. de nitrate d'argent pour 10 gr. d'acide citrique et 4 gr. de carbonate de sodium dans 1000 gr. d'eau.

Balance-Cuvette. Appareil destiné à balancer automatiquement les cuvettes dans les diverses opérations photographiques pour renouveler les surfaces et accélérer les réactions photographiques.

Balancer. Agiter les cuvettes en divers sens pour accélérer les réactions photographiques par le renouvellement des surfaces en contact avec le liquide.

Ballon n. m. Vase de verre sphérique à long col, dans lequel on place les liquides ou corps dissous sur lesquels on fait agir l'action de la chaleur.

Bascule-Cuvette. Appareil automatique employé à balancer les cuvettes.

Biconcave adj. Se dit d'une lentille limitée par deux surfaces sphériques qui ne se coupent pas. Les lentilles de ce genre, moins épaisses au centre qu'aux bords, sont divergentes.

Biconvexe adj. Se dit d'une lentille limitée par deux fragments de sphère qui se coupent. Les lentilles de ce genre, plus épaisses au centre qu'au bord, sont convergentes.

Biograph. (V. Cinématographe.)

Blaireau n. m. Pinceau plat,

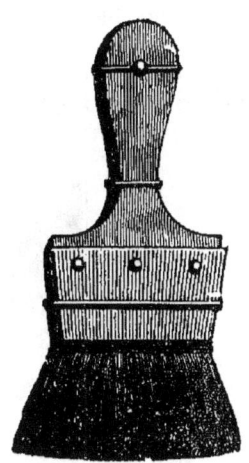

Blaireau plat.

à poils doux, qui sert à l'époussetage des plaques.

Blanc n. m. Couleur produite par la réunion de deux couleurs complémentaires ou par la réunion de toutes les couleurs du spectre.

Blanc de chêne n. m. Il est employé, dans la retouche des portraits, à accuser le point lumineux de l'œil, qui doit être toujours très visible, si la photographie a été bien éclairée.

Bleu n. m. Une des couleurs du spectre, comprise entre l'indigo et le vert.

Boîte à clichés. Petit engin accessoire dont le nom indique l'emploi, mais qui est indispensable aux professionnels et aux amateurs.

Boîte à escamotage. Appareil qui permet de substituer des plaques vierges aux plaques exposées, sans recourir au cabinet noir.

Boîte à glaces. Boîte servant à renfermer les plaques sensibles. Elle doit être hermétiquement close, quand les plaques ne sont pas encore impressionnées ou développées.

Boîte à glaces.

Boîte à mercure. Boîte dans laquelle on soumettait autrefois les daguerréotypes à l'action des vapeurs mercurielles.

Boîte à rainures. Boîte à glaces munie de rainures dans lesquelles on glisse les plaques pour les transporter.

Bombage. Opération à laquelle on soumet les photographies émaillées, pour mettre en relief la place occupée par le sujet. Cette opération se fait au moyen de la presse à bomber, qui se rapproche de la presse à copier.

Boréal. Révélateur concentré, à base d'hydroquinone et de soude caustique. Pour développer, on en verse 5 centimètres cubes dans un verre gradué, et on complète jusqu'à 50 cm. cubes d'eau ordinaire, ou, ce qui vaut mieux, d'eau distillée.

Boussole photographique. Cette boussole, imaginée par Decoudun, permet de déterminer l'heure favorable pour prendre une vue. Elle peut également servir de boussole ordinaire.

Bougie à un mètre (V. Unité pratique d'éclairement graphique.)

Bougie décimale. On désigne sous le nom de bougie décimale la vingtième partie de la puissance graphique d'un centimètre carré de platine rayonnant normalement, à la température de la solidification. La bougie décimale est l'unité pratique d'intensité.

Bougie par centimètre carré. (V. Unité pratique d'éclat.)

Bougie seconde. Unité pratique d'énergie graphique. (V. Rad.)

Bristol. Nom d'un carton à pâte très fine, très satinée, sur lequel on colle les photocopies.

Brûlée adj. Se dit de toute photocopie trop insolée, parce qu'on l'a laissée trop longtemps au tirage.

Bulle n. f. Petit soulèvement qui se produit sur les phototypes ou les photocopies par l'emprisonnement d'une petite masse gazeuse dans le substratum. On y remédie en plongeant au début de la formation des bulles, les préparations à l'albumine dans l'alcool méthylique et celles sur papier au gélatino-bromure dans une solution d'alun de chrome.

C

Cabinet noir. Nom donné par les photographes à leur laboratoire. (V. ce mot.)

Cache n. m. Nom sous lequel on désigne les bandes de papier qu'on applique sur les motifs qu'on veut reproduire photographiquement, dans le but d'en masquer certaines parties qui ne doivent pas figurer sur la reproduction. On désigne également ainsi les écrans qui sont destinés à protéger certaines parties d'une photocopie contre l'action de la lumière.

Cadre. Monture dans laquelle on place une photographie. On appelle cadre, dans la pratique photographique, des montures métalliques entourant un verre fin destiné à servir de support à une photocopie sur verre.

Calibre n. m. Instrument servant à découper les photographies dans le format du carton de montage. Cet appareil est essentielle-

Calibre.

ment constitué par une glace forte, polie, unie ou quadrillée. Il faut veiller à ce que les angles soient rigoureusement droits.

Calibrer. Couper une photographie à la dimension voulue.

Calotype Talbot. Procédé négatif sur papier, imaginé par Talbot, et désigné encore sous le nom de talbotype. Il consiste à utiliser un papier enduit d'iodure d'argent dissous dans l'iodure de potassium et rendu sensible à l'aide d'un mélange d'acide gallique, d'acide acétique et d'azotate d'argent. On développe dans un bain d'argent et d'acide gallique; on fixe à l'hyposulfite de soude et l'on rend transparent par l'huile.

Callitypie. (V. Kallitypie.)

Camaïeu. Impression monochrome d'une épreuve.

Camaïeu Rolland. Nom donné à une spécialité de papier sensibilisé, translucide, qui fournit, par différentes images, des tons variés qu'on utilise pour obtenir des pseudo-vitraux d'un bel effet décoratif.

Capsule. Vase de terre ou de porcelaine en forme de calotte hémisphérique, avec échancrure, servant à évaporer ou à chauffer les liquides.

Carte. Nom donné aux supports en bristol servant à monter les photocopies.

Carton durci. Très employé pour la fabrication des cuvettes et entonnoirs.

Carton pelliculaire. Se dit des cartons employés pour remplacer le verre comme support des préparations sensibles.

Cartouches de magnésium. Petits paquets de magnésium en poudre, qui se vendent tout préparés; ils permettent d'obtenir en 1/15 de seconde une source de lumière artificielle suffisante pour donner un bon cliché.

Caustiques par réflexion. Surfaces brillantes produites par la rencontre des rayons marginaux réfléchis par des miroirs donnant lieu à l'aberration de sphéricité.

Celluloïdine (Papier à la). Ce papier donne des photocopies d'une grande finesse et très brillantes quand elles sont satinées. Le virage et le fixage se font dans le même bain.

Centré. Se dit d'un système optique dont les surfaces limitatives des lentilles ont toutes leur centre de courbure sur l'arc principal de l'objectif.

Centre de courbure ou **Centre géométrique.** Centre de la sphère creuse dont le miroir fait partie. Centres des sphères dont font partie les surfaces limitatives des lentilles.

Centre de figure. Milieu de l'arc qui représente la section du miroir sphérique.

Centre de l'image. Lorsqu'on photographie un sujet, quel qu'il soit, on fera bien de ne pas placer le motif principal au centre de l'image ; il produira meilleur effet s'il est un peu sur le côté de ce centre.

Centre optique. Dans une lentille simple, tout point situé sur l'axe principal de la lentille, tel que tout rayon lumineux y passant traverse la lentille sans déviation. Dans un système optique centré, tout point ou tout rayon lumineux qui y passe, en sort parallèlement à sa direction primitive.

Cercle de diffusion. Nom donné à l'image formée sur un écran par un point lumineux qui traverse un objectif. Cette image est due à la divergence des rayons lumineux dans leur passage à travers les lentilles.

Chalumeau n. m. Tube à l'aide duquel on projette un courant d'air ou de tout autre gaz comburant sur une substance combustible, pour en accélérer l'oxydation et obtenir une chaleur plus élevée ou une lumière plus brillante.

Chalumeau oxhydrique. (V. Lumière oxhydrique.)

Chambres à ailettes. Appareil à main composé de deux parties, l'une renfermant le verre dépoli, l'autre l'objectif, et dont on se servait avant l'adoption de la chambre pliante connue sous le nom de *folding-camara*.

Chambre à trois corps. Il existe plusieurs modèles de ces sortes de chambres, dont chaque corps est constitué par un cadre en bois. Ces cadres sont réunis par des soufflets, que l'on éloigne ou rapproche les uns des autres, selon le genre de travail que l'on veut exécuter. Le corps d'avant reçoit le phototype, celui du milieu l'objectif, et le 3º soit le verre dépoli, soit le châssis portant la glace ou le papier sensible.

Chambres d'agrandissement. Ces chambres sont naturellement de dimensions variables. Elles servent à agrandir les clichés soit à la lumière artificielle, soit à celle du jour. Cet appareil peut agrandir indistinctement sur glace ou sur papier au gélatino-bromure. Il se monte sur un pied ou sur une table. Prix, objectif compris, 75 francs.

Chambre de mise au point. Cet appareil s'adapte à toutes les chambres noires et a pour objet de supprimer le voile noir qui entache la plupart des photographies des débutants.

Chambre noire ou **Chambre obscure.** Chambre fermée de toutes parts à la lumière, à l'exception d'une petite ouverture par laquelle pénètrent les rayons lumineux. Les objets extérieurs vont se peindre sur la face opposée à la fente d'entrée avec des dimensions réduites et avec leurs couleurs naturelles, mais les images sont renversées.

Chambre pliante. (V. Folding-Camara.)

Champ. Portion de l'espace dont tous les points peuvent donner sur l'écran une image nette

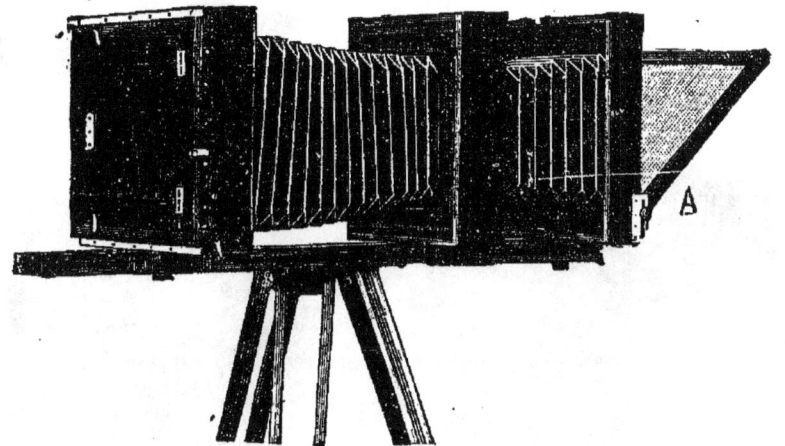

Chambre d'agrandissement.

Chambre de mise au point.

Charbon. (V. Photographie au charbon.)

Chambre noire.

Chargement. Opération qui consiste à placer les plaques sensibles dans l'appareil photographique. Elle comprend : l'ouverture de la boîte des plaques, qui doit se faire dans le cabinet noir ; la mise en châssis des plaques ; la mise de ces châssis dans l'appareil. Dans les appareils à magasin on glisse les plaques en ayant soin de mettre le côté sensible de façon qu'il soit tourné vers l'objectif. On doit également s'assurer que l'appareil obturateur fonctionne bien.

Chariot polypose. Appareil permettant d'obtenir sur un même cliché plusieurs poses d'un même personnage.

Châssis n. m. Tout appareil ou cadre servant à maintenir les plaques.

Châssis amplificateurs. Châssis qui permettent d'obtenir facilement les agrandissements photographiques.

Châssis multiplicateur. Châssis négatif, pourvu d'un volet spécial qui permet d'obtenir plusieurs images sur la même glace.

Châssis négatif. Étui à volet dans lequel on met les glaces sensibles pour les introduire dans la chambre noire.

Châssis à polir. Cadre servant à maintenir les plaques de verre pendant qu'on les nettoie.

Châssis-Presse. Châssis destiné à renfermer le phototype et la feuille, ou plaque sensibilisée, sur laquelle on veut obtenir la photocopie.

Châssis à rideau. Dans ce châssis, le volet rigide est remplacé par des lamelles de bois juxtaposées sur une toile, ce qui donne un volet souple en même temps qu'opaque, qui peut se replier sur le châssis.

dans une position parallèle à la surface sensible; il est usité encore pour l'agrandissement des reproductions directes. Un chevalet ou pupitre à inclinaison variable sert pour les retouches.

Chevalet à inclinaison

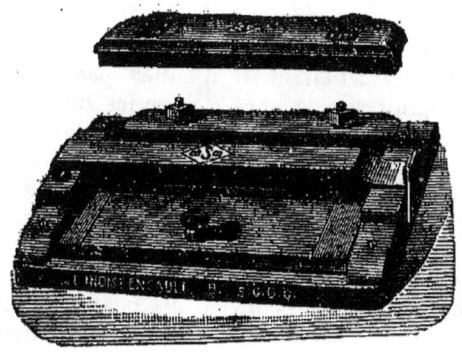

Châssis-presse.

Châssis stéréoscopique. Est, comme son nom l'indique, destiné aux images stéréoscopiques.

Châssis à volet. Châssis négatif, fermé par un volet à charnières, qui peut se replier sur la chambre noire au moyen d'une brisure.

Chercheur focimétrique. Appareil imaginé par Davanne, et qui sert à déterminer la distance focale principale de l'objectif, pour obtenir une plaque de dimension donnée.

Chevalet n. m. Support en bois sur lequel on pose un tableau pour le travailler; la photographie emploie des supports désignés aussi sous le nom de chevalets. Le chevalet vertical à l'usage des peintres permet au photographe de mettre l'objet à reproduire

variable. (V. Pupitre à retouches.)

Chromiste n. m. Artiste qui obtient la reproduction en couleur des objets par la photographie.

Chromophotographie n. f. Art d'obtenir directement des couleurs par la photographie. La photographie des couleurs a été trouvée par le professeur Lippmann, en 1891, et perfectionnée par les frères Lumière en 1893.

Chromoscope n. m. Appareil qui permet de réaliser la synthèse des couleurs en photographie, à l'aide des trois diapositifs qui représentent les monochromes fournis par l'analyse photographique.

Chronophotographie n. f. Production d'images photographiques successives, à des intervalles de temps exactement mesurés. Le physiologiste Marey en a tiré un bon parti pour l'analyse des mouvements dans les études biologiques ; c'est également sur la chronophotographie que repose le cinématographe.

Ciel n. m. Dans un paysage, le ciel doit occuper la plus grande partie de la photographie, la ligne d'horizon devant être en dessous de la ligne médiane du tableau.

Ciel factice ou **artificiel.** Ciel qu'on reproduit sur la photographie d'un paysage, et qui n'est pas le ciel réel de cette vue. On ne doit pas employer de ciels peints, mais des ciels naturels, obtenus au moyen de l'objectif. Dans ce cas, on fait un phototype pour le paysage et un autre, séparé, pour le ciel.

Cinématographe n. m. Appareil servant à donner la projection de photographies qui semblent animées, grâce à la multiplicité d'instantanés figurant les différentes phases d'un mouvement, et à la persistance des impressions lumineuses sur la rétine.

Cirage du papier. Sorte d'encollage des papiers photographiques destiné à empêcher une décomposition partielle des sels d'argent, qui altérerait leur sensibilité.

Clair n. m. Dans une vue, un tableau, une photographie, tout endroit où la lumière frappe vivement.

Clair-obscur n. m. La répartition des clairs-obscurs dans un tableau doit être réglée de manière à ne pas nuire à l'unité du sujet. De même que dans la nature, la lumière et l'ombre ne seront pas uniques, mais il devra toujours y avoir une masse d'ombre principale et une masse claire dominante.

Clarté n. f. Lumière, transparence, limpidité, éclat lumineux.

Clarté d'un objectif. Produit de la transparence de cet objectif par sa puissance.

Cliché n. m. Nom donné aux épreuves photographiques obtenues par l'action de la lumière sur les substances sensibles. C'est à l'aide des clichés qu'on obtient par l'impression (V. ce mot) les épreuves définitives. Depuis le congrès de photographie de 1889, l'expression de cliché a été remplacée par celle de phototype, qui est beaucoup plus précise.

Clichés analytiques. Nom donné aux clichés partiels dont la superposition forme la représentation d'ensemble d'un sujet.

Cloison mobile. Cloison qui sert à séparer les chambres noires en plusieurs parties.

Coagulation n. f. Transformation en substance solide, d'une matière collagène dissoute dans un liquide. La coagulation de l'albumine peut avoir lieu par échauffement ou action chimique ; celle de l'alumine ou du sesquioxyde de fer par action chimique ; celle de la gélatine par échauffement.

Collage n. m. Opération qui consiste à fixer d'une manière stable les photocopies sur un support, carton, étoffe, verre. Il faut placer la photocopie au centre de la monture et laisser des marges suffisantes. Pour coller les épreuves non glacées, les laisser égoutter le dos en l'air, enlever l'eau au buvard et répandre la colle (1 partie d'amidon pour 10 d'eau, ou solution de gélatine additionnée de sulfate de quinine à 1 %) à l'aide d'un pinceau plat; soulever et appliquer sur le carton, mettre une feuille de papier filtre sur le tout et opérer une légère friction à l'aide du rouleau. Pour le collage des épreuves glacées, faire usage de la colle Liesegang, qu'on met au bain-marie, et que l'on applique rapidement au dos de la photocopie. Faire usage du buvard et du rouleau en caoutchouc pour comprimer la photocopie sur le support.

Coloriage n. m. Le coloriage des photographies se fait à l'aide de couleurs d'aniline qu'on étend sur du papier salé, ou de couleurs à l'albumine appliquées sur papier albuminé.

Composer. Combiner les éléments d'un tableau, d'une vue, de manière à obtenir un effet esthétique.

Composition n. f. Toute production artistique complexe. Mode de groupement des éléments d'un tableau, d'une vue.

Compte-Gouttes n. m. Petits tubes destinés à laisser tomber les liquides goutte à goutte par une ouverture effilée, grâce à la pression exercée sur une poire ou tube de caoutchouc qui ferme le compte-gouttes à l'extrémité opposée à celle qui laisse écouler le liquide.

Concave. Se dit des miroirs dont la surface réfléchissante est la face interne de la partie sphérique ou curvoïde dont il est formé. Les lentilles concaves sont biconcaves, plan-concaves ou concavo-convexes. Elles sont toutes divergentes. La lentille biconcave est limitée par deux faces concaves; la lentille plan-concave a pour limite un plan et une surface concave; la lentille concavo-convexe est limitée par une face concave et une face convexe.

Concavo-convexe. Nom donné quelquefois aux ménisques convergents et divergents.

Concentration. Etat d'une solution, envisagée au point de vue de la quantité de substance dissoute qu'elle contient pour un volume donné de dissolvant.

Concentré. Se dit d'une solution qui renferme une grande proportion de substance dissoute.

Condensateur. Système optique destiné à concentrer les rayons lumineux sur une surface donnée.

Cône dégradateur. Cet appareil se place dans toutes les chambres noires et permet d'obtenir des clichés d'une propreté de fond irréprochable. Celui dont nous donnons le dessin sert aux clichés directs dégradés fond russe. Prix 10 fr.

Conservateurs. Composés chimiques qui, en empêchant l'oxydation des réducteurs employés aux développements, en assurent la conservation. Les principaux conservateurs utilisés en photographie sont : sulfite et bisulfite de sodium; bisulfite de potassium; sulfite d'ammonium; acides lactique, formique, citrique, tartrique, pyrogallol.

Continue adj. Se dit d'une

surface sensible telle, qu'elle doit être transparente et ne pas laisser

Contre-Type. Reproduction d'un négatif. Elle s'obtient par

Cône dégradateur.

voir au microscope les grains de la substance sensible employée.

Contraste n. m. Se dit, en photographie, de l'opposition de la lumière et de l'ombre, de manière qu'elles donnent mutuellement leur valeur intrinsèque.

Contraste des couleurs. Ce phénomène, étudié par Chevreul, est une réaction réciproque entre deux couleurs voisines, en vertu de laquelle chacune d'elles s'ajoute à la couleur complémentaire de l'autre. Ainsi, le rouge et l'orangé étant juxtaposés, le rouge tire sur le violet et l'orangé sur le jaune; avec le rouge et le bleu, la première couleur tire sur le jaune et la seconde sur le vert; avec le jaune et le bleu, le jaune passe à l'orangé et le bleu à l'indigo, etc.

Contre-Cache n. m. Écran destiné à remplir une fonction opposée à celle du cache. C'est avec le contre-cache qu'on obtient sur la photocopie des marges plus ou moins noires.

Contre-Dégradateur. (V. Dégradateur.)

une photocopie à la chambre noire, ou par contact d'après les procédés de phototirage.

Convergent. Se dit d'un faisceau lumineux dont tous les rayons se dirigent vers un même point, qui est le sommet du faisceau. On appelle *système convergent*, tout système optique qui fait converger les rayons qui le traversent.

Convexe. Se dit d'un miroir sphérique dont la face réfléchissante est la face extérieure de la portion de sphère qui le constitue. Les lentilles convexes sont limitées par des faces sphériques ou planes et sont plus épaisses au centre qu'aux bords; elles sont biconvexes ou limitées par deux faces sphériques; plan-convexes ou limitées par une face plane et une convexe ou concavo-convexes, c'est-à-dire limitées par une face concave et une face convexe. Les lentilles convexes sont convergentes.

Côté sensible. Face d'une plaque qui est recouverte de la couche sensible. On la distingue à son reflet mat, le côté verre de la plaque ayant un aspect naturellement brillant.

Couche laiteuse. Couche blanchâtre qui se dépose quelquefois sur les épreuves quand on les traite par de l'eau calcaire. On évite cette couche en additionnant d'un peu d'acide chlorhydrique l'eau destinée au lavage des épreuves.

Couche sensible. Nom donné à la couche de matière étendue à la surface des plaques photographiques : cette couche se compose d'un substratum adhésif dans lequel est une substance impressionnable par les rayons actiniques.

Couleur d'un corps. Impression lumineuse que nous donne un corps. C'est celle de la lumière renvoyée par ce corps; elle est complémentaire de celle qu'il absorbe, quand il est éclairé par la lumière blanche.

Couleurs accidentelles. Phénomène qui se produit lorsque après avoir regardé fixement pendant un certain temps un objet coloré placé sur fond noir, on dirige la vue sur un fond blanc. On aperçoit alors une image de même forme que l'objet, mais de couleur complémentaire de la sienne, c'est-à-dire qui formerait du blanc, si elle était réunie à celle de l'objet.

Couleurs complémentaires. Celles qui, réunies, forment la couleur blanche. Le vert est complémentaire du rouge; le bleu de l'orangé; le violet du jaune.

Coupe-Clichés n. m. Cet appareil est divisé en centimètres,

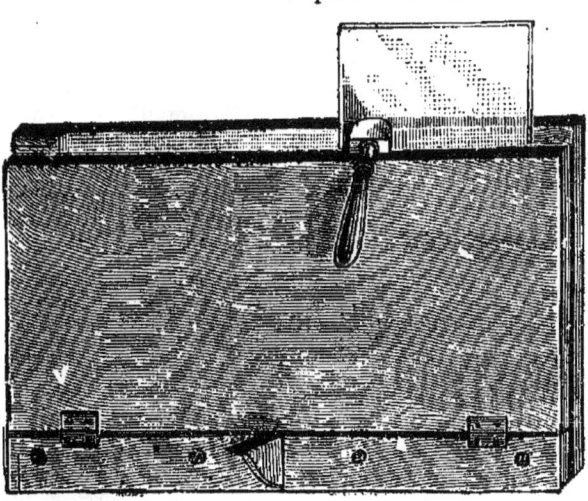

Coupe-Clichés.

de telle sorte que la main de l'opérateur est pour ainsi dire guidée, ce qui permet de couper de toutes dimensions les épreuves ou les clichés.

Crayons photographiques. Ils sont formés de graphite très tendre, afin d'éviter des traits trop nets, qui dévoileraient les retouches effectuées. On adoucit encore les traits trop durs avec des estompes ou des tortillons de papapier.

pour maintenir les phototypes, et dans lesquels on lave ceux-ci, pour les débarrasser de l'hyposulfite de soude.

Cuvettes. Réservoirs peu pro-

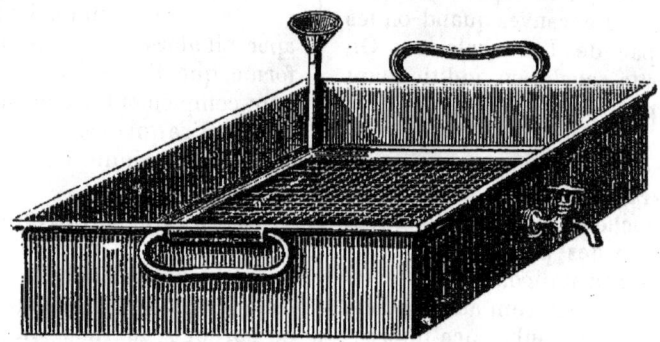

Cuve photographique à entonnoir et robinet de décharge avec support de toile métallique.

Crochets. Pour saisir et manipuler les plaques, on fait usage de crochets de verre, de corne, de bois, d'os et de crochets en argent pour les bains de sensibilisation.

fonds, dans lesquels se font les réactions photographiques. On en fait en verre, en porcelaine, en tôle émaillée, en carton, en celluloïde, en nickel, en aluminium.

Cuvettes verticales. Ces

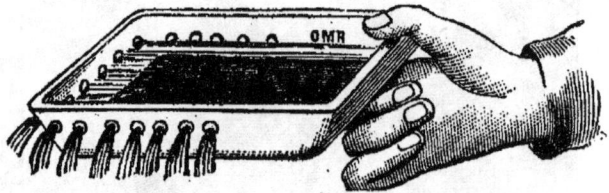

Cuvette en faïence à parois perforées.

Crown-Glass. Verre employé en optique, dans la composition duquel entrent du sable, des carbonates de potassium, sodium et calcium, et du minium. Son indice de réfraction est de 1,53 environ.

Cuprotypie. (V. Procédé Obernetter.)

Cuves. Réservoirs munis d'un robinet de vidange et de rainures

Cuvette en faïence, à bec.

sortes de cuvettes, à parois dé-

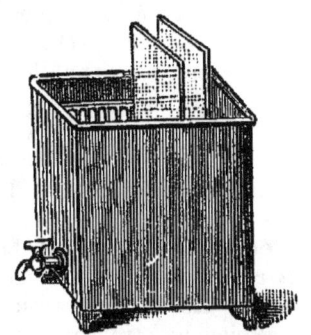

Cuvette verticale.

montables, ont l'avantage de per-

sortir du bain. Prix, de 4 fr. 75 à 10 fr.

Cycliste n. m. Appareil qui se fixe sur les bicyclettes: il est construit de telle sorte qu'il peut recevoir le matériel photographique du touriste.

Cylindrage n. m. Opération qui a pour objet de faire passer les photocopies terminées entre deux cylindres, chauffés ou non, pour leur donner un aspect brillant et une surface parfaitement plane.

Cylindrographe. Appareil dû au commandant Moëssard et qui

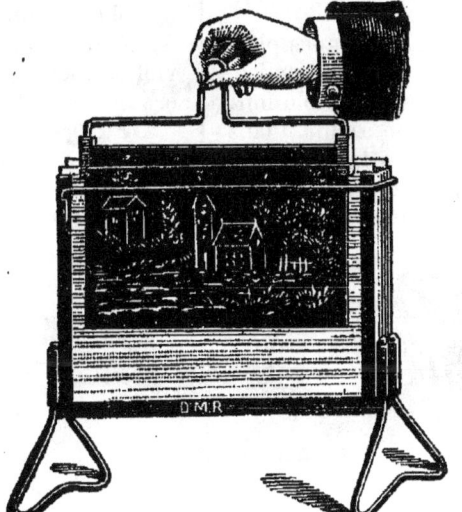

Cuvette verticale à parois démontables et transparentes.

mettre de surveiller le développement du cliché sans avoir à le

permet de résoudre le problème de la photographie panoramique.

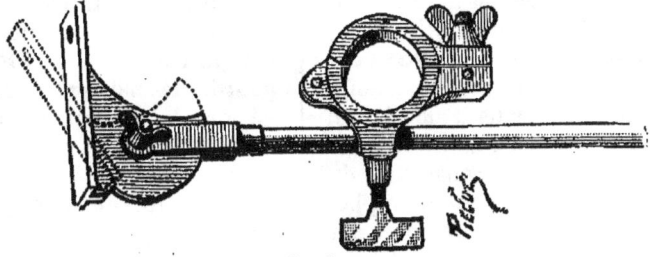

Cycliste.

D

Daguerréotype ou **typie.** Ancien procédé de photographie dû à Niepce. Il consistait à soumettre une plaque de cuivre argentée à des vapeurs d'iode pour former à la surface une couche d'iodure d'argent qu'on soumettait à l'action de la lumière. On développait en faisant subir à la plaque l'action des vapeurs de mercure, et l'on fixait avec une solution d'hyposulfite ou de cyanure de potassium.

Dalles n. f. Les plaques photographiques, en terme de métier.

Débromurage. Dissolution, par l'hyposulfite de soude, dans le bain fixateur, de la partie de bromure d'argent qui n'a pas été altérée par la lumière.

laquelle il est étalé. Il résulte de ce que le révélateur mouille le verre sur les bords. On évite cet inconvénient en cirant les bords de la plaque avec de la paraffine ramollie au feu, ou en la passant dans un bain d'alcool ou d'alun avant de la soumettre à l'action du révélateur.

Décomposition de la lumière. Phénomène qui se produit au passage d'un rayon de lumière blanche à travers un prisme. Par suite de l'inégale réfrangibilité des radiations fondamentales, on obtient un spectre lumineux formé des sept couleurs vivantes : violet, indigo, bleu, vert, jaune, orangé, rouge.

Déflagrateur n. m. Appareil à main, à l'aide duquel on peut photographier pendant la nuit avec le concours de l'éclair ma-

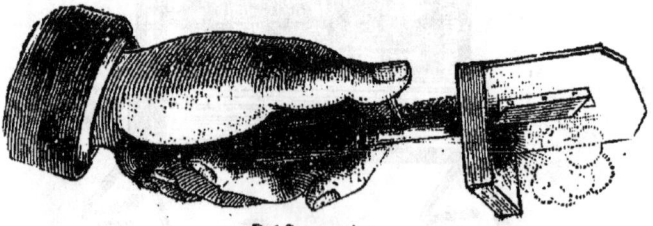

Déflagrateur.

Décantation n. f. Action de décanter, c'est-à-dire de transvaser un liquide qui a déposé, de manière à n'entraîner avec lui aucune parcelle du précipité.

Décollage des épreuves. Pour décoller une épreuve, il suffit de la tremper dans l'alcool, qui dissout toutes les gommes.

Décollement. Séparation du substratum de gélatine d'un phototype, de la plaque de verre sur

gnésique que l'on produit au moment voulu. Prix, 2 fr. 50.

Dégourdir. Chauffer un corps très légèrement, pour supprimer les effets produits sur ce corps par un froid intense. On doit dégourdir les bains photographiques de développement et de virage, dont l'action est ralentie par les grands froids.

Dégradateur. Appareil que l'on superpose à un phototype

pour avoir des portraits dégradés. Il se compose d'une plaque de

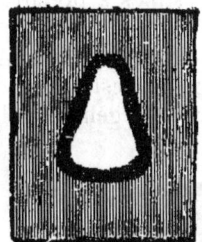

Dégradateur en zinc.

verre ou de gélatine blanche au centre, et terminée par une teinte fondue allant du jaune clair au rouge orange très foncé. La dégradation s'obtient au moyen d'un papier découpé en forme de poire, placé à 2 centimètres au moins des châssis-presses.

Dégradateur Iris. Permet de modifier l'ouverture, de façon à produire des virages de forme et de dimensions différentes.

au moyen de la superposition de papier transparent et découpé.

Dégradateur Persus.

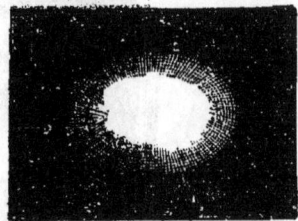

Dégradateur en gélatine.

Dégradateur Iris.

Dégradateur Persus. Ce dégradateur donne la dégradation

Dégradation. État des teintes ou des ombres qui s'atténuent progressivement, jusqu'à ce qu'elles deviennent nulles.

Déliquescence. Propriété qu'ont certains sels, dits déliquescents, d'absorber l'humidité de l'atmosphère et de s'y dissoudre.

Demi-Plaque. Nom donné au format 13 × 18.

triques ou par l'action du vide.

Détective n. f. Nom donné aux appareils photographiques à main destinés à prendre des instantanés.

Développement. Action de développer, c'est-à-dire de mettre en liberté l'argent métallique aux

Détective.

Densité d'un phototype. Poids de l'argent déposé sur l'unité de surface d'un phototype au gélatino-bromure d'argent, exposé à une source de lumière pendant un certain temps, puis développé et fixé.

Dépolarisation n. f. Action de faire cesser la polarisation de la lumière.

Dessiccation n. f. Opération qui consiste à débarrasser un corps des molécules liquides qu'il renferme. Elle peut se faire par l'action de la chaleur, par évaporation à l'air libre, par absorption au moyen de corps hygromé-

endroits de la plaque sensible qui ont été impressionnés par la lumière. Le bain de développement agit comme réducteur en mettant en liberté l'hydrogène de l'eau en dissolution. Cet hydrogène, se combinant à l'haloïde du sel d'argent, met ce métal en liberté. La température du bain de développement doit être de 12 à 20°, et le développement doit se faire dans un endroit éclairé avec de la lumière n'agissant pas sur la couche sensible.

Développement en kallitypie. On obtient les épreuves noires par l'immersion dans 1,000 parties d'eau contenant 100 de borax et 100 de sel de Seignette. On ajoute une solution diluée de bichromate de potasse, mais en faible quantité. L'excès de sel d'argent du papier kallitypique disparaît quand on plonge l'épreuve dans un bain d'ammoniaque concentré à 12 %. Pour obtenir une teinte pourpre, on réduit de 20 à 50 la dose du borax. La teinte sépia est donnée par 50 de sel de Seignette, 12 de borax et une petite quantité d'acide chlorhydrique.

Développer. (V. Développement.)

Déviation n. f. Changement de direction d'un rayon lumineux.

Diagonale (Composition en). On donne ce nom à une composition dont la dominante est en diagonale. A la base de la dominante, se trouve une opposante de lignes ou de formes qu'on appelle *point de règle*.

Diamètre apparent. Le diamètre apparent d'un objet est l'angle sous lequel on le voit, c'est-à-dire l'angle formé par deux rayons visuels menés du centre de la pupille aux deux extrémités d'une même dimension de l'objet. Pour un même objet vu à des distances inégales, le diamètre apparent est en raison inverse de la distance de l'œil à l'objet. Pour deux objets vus à la même distance, le rapport des diamètres apparents est le même que celui des grandeurs absolues.

Diamètre de l'image nette. Le diamètre de l'image nette donnée par un objectif est le diamètre de l'image circulaire nette d'objets très éloignés, image que l'objectif donne dans son plan focal.

Diamètre utile. Diamètre du faisceau lumineux parallèle à l'axe principal d'un système optique.

Diaphanéité n. f. Propriété qu'ont divers corps de se laisser traverser par certaines radiations lumineuses.

Diaphanéité graphique. La diaphanéité graphique d'un corps est le rapport de l'intensité graphique du faisceau lumineux qui le traverse, à l'intensité graphique du faisceau incident.

Diaphanes (Corps). Ceux qui laissent facilement passer la lumière, et à travers lesquels on distingue les objets.

Diaphragme n. m. Écran destiné à limiter le faisceau lumineux tombant sur un objectif et à modifier la profondeur du foyer. Il est près d'une ouverture circulaire, qu'on interpose sur le trajet du faisceau lumineux. La quantité de lumière qui traverse un diaphragme variant comme le carré de l'ouverture du diaphragme, le temps de pose devra varier en raison inverse de ce carré. Les diaphragmes dont l'ouverture est trop petite donnent lieu à des phénomènes de diffraction.

Diaphragme Iris. Diaphragme tournant formé de deux anneaux plats, entre lesquels sont agencées de nombreuses lamelles de cuivre noirci. L'un des anneaux est fixe, l'autre mobile. Les lamelles de cuivre, se serrant ou se desserrant, selon le sens de la rotation, diminuent ou accroissent l'ouverture diaphragmatique.

Diaphragme normal. Le

diaphragme normal d'un objectif est celui dont l'ouverture circulaire a un diamètre égal au dixième de la distance focale principale de l'objectif.

Diaphragme tournant. Diaphragme qui glisse en avant de l'objectif par un mouvement de rotation qui amène, en face des faisceaux lumineux, des ouvertures diaphragmatiques de dimensions variables.

Diaphragme à vanne. Diaphragme qui glisse en avant de l'objectif, suivant un mouvement longitudinal, à la manière d'une vanne qu'on abaisse.

Diaphragmer v. Faire usage du diaphragme.

Diapositifs adj. Se dit des photocopies positives.

Diapositives sur verre. Photocopies positives obtenues sur verre, au moyen de plaques au gélatino-bromure ou au gélatino-chlorure. Les diapositives servent à faire des vitraux transparents ou des positifs que l'on exhibe au moyen de la lanterne à projection.

Diffraction n. f. Modification que subit la lumière quand elle rase le contour d'un corps ou quand elle traverse une petite ouverture, et en vertu de laquelle les rayons lumineux paraissent s'infléchir et pénétrer dans l'ombre.

Diffusion n. f. Ce mot a deux sens. (Pour le sens optique voir *Réflexion irrégulière*.) Il désigne encore le mélange spontané de deux liquides, de nature ou de concentration différentes, et sans action chimique l'un sur l'autre.

Dilution n. f. Action de diluer ou étendre une dissolution.

Dioptrique n. f. Étude de la réfraction de la lumière.

Dispersion n. f. Phénomène optique qui se produit lorsque la lumière passe à travers un prisme. Par suite de l'inégale réfrangibilité des rayons lumineux, le faisceau se trouve à la fois dévié, élargi et coloré. La dispersion se mesure par la différence des indices de réfraction des rayons extrêmes du spectre. Pour le flint-glass, cette différence est de 0,0433 ; pour le crown-glass elle est de 0,0246 ; la dispersion du flint-glass est donc presque double de celle du crown-glass.

Dispersive adj. Les substances qui donnent le plus d'étendue au spectre solaire sont dites très dispersives. Le flint-glass est très dispersif par rapport au crown-glass.

Dissolution n. f. Opération qui consiste à faire passer un corps de l'état solide à l'état liquide, en faisant agir sur lui l'action d'un autre corps liquide, qui sépare ses molécules et les divise de manière à les faire disparaître à la vue. Le corps qui en dissout un autre est appelé *dissolvant* ou *menstrue*.

Dissolvant. (V. Dissolution.)

Distance conjuguée. Distance de l'image au point nodal d'émergence.

Distance focale principale. Distance du foyer au point nodal.

Distance de la vue distincte. Distance à laquelle les objets doivent être placés pour être vus avec le plus de netteté.

Pour les petits objets, caractères d'imprimerie, par exemple, à l'état normal de l'œil, la distance de la vue distincte est de 25 à 30 centimètres. Les personnes qui ne voient nettement qu'à une distance plus courte sont dites *myopes* ; celles qui ne voient qu'à une distance plus grande sont dites *presbytes*.

Distillation n. f. Opération qui consiste à réduire un corps en vapeurs dans un alambic, et à condenser celles-ci en les refroidissant dans un serpentin. La *distillation fractionnée* sert à séparer les liquides dont les points d'ébullition sont voisins. La *distillation dans le vide* s'emploie pour les corps qui seraient altérés par de hautes températures.

Distorsion n. f. Déformation de l'image des corps, due au phénomène de l'aberration ou bien à une mauvaise disposition du diaphragme.

Distorsion externe ou **en barillet**. Celle qui donne aux lignes droites une forme convexe vers le dehors, de sorte qu'un carré ou un rectangle donnent en quelque sorte la projection d'un tonnelet.

Distorsion interne ou **en coussin**. Celle qui donne aux lignes droites une courbure convexe dirigée du côté de la figure qu'elles limitent. Une figure rectangulaire affecte la forme de la projection d'un coussin.

Divergent adj. Se dit d'un faisceau lumineux dont les rayons partent, en s'écartant, d'un même point qui est le sommet du faisceau. Un système optique divergent est celui qui fait diverger les faisceaux lumineux qu'il réfléchit ou qu'il réfracte.

Doublet. Objectif non aplanétique, et anastigmatique, construit d'après les données de Rudolph.

E

Ebullition. Etat d'un liquide qui bout, c'est-à-dire dans lequel le dégagement de vapeurs amène dans la masse une production tumultueuse de bulles ou vésicules tenant à l'emprisonnement des parties vaporisées par des enveloppes dues à la viscosité du liquide.

Eclairage n. m. Distribution, répartition de la lumière dans une scène, un portrait, etc. L'éclairage oblique ou d'arrière convient pour le paysage : pour le portrait, on préférera l'éclairage à 45°.

Eclairés (Corps). Ceux qui reçoivent la lumière d'une source quelconque.

Eclairement normal. L'éclairement normal d'une surface est le quotient de la puissance graphique de la source par le carré de la distance à la source lumineuse.

Eclat ou **Eclat graphique.** L'éclat graphique d'une source lumineuse est le quotient de son intensité graphique par sa surface.

Ecran n. m. Appareil destiné à régulariser l'éclairage du modèle et qui se compose d'un châssis recouvert de fin tissu. — Surface blanche sur laquelle on reçoit l'image donnée par un appareil optique quelconque. Pour l'orthochromatisme, on fait usage d'un écran coloré.

Ecran de tête de Klary. Appareil ayant pour objet de favoriser l'éclairage du sujet que l'on veut photographier. Il se manœuvre dans tous les sens et permet, quel que soit l'état de l'atmosphère, de photographier dans des conditions avantageuses.

opérant à contre-jour et en diaphragmant beaucoup.

Efflorescence n. f. Propriété de certains sels, dits *sels efflorescents*, de perdre leur eau, et de tomber en poussière quand ils restent à l'air.

Egouttoir. Appareil servant à faire égoutter les plaques développées et fixées. Il se compose essentiellement d'un chevalet muni de deux planchettes à rainures,

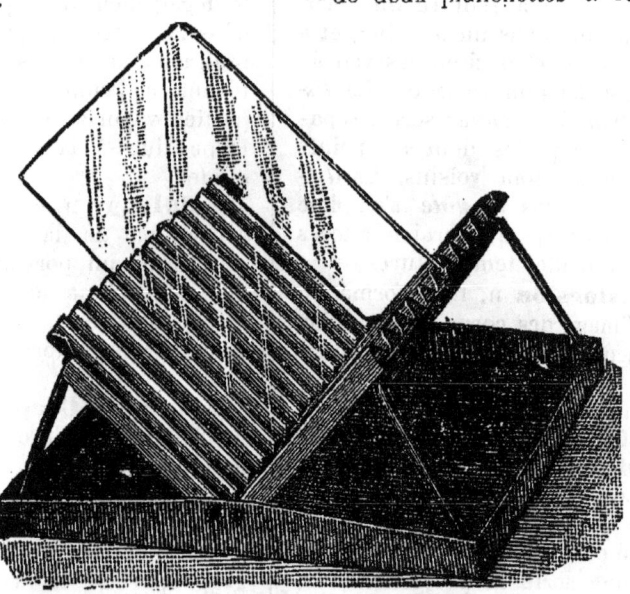

Egouttoir cuvette.

Effet. Impression produite par les oppositions d'ombre et de lumière.

Effets de lune. On les obtient par une pose d'une heure pendant la période de la pleine lune, et en ajoutant quelques gouttes de permanganate de potasse au virage.

Effets de soleil. On les obtient par une pose brève, en

dans lesquelles on glisse les plaques. On construit des cuvettes à lavage pourvues de plaques à rainures, qui permettent de les employer comme égouttoirs.

Électrographie. Reproduction d'images photographiques en appliquant des médailles, par exemple, sur une surface sensible. L'action de l'étincelle électrique permet d'obtenir des images de ces médailles. — Procédé galvanoplastique qui consiste à obtenir des planches gravées en relief ou en creux par l'action d'un courant direct.

Élimination n. f. Opération qui consiste à faire disparaître sur la courbe sensible les substances chimiques qui pourraient nuire au résultat : élimination de l'hyposulfite.

Émaillage n. m. Opération qui consiste à donner du brillant aux photographies. On y procède en immergeant des photocopies dans la gélatine chaude, puis en les appliquant sur une plaque de verre enduite de collodion. On laisse sécher, après compression à l'aide d'un rouleau, et, le lendemain, la photographie se détache facilement du verre.

Émaux photographiques. Par l'incorporation d'un fondant vitrescible incolore et d'un oxyde métallique coloré, on obtient des photocopies inaltérables et d'un bel effet, à condition que les émaux fassent corps avec le support photographique.

Empaquetage des plaques. Il faut éviter d'empaqueter les plaques avec du papier imprimé : on s'expose à voir venir l'image de l'impression lors du développement.

Émulsion, Émulsification. (V. Emulsifier, émulsionner.)

Émulsifier, Émulsionner. Faire tenir en suspension, à l'état de division extrême, un corps non soluble dans le liquide qui lui sert de véhicule. C'est ainsi qu'on émulsionne les bromure, chlorure, iodure d'argent dans la gélatine, l'albumine, le collodion.

Encaustiquage n. m. Opération qui consiste à donner du brillant aux photocopies et à les préserver de l'humidité en passant dessus un chiffon de flanelle imprégné d'encaustique ; celle-ci s'obtient en dissolvant 30 grammes de cire vierge dans 200 cent. cubes de benzine ou d'éther sulfurique.

Encaustique n. f. Solution de cire dans l'essence de térébenthine, la benzine ou l'éther sulfurique, destinée à donner du brillant aux corps sur lesquels on l'étend et à les préserver de l'humidité.

Encaustiquer. Action d'enduire d'encaustique.

Encollage n. m. Opération qui consiste à déposer un enduit à la surface d'un substratum, pour en diminuer la porosité ou fixer certaines substances à la surface.

Encollage à l'albumine. Il s'obtient en faisant flotter le papier que l'on veut encoller sur une solution aqueuse de chlorure de sodium (10 gr. dans 100 gr. d'eau) dans laquelle on a battu 400 cent. cubes d'albumine d'œufs frais. Avant d'être employée, cette solution doit déposer pendant 12 heures et être filtrée.

Encollage à l'arrow-root. L'arrow-root est associé à l'acide citrique. On ajoute 4 gr. d'arrow-root à la solution suivante formée de 1 gr. d'acide citrique et 5 gr. de chlorure de sodium dans 120 grammes d'eau distillée. On chauffe et on remue jusqu'à l'ébullition.

Encollage à la baryte et au benjoin. Avec ces deux substances, on peut obtenir, sous le nom de papier couché, une surface très fine et très brillante, qui sert aux tirages photocollographiques.

Encollage à la céruse. Par l'encollage à la céruse, on obtient le papier porcelaine.

Encollage à la colle. Il s'obtient avec 3 gr. de colle-forte, 2 gr. de savon râpé dans 100 gr. d'eau.

Encollage à la gélose. On prépare la colle à la gélose selon la formule suivante : gélose 6 gr. ; alcool, 180 gr. ; eau pure, 650 gr.

Encoller. Faire l'encollage.

Encre de Chine. Additionnée de gomme arabique, elle sert à boucher les trous des phototypes et à adoucir la trop grande transparence de certaines ombres.

Énergie graphique d'une source lumineuse. Produit de la puissance graphique de cette source par sa durée.

Énergie graphique d'une surface. L'énergie graphique reçue par une surface est le produit de cette surface par son illumination graphique.

Entonnoir n. m. Cône creux de verre, de métal, de porcelaine, terminé par un tube également creux, qui est employé au transvasement ou au filtrage des liquides.

Épreuve n. f. Autrefois on donnait ce nom aux images obtenues au moyen du cliché photographique. Ce mot a été remplacé par celui de photocopie. En photographie, le mot épreuve a exactement le même sens qu'en imprimerie.

Épreuve siamoise. Épreuve dans laquelle on obtient plusieurs poses du même personnage sur un même cliché.

Éprouvette n. f. Long vase cylindrique, destiné à recueillir les gaz ou les liquides. Les éprouvettes à gaz sont généralement terminées par une calotte sphérique à leur extrémité fermée. Les éprouvettes à liquide sont munies d'un pied, généralement graduées et pourvues d'un goulot.

Escamoter v. Substituer des plaques vierges à des plaques exposées, à l'aide de la boîte à escamotage, qui dispense d'avoir recours au cabinet noir.

Espionnage n. m. Pour prévenir des tentatives coupables, la loi du 10 avril 1886 punit comme délit d'espionnage le fait de prendre, même de bonne foi, des vues photographiques dans un rayon de 10 kilomètres autour des ouvrages militaires.

Esthétique n. f. Science du beau.

Estompe n. f. Morceau de peau ou de papier roulé en cylindre et taillé en pointe aux extrémités, qui sert aux retouches en photographie.

Estomper. En photographie, modeler, appliquer des ombres à l'aide de l'estompe.

Euryscope n. m. Objectif symétrique rapide, à grande ouverture, et à pouvoir lumineux considérable, qui est employé pour les groupes et les instantanés.

Évaporation n. f. Production lente de vapeurs à la surface d'un liquide.

État latent. État de l'image

impressionnée, lorsque la plaque sensible, ayant subi l'action de la lumière, le dévelopement n'est pas encore opéré. A l'état latent, l'image apparaît aux yeux semblable à ce qu'elle était avant l'exposition à la lumière. Le développement fait apparaître l'image latente.

Exposition. Opération qui consiste à soumettre une substance à l'action de la lumière, soit à la chambre noire, soit au châssis-presse.

Expression n. f. Qualité d'une figure qui fait qu'elle exprime bien le caractère du modèle.

Extension n. f. Procédé d'agrandissement peu pratique et peu usité, reposant sur la propriété qu'a la gélatine des pellicules de s'étendre après avoir été plongée dans l'eau légèrement acidulée d'acide chlorhydrique.

F

Faible. Se dit d'un négatif dont les parties noires ne sont pas assez opaques, par suite d'insuffisance de la pose ou du développement.

Faiblissement. État d'un négatif faible ; on y remédie par le renforcement.

Faiblisseur. Toute substance ou toute action chimique qui rend plus transparent un cliché trop développé.

Faisceau n. m. Ensemble de rayons lumineux parallèles, divergents ou convergents.

Fermeture hermétique. On est obligé de fermer hermétiquement les boîtes et caisses contenant des articles qui s'altèrent à la lumière ; on se sert d'un mastic composé de 150 gr. de mastic ordinaire mélangé avec 50 gr. de vernis au benjoin et qui devient dur comme de la pierre.

Ferrotype adj. Nom donné aux plaques de tôle vernie employées dans le mode de photographie sur métal dite ferrotypie.

Ferrotypie n. f. Mode de photographie qui consiste à opérer rapidement, grâce à l'emploi des plaques de tôle mince, recouverte d'une couleur de teinte chocolat. La ferrotypie permet d'avoir immédiatement l'épreuve positive, obtenue directement à la chambre noire ; ce procédé est employé par les artistes forains, qui livrent les portraits à leurs clients quelques instants après la pose.

Film. Mot d'origine anglaise signifiant *pellicule, membrane.* Les films ne sont autre chose que les pellicules photographiques. Elles sont planes et coupées selon les formats photographiques, ou enroulées en bobines.

Filtration n. f., **Filtrage** n. m. Passage d'un liquide à travers un corps poreux, dans un but d'épuration. On obtient un filtre rapide en plaçant un tampon de *coton hydrophile ou d'amiante* au fond d'un entonnoir.

Filtre n. m. Appareil formé d'une substance assez poreuse pour laisser passer les corps en dissolution, et assez résistante pour retenir les corps étrangers qu'ils tiennent en suspension. On emploie en photographie le filtre de papier non collé ; mais il a l'inconvénient de s'altérer et d'atteindre les préparations qui sont à son contact. On lui préfère le tampon d'amiante qui n'altère pas les liquides photographiques et n'est pas attaqué par les acides.

Fixage n. m. Opération qui consiste à rendre insensible à l'action de la lumière une image résultant de l'impression de cet agent.

Fixage des photocopies. Rejeter le cyanure de potassium, poison dangereux à manier, et qui ronge les photocopies. Employer l'ammoniaque, dissolvant du chlorure d'argent (15 à 20 cm c. d'ammoniaque pour 100 cm c. d'eau). On utilise quelquefois le sulfocyanure d'ammonium à 30 % dans l'eau. On se sert le plus souvent d'hyposulfite de soude (15 à 20 % d'eau). Le chlorure de magnésium (15 de chlorure et 20 d'hyposulfite pour 100 d'eau). Le chlorure de magnésium (15 de chlorure et 2 d'alun pour 100 d'eau) est employé avec les papiers aristotypes. Faire un bon lavage alcalin entre le virage et le fixage.

Fixage des phototypes. Il faut d'abord laver soigneusement le phototype, pour éviter le voile couleur de rouille avec les révélateurs au fer, et le dépôt d'alumine, lors de l'alunage, avec le révélateur alcalin. Il faut laver de nouveau et mettre à sécher après le fixage. Les formules de fixage varient avec le substratum. L'hyposulfite de sodium est le véritable agent fixateur des phototypes.

Fixage des phototypes au collodion. On se sert d'une solution de 5 d'hyposulfite de sodium pour 100 d'eau.

Fixage de phototypes au gélatino-bromure. On doit employer la solution suivante, à cause de la solubilité de la gélatine dans les sulfocyanures : 5 d'alun et 10 de sulfocyanure d'ammonium dans 100 d'eau. On emploie aussi l'hyposulfite de sodium: 20 d'hyposulfite pour 30 d'eau, d'une part, et, d'autre part, 5 d'alun pour 30 d'eau; on mélange les deux solutions pour fixer.

Fixage provisoire. Opération qui a pour but, une fois le développement terminé, de rendre le phototype insensible à l'action de la lumière, pendant un certain temps en attendant le fixage définitif à l'hyposulfite de sodium.

Fixateur. Tout agent capable de fixer une préparation sensible.

Fixatrices (Substances). Celles qui dissolvent les sels haloïdes d'argent ; ce sont, pour le bromure d'argent : l'ammoniaque, les cyanures et sulfocyanures alcalins, l'hyposulfite de sodium, le nitrate mercureux ; pour le chlorure d'argent : les mêmes corps que ci-dessus, sauf le nitrate mercureux, et, en plus, le chlorure de magnésium ; pour l'iodure d'argent, les cyanures et sulfures alcalins, et l'hyposulfite de sodium.

Fixé n. m. On donne ce nom à une gravure que l'on colle sur verre pour la peindre ensuite par derrière, ce qui lui donne l'aspect des lithophanies allemandes. On appelle également ainsi une photographie sur verre coloriée dans les mêmes conditions.

Fixer. Rendre une image produite par la lumière désormais insensible à l'action de celle-ci.

Fixo-Virage n. m. Opération du fixage et du virage faites simultanément par le mélange d'une solution de chlorure d'or à 2/1000 avec la solution d'hyposulfite ou de sulfocyanure de potassium à 1/10, dans lequel on verse, goutte à goutte, du chlorure d'or au 1/20.

Flacons. Vases de verre ou de métal employés dans les laboratoires pour recueillir ou conserver les solides pulvérulents, les liquides et certains gaz.

Flint-Glass n. m. Verre à base de plomb, plus riche en oxyde de plomb que le cristal ou le crown-glass. Son indice de réfraction varie de 1,507 à 1,586.

Fluorescence n. f. Sorte de phosphorescence instantanée qui cesse en même temps que l'illumination qui l'a provoquée. La fluorescence s'observe avec le spath fluor, les verres d'urane, les solutions d'esculine, de chlorophylle, de sulfate de quinine.

Fluorographie n. f. Procédé de transport des images photocollographiques sur verre.

Flou. Se dit d'un phototype ou d'une photocopie dont les contours manquent de netteté, par suite d'une mauvaise mise au point.

Flouiste adj. Nom donné à une école de photographes partisans du *flou* en photographie ; l'opposé de flouiste est *nettiste*. (V. ce mot.)

Focale (Distance). On appelle ainsi la distance qui sépare du point nodal d'émergence de la lentille de l'objectif, le foyer principal.

Focomètre n. m. Tout appareil destiné à mesurer la distance focale d'un système optique.

Focomètre Mergier. Instrument permettant de déterminer toutes les constantes d'un appareil photographique et d'en voir les défauts. Il repose sur ce principe : un objet donnant, dans un système optique, une image qui lui est égale, si l'on déplace le système optique d'une distance égale à la distance focale, et l'objet d'une distance moitié, on obtient, dans le même plan, une image double.

Folding-Camara n. f. Chambre pliante, qui peut être utilisée soit à la main, soit à l'aide d'un pied, et qui a remplacé la chambre dite à *ailettes*.

Fond. En photographie, toile peinte en décor, devant laquelle on fait poser.

Fond dégradé. Fond dont le ton se dégrade du noir au blanc, le plus grand noir étant généralement opposé au blanc du visage.

Fond perdu. Celui qui va en s'atténuant, mais sans passer entièrement, comme le fond dégradé, du noir au blanc.

Fond russe. Fond noir dégradé. Ce fond est employé pour les portraits dits à la Rembrandt.

Format n. m. Grandeur des épreuves photographiques. Les formats les plus usités sont 18 × 24 (plaque entière) ; 13 × 18 (demi-plaque) ; 6 1/2 × 9 ou 9 × 12 (quart de plaque). Le format le plus pratique et le plus usité est le 13 × 18.

Format des cartes photographiques. Voici le format des cartes employées par la photographie industrielle : Album 110mm × 165mm ; Mignonnette 35mm × 60mm ; Paris-portrait 133mm × 220mm ; Promenade 100mm × 210mm ; Salon 175mm × 250mm ; Stéréoscope 87mm × 178mm ; Victoria 80mm × 126mm ; Visite 63mm × 105mm.

Forts contrastes. Pour avoir des clichés présentant de forts contrastes, on tire une épreuve ; on enduit le papier de vaseline et l'on place cette épreuve sur le châssis, à un centimètre du cliché. Elle forme alors compensateur et adoucit l'épreuve définitive.

Foyers. Nom donné, dans les miroirs courbes ou les lentilles, aux points où vont concourir les rayons réfléchis ou réfractés (foyers réels) ou leurs prolongements (foyers virtuels).

Foyer chimique n. m. Endroit situé en arrière de l'objectif où les rayons chimiques, c'est-à-dire voisins de la région violette du spectre viennent former leur foyer. Un objectif est dit dépourvu de foyer chimique lorsque l'image chimique correspond exactement à l'image visuelle.

Foyer conjugué. Le foyer conjugué d'un point lumineux est le point de l'axe principal où viennent se rencontrer tous les rayons émis par ce point lumineux, après réflexion sur le miroir ou réfraction dans la lentille.

Foyer principal. Point où vont concourir, après réflexion ou réfraction, tous les rayons lumineux parallèles à l'axe principal. Ce point est situé à égale distance du centre de courbure et du centre du miroir. Réciproquement, les rayons partis du foyer principal donnent, après réflexion sur le miroir, un faisceau parallèle à l'axe principal.

Foyer visuel. Endroit situé en arrière de l'objectif, où les rayons visuels viennent former leur foyer. Les rayons visuels sont ceux qui sont voisins de la région jaune du spectre, qui occupent la partie moyenne de celui-ci.

Frilling. Nom anglais par lequel on désigne le plissement de la gélatine, qui se ride en se détachant.

Fumigateur. Appareil servant en photographie à soumettre les papiers sensibles aux vapeurs de carbonate d'ammoniaque. Il se compose essentiellement d'une boîte, munie à sa partie inférieure d'un tiroir où l'on place le carbonate d'ammoniaque en cristaux, et à sa partie supérieure d'un couvercle auquel on suspend les feuilles de papier bien sèches.

Fumigation n. f. Exposition d'un corps à certaines fumées ou vapeurs.

Fumigations ammoniacales. Ces fumigations, obtenues au moyen du carbonate d'ammoniaque, augmentent la sensibilité du papier photographique, le font virer plus vite et lui donnent une belle coloration.

Fusion n. f. Transformation d'une substance solide en substance liquide sous l'action de la chaleur.

G

Gaïac n. m. La résine de gaïac, naturellement brunâtre, est sensible aux rayons violets, qui la rendent bleue.

Glaçage n. m. Opération qui consiste à obtenir des épreuves ayant une face rigoureusement plane. Le matériel de glaçage se compose essentiellement d'un rouleau de caoutchouc et d'une plaque de tôle émaillée, sur laquelle on pose l'épreuve; on applique sur celle-ci une feuille de papier buvard, on passe le rouleau sur le tout; après avoir renouvelé l'opération jusqu'à ce que toute trace d'eau ait disparu, on laisse sécher dans un courant d'air. Les épreuves ne sont enlevées que lorsqu'elles sont absolument sèches, ce qui se reconnaît à leur tendance à se soulever.

Glace dépolie. Glace dépolie à l'émeri et placée à l'arrière de la chambre noire ; c'est sur elle que vient se former l'image dans la mise au point. On peut faire accidentellement des glaces dépolies avec des plaques de verre ordinaire sur lesquelles on étend de la paraffine. Pour s'assurer que le sujet aura les dimensions photographiques voulues, on quadrille la glace dépolie, ou l'on emploie un carton noir percé d'une ouverture ayant la grandeur désirée.

Glaces opales. Glaces d'opale, qu'on trouve dans le commerce; sensibilisées avec la même émulsion que le papier aristotype, elles donnent de superbes résultats.

Glaces sensibles. Nom donné aux plaques de verre sur lesquelles est étendue une couche sensible, susceptible d'être impressionnée par l'action de la lumière.

Globe lens. Objectif formé de deux combinaisons symétriques de lentilles se regardant par leur partie centrale, et dont les surfaces extérieures font partie d'une même sphère. Cet objectif, dû à Harrisson, a été abandonné parce qu'il a le défaut de donner la tache centrale.

Gondolement des photographies. Pour éviter le gondolement des photographies, il faut les bien coller. La colle qui donne les meilleurs résultats est une solution de gélatine dans laquelle on verse de l'alcool jusqu'à ce que le mélange se trouble. On y ajoute un peu d'acide phénique pour assurer la conservation, et l'on réchauffe la colle au bain-marie, chaque fois qu'on veut en faire usage.

Grand angulaire (Objectif). Objectif ayant un angle assez grand pour permettre de photographier des vues où l'on manque de recul.

Grandeur apparente. (V. Diamètre apparent.)

Grandeur des images. Le rapport de grandeur, de l'image à l'objet, est égal au quotient de la distance focale principale f divisée par la distance q de l'objet au foyer principal $\frac{I}{O} = \frac{f}{q}$ I s'ensuit que l'image est plus petite que l'objet, si celui-ci s'éloigne du foyer principal, et qu'elle est plus grande s'il s'en rapproche.

Graphoscope n. m. Lentille biconvexe servant à grossir les photocopies pour mieux les examiner.

Graphotypie n. f. Procédé de dessin à la pointe sur deux clichés négatifs ou positifs, recouverts d'un vernis transparent, quoique imperméable aux radiations graphiques.

Grossissement n. m. Rapport du diamètre apparent de l'image au diamètre apparent de l'objet, supposés l'un et l'autre à la distance minimum de la vue distincte.

Grossissement linéaire n. m. Grossissement en diamètre.

Grossissement superficiel. Grossissement en surface ; il est le carré du grossissement linéaire.

Groupe. Assemblage, réunion de personnes, de sujets photographiques.

Guillotine. (V. Obturateur-Guillotine.)

H

Halo n. m. Anneau ou série d'anneaux plus ou moins larges et plus ou moins éclatants, qui entourent la photographie d'un point lumineux très brillant. Ce phénomène, dû à des réflexions dans la lame à faces parallèles qui forme la plaque, se produit en automne ou en hiver, quand les objets se détachent sur un ciel brillant, ou lorsqu'on photographie un intérieur peu éclairé, ne recevant la lumière que par un trop petit nombre d'ouvertures, que l'on est obligé de mettre dans le champ de l'image.

Halofuge adj. Qui supprime le halo.

Harmonie. Il y a harmonie dans une photographie quand elle est nette, que les demi-teintes de l'objet sont fidèlement reproduites sur l'image, c'est-à-dire quand les transparences des éléments du phototype sont inversement proportionnelles à l'éclat des parties correspondantes du modèle.

Héliochromie. Photographie en couleurs. (V. tome Ier, *Dictionnaire de Gravure, Lithographie et Procédés*, p. 194.)

Héliophotographie n. f. Photographie de la surface solaire.

Héliostat n. m. Système optique disposé pour renvoyer les rayons solaires dans une direction déterminée.

Heurté adj. Se dit d'une photographie dans laquelle les contrastes des ombres et des lumières sont trop accusés.

Homéoscope n. m. Appareil photographique en forme de jumelle stéréoscopique, avec lequel on peut faire la pose ou l'instantané. Il fonctionne soit avec le doigt, soit avec la poire en caoutchouc.

Horizon n. m. Dans les arts, on prend comme horizon un plan horizontal passant au centre de l'œil de l'observateur. L'horizon d'un site varie donc avec la taille de l'observateur ou la hauteur à laquelle le photographe place son objectif.

Hydroquinone (Clichés développés à l'). Pour éviter la

teinte jaune des clichés développés à l'hydroquinone, après développement et lavage, il faut les plonger dans une eau acidulée à 2 % d'acide citrique.

Hydroquinone (Révélateur à l'). Il se compose du mélange, dans la proportion de 1 pour 10, des deux solutions suivantes : 1° 50 gr. de potasse pour 100 gr. d'eau ; 2° 1 gr. d'hydroquinone, 13 de prussiate jaune et 5 de sulfite de sodium pour 100 d'eau.

Hydrotypie n. f. Procédé reposant sur l'insolubilité de la gélatine bichromatée exposée à la lumière. Les plaques sont sensibilisées dans du bichromate d'ammonium en solution à 3 % et séchées. Une fois insolées, elles sont lavées et séchées, puis plongées dans une solution colorante et subissent enfin un dernier lavage.

Hydrotypiques (Couleurs). Les matières utilisées pour la coloration des liquides employés en hydrotypie sont le bleu de Prusse et le bleu d'aniline ; l'éosine, la fuchsine, le carmin ammoniacal, qui donnent des couleurs rouges ; l'acide picrique et les picrates, qui fournissent les colorations jaunes. Les mélanges de ces diverses substances donnent des teintes intermédiaires.

Hydroxylamine (Révélateur au chlorhydrate d'). Il se compose de 12,5 d'ydroxylamine, 12 de soude, et 180 d'alcool pour 100 d'eau.

Hygrométrique adj. Se dit des substances, et notamment des sels, qui s'emparent très facilement de l'humidité atmosphérique.

I

Iconogène (Révélateur à l'). Il se compose de 1 partie d'iconogène, 5,5 de sulfite de sodium et 3,5 de carbonate de sodium pour 100 d'eau.

Iconomètre n. m. Appareil destiné à donner la distance focale de l'objectif la plus convenable pour obtenir une vue photographique.

Illumination n. f. Appellation adoptée par le congrès de photographie pour désigner l'énergie lumineuse reçue par une plaque sensible.

Image n. f. Représentation d'un objet par les rayons lumineux qu'il émet, et obtenue soit par réflexion, soit par réfraction.

Images accidentelles. (V. Couleurs accidentelles.)

Image chimique. Image formée par les rayons chimiques et qui est la seule active sur la surface sensible

Image double. (V. Épreuve siamoise.)

Image latente. Image invisible que porte la plaque sensible impressionnée à sa sortie de la chambre noire. Elle deviendra apparente ou se révèlera après le développement.

Image réelle. Celle qui est formée par les rayons réfléchis ou réfractés eux-mêmes. Elle peut être reçue sur un écran et agir chimiquement sur certaines substances.

Images virtuelles. Celles qui sont données par les prolongements des rayons réfléchis ou réfractés et ne sont qu'une illusion de l'œil ; elles tendent à se produire, mais en réalité ne se produisent pas.

Image visuelle. Celle que voit l'œil et qui est formée par les rayons visuels.

Impression n. f. Nom donné, en photographie, à l'exposition à la lumière des feuilles de papier sensible sur lesquelles est appliqué le cliché ou phototype. L'impression doit être *poussée à fond*, c'est-à-dire être beaucoup plus intense qu'elle doit paraître définitivement, car après la sortie du châssis, le papier doit être fixé et viré.

Impression par contact. Se dit de l'impression obtenue quand le papier sensible est en contact direct avec le négatif dont on veut avoir une copie. L'image obtenue est alors de la même grandeur que le négatif.

Indice de réfraction. Rapport entre les sinus des angles d'incidence et de réfraction. Il est donné par la formule $n = \frac{\sin i}{\sin r}$. L'indice de réfraction de l'air à l'eau est de $\frac{4}{3}$; celui de l'air au verre, de $\frac{3}{2}$.

Indice de réfraction absolue. Indice de réfraction qu'on obtiendrait, si, au lieu de passer de l'air dans une substance, la lumière passait du vide dans cette substance.

Indice de retour. L'indice de retour est le rapport inverse de l'indice de réfraction. Il est exprimé par la formule $\frac{1}{n}$. C'est l'indice obtenu quand on considère les milieux dans l'ordre inverse de celui qui a servi à établir l'indice de réfraction. L'indice de retour est de $\frac{3}{4}$ de l'eau à l'air, et de $\frac{2}{3}$ du verre à l'air.

Indigo n. m. Une des sept couleurs du spectre solaire, située entre le violet et le bleu.

Inflammateur pneumatique. Nom donné à une variété de lampes en magnésium, utilisées par les photographes.

Ink-Photo. Procédé photolithographique de report sur pierre d'une image modelée, obtenue à l'aide d'une granulation produite artificiellement sur une couche de gélatine.

Insolation n. f. Action d'exposer à la lumière du soleil. Résultat de cette exposition. On donne encore, en photographie, le nom d'insolation à l'action d'exposer au jour un châssis-presse contenant un phototype derrière lequel est un papier sensible.

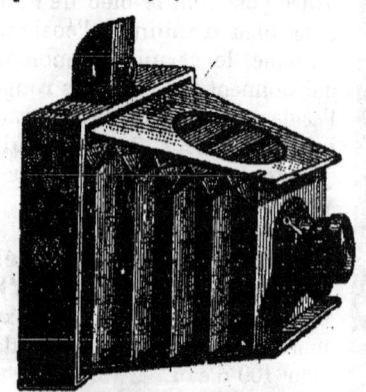

L'Instantané ouvert.

Instantané n. m. Se dit de tout négatif pris avec un temps de pose inférieur à 1/10 de seconde en moyenne. — Nom d'un appareil photographique dont nous donnons ici la figure.

L'Instantané fermé.

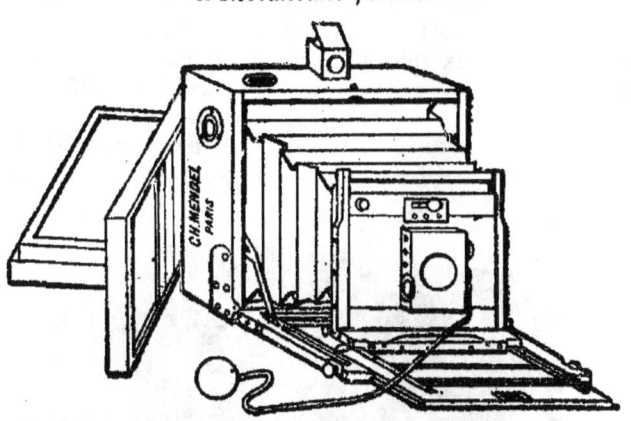

Appareil instantané genre Folding.

Intensité n. f. Nom donné quelquefois à la puissance graphique d'une source lumineuse. (V. Puissance graphique.)

Intensité lumineuse. Quantité de lumière reçue sur l'unité de surface d'un corps éclairé. 1º L'intensité de la lumière reçue *normalement* sur une surface donnée est en raison inverse du carré de la distance à la source lumineuse ; 2º l'intensité de la lumière reçue *obliquement* est proportionnelle au cosinus de l'angle que font les rayons lumineux avec la normale à la surface éclairée.

Interférence n. f. Phénomène optique qui se produit lorsque deux rayons lumineux, marchant dans la même direction s'entre-détruisent, de manière à amener des points obscurs. Ce phénomène, longtemps inexpliqué avec la théorie de l'émission, se conçoit facilement par la théorie des ondulations.

Intermédiaires. Châssis employés en photographie pour obtenir des plaques de différentes dimensions dans un appareil donné. Ils sont composés d'une série de cadres s'emboîtant les uns dans les autres et dont l'ouverture correspond à la série des plaques d'usage courant.

Irradiation n. f. Phénomène par lequel les objets blancs ou de couleurs très vives mis sur un fond obscur, paraissent avec des dimensions plus grandes que celles qu'ils ont réellement. L'inverse a lieu pour un corps noir vu sur fond blanc. On admet que l'irradiation provient de ce que l'impression sur la rétine se propage au-delà du contour de l'image.

Isochromatisme. (V. Orthochromatisme.)

Ivoire n. m. Dans le procédé au charbon, l'ivoire sert quelquefois de substratum aux substances sensibles.

J

Jaune. Une des sept couleurs du spectre, située entre le vert et l'orangé.

Jaunes (Disparition des taches ou teintes). On fait disparaître les taches ou teintes jaunes des phototypes en les plongeant d'abord, pendant environ dix minutes, dans une solution de 400 de bromure de potassium, pour 1000 d'eau distillée, à laquelle on ajoute 3 ou 4 gouttes d'acide chlorhydrique; puis, jusqu'à disparition complète de la teinte jaune, dans de l'eau contenant 1/5 d'hyposulfite de soude.

Jaunissement. Teinte jaune que prennent en vieillissant les photographies peu soignées.

Jaunissement des photocopies. Pour faire disparaître le jaunissement d'une photocopie, il faut la tremper dans un bain dilué au bichlorure de mercure. S'il s'agit d'une photocopie collée, on applique à la surface un papier buvard, imprégné de la même solution.

Jaunissement des phototypes. Pour supprimer la coloration jaune qui se produit dans certains clichés, il suffit de tremper le négatif dans la solution suivante, au sortir de laquelle il devient clair et incolore : 2 gr. de chlorure de sodium pour 16 gr. d'eau, contenant 1 gr. d'acide sulfurique dilué au 1/8.

Jumelle stéréoscopique Bellini. Ces appareils peuvent se

Jumelle stéréoscopique Bellini.

monter sur table ou sur pied, ils servent indistinctement pour les instantanés et pour la photographie posée.

Jumelloscope n. m. Nom donné à un monocle à mise au point destiné à examiner les vues non agrandies.

K

Kallitypie n. f. Procédé d'impression aux sels de fer, qui utilise la réaction de ces sels précipités par l'ammoniaque. On obtient des photocopies ressemblant à celles tirées sur papier salé. On écrit encore *callitypie*.

Kodak n. m. Nom donné à de petits appareils à main, d'invention américaine. Ils donnent

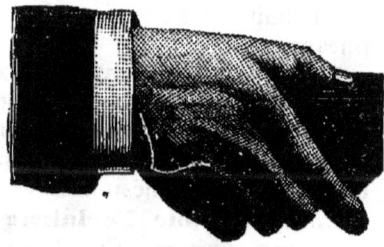

Kodak.

des images rondes pour les deux plus petits formats. Les formats supérieurs sont pelliculaires ou à glaces.

Kromogramme n. m. Appareil enregistreur des couleurs du kromskop. Il a pour objet de mélanger les couleurs, de sorte que la reproduction de toute ombre colorée soit obtenue par la variation de la densité des teintes.

Kromskop n. m. Nom donné à l'appareil imaginé par M. F.-E. Yves, de Philadelphie, pour obtenir des photographies en couleur. Il repose sur ce principe que : de même que l'œil a trois sortes de sensibilités de couleur — le vert, le rouge et le violet — la chambre noire a trois couleurs qu'elle peut fixer, et grâce au merveilleux procédé employé par M. Yves, ces trois couleurs peuvent être fixées au moyen d'une seule lentille et dans un seul et même temps. Cet instrument comprend trois verres de couleur rouge, bleue et verte, contre lesquels les images correspondantes du kromogramme sont placées lorsque l'appareil fonctionne. Il y a en outre une lentille grossissante et un réflecteur éclairant les images du verre vert, celle des verres rouge et bleu étant éclairées par la lumière naturelle. Il y a, enfin, deux réflecteurs transparents en verre coloré, destinés à renvoyer au verre vert les images bleues et rouges. Ces deux réflecteurs, que nous appellerons respectivement B et R (initiales de bleu et rouge) forment un angle de 45° avec les verres de ces couleurs.

Cela posé, l'opération du kromskop est la suivante : les images vertes sont vues directement, dans leur position sur le verre vert, au travers des verres transparents. Les images bleues sont vues au moyen de la réflexion de la surface du verre B, qui semble leur faire occuper la même position que les précédentes et devenir, en effet, une partie des images formées sur le verre vert. Il en est de même pour les images rouges, grâce au rôle analogue que joue le verre R. Enfin, la lentille grossit les deux images qui constituent le couple stéréoscopique, en facilitant la confusion de ces deux images, comme dans le stéréoscope ordinaire. Il en résulte une image unique, en relief, avec toutes les couleurs naturelles, visuellement identique à l'objet photographié.

Kynocyanine (Révélateur à la). Il est formé de 1 partie de kynocyanine pour 1 de carbonate de sodium, 14 de carbonate de potassium, 5 de sulfite de sodium dans 100 parties d'eau.

L

Laboratoire n. m. Endroit absolument obscur où se font les manipulations photographiques. On le désigne encore sous le nom de *cabinet noir*. A défaut de pièce offrant une obscurité complète, on procède aux opérations la nuit. L'éclairage du laboratoire se fait à l'aide d'une lanterne à verres rouge et jaune. — Lieu où se font les manipulations de physique, de chimie, de sciences biologiques.

Laboratoire portatif. Appareil photographique portatif permettant de changer et même de développer les plaques sur le terrain.

Lambertypie n. f. Procédé spécial d'impression photographique qui tire son nom de M. Lambert, son inventeur.

Laminoir n. m. Appareil appelé encore presse à satiner ou à cylindrer, qui sert à égaliser la surface d'une image, ou à amincir le bristol en le soumettant à la pression d'une règle ou d'un ou deux cylindres.

Lampascope n. m. Partie optique d'une lanterne magique disposée de manière à pouvoir s'adapter sur une lampe ordinaire pour faire un appareil de projection.

Lampe n. f. Appareil d'éclairage dans lequel la lumière est obtenue par la combustion d'un hydrocarbure, huile, pétrole, essence minérale, etc. On donne encore le nom de lampe aux appareils de manifestation de la lumière électrique : lampe à arc, lampe à incandescence.

Lampe-Étalon. Lampe à acétate d'amyle, du constructeur Dubosc, choisie sur la proposition du général Sebert, comme étalon de lumière par le congrès photographique. La fraction de flamme utilisable comme unité lumineuse est délimitée par une sorte de diaphragme.

Lampes photographiques. Elles sont de trois sortes : lampes de laboratoire, lampes de lanternes à projection, lampes pour l'éclairage au magnésium.

Lampes pour l'éclairage au magnésium. Ces lampes sont composées d'un récipient de magnésium, d'un brûleur à alcool pour enflammer le métal et d'une soufflerie qui projette la charge de magnésium dans l'alcool enflammé.

Lampes de laboratoire. Lampes à pétrole, à gaz, à incandescence, munies d'un verre rouge rubis servant aux opérations que le photographe effectue dans le laboratoire.

Lampes pour lanternes à projection. Les lampes de cette

nature sont le plus souvent alimentées par le pétrole, qui est renfermé dans un récipient en zinc. Elles sont à 2, 3 ou 5 mèches.

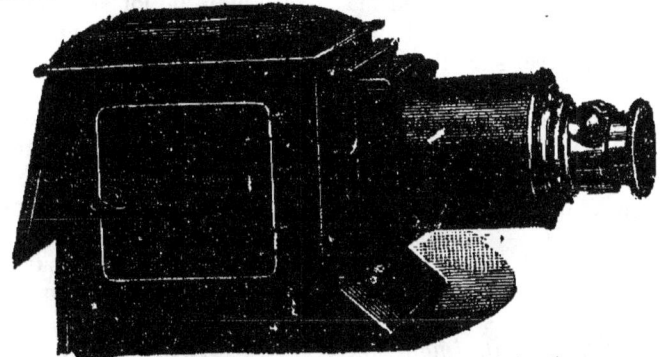

Lanterne d'agrandissement et de projection.

Lanterne Decoudan. Lanterne de photographe, à alimentation automatique, qui sert indistinctement bien comme lanterne de laboratoire et comme lanterne portative.

Lanternes de laboratoire.

Lanterne d'atelier.

Il leur faut réunir certaines conditions pour rendre au photographe tous les services qu'il peu en attendre : 1º Elles doivent être suffisamment aérées pour éviter l'allongement de la flamme et la production de fumée, conséquence d'une combustion incomplète ; 2º être absolument étanches à la lumière blanche ; 3º être munies de verres colorés, impénétrables aux rayons actiniques. Elles sont alimentées par des carbures combustibles et quelquefois constituées par une petite lampe à incandescence rattachée à une forte pile.

Lanterne magique. Instrument d'optique imaginé vers 1645 par le jésuite Kircher. Elle se compose essentiellement d'une lanterne ordinaire, à laquelle on adapte un tube garni de deux lentilles qui font diverger les rayons partant de l'objet dont ils projettent sur l'écran une image agrandie et renversée. En général, les figures de la lanterne magique sont peintes à l'aide de couleurs transparentes sur des morceaux de verre mince.

Lanterne à projection. Appareil optique destiné à projeter sur un écran une image émanant d'un phototype ou d'un corps opaque placé à l'intérieur de l'appareil. Celui-ci se compose essentiellement d'une lampe dont la lumière, reçue par un condensateur, est envoyée sur l'objet à projeter et s'échappe par l'objectif, pour aller former une image agrandie sur un écran. On se sert d'une lampe ordinaire, de lumière oxhydrique, quelquefois de lumière électrique.

Latent adj. Qui existe, mais ne se manifeste que lorsque les conditions favorables sont réalisées. (*V. État latent, Image latente.*)

Lavage n. m. Opération qui consiste à faire séjourner les clichés ou phototypes fixés, durant trois ou quatre heures, dans une cuve contenant de l'eau. Un lavage sommaire à l'eau courante termine l'opération : le lavage ne doit laisser aucune trace d'hyposulfite, ni sur les phototypes, ni sur les photocopies.

Lentille n. f. Milieu transparent qui, grâce à la courbure de ses surfaces, a la propriété de faire converger ou diverger les rayons lumineux qui le traversent.

Lévigation n. f. Opération qui consiste à décanter successivement un corps broyé, en suspension dans un liquide, pour séparer les particules de grosseurs différentes.

Ligne d'horizon n. f. Intersection, avec le tableau, d'un plan horizontal mené par l'œil du spectateur. Toutes les droites horizontales ont leur point de fuite sur la ligne d'horizon.

Linographie n. f. Procédé d'agrandissement des photographies pour les peindre ensuite à l'huile.

Loi de Janssen. M. Janssen a donné la loi suivante, relative aux effets actiniques de la lumière : *L'action de la lumière n'est pas indéfiniment proportionnelle à la durée de cette action.* Cette loi explique que, par la surexposition, la lumière détruit l'action qu'elle a primitivement exercée ; elle permet d'utiliser la méthode de surexposition pour la reproduction d'objets à contrastes prononcés.

Lointain n. m. L'ensemble des plans éloignés, dans un tableau, une vue. On fait venir les lointains en photographie en plaçant un écran jaune devant l'objectif.

Longueur focale. Nom donné par quelques auteurs à la distance focale principale d'un système optique.

Loupe n. f. Appareil grossissant, formé généralement d'une lentille ou d'un système optique divergents, et qui sert à observer les petits détails d'un objet en les grossissant. La loupe est surtout employée en microphotographie pour la mise au point.

Lumière n. f. Agent qui produit en nous, par son action sur la rétine, le phénomène de la vision. Autrefois, on la regardait comme un fluide impondérable spécial *émis* par les corps lumineux (théorie de l'émission). Aujourd'hui on considère la lumière comme le résultat des *vibrations* de l'éther produites perpendiculairement à la direction que suit la lumière en se propageant (théorie des ondulations). C'est la fréquence plus ou moins grande de ces ondulations qui fait naître en nous la sensation des couleurs. Certaines ondulations lumineuses agissent chimiquement sur certaines substances, notamment les sels d'argent. C'est sur cette propriété de la lumière, dite *propriété actinique*, que repose toute la photographie.

Lumière artificielle. Celle qui émane de sources lumineuses résultant de l'intervention humaine, gaz, pétrole, électricité, etc.

Lumière diffuse. Lumière réfléchie irrégulièrement. C'est elle qui nous fait voir les corps; la lumière réfléchie régulièrement ne donne pas l'image du corps qui la réfléchit, mais celle du corps qui l'émet.

Lumière directe. Celle qui est reçue par la surface éclairée, et qui émane directement de la source lumineuse.

Lumière Drummond. Lumière très éclatante obtenue pour la première fois par Drummond. Elle sert aux agrandissements photographiques. On l'obtient à l'aide du chalumeau à hydrogène et oxygène, ou à gaz d'éclairage et oxygène, dont on darde la flamme sur une substance à pouvoir émissif considérable : chaux, magnésie ou zircone.

Lumière naturelle. Celle qui vient des corps lumineux par eux-mêmes (soleil, étoiles) ou par réflexion (lune, planètes).

Lumineux (Corps). Ceux qui émettent de la lumière, comme le soleil et les corps en ignition.

Lux n. m. Unité pratique d'éclairement graphique ; on l'appelle encore bougie à un mètre. C'est l'éclairement d'une surface éclairée normalement, à un mètre, par une bougie décimale.

M

Macrophotographie n. f. Agrandissement au moyen de la chambre solaire.

Magasin. Dans une chambre noire, partie de la boîte à escamoter qui sert à contenir les plaques sensibles en réserve.

Manipulation n. f. Action d'exécuter diverses opérations manuelles, physiques ou chimiques, d'opérer sur les substances elles-mêmes, dans les sciences ou dans les arts.

Magique (Photographie). Genre de photographie qui fait réapparaître, au moyen de fumée de tabac, de vapeurs ammoniacales ou d'hyposulfite de sodium, une image photographique qui a été effacée par immersion dans un bain de bichlorure de mercure.

Main (Appareils à). Appareils photographiques portatifs, destinés spécialement à faire les instantanés.

Maquillage n. m. Opération qui consiste à appliquer au dos des phototypes des couches de collodion coloré, pour atténuer la transparence exagérée de certaines parties.

Marine n. f. Scène, vue maritime. Dans les marines photographiées, il faut laisser au ciel environ les trois quarts de la plaque et éviter les trop longues

Matériel d'excursion.

expositions, les rayons lumineux, au bord de la mer, étant très actiniques.

Matériel d'excursion. Ce matériel se compose de : 1º une chambre noire 13 × 18 ; 2º trois châssis négatifs doubles à demi-rideau, avec plaques indicatrices ;

résultat est obtenu généralement par l'action de la chaleur ou des alcalis.

Mégascope n. m. Sorte de lampascope s'adaptant sur deux lampes, et permettant de projeter les corps opaques à l'aide d'un jeu de miroirs.

Matériel débutant ou « Le Travailleur. »

3º pied de campagne ; 4º sac ou valise ; 5º un objectif rectiligne aplanétique ; 6º un obturateur central à vitesses variables et à déclanchement pneumatique ; 7º viseur à tirage et à transformation. Prix : 350 francs.

Maturation n. f. Nom donné aux opérations photographiques qui ont pour but d'augmenter la sensibilité des préparations décomposables à la lumière ; le

Mélange n. m. Le mélange de substances chimiques diffère de la combinaison en ce que, dans celle-ci, les composants ont perdu leurs propriétés propres pour en prendre de nouvelles, et ne peuvent être séparés par des moyens physiques ou mécaniques.

Mélanges réfrigérants. Mélanges destinés à produire des froids artificiels, par suite de l'absorption de chaleur résultant de la dissolution de l'un des corps solides dans le dissolvant. Voici les mélanges réfrigérants les plus employés : 1° 4 parties de chlorure de sodium et 3 de glace pilée abaissent la température jusqu'à — 51°; 2° 1 partie de chlorure de sodium et 3 de neige ou de glace pilée donnent un abaissement de température qui va jusqu'à — 19°; 3° 8 parties de sulfate de sodium et 5 d'acide chlorhydrique font descendre la température à — 17°; 4° 6 parties de sulfate de sodium, 5 d'azotate d'ammoniaque et 4 d'acide azotique amènent un abaissement qui va jusqu'à — 26°.

Mélasse n. f. La mélasse, qui est un des résidus de la fabrication du sucre, est quelquefois employée comme accélérateur dans le procédé à l'albumine.

Ménisque n. m. Verre lenticulaire, convexe d'un côté, concave de l'autre Les ménisques peuvent être convergents ou divergents.

Ménisque convergent. Ménisque dont le milieu est plus épais que les bords.

Ménisque divergent. Ménisque dont le milieu est plus mince que les bords.

Menstrue. (V. Dissolution.)

Mercurographie n. f. Photogravure au mercure.

Métol (Révélateur au). Il se compose d'un mélange, par parties égales, des solutions suivantes : 1° solution à 1/10 de carbonate de sodium dans l'eau ; 2° solution à 1 de métol et 10 de sulfite de sodium dans 100 parties d'eau.

Mica n. m. Le mica, qui est un silicate de magnésie, d'alumine, de potasse et d'oxyde de fer, est quelquefois employé en photographie, comme support transparent, pour remplacer le verre.

Micro-Objectif. Système optique employé pour la microphotographie; le plus simple est un objectif de microscope. On emploie aussi quelquefois comme micro-objectif le microscope solaire.

Microphotographie n. f. Photographie d'objets microscopiques.

Microscope. Instrument d'optique destiné à grossir les petits objets qui échappent à l'œil nu.

Microscopes binoculaires. Ceux à l'aide desquels on peut obtenir les effets de relief du stéréoscope.

Microscope composé. Il se compose de deux lentilles convergentes à court foyer : l'une, *l'objectif*, donne une image agrandie de l'objet placé en avant ; l'autre, *l'oculaire*, agit sur cette image à la manière d'une loupe et l'amplifie encore davantage. Dans la pratique, les systèmes optiques de l'oculaire et de l'objectif sont constitués pour éviter les effets de la décomposition lumineuse et former des systèmes achromatiques.

Microscope à gaz. Microscope solaire éclairé par la flamme d'oxygène et d'hydrogène dont on opère la combustion sur un bâton de chaux ou de magnésie.

Microscope photoélectrique. Appareil analogue au microscope solaire, mais dans lequel la source de lumière est l'électricité.

Microscope simple. Le microscope simple, ou loupe, se compose d'une lentille simple convergente à très court foyer.

Microscope solaire. Appareil d'optique qui reçoit les rayons solaires sur un miroir, pour les réfléchir parallèlement à l'horizon, sur une grande lentille qui les réunit sur un objet transparent renfermé dans un tube. Les rayons tombent ensuite sur des lentilles convergentes, et vont former, sur un écran placé au-delà de l'appareil, une image de l'objet considérablement agrandie.

Milieu. Espace dans lequel se produit un phénomène. Un milieu est dit homogène quand il est partout identique à lui-même. Dans un milieu homogène, la lumière se propage en ligne droite.

Mille. Les congrès photographiques ont décidé de faire figurer 1000 parties de dissolvant, dans

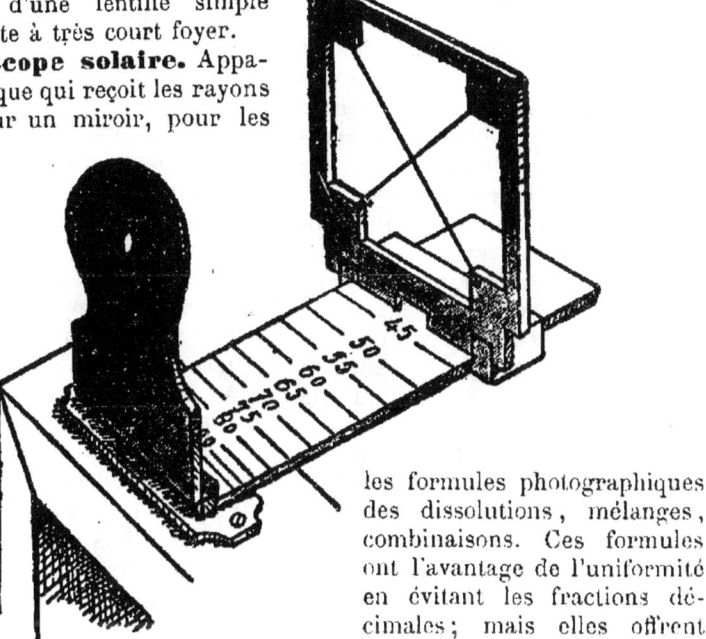

Mire à coulisse graduée.

les formules photographiques des dissolutions, mélanges, combinaisons. Ces formules ont l'avantage de l'uniformité en évitant les fractions décimales ; mais elles offrent l'inconvénient de compliquer les nombres représentant les éléments employés, et de les rendre plus difficiles à retenir.

Mire à coulisse graduée. Cet instrument sert à donner exactement l'image du sujet ; il s'emploie également comme iconomètre pour trouver l'emplacement le plus propice à l'appareil photographique. Il peut aussi être utilisé comme chercheur focimétrique pour mesurer le foyer des objectifs.

Miroir n. m. Tout corps dont la surface, parfaitement polie, réfléchit régulièrement la lumière et reproduit l'image des objets qu'on lui présente. Les miroirs sont plans, convexes, concaves, sphériques, paraboliques, coniques, etc.

Miroir plan. Celui qui est constitué par une surface plane. Dans un miroir plan, l'image d'un point se fait derrière le miroir, à une distance égale à celle du point donné, et sur la perpendiculaire abaissée de ce point sur le miroir. Elle est donc symétrique, de même grandeur que l'objet, et non renversée.

Miroirs sphériques. Ceux dont la courbure est celle d'une sphère. Ils sont concaves ou convexes, suivant que la réflexion s'opère à la face interne ou à la face externe du miroir.

Mise au point. Opération consistant à rapprocher ou à éloigner le verre dépoli de l'objectif, chaque fois que la distance de l'objet à l'objectif change, de manière à avoir une image nette du sujet à photographier.

Modèle n. m. Objet que l'on veut représenter et dont, en photographie, la chambre noire doit donner une image fidèle et durable.

Modelé n. f. Représentation exacte des formes d'un objet, d'une personne.

Modérateurs n. m. Nom donné en photographie aux substances employées pour modérer l'activité des bains de développement.

Modernistes. Nom donné à une école de photographes qui sacrifie la netteté des plans et l'exactitude minutieuse des détails, due au diaphragmage extrême, aux qualités artistiques obtenues grâce à la diffusion du foyer et à un tirage sur papier à surface mate et grenue.

Monochrome, Monochromatique. Se dit de tout objet d'une seule couleur. On applique encore cette expression à une lampe fournissant une flamme de couleur simple.

Monochrome n. m. Partie constituante d'une polychromie, qui est formée par toutes les régions de même couleur de l'objet à reproduire.

Montage n. m. Action de coller les photocopies sur des supports ; action d'installer l'appareil photographique à l'endroit où l'on veut photographier.

Monture d'objectif. Tube de cuivre ou d'aluminium qui relie les lentilles dans l'objectif, et sur lequel sont fixés les diaphragmes, et quelquefois l'obturateur.

Monument n. m. Pour obtenir la photographie d'un monument, sans qu'il y figure aucune des personnes qui passent au moment de l'opération, on emploie un diaphragme d'un demi-millimètre, nécessitant une pose de plusieurs minutes, de manière que les personnes qui ont passé sans s'arrêter ne figurent pas sur le cliché.

Mordant. Se dit généralement de toute substance exerçant une action corrosive. On emploie encore ce terme pour désigner les vernis épais servant à fixer l'or et les couleurs en poudre. En teinturerie, en chimie, en imprimerie, en photographie, on donne l'appellation spéciale de mordant à tout ce qui est destiné à donner de la fixité à une couleur.

Mortier n. m. Ustensile de laboratoire destiné à piler les substances que l'on veut réduire en poudre impalpable ou faire dissoudre promptement.

Multiplicité des images. Pour obtenir des images photographiques où le même sujet figure plusieurs fois, on le photographie devant un fond noir, dans les positions diverses qu'il doit occuper. On peut encore y arriver en interposant entre le modèle et l'objectif un écran noir percé d'une ouverture qui ne laisse paraître sur la glace dépolie, que ce qu'on veut obtenir du modèle.

N

Naturalistes. Nom donné à une école qui estime que la photographie doit être telle que l'œil voit l'objet. Elle admet donc le flou, tant pour le motif principal que pour les accessoires.

Négatif adj. n. m. Se dit des épreuves photographiques dans lesquelles les blancs des objets apparaissent noirs, tandis que les ombres se montrent claires. Le négatif sert habituellement de cliché pour l'obtention des épreuves positives ordinaires sur papier.

Négatif brisé. Pour tirer un négatif brisé, on le place sur un verre bien propre, en juxtaposant les parties fendues. On les expose comme à l'ordinaire, en mettant un papier de soie sur le châssis-presse. On expose à la lumière diffuse et l'on remue le châssis de temps en temps.

Négatif de dessin au trait. Reproduction photographique d'un dessin formé de lignes ou de traits.

Négatifs trop intenses (Tirage des). Lorsqu'un négatif est trop intense, on concentre au moyen d'une lentille les rayons du soleil sur les parties du cliché qui sont trop noires, en ayant bien soin de ne pas l'échauffer trop. Ce procédé permet de produire aussi des ciels colorés et nuageux. On améliore encore un négatif trop noir en frottant énergiquement les parties trop intenses avec un tampon de coton imbibé d'alcool.

Neige (Tirage par un temps de). Il faut placer le châssis face à la neige, et non face au ciel; la lumière photogénique réfléchie par la neige étant cinq fois plus forte que la lumière venue d'un ciel gris d'hiver.

Netteté n. f. Qualité d'une image telle que chaque point du modèle a formé une image donnant bien la sensation d'un point.

Netteté (Champ de). Le champ de netteté a pour mesure l'angle d'un cône ayant pour sommet le point nodal d'émergence et pour base l'image nette.

Nettistes. École qui voudrait que tous les plans d'une photographie fussent également nets, et qu'on y pût distinguer les plus petits détails. L'opposé de nettetiste est flouiste.

Neutraliser. Saturer, amener une solution à n'être ni acide ni alcaline.

Neutre. Ce terme s'emploie en parlant d'une solution, pour indiquer qu'en présence du tournesol, employé comme réactif, elle ne bleuit pas les corps acides et ne rougit pas les composés basiques ou indifférents.

Nichol. Instrument destiné à polariser la lumière. On l'emploie dans la photographie d'objets situés dans l'eau, pour éviter la formation d'une image du ciel.

Nielle n. m. **Niellure** n. f. Ornement exécuté sur métal et offrant l'aspect d'incrustations claires sur fond noir et réciproquement. Par la photographie, on obtient des niellures dites photoniellures, d'un très bel effet.

Niepce n. m. En mémoire de cet inventeur de la photographie, on a donné son nom à l'unité pratique de sensibilité des préparations. Le Niepce est la sensibilité de la préparation qui, par illumination d'un phot, prend la diaphanéité normale.

Nœud. Le nœud ou point nodal d'un objectif est un point de l'axe principal tel que tous les rayons lumineux qui y passent sortent parallèlement à leur direction primitive.

Noirs. Aspect particulier que prennent les ombres des photocopies sur albumine, sur papiers au gélatino-bromure, au collodiochlorure, lorsqu'elles sont tirées trop vigoureusement. Ces noirs, à reflets métalliques, sont l'indice d'une exposition trop longue.

Noircissement des accessoires photographiques. Pour noircir les accessoires photographiques, tels que diaphragmes, etc., on les chauffe à 300° centigrades environ, puis on les plonge dans une solution d'argent dans l'acide nitrique. On chauffe ensuite à blanc, jusqu'à ce que la surface devienne d'un noir mat, et on polit à la brosse.

Normale. La normale à une surface courbe en un point donné, est la perpendiculaire à l'élément correspondant, c'est-à-dire au plan tangent qui le contient.

Numérotage des plaques. On numérote les plaques en gravant légèrement avec une pointe de bois, le numéro voulu, sur le cliché, avant le développement.

Nuages n. m. Pour obtenir les nuages, on augmente légèrement la pose ; on emploie pour cela un révélateur faible, et dès qu'ils sont venus, on incline la cuvette de façon que le bain ne mouille plus le ciel.

Nyctographie n. f. Procédé trouvé par le docteur anglais W.-J. Russell, par lequel on peut photographier les objets sans l'aide de la lumière.

O

Objectif n. m. Partie d'un système optique qui est tournée

Objectif rectiligne (panoramique).

vers les objets à examiner. En photographie, l'objectif permet de concentrer la lumière sur la plaque et d'y produire l'image. Les objectifs photographiques consistaient d'abord en lentilles simples achromatiques, mais plus tard on

Objectif (Bouchon d'). Cylindre, fermé à une extrémité, qui sert à masquer l'objectif. Il suffit pour la pose, tandis qu'on emploie l'obturateur pour les instantanés.

Objectif photographique.

adopta des objectifs à deux lentilles achromatiques, qu'on désigne sous le nom d'*objectifs à verres combinés*.

Objectif panoramique. Objectif dû à Prazmowski, et qui, en raison de sa grande profondeur, est plus spécialement employé pour les groupes.

Objectif périgraphique. Objectif symétrique grand angulaire, travaillant à grande ouverture, employé spécialement pour les intérieurs à faible recul.

Obturateur n. m. Mécanisme qui permet de découvrir rapidement l'objectif photographique.

Obturateurs centraux. Ces

obturateurs sont formés de plusieurs lamelles s'entrecroisant et démasquant l'objectif en commençant par le centre.

Obturateur à déclanchement pneumatique. Obturateur dont le mode de déclanchement est réglé par la pression exercée sur une poire à air.

Obturateur idéal. Celui dont les durées d'ouverture et de fermeture seraient nulles.

Obturateurs latéraux. Ces obturateurs sont formés par une lamelle effectuant un mouvement rectiligne ou circulaire.

Obturateur à volets. Ces obturateurs sont constitués par des volets qui se lèvent ou s'abaissent à volonté.

Ocre n. f. Couleur jaune utilisée pour le coloriage des photocopies positives. Cette matière est constituée par un mélange d'argile et d'oxyde de fer.

Oculaire n. m. et adj. Partie d'un système optique à laquelle s'applique l'œil de l'observateur.

Œil n. m. Organe de la vision. Les principaux éléments sont : la sclérotique, la cornée transparente, la pupille, l'iris, le cristallin, la rétine, le pourpre rétinien, le nerf optique. Physiologiquement, on peut l'assimiler à une chambre noire, dont l'iris est un diaphragme, le cristallin l'objectif, la rétine la plaque, et le pourpre rétinien la substance sensible.

Ombre n. f. Lieu de l'espace où un corps empêche la lumière de pénétrer. Ce sont les parties noires d'un ensemble éclairé par une source lumineuse.

Onde n. f. Surface qui est le lieu des points atteints par la lumière au bout d'un certain temps.

Opaques (Corps). Ceux à travers lesquels on croyait jusqu'en ces derniers temps qu'il n'y avait pas de transmission lumineuse. Foucault avait déjà montré qu'il n'y a pas de corps complètement opaques. La récente découverte de Rœntgen est venue prouver la vérité de l'assertion du savant français.

Opticien n. m. Fabricant ou marchand d'instruments d'optique.

Optique n. f. Partie de la physique qui traite de la lumière et de ses propriétés.

Orthochromatique adj. Qui a rapport à l'orthochromatisme.

Orthochromatisme. L'orthochromatisme ou isochromatisme consiste à interposer sur le trajet des rayons lumineux des écrans ou des plaques spécialement préparées, qui ne laissent passer que lentement les radiations blanches et bleues, ce qui a pour effet de permettre aux radiations orangées et rouges d'avoir le temps d'impressionner la plaque sensible, sans qu'elle soit voilée par l'excès de pose des radiations très actiniques. On fabrique des plaques orthochromatisées pour les radiations vertes. Elles permettent d'obtenir exactement les tonalités relatives de chaque couleur, et d'exécuter des paysages beaucoup plus artistiques qu'avec les plaques ordinaires.

Orthochromatiser v. Rendre une plaque orthochromatique. On orthochromatise les plaques du commerce en les plongeant, durant une minute, dans le bain de Vogel (V. Vogel, bain de) et en les séchant dans l'obscurité.

Orthopériscopes n. m. Nom donné à des objectifs aplanétiques, grands angulaires, dus à Derogy. Ils permettent d'opérer avec une grande rapidité.

Orthoscopique (Objectif). Objectif presque abandonné aujourd'hui, à cause de la distorsion croissante qu'il donnait. Dû à Petzal, de Vienne, il avait été modifié par Harisson de New-York, sans que son inconvénient fondamental disparût.

Ouverture d'un objectif. Rapport du diamètre utile à la distance conjuguée.

Ouverture maximum. L'ouverture maximum d'un objectif est l'ouverture principale qu'il a avec son plus grand diaphragme.

Ouverture d'un miroir sphérique. Angle formé en joignant son centre géométrique aux deux extrémités de l'arc de ce miroir.

Ouverture normale. L'ouverture normale d'un objectif est l'ouverture égale à 1/10.

Ouverture principale. L'ouverture principale d'un objectif est le rapport du diamètre utile à la distance focale principale.

Oxalate de fer (Révélateur à l'). Ce révélateur s'obtient en mélangeant dans la proportion de 1 partie de la 1re pour 3 parties de la seconde, les deux solutions suivantes : 1º 0,25 d'acide tartrique pour 30 de sulfate de fer ; 2º 30 parties d'oxalate neutre de potasse pour 100 d'eau.

Oxalate ferreux (Conservation du révélateur à l'). On préserve les bains de sulfate de fer de la coloration jaune, par l'addition de 1 % d'acide tartrique. On laisse la solution exposée à la lumière solaire, grâce à laquelle l'acide tartrique ramène les sels ferriques rouges à l'état de sels ferreux vert pâle. Il faut éviter d'employer une trop grande quantité d'acide, qui, en donnant trop de rapidité au révélateur, retarderait le développement.

Oxydation des révélateurs. On l'évite en versant au-dessus du bain de développement une mince couche de glycérine, qui surnage sur le bain, empêche tout contact avec l'air et offre l'avantage de ne pas s'évaporer. On tire le révélateur à un robinet situé à la partie inférieure du flacon, et, pour en ajouter, on fait descendre l'extrémité d'un entonnoir au-dessous de la couche du liquide isolant.

P

Panorama photographique. Les panoramas photographiques s'obtenaient autrefois à l'aide de plusieurs phototypes qu'il fallait raccorder ; on se heurtait, au développement et au virage des photocopies, à une grosse difficulté, celle d'obtenir l'égalité de ton nécessaire à l'uniformité de l'ensemble. On fait usage aujourd'hui de chambres dites panoramiques, qui permettent d'avoir dans une seule opération une vue de l'horizon entier. Les vues panoramiques sont de deux sortes : celles qu'on prend d'un point élevé et embrassant une partie de l'horizon, et le panorama proprement dit, qui reproduit sur une bande sans fin tout ou partie de l'horizon.

Panoramiques (**Chambres**). Chambres photographiques qui permettent, à l'aide d'une seule opération, d'obtenir une vue d'horizon de 180°, ou, en faisant une révolution complète sur elles-mêmes, d'obtenir une vue de l'horizon entier. Les plus connues sont la chambre de Moëssard et celle de Damoizeau.

Pantascospe n. m. Objectif grand angulaire dû à Busch, et qui donne un champ plat et une grande profondeur de foyer. Il se compose de lentilles achromatiques symétriquement disposées, formées d'un ménisque divergent de flintglass, et d'un ménisque convergent de crown-glass.

Papiers photographiques. Voici le format des papiers photographiques : 44 × 56 1/2 ; 50 × 65 ; 75 × 108. Le papier servant aux agrandissements est en rouleaux de 10 mètres sur 67, 75, 100 et 105 cent. de largeur. Les papiers photographiques anglais ont les dimensions suivantes : albuminé non sensible, 47 × 60 ; albuminé sensible, 43 × 57, platine, 54 × 67.

Papier albuminé. On albumine le papier photographique à l'aide de différentes solutions : 1° solution Abhey, albumine 72 ; eau, 22 ; chlorhydrate d'ammoniaque, 1 à 2 ; alcool, 2 à 5 ; 2° solution Kleffel, albumine, 900 ; eau, 300 ; chlorure de sodium, 7 ; chlorhydrate d'ammoniaque, 18 ; alcool, 50 ; 3° solution Hardwich, albumine, 72 ; eau, 24 ; chlorhydrate d'ammoniaque, 1,5 à 2. Le papier albuminé est sensibilisé dans un bain d'argent à 10 ou 12 %.

Papier aristotypique. (V. Aristotype (Papier).)

Papier à l'arrow-root. Variété de papier salé, dans la préparation duquel entre de la fécule d'arrow-root, qui, en formant une légère couche à la surface, rend plus vives les épreuves obtenues.

Papier Bengale. Papier imprégné de nitrate de potasse, qui sert à enflammer le magnésium, en raison de la très forte chaleur et de la quantité considérable d'oxygène qu'il dégage. Ce n'est pas un papier photographique, c'est un accessoire de photographie.

Papier pour callitypie. Ce papier est imprégné d'une solution d'oxalate de fer, d'oxalate d'argent et d'acide nitrique, puis exposé jusqu'à ce que les plus grands noirs du phototype commencent à se dessiner.

Papier ciré. Papier imprégné de cire vierge, pour en boucher les pores. Le Gay a obtenu des phototypes à l'aide de ce papier, après l'avoir ioduré et sensibilisé.

Papier couché. Papier généralement utilisé pour les phototirages, et dont la surface lisse et brillante est obtenue au moyen d'une couche de baryte, de benjoin, etc., qui en bouche tous les pores.

Papier au ferro-prussiate.

Ce papier est enduit, à l'aide d'un pinceau, du mélange, par parties égales, des solutions suivantes : 1° 15 de citrate de fer ammoniacal pour 40 d'eau ; 2° 14 de prussiate rouge pour 60 d'eau. Il donne des images blanches sur fond bleu.

Papier au gallate de fer. Ce papier, imprégné de sels de fer et d'acide gallique, permet d'obtenir directement des positifs, et donne des traits noirs sur fond blanc.

Papier gélatiné. Ce papier, recouvert de gélatine, donne de belles images, très agréables d'aspect, mais très fragiles, en raison de la facilité d'altération de la gélatine par l'eau.

Papier au gélatino-bromure d'argent. Papier recouvert d'une mince pellicule au gélatino-bromure d'argent. Les plus connus sont le papier Lamey et le papier Morgon.

Papier imperméable. On obtient un papier imperméable en plongeant n'importe quel papier dans une solution de colle-forte additionnée d'un peu d'acide acétique. On ajoute à chaque quart de cette solution une once de bichromate de potasse. On fait ensuite sécher le papier à la lumière.

Papier au molybdate d'ammonium. Le papier, gélatiné, est imprégné d'une solution de molybdate d'ammonium à 5 °/₀ ; séché à l'obscurité et insolé derrière un négatif, il donne une image bleue.

Papier au perchlorure de fer. Ce papier, préparé au moyen de perchlorure et de citrate de fer ammoniacal, permet d'obtenir des traits blancs sur fond bleu.

Papier au platine. Le papier au platine offre l'inconvénient d'être très sensible à l'humidité. Comme il n'a pas à subir de fixage, il évite les éléments de détérioration résultant de cette manipulation. Outre qu'il donne des photocopies inaltérables, il permet d'utiliser les phototypes trop durs, qui donneraient des images défectueuses avec le papier albuminé.

Papier salé. Le papier salé est presque abandonné aujourd'hui, quoiqu'il donne de jolies épreuves et se prête facilement au coloris. (V. Papier albuminé.)

Papier Solio. Variété de papier photographique préparé au gélatino-chlorure d'argent. Il offre l'avantage d'être très maniable et l'on peut y appliquer toutes les formules de virage.

Paramidophénol (Révélateur au). Il se compose de 1,2 parties de paramidophénol, pour 10 de carbonate de sodium, 20 de sulfate de sodium, et 100 d'eau.

Parasoleil n. m. Partie de la monture destinée à garantir la lentille frontale des rayons lumineux directs.

Paysage. Vue de la campagne où l'interprétation de la nature tient la place principale. Le site, les arbres, les maisons, sont les objets prédominants ; les figures d'hommes ou d'animaux ne sont que des accessoires. On fait usage, pour ce genre de photographie, de l'objectif simple et des procédés isochromatiques.

Pelliculage n. m. Opération qui a pour objet de séparer les phototypes de leur support de verre afin de pouvoir les retourner. On prévient la distension de la pellicule en la plongeant durant deux ou trois heures dans une solution d'alun de chrome, et en la recouvrant de collodion normal ; puis on la plonge dans une solution faible d'acide chlorhydrique ou fluorhydrique.

Pellicules n. f. Lames minces destinées à servir de support à la couche sensible, dans le but d'éviter un poids trop considérable, ce qui est l'inconvénient des plaques de verre. Les pellicules les plus usitées sont les pellicules au gélatino-bromure.

Pellicules auto-tendues. Nom donné à des pellicules dues à Planchon, et montées sur un cadre métallique qui les maintient tendues pendant toute la durée des opérations.

Pénombre n. f. Région de l'espace située entre l'ombre produite par un corps opaque et le côté éclairé complètement. Elle ne reçoit qu'une partie des rayons émis par la source lumineuse, les autres radiations étant interceptées au passage par le corps opaque.

Perspective n. f. Nom par lequel on désigne divers systèmes de projections permettant de représenter des objets à trois dimensions sur une surface à deux dimensions dite *plan fixe* ou *tableau*.

Pèse-Sels. Aréomètres destinés aux liquides plus denses que l'eau. Le plus connu est l'aréomètre de Baumé.

Petits formats. Nom donné aux formats 6 1/2 $\times$ 9 et 9 $\times$ 12, qui sont surtout employés pour les appareils à main.

Phosphorescence n. f. Propriété que possèdent certaines matières d'émettre, dans des conditions déterminées, des variations lumineuses à basse température.

Phot. Le phot est l'illumination d'une surface éclairée normalement, pendant une seconde, par une bougie décimale placée à un mètre de distance C'est l'unité pratique d'illumination photographique.

Photocalque n. m Image obtenue par l'action de la lumière sur une surface sensible, cette lumière passant sur une surface transparente quelconque, autre qu'un phototype.

Photochromographie n. m. Procédé qui a pour objet d'obtenir des impressions photographiques en couleur.

Photochronographe n. m. Appareil permettant, au moyen d'un ressort exécutant 50 vibrations par seconde et se déplaçant dans le champ de l'objectif, de mesurer très facilement la durée d'un éclair magnétique ou le temps de pose effectif d'un objectif.

Photocopie n. f. Image obtenue par l'action de la lumière sur une surface sensible, la lumière agissant à travers un phototype.

Photocopie positive. Image directe d'un objet, obtenue par l'exposition à la lumière, sous un phototype négatif, d'une feuille de papier sensible. Cette photocopie est dite positive, parce que ses blancs et ses noirs sont les blancs et les noirs de l'objet même.

Photocopies (Insuccès relatifs aux). Les ampoules sont le plus souvent le résultat de phénomènes osmotiques, dans les papiers contenant l'albumine et le chlorure de sodium en trop grande quantité. Les images doubles proviennent du manque de pression ou de l'inégalité de pression au châssis-presse. Les images grises résultent de l'emploi d'un papier trop vieux ou d'un phototype trop faible. Avec un virage trop neuf, les photocopies sont quelquefois rougies.

Photogalvanographie. Ensemble des procédés galvanoplastiques employés pour reproduire les planches obtenues au moyen de l'action de la lumière.

Photogénique adj. Se dit de toute substance ou action qui donne naissance à des radiations lumineuses.

Photogrammétrie n. f. Application de la photographie au levé des plans et des monuments. Les méthodes photogrammétriques, dues au colonel Laussedat, permettent de mesurer, sur une perspective photographique, les dimensions des objets qui s'y trouvent.

Photographe n. m. Celui qui s'occupe de photographie, soit à titre professionnel, soit comme amateur.

Photographie n. f. Art d'obtenir par l'action de la lumière, sur des substances sensibles, de conserver et reproduire les images que forment les lentilles convergentes dans la chambre obscure.

Photographies. On donne le nom de photographies aux images photographiques obtenues directement, ou reproduites par la simple action de la lumière.

Photographie nocturne. Pour opérer la nuit, ou dans un local sombre, on a recours à la lumière artificielle. On se sert de la lumière électrique pour la photographie posée, et, pour les instantanés, de la lumière résultant de la combustion du magnésium. Après avoir employé le magnésium en ruban, on emploie aujourd'hui des cartouches renfermant 2 parties de chlorate de potasse pulvérisé, pour 1 de magnésium en poudre.

Photo-Jumelle n. f. Appareil instantané permettant d'employer de petites plaques. Son maniement n'exige pas plus de trois se-

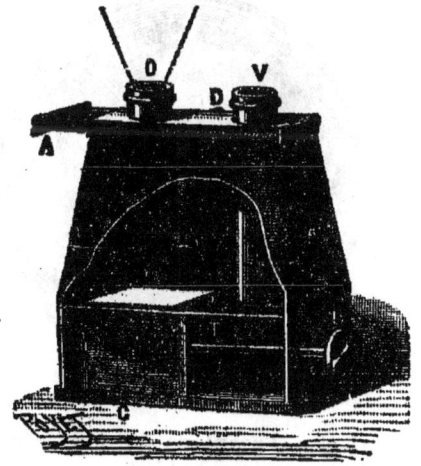

Photo-Jumelle Carpentier.

condes. On peut s'en servir pour la prise de clichés posés, en le plaçant sur un pied. La photo-jumelle est constituée par deux objectifs : le viseur et l'objectif proprement dit. Le viseur est constitué par une lentille diver-

Photo-Jumelle Carpentier.

gente qui permet de voir exactement et d'isoler ce qu'on obtiendra sur la plaque photographique. Il est muni d'un verre rouge, le-

on l'arme. C'est lui qui donne l'image photographique.

Photomètre n. m. Tout appareil destiné à mesurer l'intensité de la lumière.

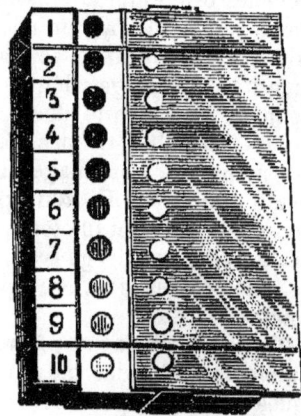

Photomètre positif de Rale.

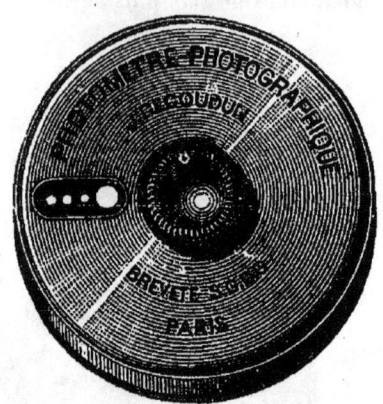
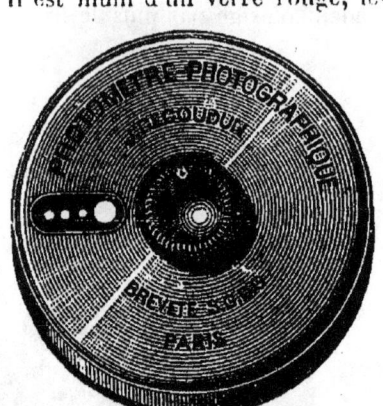

Photomètre Decoudun.

quel a l'avantage de donner une image photographique monochrome. L'objectif proprement dit est un rectilinéaire double, symétrique, aplanétique, extra-rapide, muni d'un obturateur spécial ne découvrant pas la plaque quand

Photomètre Rale. Appareil permettant d'éviter les effets de la solarisation dans le tirage des photocopies positives. Le photomètre Rale est continué par M. Charles Mendel.

Photométrie n. f. Art de mesurer l'intensité de la lumière.

Photométrie graphique. Mesure des radiations graphiques.

Photomercurographie n. f. Photogravure au mercure.

Photominiature n. f. Procédé de peinture des photographies ; les résultats de ce procédé.

Photoniellure. Nielle obtenue sur métal par les procédés photographiques.

Photo-Sel. Nom donné par M. Carey Lea au composé résultant de l'action de la lumière sur la couche sensible, et qu'il regarde comme une combinaison du sel primitif avec un sous-sel résultant de l'action actinique. Il considère cette combinaison ou photo-sel comme analogue aux laques. Un mélange de chlorure et de sous-chlorure d'argent serait un photo-sel.

Photosphère n. f. Nom donné

Photosphère.

Photopeinture n. f. Coloriage des photocopies au moyen de couleurs transparentes ne masquant ni les teintes ni les ombres de la photographie. On donne encore le nom de photopeinture à la photographie ainsi coloriée.

Photosculpture. Nom donné aux essais tentés pour faire contribuer la photographie à l'art de la sculpture.

à un appareil photographique dû à M. Ch. Mendel, et dans lequel l'obturateur, qui est à vitesse variable, se meut dans une demi-sphère.

Photospire n. m. Petit tube de verre contourné en forme de cor de chasse et destiné à insuffler de la poudre de magnésium dans une flamme.

Phototirages n. m. Tirages

photographiques ou procédés de reproductions multiples par impression manuelle ou mécanique des images photographiques.

Phototype n. m. Image obtenue directement à la chambre noire et qui peut être négative (phototype au gélatino-bromure d'argent) ou positive (les ferrotypes). C'est ce qu'on désignait autrefois sous le nom de cliché.

Phototype doux. Phototype dépourvu de voile, et dans lequel les lumières et les ombres sont réparties en proportions harmonieuses.

Phototype dur. Phototype dans lequel les lumières et les ombres sont inexactement réparties.

Phototypes (Insuccès relatifs aux). Les ampoules indiquent généralement un décollement de la plaque. Le décollement du substratum de gélatine se produit, surtout en été, durant le développement, le fixage ou le lavage. La faiblesse des phototypes résulte d'une pose trop longue ou d'un développement trop fort ou trop rapide. Les points blancs viennent souvent des bulles d'air emprisonnées dans l'étendage de l'émulsion ou des grains de poussière répandus à la surface de la plaque. Les points mats résultent de la présence de poussière dans l'émulsion ou de la trop grande dureté de la gélatine. Les points noirs sont des points touchés par l'hyposulfite de soude. Les stries résultent d'une émulsion mal étendue ou de ce que la plaque n'est pas bien mouillée par le révélateur. Pour les *voiles*, voir ce mot.

Physiographe n. m. Le physiographe a la forme exacte d'une jumelle, et, à l'encontre des modèles ordinaires, se place devant les yeux de l'opérateur comme si

Physiographe.

celui-ci voulait lorgner un objet quelconque avec une jumelle de campagne.

Avec cet instrument, on lorgne devant soi, comme on ferait avec une jumelle marine, et on opère sur le côté au moyen d'un viseur logé latéralement dans le coulant de l'oculaire gauche, au-dessus et dans le même plan que les objectifs photographiques, lesquels sont, au surplus, constamment masqués par l'obturateur. L'appareil utilise des plaques 52 × 118 donnant deux images stéréoscopiques de 50 × 53 mill. Les plaques sont placées au nombre de douze dans des magasins interchangeables qui fonctionnent facilement et sûrement. L'opérateur a sous les yeux le compteur de plaques (oculaire de droite) et le viseur à image amplifiée (oculaire de gauche), le sujet à photographier étant placé sur le côté gauche de l'opérateur. Les objectifs de la marque Balbreck, sont au point à partir de deux mètres jusqu'à l'infini. L'obturateur peut donner quatre vitesses différentes.

Tout chargé, le physiographe pèse environ 1 kilo ; il peut être employé avec une seule main. Prix : 200 francs.

Pièces métalliques (Coloration des). Avant de vernir les pièces métalliques des appareils, on les colore à l'aide de diverses solutions. Pour colorer en brun, on plonge la pièce dans une solution de perchlorure de fer. On obtient le violet en plongeant la pièce dans une solution de chlorure d'antimoine. Pour le brun chocolat, on brosse la pièce avec une solution d'oxyde rouge de fer mélangé à de la potasse et à une petite quantité de plombagine. Le vert olive s'obtient en noircissant la surface avec une solution de fer et d'arsenic dans l'acide chlorhydrique, polissant avec de la plombagine et vernissant à chaud avec un vernis composé de 1 partie de vernis à la laque, 4 de curcuma et 1 de gomme gutte.

On noircit le cuivre de différentes manières : 1° en le couvrant d'une solution de nitrate d'argent ; on plonge ensuite dans du pentasulfure de potassium et l'on chauffe ; 2° sur la surface du cuivre poli, on applique une solution d'arsenic blanc dans l'acide chlorhydrique ; on lave et l'on sèche dans la sciure de bois ; 3° on emploie encore différentes solutions telles que : a) 5 gr. de bichlorure de platine et 1 trace de nitrate d'argent dans 100 cc. d'eau ; b) 2 gr. de sulfate de cuivre, 1 de vert de gris, 1 de sel ammoniac dans 1,200 cc. d'eau ; c) 0 gr. 10 de bichlorure de mercure dans 480 gr. de vinaigre fort, puis on saupoudre de plombagine.

Pied. Support de l'appareil photographique. Le pied d'atelier, très massif et très stable, se prête à la translation par des roulettes ; au mouvement vertical, à l'aide de crémaillères, et au mouvement à bascule au moyen d'une vis à volant. Le pied de campagne est à trois branches, généralement articulées, ou à glissières, pour en faciliter le transport en en réduisant le volume.

Pinces n. f. Appareils de divers modèles servant à saisir les plaques ou les photocopies, pour les manipuler durant les opérations photographiques.

Pinceau n. m. Faisceau lumineux très délié.

Pinceau. Les photographes font usage pour l'époussetage des plaques, les retouches, l'encollage, de pinceaux de blaireau ou de petit-gris, et quelquefois de pinceaux de soie.

Pipette n. f. Tube effilé aux extrémités et renflé au milieu, qui sert au transvasement des liquides.

Pipon. Nom donné à un obturateur instantané de petit volume, donnant toutes les vitesses, depuis le 1/100 de seconde jusqu'à 2 secondes.

Piquetage n. m. Défaut d'un phototype ou d'une photocopie qui ont de petites taches ou points.

Plan n. m. Toute surface sur laquelle on peut appliquer exactement, dans toute son étendue, une règle bien droite. Les différents plans, en photographie, sont les diverses surfaces verticales parallèles au verre dépoli, et auxquelles on rapporte, par un effet de perspective, les objets plus ou moins éloignés de l'objectif.

Plan focal. Plan perpendiculaire à l'axe d'un objectif et passant par l'un des foyers.

Plan principal. On appelle plan principal du foyer correspondant, le plan suivant lequel un faisceau cylindrique de rayons lumineux venant de l'infini et tombant sur un objectif, se coupe avec le faisceau conique réfracté qui a pour sommet le foyer.

Planchette. Petite planche située sur le corps d'avant de la chambre noire, et sur laquelle on visse la rondelle de l'objectif.

Plaque n. f. Lame de verre qui sert de support aux couches sensibles.

Plaque d'argent. Nom donné aux plaques de cuivre, revêtues d'une couche d'argent, qui étaient employées en daguerréotypie.

Plaque entière. Nom donné au format 18×24.

Plate adj. Se dit d'une photographie qui manque de vigueur, où les contrastes sont insuffisamment accusés. Ce défaut tient à une exposition exagérée ou à l'emploi d'un révélateur trop faible.

Platine (Révélateur au). Il se compose de 1 de chloroplatinite de soude ou de potasse pour 5 d'acide sulfurique et 1,000 parties d'eau.

Platine (Virage au). On obtient un bon virage au platine en dissolvant à chaud (50°), dans 300 parties d'eau, 20 parties de chlorure de sodium et 10 de bitartrate de soude; on y ajoute 5 à 7 parties d'une solution de mercure à 10 pour 1,000, et on verse de l'eau jusqu'à ce qu'on ait complété un litre.

Platitude. Défaut d'une photographie plate. (V. ce mot.)

Pliantes adj. Se dit de certaines chambres à main qui peuvent se replier sous un très petit volume et se mettre dans la poche.

Plomb (Virage aux sels de). Le virage aux sels de plomb se fait en plaçant le papier albuminé dans un bain faible de chlorure d'or et d'acétate de soude; on lave ensuite à grande eau et l'on plonge l'épreuve dans 300 parties d'hyposulfite renfermant 1 partie d'acétate de plomb pulvérisé.

Point de fuite. Le point de fuite d'une droite est la perspective du point de cette droite sur le tableau.

Point de fusion. Température fixe à laquelle fond un corps. Voici les points de fusion des principaux corps employés en photographie : beurre, 30°; blanc de baleine, 49°; caoutchouc, 125°; cire blanche, 69°; cire végétale, 42 à 45°; copal, 250°; stéarine, 125°.

Point nodal. Point de l'axe principal d'un objectif, tel que tous les rayons lumineux qui y passent sortent parallèlement à leur direction primitive. On dit aussi *nœud d'un objectif*.

Point de règle. (V. Diagonale, Composition en).

Point de vue. Point d'où partent les droites projetant sur le tableau les différents points du corps à projeter.

Polarisation n. f. Modification particulière des rayons lumineux, qui les empêche de se réfléchir ou de se réfracter une seconde fois, après une première réflexion ou réfraction dans certaines substances.

Politure n. f. Toute mixture destinée à donner du poli au bois des appareils photographiques, lorsque le vernissage en a été dégradé ou altéré. Avant d'appliquer une nouvelle politure, il faut soigneusement faire disparaître les traces de l'ancienne, par le lavage au savon, au carbonate de soude, additionné de soude caustique. On applique, après séchage, la nouvelle politure au moyen d'une touffe d'ouate recouverte d'un chiffon de vieille toile.

Politure-Acajou. Elle s'obtient en faisant fondre au bain-marie 1 partie de fine gomme-laque dans 2 parties d'alcool à 95°.

Politure foncée. Elle est formée de 1 partie de gomme-laque rouge et de 2 parties de térébenthine de Venise, qu'on dissout dans 70 parties d'esprit de vin à 95°. On doit filtrer cette mixture avant de l'employer.

Politure française. Elle est formée du mélange des deux solutions suivantes : 1° 17 parties de gomme-laque fine, pulvérisée, dans 100 parties d'alcool fort ; 2° 4 parties de sang-dragon dans 100 parties d'alcool. Au moment du mélange, on ajoute un peu de curcuma ; on laisse reposer 24 heures, et on filtre.

Politure incolore. Cette politure, employée pour les bois légers se compose de 1 partie de gomme-laque blanche, dissoute dans 4 à 5 parties d'esprit de vin.

Politure ordinaire. Elle se compose de 1 partie de gomme-laque qu'on laisse digérer et fondre dans 4 parties d'esprit de vin.

Polychrome. Qui est de plusieurs couleurs.

Polychromie n. f. Impression d'une photographie en plusieurs couleurs.

Polychroïque adj. Se dit de toute substance dont la teinte varie avec l'épaisseur. Ainsi le perchlorure de chrome est vert sous une faible épaisseur et devient rouge foncé sous une épaisseur plus grande.

Portefeuille photographique. Nom donné à une chambre

noire de voyage, à mise au point automatique, objectif et obturateur à déclanchement pneumatique, et dont le poids léger et le faible volume permettent au photographe de prendre, au cours d'une promenade, les vues intéressantes qui le frappent.

Porte-Membranes ou **Porte-Pellicules.** Sorte de cadre formé d'une mince planchette de bois composée de feuilles collées ensemble pour éviter le gauchissement, et d'un cadre métallique, à bords rabattus, qui est destiné à recevoir et à fixer les pellicules coupées pour les exposer dans un châssis quelconque.

Porte-Objectif. Appareil destiné à adapter l'objectif sur la chambre noire.

Portrait. Reproduction photographique d'une personne, d'un être vivant. Le portrait est réussi quand il rend, sans raideur et sans apprêt, l'expression exacte de la physionomie du modèle. On y arrive si l'on sait amener celui-ci à ne pas se contraindre ou se faire une tête pour poser.

Portrait en buste. Reproduction d'une personne de la tête à la ceinture.

Portrait en médaillon. Reproduction de la tête seule du modèle. Généralement le portrait en médaillon se fait de profil.

Portrait en pied. Représentation d'un personnage de la tête aux pieds.

Pose. Attitudes diverses données à un modèle ou prises par lui. Action de poser devant l'objectif d'un appareil photographique.

Pose (Atelier de pose). La hauteur d'un atelier de pose ne doit guère dépasser 2 m. 40. Autant que possible, l'éclairage doit venir du Nord, ou tout au moins de la direction Nord-Nord-Est ou Nord-Nord-Ouest. Le milieu seul sera vitré, et les murs peints en gris-fer-clair mat. L'éclairage sera réglé au moyen de rideaux bleus ou jaunes. On disposera également d'un certain nombre de fonds.

Pose pour les intérieurs. A cause du manque de lumière, le temps de pose pour la photographie des intérieurs varie de 10' à 30' et peut même aller jusqu'à 4 heures.

Poser le modèle. Lui donner l'attitude convenable.

Position de l'appareil. L'appareil photographique doit toujours être tenu horizontalement, sinon, dans les vues où figurent des constructions, celles-ci sembleraient renversées, et la vue paraîtrait avoir été prise pendant un tremblement de terre.

Positif adj. et n. m. Se dit des épreuves photographiques dans lesquelles les parties éclairées et les parties dans l'ombre de l'objet produisent le même effet optique que sur le modèle, contrairement à ce qui se passe pour le négatif.

Pouvoir diffusif. Le pouvoir diffusif d'une substance est le rapport de la quantité totale de la lumière réfléchie dans toutes les directions, et la quantité de lumière incidente.

Pouvoir réfringent. Le pouvoir réfringent d'un corps est le quotient obtenu en divisant le carré n^2 de son indice de réfraction, moins un, par sa densité d.

Pouvoir réfringent $= \dfrac{n^2-1}{d}$

Praxinoscope. (V. Zootrope.)

Précipitation n. f. Action par laquelle un corps insoluble se précipite; on emploie quelquefois *précipitation* pour *précipité*.

réducteurs employés au développement, et, par suite, à en assurer la conservation ; tels sont : les acides citrique, formique, lactique et tartrique, employés avec le pyrogallol ; les sulfites et bisulfites de potassium et de sodium.

Presse à bomber. Presse qui avait pour but de donner à la photocopie un relief ou bombage que l'on croyait propre à en augmenter l'effet esthétique. Ce relief s'obtenait par un véritable estampage au moyen de deux blocs dont

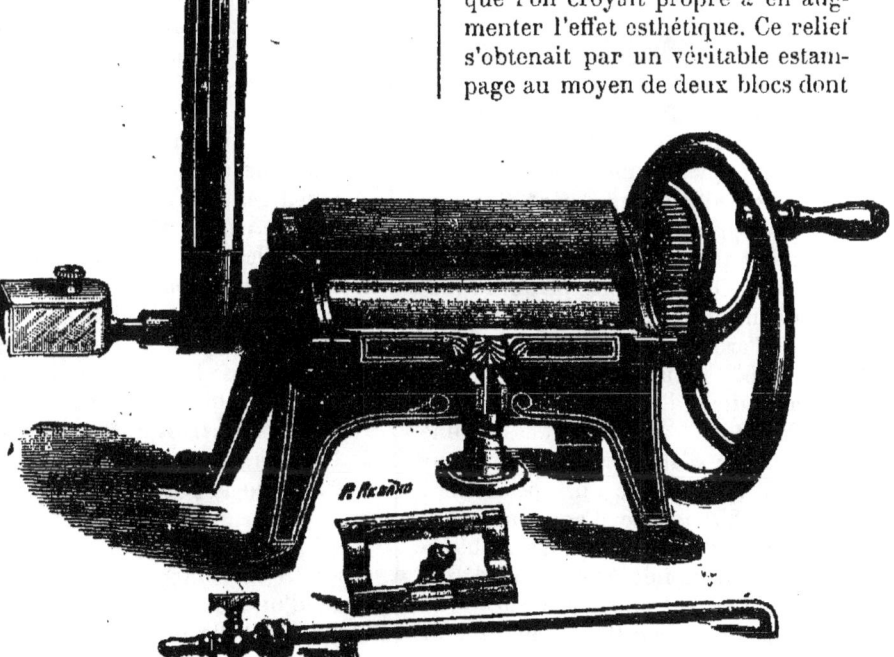

Presse à satiner.

Précipité n. m. Tout corps insoluble qui se forme au sein d'un liquide, par suite de certaines réactions, et gagne le fond du vase, en raison de son insolubilité.

Préservateurs. Sous ce nom on désigne les substances destinées à empêcher l'oxydation des

l'un donnait en relief et l'autre en creux l'image de la saillie que l'on voulait obtenir.

Presse à satiner. Presse employée au satinage des photocopies. Elle agit par pression, à chaud ou à froid.

Prisme. Appareil de réfraction formé d'un angle dièdre solide, de matière transparente, coupé par trois plans. C'est dans le prisme que se fait la décomposition de la lumière, par suite de l'inégale réfrangibilité des diverses radiations lumineuses.

Procédé Obernetter. Procédé qui permet d'obtenir de belles épreuves en photocollographie sur glaces recouvertes d'une solution de gélatine, albumine, sucre et bichromate de potasse. On fait apparaître l'image à l'aide d'une poudre de zinc impalpable et on traite par l'acide chlorhydrique et l'acide sulfurique faible. On imprime alors par les procédés lithographiques ordinaires.

Procédé Taupenot. Procédé photographique au collodion albuminé qui donne des images très fines. On plonge les plaques collodionnées dans un mélange de 7 d'azotate d'argent pour 100 d'eau, auquel on ajoute 3 ou 4 gouttes d'acide azotique; après égouttage, on verse dessus une mixture d'alumine contenant pour 100 : bromure de potassium, 0 gr. 25; iodure d'ammonium, 1, et 3 à 4 de dextrine. On sensibilise avec un liquide contenant 7 d'azotate d'argent et 7 d'acide acétique cristallisé pour 100 d'eau, et l'on développe dans la solution suivante : acide gallique, 3; pyrogallol, 8; acide citrique, 15; eau, 1000; on ajoute 2 ou 3 gouttes d'azotate d'argent, on lave et on fixe comme à l'ordinaire.

Profondeur du champ. Déplacement que peut subir un point situé sur l'axe sans que son image ait une dimension supérieure à la surface de diffusion tolérée.

Profondeur de foyer. Propriété que possède un objectif de donner une image nette d'objets situés dans des plans très différents. Lorsqu'un objet est situé à une distance de l'objectif égale à 100 fois sa distance focale principale, l'image de tous les objets situés au-delà se trouve au foyer.

Projections. On les exécute souvent en projetant, sur un écran, l'image agrandie de photographies. On se sert de la lanterne à projections, qui a beaucoup d'analogie avec la lanterne magique; les photographies destinées aux projections sont des diapositives sur verre.

Puissance d'un objectif. On appelle puisssance d'un objectif le carré de son ouverture.

Puissance graphique. La puissance graphique d'une source lumineuse est le quotient de son énergie graphique par sa durée.

Pulvérisation n. f. Action de réduire un corps en poudre.

Pupitre à retouches. Chevalet à inclinaison variable, employé pour la retouche des phototypes. Il se compose essentiellement d'une plaque inclinable en verre dépoli destinée à supporter le phototype. A la base est un miroir à réflecteur mobile, éclairant par réflexion l'envers du phototype.

Purification de l'eau. On est souvent obligé de purifier l'eau pour la débarrasser des matières organiques, qui, dans les opérations photographiques réduiraient les sels d'or. On jette 1 gr. de permanganate de potassium dans 1000 gr. d'eau, et, au bout de 2 ou 3 heures, on y ajoute un peu de sucre ou de café en poudre, puis on filtre.

obtenue à l'aide de dominantes et opposantes obliques.

Pyrocatéchine (Révélateur à la). Il se compose de 8 gr.

Pupitre pour retouches.

Purification des papiers. Les papiers photographiques doivent être purs de toute substance étrangère, qui pourrait produire des inégalités d'impression ou agir chimiquement sur les bains sensibilisateurs ou les bains de virage. On purifie les papiers tachés de rouille ou de graisse en les plongeant, durant une heure ou deux dans une cuvette contenant une solution à 1/10 d'acide citrique dans l'eau. On les trempe ensuite dans une autre cuvette contenant de l'eau alcalinisée d'ammoniaque à 5 %. Après lavage à l'eau pure, on fait sécher à l'abri de la poussière.

Pyramide (Composition en). Composition destinée à donner l'ordonnance d'un groupe et de pyrocatéchine, 30 de carbonate de sodium et 60 de sulfite de sodium dans 1000 gr. d'eau.

Pyrogallol et à l'ammoniaque (Révélateur au). Il se compose de : acide pyrogallique, 3 ; bromure de potassium, 1 ; eau, 100 ; ammoniaque, 1 à 10. On plonge la plaque dans le bain et on ajoute l'ammoniaque jusqu'à l'apparition de l'image.

Pyrogallol et aux carbonates (Révélateur au). Il se compose de 1 d'acide pyrogallique, 10 de sulfite de sodium, 5 à 10 de carbonate de potassium ou de sodium et 100 d'eau.

Pyrophotographie n. f. Nom donné aux procédés photographiques dans lesquels on utilise l'action de la chaleur.

7

Q

Quart de plaque. Format du verre 9 × 12 ou de l'épreuve 6 × 10.

R

Râclette n. f. Petit appareil destiné à obtenir une adhérence parfaite entre une surface et un support, par pression du bord libre d'une lame de caoutchouc intercalée entre deux planchettes de bois; la râclette est munie d'un manche que l'opérateur tient à la main.

Rad ou **Bougie-seconde.** Energie graphique de la radiation fournie en une seconde par une bougie décimale; c'est l'unité pratique d'énergie graphique.

Radiation n. f. Emission de rayons lumineux ou calorifiques.

Radiations graphiques. Radiations qui agissent sur les préparations sensibles employées en photographie.

Radiographie n. f. Art d'obtenir des photographies à l'aide des rayons X ou rayons Rœntgen. On donne encore ce nom aux photographies obtenues par ce procédé. (V. Actinographie et Rayons X.)

Radiomètre n. m. Instrument dû à Crookes et servant à mesurer l'intensité des radiations solaires.

Raies atmosphériques ou **Raies telluriques.** Petites raies du spectre, variables, dont l'apparition dépend de la hauteur du soleil au-dessus de l'horizon et de l'état de l'atmosphère; elles sont dues à l'absorption de certaines radiations.

Raies de Fraünhofer. Les plus apparentes des raies du spectre, que ce physicien indique par les lettres A, a, B, C, D, E, b, F, G, H. La raie A est à la limite du rouge, B au milieu, C à la limite du rouge et de l'orangé; D dans le jaune; E dans le vert; F dans le bleu; G dans l'indigo et H dans le violet; a est situé entre A et B; b entre E et F.

Raies du spectre. Bandes obscures très étroites qu'on observe dans le spectre solaire, lorsqu'on regarde à travers un prisme de flint-glass un faisceau de lumière solaire qui a pénétré dans une chambre obscure par une fente très étroite. Observées par Wollaston en 1802, elles furent étudiées par Fraünhofer, qui en a compté plus de 600 dans le spectre, puis par Brewster, qui en a porté le nombre à 2,000.

Rayons calorifiques. Ce sont les rayons qu'on trouve du côté rouge du spectre. Les plus intenses sont situés à la partie infra-rouge. On les met en évidence au moyen d'une solution d'iode qui absorbe la partie lumineuse du spectre et laisse passer la partie calorifique.

Rayons centraux. Les rayons les plus rapprochés de l'axe principal d'un miroir ou d'une lentille.

Rayons chimiques. Rayons du spectre qui ont la propriété de déterminer des réactions chimiques entre les différents éléments des corps qui en subissent l'action.

Rayons continuateurs. Nom donné par M. Edmond Becquerel à des rayons du spectre qui n'exercent point d'action chimique par eux-mêmes, mais qui ont la propriété de la continuer lorsqu'elle est commencée.

Rayons lumineux. Direction suivant laquelle les ondulations de l'éther transmettent la lumière.

Rayons marginaux. Les rayons les plus éloignés de l'axe principal d'un miroir ou d'une lentille.

Rayons phosphorogéniques. Nom par lequel M. Edmond Becquerel désigne les rayons du spectre qui ont la propriété de rendre certains corps, tel que le sulfure de baryum, lumineux dans l'obscurité lorsqu'ils ont été exposés quelque temps à la lumière solaire.

Rayons X ou **Rayons Röntgen** ou **Rœntgen.** Rayons actiniques dont les propriétés ont été étudiées par le professeur Rœntgen et qui permettent d'obtenir la photographie des corps à travers certaines enveloppes regardées jusqu'alors comme opaques. Grâce aux recherches du docteur Maurice Lenoir, on peut maintenant obtenir un cliché radiographique avec une pose d'un cinquantième de seconde, et même avec un seul éclair de l'ampoule. (V. Radiographie et Actinographie.)

Réactif n. m. Toute substance chimique employée pour déceler la présence ou l'absence de certains corps dans un composé; en général, les réactifs manifestent leur action par des changements de couleur ou la formation de précipités.

Rectiligne ou **rectilinéaire.** Ces qualificatifs sont employés pour désigner les objectifs aplanétiques.

Recul n. m. Distance à laquelle on se place pour photographier une œuvre d'art, un monument.

Redresseur. Appareil destiné à redresser l'image fournie par la glace dépolie; il permet d'éviter les poses ridicules et de juger par avance de la valeur artistique d'un cliché.

Réducteur n. m. Tout corps qui ramène certains métaux à l'état libre ou de combinaison plus simple. Les photographes désignent sous le nom de réducteurs les corps qui font apparaître l'image en complétant la décomposition commencée par la lumière.

Réducteurs (Bains). On appelle bains réducteurs, en photographie, ceux qui ont pour effet de réduire l'opacité des phototypes. Les bains réducteurs les plus employés ont la composition suivante : pour 100 gr. d'eau : chlorhydrate d'hydroxylamine 0,4; hydroquinone 1 à 3; iconogène, 0,5 à 1,5; paramidophénol 1 à 4; pyrogallol 0,5 à 1.

Réduction n. f. Opération qui a pour but de diminuer l'opacité d'un phototype. On y arrive en plongeant celui-ci dans un bain de 1 de sulfate de cuivre et 3 de chlorure de sodium pour 100 d'eau.

Réduction d'un phototype.

Cette opération est le contraire du renforcement. On pourra la mener à bien en plongeant le cliché dans l'eau pendant cinq minutes et en le mettant ensuite dans un bain composé de : 1re formule, eau, 500 gr. ; hyposulfite de soude, 50 gr. ; 2e formule, eau, 500 gr. ; ferricyanure de potassium, 5 gr. ; 3e formule, 1 de sulfate de cuivre, et 3 de chlorure de sodium pour 100 d'eau. On agitera le bain à la surface et l'on surveillera avec soin la marche de la réduction.

Réflecteur n. m. Tout appareil d'optique destiné à accroître l'éclairage en utilisant les propriétés des miroirs ou écrans.

Reflet n. m. Effet d'éclairement ou reverbération produite sur un corps par la réflexion de la lumière provenant des corps voisins. La lumière réfléchie par un corps participant de la couleur de ce corps, les reflets prennent eux-mêmes la teinte des objets environnants.

Réflexion n. f. Propriété qu'ont les rayons lumineux, lorsqu'ils rencontrent une surface polie, d'être renvoyés dans une direction autre que la direction primitive. La direction obéit aux deux lois suivantes : 1° l'angle d'incidence est égal à l'angle de réflexion ; 2° le rayon incident et le rayon réfléchi sont dans un même plan perpendiculaire à la surface réfléchissante.

Réflexion irrégulière. Celle qui se produit irrégulièrement dans toutes les directions, lorsque la lumière tombe sur une surface rugueuse. On la désigne encore sous le nom de diffusion.

Réflexion régulière ou spéculaire. Celle qui obéit régulièrement aux lois de la réflexion.

Réfrangibilité n. f. Propriété que possèdent les rayons lumineux de se réfracter. La réfrangibilité croît pour chaque espèce de rayons du rouge au violet.

Réfringence n. f. Propriété qu'ont certains corps de réfracter les rayons lumineux.

Réfringent adj. Se dit de tout corps qui a la propriété de réfringence.

Relief n. m. Impression que produisent les objets sur nos yeux, grâce à ce qu'ils ont trois dimensions. On obtient le relief photographique à l'aide des appareils stéréoscopiques.

Rendement d'un obturateur. Rapport de la quantité de lumière que cet obturateur laisse passer à celle que laisserait passer dans le même temps un obturateur idéal. (V. ce mot.)

Rendement graphique d'une source lumineuse. C'est le rapport de l'énergie graphique de la source à l'énergie qu'elle consomme.

Renforçage, Renforcement n. m. Opération qui consiste à donner la valeur voulue à un cliché insuffisamment développé ; à cet effet on le plongera, après l'avoir séché, dans une composition composée de : eau, un demi-litre ; bichlorure de mercure, 3 gr. ; chlorure de sodium égrugé, 3 gr. Le séjour dans la solution ne devra pas excéder 3 à 4 minutes.

Renforçateurs. Substances employées en photographie pour augmenter l'opacité des négatifs trop faibles.

Renforcement n. m. Opération consistant à augmenter l'opacité d'un négatif trop faible.

Renforcement antixanthique. Ce renforcement permet d'éviter le jaunissement des clichés. On l'effectue de la manière suivante : Après fixage et lavage, le négatif est immergé pendant 30 secondes dans un bain de chlorure de sodium à 1 %. On lave légèrement, on procède au renforcement habituel, et l'on fixe ensuite à l'ammoniaque.

Renforceur. (V. Renforçateur.)

Repérage n. m. Opération qui consiste à rapprocher les différentes parties d'une photographie, d'un dessin, d'un tirage typographique formés de plusieurs éléments, de manière que ces parties s'ajustent exactement pour donner la sensation d'un ensemble établi d'une seule pièce.

Repolissage du bois des appareils. Enlever toute substance grasse, par un lavage à l'eau chaude et au savon, et frotter à sec avec un morceau de flanelle, que l'on imprègne ensuite d'une mixture de 1/8 d'huile de romarin et de 7/8 d'huile de lin.

Réseau. (V. Trames, au *Dictionnaire de la Gravure, etc.*, t. Ier, p. 207.)

Resensibilisation n. f. Pour sensibiliser à nouveau les plaques impressionnées, il suffit de les plonger dans un bain à 2 % de bichromate, suivi de lavages abondants.

Résidus n. m. Il est établi que 30 % seulement de l'argent employé à fabriquer les plaques est utilisé pour la formation des clichés ; 70 % d'argent restent à l'état de résidus dans le bain de fixage. Dans 100 litres de vieux bain dans lequel on aurait fixé 100 douzaines de plaques, on peut retrouver 180 grammes d'argent valant environ 20 francs.

Retardateur n. m. Toute substance ajoutée au bain de développement pour en diminuer l'énergie réductrice. On fait usage des retardateurs en cas d'excès de pose. Les uns agissent mécaniquement, comme l'eau et l'alun de chrome, qui diminuent la sensibilité de la gélatine, les autres chimiquement : tels sont les bromures, chlorures, et les citrates alcalins. On peut faire usage d'un retardateur formé de 1 d'iode pour 200 d'alcool ou bien de 5 de borax pour 100 d'eau.

Réticulation n. f. Opération qui consiste à donner du grain à la gélatine, pour les tirages phototypographiques. Généralement, au lieu de réticuler la gélatine, on imprime au verso, sur la plaque destinée à fournir la photocopie phototypographique.

Rétine. n. f. Épanouissement du nerf optique sur lequel se forme, dans les yeux normaux et sains, l'image fournie par le cristallin.

Retouche des négatifs (Préparation de la). On prépare les négatifs à la retouche en dépolissant, au moyen de poudre de pierre ponce ou d'os de seiche, les endroits qui doivent être retouchés. On obtient aussi d'excellents résultats avec la colophane moulue, qui a l'avantage de ne pas produire d'égratignures sur le négatif.

Révélateur n. m. Tout agent qui fait apparaître l'image latente produite par l'insolation sur la plaque sensible.

Révélateur à la craie. Il se compose de 1 gr. de chlorure d'or pour 4 gr. de craie en poudre et 1000 gr. d'eau.

Révélateur à l'amidol. (V. Amidol.)

Révélateur mixte. Sous ce nom, on emploie comme révélateur un produit ainsi composé : hydroquinone, 5 ; iconogène, 15 ; sulfite de soude, 100 ; carbonate de potasse, 50 ; eau, 1000.

Révélateur pour diapositives sur verre. Il se compose de 1 de bromure de potassium pour 4 de chlorhydrate d'hydroxylamine, 6 de soude caustique, pour 1000 parties d'eau.

Reversibilité n. f. En vertu du principe de la reversibilité, on peut obtenir de bonnes projections photographiques à l'aide d'un mauvais objectif, à condition que ce même objectif ait servi à obtenir le phototype qu'on projette, et que l'on opère dans les mêmes conditions de distance.

Revolver photogénique. Nom donné à une variété de lampe au magnésium, dans laquelle l'alcool est remplacé par un corps quelconque en ignition, par exemple une allumette.

Rondelle d'objectif. Sorte d'écrou sur lequel se visse l'embase de l'objectif.

Rouge n. m. Une des sept couleurs du spectre ; c'est la moins réfrangible, mais elle est très riche en radiations calorifiques.

Rouleau n. m. Cylindre de métal, de cuir, de caoutchouc, de gélatine, mobile autour de son grand axe, et destiné aux procédés aux encres grasses, et à faire adhérer l'épreuve encollée sur le carton.

S

Sac à escamoter. Sac d'étoffe, impénétrable à la lumière, qui permet de remplacer en pleine lumière une plaque impressionnée par une plaque vierge.

Sac de touriste. Ce sac, généralement en toile ou en cuir,

Sac pour matériel instantané.

sert à renfermer tout le matériel du photographe touriste, ainsi que l'indique la figure que nous en donnons.

Saponification n. f. Opération qui consiste à traiter les corps par des solutions alcalines bouillantes, pour les transformer en savons solubles.

Screens. (V. Trames, au *Dictionnaire de la Gravure, etc.*, t. I‍er, p. 207.)

centré le cliché sortant de la première eau de lavage. Ne pas opérer sur un cliché à moitié sec, afin d'éviter des taches et des inégalités d'intensité, l'alcool renforçant assez sensiblement les clichés.

Section principale. Toute

Self-Worker.

Séchage n. m. Opération consistant à sécher les plaques après le fixage et le lavage. On met les plaques sur un chevalet qui les maintient verticales, et on place le tout à l'ombre, dans un endroit frais, la gélatine se liquéfiant à la température de 30°. Pour sécher les épreuves, on les place sur un buvard blanc, à l'air libre, face en dessus.

Séchage des clichés. Pour sécher les clichés, il faut éviter de les mettre au soleil; la gélatine fond et coule et le cliché s'abîme. Le séchage est activé quand on plonge dans de l'alcool très con-

section d'un miroir ou d'une lentille faite par un plan passant par l'axe principal de ce miroir ou de cette lentille.

S'effacer. Se dit des épreuves positives qui disparaissent peu à peu. Cet inconvénient se produit sur les vieilles épreuves au papier albuminé.

Self-Worker n. m. Cet appareil n'est autre qu'une des nombreuses variétés de stéréoscopes. (V. ce mot.)

Sels. Composés chimiques résultant de la combinaison des acides et des bases.

Séléréphotographie n. f.

Photographie de la surface de la lune.

Sensibilisation des glaces. Pour rendre les glaces plus sensibles, on les plonge dans un mélange de 1 à 2 parties d'azotate d'argent, dans 100 parties d'eau contenant 12 parties d'ammoniaque, puis on les laisse sécher avant de les employer.

Sensibilité des plaques. Pour reconnaître le degré de sensibilité des différentes espèces de plaques photographiques, on prend sur chacune d'elles, par une nuit étoilée, un cliché d'étoiles. On pose durant dix minutes, et l'on développe jusqu'au noir. La plaque la plus sensible est celle qui contiendra le plus grand nombre d'étoiles.

Sensibilité des plaques (Augmentation de la). On augmente la sensibilité des plaques en les plongeant dans un bain neuf d'hydroquinone, durant une minute, et en les laissant sécher avant de s'en servir.

Sensito-Colorimètre n. m. Appareil destiné à donner le degré de sensibilité par rapport aux couleurs; il sert à comparer entre elles les plaques orthochromatiques; l'échelle sensito-colorimétrique est formée par des écrans colorés.

Sensitométrie n. f. Art de mesurer la sensibilité des diverses substances pour la lumière, dans la photographie.

Sinus. On appelle sinus d'un arc la perpendiculaire abaissée d'une extrémité de cet arc sur le diamètre passant par l'autre extrémité. L'indice de réfraction est le rapport du sinus de l'angle d'incidence au sinus de l'angle de réfraction.

Soie. (V. Photocopies sur soie.)

Solarisation n. f. Phénomène par lequel une image négative devient positive au développement. La cause en réside dans un excès de pose, dans l'exposition à une lumière actinique pendant le développement, dans la présence de thiocarbamide ou d'hyposulfite dans le révélateur.

Solubilité n. f. Propriété que possède un corps de se dissoudre dans un liquide donné.

Solution n. f. Résultat de la dissolution d'un corps dans un autre.

Solutions conservées. On appelle *solutions conservées, solution se conservant*, des solutions concentrées que l'on garde dans des flacons soigneusement bouchés et que l'on dilue au fur et à mesure des besoins.

Solution saturée. Celle dans laquelle le dissolvant a dissous le maximum du corps auquel il sert de menstrue.

Soufflet n. m. Partie en forme d'accordéon, faite en cuir ou en étoffe, qui, dans les chambres dites à *soufflet*, relie l'avant à l'arrière de la chambre, pour permettre l'allongement ou le raccourcissement du foyer.

Soulèvement. Pour éviter le soulèvement de la couche de gélatine pendant le développement, il faut étendre au pinceau, sur les bords et la tranche de la plaque sèche, une mince couche de vernis négatif.

Sous-exposé n. m. Se dit

d'un phototype pour l'obtention duquel le temps de pose a été insuffisant. On remédie à ce défaut par l'emploi d'un bain révélateur fort, et on renforce le phototype si besoin est.

Sous-Exposition n. f. Insuffisance du temps de pose. Elle donne lieu à des phototypes dits *sous-exposés*.

Spectre calorifique. Partie du spectre formée de rayons impropres à exciter la vision, mais possédant une puissance calorifique beaucoup plus grande que les autres parties du spectre. Tyndall a observé que les radiations du spectre calorifique situées au-delà du rouge, donnent une image visible quand on les reçoit dans le vide sur une lame d'étain ou de charbon, et dans l'air ou dans le vide sur une feuille de platine recouverte de platine pulvérulent.

Spectre chimique. Partie du spectre située au-delà du violet, formée de rayons impropres à la vision, d'un pouvoir calorifique très faible, mais douée d'une grande énergie chimique. Stokes, de Cambridge, montre que les radiations ultra-violettes du spectre chimique deviennent visibles par l'interposition de solutions de quinine, d'esculine, les verres d'urane. Draper admet que tous les rayons du spectre ont une action chimique, variant avec la nature de la substance impressionnée, et que les rayons actifs, chimiquement, sur une substance, sont ceux pour lesquels elle a le plus grand pouvoir absorbant.

Spectre continu. Spectre sans intervalles obscurs, tels sont ceux de l'axe voltaïque et du magnésium incandescent.

Spectres discontinus à raies brillantes. Ils sont formés de raies colorées séparées par des intervalles sombres. Ils appartiennent à des gaz ou vapeurs incandescents; les teintes et la position des raies varient avec la nature des gaz et des vapeurs.

Spectres discontinus à raies sombres. Spectres dont les raies ne proviennent pas de la source lumineuse, mais des vapeurs que traverse le faisceau lumineux, et qui éteignent certaines radiations.

Spectre lumineux. La partie colorée visible du spectre, celle qui agit sur la rétine et constitue le spectre proprement dit.

Spectre phosphorogénique. Partie du spectre qui exerce une action phosphorogénique et s'étend depuis l'indigo jusqu'au-delà du violet.

Spectre solaire. Nom donné par Newton à l'image colorée obtenue par la décomposition de la lumière blanche à travers un prisme. Il existe en réalité dans le spectre solaire une infinité de teintes, dont on distingue sept principales, occupant des étendues inégales dans le spectre et disposées, à partir de la plus réfrangible, dans l'ordre suivant : violet, indigo, bleu, vert, jaune, orangé, rouge.

Spectrophotographie n. f. Photographie des spectres fournis par les sources lumineuses.

Spectroscope n. m. Appareil imaginé par Kirchoff et Bunsen pour étudier le spectre ; cette étude porte le nom d'*analyse spectrale*.

Spectroscopie n. f. Étude des spectres des différentes sources lumineuses.

Stanhope n. f. Loupe à fort grossissement.

Sténopé n. m. Planchette munie d'un petit trou, que l'on met à la place de celle qui supporte l'objectif pour faire de la sténopéphotographie.

Sténopéphotographie n. f. Photographie à l'aide d'un trou d'aiguille.

Stéréo n. m. Nom d'un appareil du constructeur Ch. Mendel, destiné à la photographie stéréoscopique, pour instantanés à la main ou la photographie posée Il se compose de : 1° chambre noire en noyer verni, soufflet peau, queue pliante et rentrante ; 2° deux objectifs rectilignes extra rapides, accouplés avec soin, munis de leurs diaphragmes ; 3° deux obturateurs accouplés fonctionnant mathématiquement ensemble et se déclanchant soit au doigt pour l'instantané, soit avec la poire pour la pose ; 4° trois châssis négatifs doubles à rideaux ; 5° un viseur pour chercher la direction ; 6° un niveau sphérique.

Stéréomonoscope n. m. Appareil qui donne le relief stéréoscopique, par projection de deux images superposées, sur un écran de verre dépoli. Le stéréomonoscope est dû à Claudel.

Stéréoscope n. m. Instrument d'optique inventé par Wheatstone en 1838, perfectionné par Brewster et Duboscq, et à l'aide duquel, par superposition de deux images représentant le même objet vu sous des angles différents, les images planes apparaissent en relief.

Stéréoscope à mise au point. Nom donné à un appareil à écartement variable des lentilles, qui peut s'adapter à toutes les vues et permettre de regarder toutes les épreuves, quelles que soient les conditions dans lesquelles on les examine.

Stéréoscopes à réflexion. Ceux dans lesquels la superposition des images donnant le relief, s'obtient par réflexion, au moyen de miroirs.

Stéréoscope à réfraction. Ceux dans lesquels la superposition des images donnant le relief, s'obtient par réfraction au moyen de lentilles.

Stirator. Système servant à tendre au maximum une feuille de papier ou de gélatine. Il consiste généralement en deux cadres entrant l'un dans l'autre, et dont l'extérieur donne la rigidité nécessaire à la feuille tendue sur le châssis intérieur. Les deux châssis sont maintenus l'un sur l'autre au moyen de cliquets.

Sublimation n. f. Opération qui consiste à chauffer un corps solide volatil, pour le faire résoudre en vapeurs que l'on condense, par refroidissement, dans le but de le purifier ou de le faire cristalliser.

Substitution n. f. Opération qui, dans le virage, a pour but de remplacer l'argent formant l'image par un autre métal, tel que l'or ou le platine, qui résistent mieux aux influences extérieures.

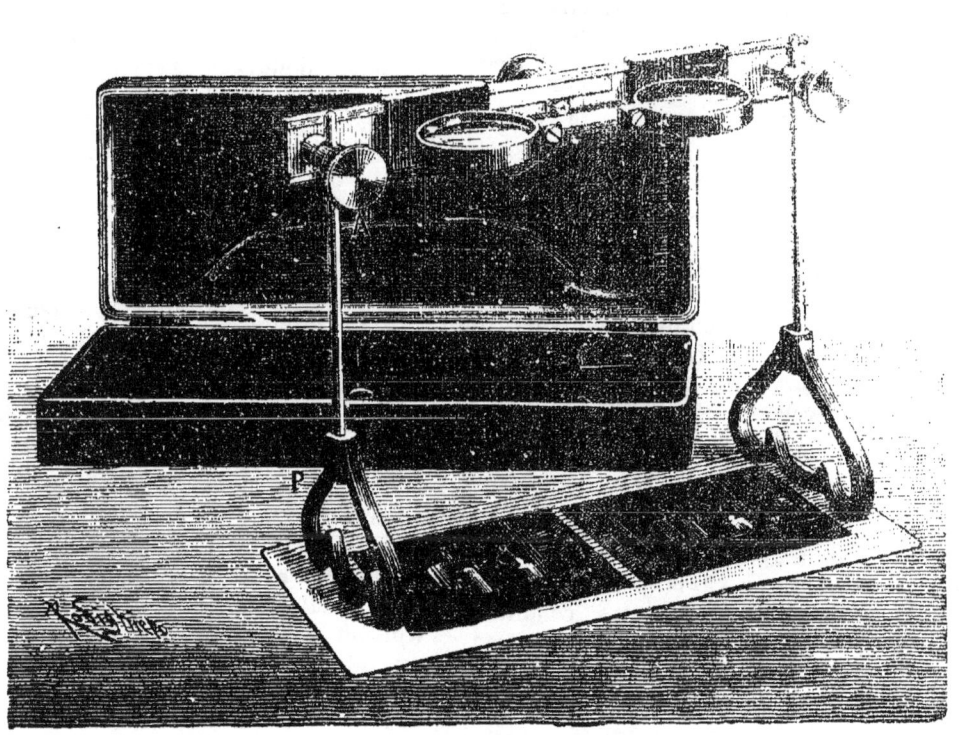

Stéréoscope à écartement variable, système Cl. Mendel.

Sulfuration n. f. Production de taches noires métalliques, dans les procédés à l'albumine, par suite de la formation de sulfure d'argent, dû à l'action du soufre de l'albumine sur l'argent de la couche sensible.

Support à vis calantes. Support pourvu de 3 vis, finement filetées, et permettant d'obtenir une horizontalité absolue dans les étuves ou dans les chambres noires.

Surexposition n. f. Prolongement injustifié de la durée d'exposition de la surface sensible. On remédie à cet inconvénient en ajoutant des substances retardatrices au bain de développement. La surexposition donne ou un voile noir, ou des phototypes trop faibles. (V. Loi de Janssen.)

Surface de diffusion. (V. Cercle de diffusion.)

T

Table de Dorval. Tableau dû à Dorval et indiquant le temps nécessaire à la pose des sujets dans les différentes conditions actiniques qui peuvent se présenter. (V. Temps de pose.)

Tableau. (V. Perspective.)

Tableaux (Reproduction photographique des). Pour reproduire photographiquement les tableaux, peintures, etc., lorsque les sujets ont des couleurs assez vives pour produire une impression suffisante, on évitera un éclairage trop fort qui donnerait une épreuve grise ; au contraire, on emploiera un éclairage intense, s'il y a dans le tableau des couleurs inactiniques pâles, telles que le jaune ou le rouge. La teinte de l'écran devra être proportionnée à l'éclairage du tableau, si l'on fait usage de plaques orthochromatiques.

Table d'actinisme. Si l'on prend pour unité d'actinisme le degré actinique de la lumière en janvier, et pour unité de temps de pose le maximum d'intensité photogénique correspondant aux mois de juin, juillet et août, on obtient, pour les douze mois de l'année, les chiffres suivants :

	Degré actinique	Temps de pose
Janvier	1	14
Février	2	7
Mars	3	2 1/2
Avril	6	2 1/2
Mai	11	1 1/2
Juin	14	1
Juillet	14	1
Août	14	1
Septembre	11	1 1/2
Octobre	7	2
Novembre	3	5
Décembre	1	14

Tache centrale. Tache sombre circulaire qui se produit quelquefois au milieu d'un phototype, et qui n'est que l'image réelle de l'ouverture du diaphragme, produite sur la glace sensible par la lentille postérieure de l'objectif.

Talbotype. (V. Calotype Talbot.)

Teinte n. f. Nom donné quelquefois aux réseaux ou trames. (V. ce mot au *Dictionnaire de la Gravure*, etc., t. Ier, p. 207.)

Télédiagraphe n. m. Appareil nouvellement inventé par l'Américain Hummell, et à l'aide duquel on envoie et reçoit télégraphiquement des images à grande distance, quel que soit l'état de l'atmosphère. Cet appareil est basé sur le système Morse, c'est-à-dire sur la transmission de points ou de traits au moyen d'interruptions plus ou moins longues dans un circuit ou courant électrique continu revenant vers son point de départ. La forme est celle d'un phonographe. Supposons deux machines, l'une à New-York, l'autre à Chicago, réglées de manière à fonctionner parallèlement. Sur le cylindre de la machine de New-York est enroulée une feuille de papier d'étain sur laquelle se trouve un dessin. A Chicago, une feuille de papier à décalquer, entre deux feuilles de papier blanc, remplace l'étain. On fait fonctionner l'appareil de New-York, et chaque fois que l'aiguille placée au-dessus du cylindre touche un trait du dessin, il y a rupture du courant. L'aiguille de la machine de Chicago, enregistrant toutes les pulsations, reproduit forcément sur la feuille de papier à décalque tous les traits du dessin.

Télé-Objectif n. m. Tout système optique utilisé dans la photographie à distance.

Télé-Objectif Derogy. Objectif simple formé d'un crown convergent accolé à un flint divergent; il donne une image de l'objet éloigné. Cette image est agrandie par un oculaire achromatique composé d'un crown convergent et de deux flints divergents.

Télé-Objectif Guilleminot. Ce télé-objectif est constitué par une chambre à trois corps; la planchette antérieure porte un objectif à longue distance focale;

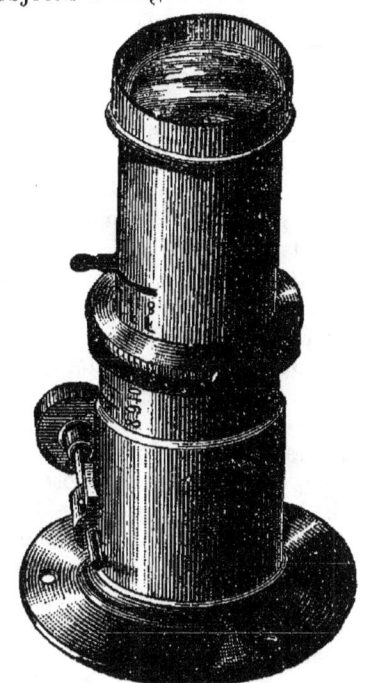
Télé-Objectif.

et celle du second corps un objectif à très courte distance focale.

Téléphotographie n. f. Photographie à grande distance. Nous ne sachions pas que, jusqu'à ce jour, la téléphotographie ait donné des résultats appréciables. Il n'en est pas de même, paraît-il, de la transmission des images par le télédiagraphe. (V. ce mot.)

Temps de pose. Temps pendant lequel la plaque sensible doit subir l'action de la lumière. Ce temps dépend d'un grand nombre de facteurs ou circonstances, mais, d'une manière générale :
1° Il est directement proportion-

nel au carré de la distance focale principale et inversement proportionnel au carré du diamètre de l'ouverture de l'objectif ; 2° il est inversement proportionnel à la surface du diaphragme employé ; 3° il varie en raison du grossissement ; 4° pour obtenir le modelé, il faut diaphragmer beaucoup, c'est-à-dire avoir un éclairage plutôt faible, mais en augmentant le temps de pose.

Relativement aux circonstances actiniques, le temps de pose est réglé par les lois suivantes : 1° le temps de pose à la lumière diffuse est le double de celui de la pose au soleil ; 2° le temps de pose, le matin et le soir, est le double de celui de la pose en plein jour, qu'il s'agisse de l'exposition au soleil ou à la lumière diffuse ; 3° le temps de pose, par les temps sombres, égale, pour les sujets animés, dix fois, et, pour les vues et agrandissements, six fois celui de la pose au soleil en plein jour.

Voici, pour les différents sujets, le temps de pose *au soleil, en plein jour*. On n'aura qu'à le multiplier par les coefficients ci-dessus pour avoir le temps de pose nécessité par les circonstances actiniques dans lesquelles on opère : 1° *sujets animés*, en plein air, 4 ; sous un abri ou près d'une fenêtre, 8 ; 2° *vues*, en premier plan, avec monuments blancs, 2 ; avec verdure et monuments sombres, 3 ; 3° *grandes vues panoramiques*, 1 ; avec masse de verdure, 2 ; 4° *endroits ombragés*, 10 ; 5° reproductions et agrandissements, 6.

Test-Focimètre n. m. Focomètre dû à Fabre et destiné à étudier les objectifs par rapport à leur foyer chimique.

Théorie chimique. Théorie qui explique la formation des images photographiques, en admettant que les particules sensibles impressionnées par la lumière ont une composition chimique différente de celle des autres. Ses partisans admettent la décomposition du sel d'argent et la production, soit d'argent métallique, soit d'un sous-sel, soit d'un photo-sel. (V. ce mot.)

Théorie dynamique. Théorie qui explique la formation des images photographiques, en admettant que la différence des particules sensibles impressionnées et de celles qui ne le sont pas est due à une modification moléculaire du composé. D'après cette théorie, l'image latente aurait une origine différente de celle de l'image visible, et serait formée d'une matière pour ainsi dire en voie de décomposition.

Théorie de l'émission. C'est l'ancienne théorie qui consistait à considérer la lumière comme un fluide *impondérable* dont les molécules étaient émises par les corps lumineux.

Théorie des ondulations. C'est cette théorie, qui a remplacé celle de l'émission ; elle consiste à regarder la lumière comme produite par les vibrations extrêmement rapides, déterminées dans l'*éther* par les corps lumineux.

Tirage. Action de faire des photocopies. Distance du corps d'avant au corps d'arrière d'une chambre noire développée.

Tirage des positifs. Pour tirer les positifs, on place le négatif dans le châssis-presse et, immédiatement au-dessous, une glace sèche au gélatino-bromure, en ayant soin de mettre en contact les surfaces gélatinées. On expose à la lumière diffuse, puis on fait le développement.

Tison éclair. Nom donné à une variété de lampe au magnésium dans laquelle l'alcool est remplacé par un corps quelconque en ignition, généralement une allumette. Cet appareil est utilisé en photographie.

Topophotographie n. f. Nom sous lequel on désigne encore la photogrammétrie. (V. ce mot.)

Tourniquet n. m. Appareil du commandant Moëssart destiné à l'essai des objectifs.

Toxicologie photographique. La plupart des substances employées en photographie sont des poisons dangereux, qui peuvent s'introduire dans l'organisme, soit par voie épidermique, soit par voie gastro-intestinale. Lorsqu'on a fait le nécessaire pour évacuer ces poisons, soit par vomitif, soit par lavement, il convient de prendre un antidote destiné à neutraliser l'action délétère du poison. Voici les antidotes qu'il convient d'opposer aux divers poisons photographiques :

Acétate de plomb : le contrepoison est le sulfate de soude ou de magnésie. — Acide oxalique ou oxalate de potasse : ingérer de la chaux, de la magnésie ou de l'hydrate ferrique. — Acide sulfurique : prendre de la magnésie calcinée ou de la craie. — Alcalis, ammoniaque : on combat l'empoisonnement par les alcalis à l'aide de la potasse et de la soude ; de l'ammoniaque, par l'ingestion d'eau tiède vinaigrée. — Azotate d'argent : prendre un vomitif et du chlorure de sodium. — Bichlorure de mercure : les principaux antidotes du bichlorure de mercure sont : l'eau albumineuse, les eaux sulfureuses, le fer divisé. — Bichromate de potassium : faire usage de vomitifs, de craie et de magnésie. — Cyanure de potassium : pas de remède sûr. — Pyrogallol : administrer un vomitif énergique et des acides citrique ou tartrique.

Trames (V. ce mot au *Dictionnaire de la Gravure, etc.*, t. 1er, p. 207.)

Transfert ou **Transport.** Opération qui a pour objet de reporter sur un autre support l'épreuve obtenue dans la photographie au charbon, de façon à la développer par la face inférieure, car, dans le procédé au charbon, on a reconnu qu'il fallait développer l'image par la face opposée à celle qui a reçu l'action de la lumière.

Translucide. Se dit des corps qui laissent passer la lumière en la diffusant. A travers les corps translucides, on perçoit la lumière, mais sans pouvoir reconnaître la forme des objets : tels sont le verre dépoli, le papier huilé.

Transparent. Se dit des corps qui laissent passer librement la lumière.

Transport d'un objectif. On appelle transport d'un objectif le rapport de la quantité de lumière qui traverse cet objectif, à celle qui forme le faisceau incident utile.

Trépied n. m. Nom donné au pied à trois branches des appareils employés en photographie.

Trimmer. Nom donné à une sorte de roulette servant au découpage des photocopies et des cartes.

Triplet. Objectif peu employé aujourd'hui et qui se compose de trois lentilles achromatiques, dont deux convergentes enveloppant une divergente.

Trousse d'objectifs. Boîte en gaînerie, dans laquelle on

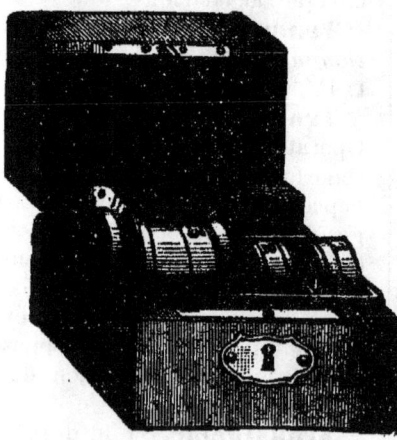

Trousse d'objectifs.

range et l'on conserve les objectifs photographiques.

U

Unité de coefficient d'éclairage. Intensité maxima que peut acquérir, à Paris, un faisceau de rayons solaires, autrement dit, coefficient d'éclairage d'un objet exposé normalement aux rayons directs du plein soleil, le 21 juin à midi.

Unité de lumière. L'unité de lumière théorique adoptée est le violle (V. ce mot), auquel on rattache les étalons pratiques adoptés par la photographie.

Unité pratique d'éclat. Source lumineuse ayant la puissance d'une bougie décimale par centimètre carré de surface. On l'appelle encore *bougie par centimètre carré*.

Unité pratique d'intensité (V. Bougie décimale.)

Uranophotographie n. f. Photographie des espaces célestes.

V

Valeur comparative. Voici, d'après le docteur Eder, la valeur comparative des diverses sources de lumière : Lampes à l'acétate d'amyle, 1 ; flamme du gaz, 28 ; lumière oxydrique, 300 ; magnésium en ruban (0,05 gr.), 1,630 ; lumière du jour diffuse, 7,500 ; lumière électrique, 145,000 ; lumière du soleil, 450,000.

Vapeur. Fluide aériforme résultant de l'action de la chaleur sur les solides ou les liquides (vapeurs d'iode, de camphre, d'éther, d'alcool).

Vélocigraphe n. m. Nom donné à un appareil photographique construit par la maison Ch. Mendel, appareil instantané, à répétition, contenant 12 plaques ou 24 pellicules, à diaphragme iris, et dans lequel une seule clef de manœuvre permet de changer la plaque qui vient de poser et d'armer en même temps l'obturateur pour la pose suivante.

formule pour vernis servant à enduire le carton, les métaux, le bois, et même à coller cette der-

Vélocigraphe.

Venue. Manière dont se présente le résultat du travail photographique : Cette phototypie est bien *venue*, ou d'une bonne *venue*.

Vérascope n. m. Cet appareil n'est autre qu'une jumelle stéréoscopique. Il fournit des images

nière substance : faire dissoudre dans l'esprit de bois 1 partie de gomme-laque contre 2 parties de glu marine.

Vernis à l'épreuve de l'eau. On obtient un excellent vernis à l'épreuve de l'eau, utilisé pour les cuvettes et les vases

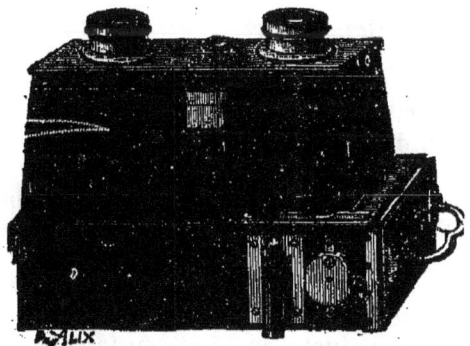
Vérascope.

de petite dimension qui, vues dans l'appareil lui-même, ou dans un stéréoscope, donnent l'illusion des dimensions naturelles.

Vernis. Voici une excellente

étanches, de la manière suivante : 1 partie de gomme Dammar dissoute dans 5 parties d'acétone. On décante la partie claire après un repos de 15 jours et l'on y ajoute 4 parties de collodion normal.

Vernis mat. Vernis qui se verse, comme le collodion, au dos du négatif; il est généralement composé de 12 parties de sandaraque pour 25 d'alcool, 100 de benzine et 200 d'éther.

Vernis négatif. On enlève le vernis négatif à l'aide d'un bain composé de 20 de potasse caustique pour 200 d'eau et 1,000 d'alcool, en poids.

Vernis noir pour bois. Pour renouveler l'intérieur des chambres noires, on enduit d'abord le bois d'une solution de sulfate de fer, dans l'eau à 1/100; puis on applique par-dessus une solution, par parties égales, de chlorure d'aniline dans l'esprit de vin. On peut encore faire usage du vernis suivant, composé de : noir animal, 1; gomme-laque, 2; sandaraque, 1; mastic, 1; laque élémi, 1; térébenthine de Venise, 1; esprit de vin, 20.

Vernis ordinaire pour bois. Il est composé d'après les formules suivantes : 1º sandaraque, 40; térébenthine de Venise, 43; esprit de bois, 120; 2º sandaraque, 24; mastic, 16; térébenthine de Venise, 2; esprit de vin à 95º, 120; 3º sandaraque, 48; mastic, 24; térébenthine de Venise, 1; esprit de vin, 120.

Vernissage des clichés. Opération ayant pour objet d'enduire les clichés d'un vernis protecteur afin de préserver la couche sensible des accidents, de permettre de tirer un plus grand nombre d'épreuves et de rendre le cliché accessible aux retouches.

Le vernissage est beaucoup moins nécessaire sur les clichés au gélatino-bromure que pour ceux au collodion.

Vernissage des pièces métalliques. Pour vernir les pièces métalliques des appareils, il faut d'abord les bien dégraisser, les enduire d'albumine pour empêcher le vernis de faire tache, chauffer légèrement la pièce et appliquer avec un pinceau l'un des vernis suivants : 1º vernis blanc : ambre, 1; mastic, 1; sandaraque, 2; gomme-laque blanche, 2; esprit de vin, 20; 2º vernis doré : sang-dragon, 4; curcuma, 1; vernis à la laque, 1; 3º vernis fin : laque blanche, 1: gomme-laque, 1; térébenthine de Venise, 1/2; esprit de vin, 20; 4º vernis pâle : vernis à la laque, 1; curcuma, 1; alun, 3; 5º vernis rouge : vernis à la laque, 1; sang-dragon, 8; rocou, 32.

Verre (Altération du). Les verres employés en photographie peuvent être altérés par la lumière solaire, qui, à la longue, leur donne une légère coloration. Celle-ci disparaît en faisant recuire le verre. Il faut éviter aussi que les verres d'objectifs soient humides, car après un usage prolongé il deviendrait nécessaire de les repolir.

Verre gradué. Le verre gradué est un récipient à l'usage des chimistes; il est utilisé par les photographes pour leurs diverses manipulations.

Verres de lampes. Les dimensions des verres de lampes sont exprimées en lignes. Voici la concordance des appellations adoptées, avec les mesures linéaires $8^l = 36^{mm}$; $10^l = 38^{mm}$; $12^l = 45^{mm}$; $14^l = 52^{mm}$.

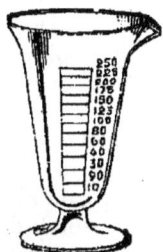

Verre gradué

Verres rouges. Pour les lanternes employées en photographie, on fait usage de verres rouges. Les verres *massifs* doivent être préférés aux verres plaqués, dans lesquels se rencontrent des bulles transparentes et des marques de couleur rouge.

Vert. Une des sept couleurs du spectre située entre le bleu et le jaune.

Vignettes pelliculaires. Clichés négatifs pelliculaires, figurant des fleurettes, couronnes, guirlandes, marbres, bois, paysages, etc., destinés à encadrer la photographie, et qu'on emploie avec un dégradateur pelliculaire ou un cachet en papier.

Violle n. m. Unité de lumière adoptée par les congrès internationaux de photographie et consistant dans les radiations émises par la surface d'un centimètre carré de platine en fusion.

Virage n. m. Opération qui a pour but de transformer le sel d'argent des photocopies positives en un sel de métal plus résistant, tel que l'or ou le platine.

Virage à l'or et à l'acétate. Il se compose de 30 parties d'acétate de soude et 1 de chlorure d'or dans 100 parties d'eau. Il doit être préparé 24 heures avant d'en faire usage.

Virage-Fixage. Opération que l'on fait subir aux épreuves photographiques après l'impression (V. ce mot). Elle a pour but de modifier la teinte et de fixer l'épreuve. Le bain qui est employé s'appelle bain de virage-fixage. L'or surtout y joue un très grand rôle. On fait baigner les épreuves face en dessus pendant environ 10 minutes, à une température de 15°; on lave pendant une heure, en renouvelant six ou huit fois l'eau de la cuvette, puis on laisse sécher à l'air libre, en plaçant les épreuves sur un buvard blanc face en dessus.

Virage au borax. On prépare, 24 heures avant de s'en servir, la solution suivante : 25 gr. de borax et 15 gr. d'acétate de soude, dans 2,000 c. d'eau contenant 1 gramme de chlorure d'or.

Virage excessif. Lorsqu'une épreuve positive sur papier albuminé est trop virée, on la ramène à la teinte voulue en la plongeant dans l'eau presque bouillante, puis on la met immédiatement dans l'eau froide.

Virage à l'iridium. Formule : mélanger 1 partie de chlorure double de potassium et d'iridium avec 1,000 d'eau contenant 30 parties d'acétate de soude.

Virage nocturne. On obtient un effet dit de lune en donnant aux épreuves photographiques une teinte violette. Ce résultat s'obtient en ajoutant au bain de virage quelques gouttes d'une solution de permanganate de potasse.

Virage à l'osmium. Formule : 1 gramme de chlorosmite d'ammonium dans 1,000 grammes d'eau contenant 20 grammes d'acide acétique.

Virage au platine. Pour obtenir ce virage, mélanger une partie de chloroplatinite de potasse à 1,000 parties d'eau acidulées de 5 parties d'acide sulfurique.

Virage au platine du papier aristotype. La formule ci-dessous convient pour ce genre de virage : une partie de chlorure double de platine et de potassium est mélangée avec 1,000 parties d'eau acidulées de 1 partie 1/2 d'acide azotique.

Virer. Faire, obtenir un virage.

Vision n. f. Phénomène qui a pour cause la lumière et nous donne la sensation lumineuse.

Vision binoculaire. Combinaison de la perspective que donnent les objets dans chaque œil, et qui permet de les voir en relief. On explique que le relief ne peut être apprécié qu'à l'aide des deux yeux, par ce fait que, chacun d'eux, occupant une position différente dans l'espace, donne une perspective qui n'est pas la même pour l'objet considéré.

Vitesse de la lumière. Elle est évaluée, d'après les recherches de Rœmer, Foucault, Fizeau, Cornu, à environ 300,000 kilomètres par seconde.

Vogel (Bain de). Bain destiné à orthochromatiser les plaques du commerce. Il consiste en une solution de 5 parties d'érythrosine au 1/6000, 5 parties d'azotate d'argent au 1/6000, dans 100 à 200 parties d'eau.

Voile n. m. Défaut fréquent dans les photographies et résultant d'un dépôt d'argent sur toute l'image.

Voile jaune du fixage. Pour éviter le voile jaune des phototypes au fixage, on ajoute au bain du bisulfite de soude dans les proportions suivantes : 5 de bisulfite de soude pour 20 d'hyposulfite et 100 d'eau.

Voile noir. Pièce d'étoffe noire sous laquelle s'abrite l'opérateur photographe. Elle doit être légère, suffisamment grande et imperméable à la lumière. Elle facilite la mise au point, en enfermant l'opérateur dans une sorte de chambre noire.

Voyageur. Nom donné à un laboratoire portatif formé en quelque sorte de deux parapluies accouplés.

Vue instantanée. (V. Instantané.)

X

Xylographie n. f. Nom donné, en photographie, à un mode de gravure sur bois au moyen de procédés photographiques, consistant à photographier directement l'image sur le bois à graver.

Z

Zootrope n. m. Appareil destiné à étudier le mouvement, au moyen d'images, des diverses phases de ce mouvement.

DICTIONNAIRE

DES

PERSONNAGES AYANT ILLUSTRÉ LES ARTS GRAPHIQUES

ABA

Abacco (Antonio), dit encore l'*Abacco*. Célèbre architecte et graveur italien, qui vivait à Rome dans la 2e moitié du xvie siècle. Élève d'Antonio di San Gallo, c'est à lui qu'on doit les plans de l'église de Saint-Pierre de Rome.

Achaintre (Albert) (1833-1883). Typographe et publiciste français, auteur d'articles estimés sur la typographie dans le *Dictionnaire des Arts et de l'Industrie*, de Lamy, fondateur du *Gutenberg-Journal*, aujourd'hui, *Revue des Arts graphiques*, auteur des *Études sur les impressions en couleurs*.

Acqua (Christofano dell'). Graveur italien, qui vivait à Vicence, vers la fin du xviiie siècle.

Adam (Jean). Habile graveur français, qui exerça aux xviiie et xixe siècles.

Agasse (Henri; 1752-1813). Il s'établit imprimeur après la mort

AGU

de ses deux frères, publia le *Moniteur de l'Encyclopédie méthodique* et devint propriétaire du *Moniteur*, journal officiel du Gouvernement. Les deux frères Agasse, dont il est question ci-dessus, étaient morts sur l'échafaud, le 9 février 1790, pour avoir fabriqué de faux assignats.

Agasse (Jacques). Peintre genevois du xviiie siècle ; il s'adonna à l'étude des animaux et cultiva également la gravure avec un grand talent.

Aggar (Ralph). Célèbre graveur anglais ; il a publié, en 1578 et 1579, une très belle vue de Londres, exécutée sur bois.

Aguado. Célèbre famille d'imprimeurs espagnols, qui ont fourni d'éminents typographes et possèdent la plus grande fonderie de caractères de l'Espagne.

Aguado (Eusèbe). (Mort en 1865). Imprimeur à Madrid,

membre de l'Académie des sciences, de l'ancienne université d'Alcala et de plusieurs autres sociétés savantes. Pendant un demi-siècle, il s'est adonné aux impressions de luxe, et s'est efforcé de ramener la typographie espagnole aux bonnes traditions. Il a donné plusieurs éditions recherchées, notamment *Moratin*, *Don Quichotte*, *l'Aminta* du Tasse, la *Jérusalem délivrée*.

Aguesseau (d'). Le petit-fils du chancelier, membre de l'Académie française, fit imprimer à Fresnes, en 1768, un livre écrit par son grand-père pour l'usage de ses enfants; puis il fit tirer à 12 exemplaires seulement, un éloge de son père et de son grand-père.

Aiguillon (Duc d'). Établit en 1735, dans sa terre de Verdet, en Touraine, une imprimerie particulière.

A Kempis. Célèbre calligraphe des Pays-Bas, qui vivait au moyen-âge.

Alain (Pierre). Fondateur de la première imprimerie à Angoulême, en 1491, avec André Chauvin.

Alakraw. Imprimeur allemand qui publia à Passau, en 1485, avec pagination et date, un *Herbarius* orné de gravures sur bois représentant les plantes.

Alauzet (Pierre). Constructeur mécanicien, né à Rodez, en 1816, mort à Paris en 1881. Après avoir travaillé comme serrurier mécanicien, il se voua à la fabrication des presses mécaniques, dans laquelle il ne tarda pas à exceller.

Albech (Henri), dit encore *Crémer*. Vicaire de l'église collégiale de Mayence, qui, en 1456, enlumina et relia un certain nombre d'exemplaires de la fameuse Bible dite des 42 lignes, attribuée à Gutenberg.

Albert-Durade (d'). Artiste génevois (XIXe siècle). S'est fait une réputation comme peintre et graveur; il s'occupa spécialement de la figure.

Alkan (aîné). Typographe à qui l'on doit de nombreux travaux d'érudition et qui avait commencé la publication des *Annales de l'Imprimerie*, interrompue en 1840. Alkan aîné, qui avait été prote à l'imprimerie Vinchon, était né en 1809, il est mort vers 1891.

Allier, dit *de Hauteroche* (1766-1827). Il fut nommé en 1797 sous-directeur de l'imprimerie Française à Constantinople, puis s'occupa d'études numismatiques et archéologiques dans le Levant.

Alméras. Peintre paysagiste et animalier, de Genève, qui fut en même temps graveur de talent (XIXe siècle).

Alopa (Laurent de). Imprimeur italien du XVe siècle; il exerça son art à Florence et fut le premier qui ait fait usage des lettres capitales dont, avant lui, on laissait la place en blanc pour les exécuter ensuite à la main.

Altkinson. Mécanicien et fondeur anglais qui introduisit en France une machine dite à lame, de son invention (1858).

Altorfer (Albert) (1488-1538). Peintre, graveur au burin et xylographe; on lui doit de remarquables planches de petites dimensions, figurant des sujets bibliques.

Amerbach. Imprimeur de Bâle, mort en 1528, édita les œuvres complètes de saint Augustin. C'est de cette circonstance que le nom de saint-augustin fut donné au caractère employé. Amerbach passe pour avoir substitué les caractères romains aux caractères gothiques employés jusque-là.

Ames (Joseph). Savant anglais, mort en 1758. Il s'occupa d'études historiques sur l'imprimerie dans la Grande-Bretagne.

Ami Arlaud. Peintre genevois du XVIII° siècle, célèbre par ses portraits du beau sexe de Londres; il fut également un graveur distingué.

Ammann (Jost) (1539-1591). Graveur et xylographe, né à Zurich, mort à Nuremberg. On lui doit plus de 1,000 planches sur bois ayant servi à l'illustration des ouvrages religieux ou héraldiques.

Amosso (Paolo-Severo). Imprimeur-éditeur italien, décédé à Biella, en 1881; il fut une des illustrations de la typographie italienne.

Amsler (Samuel) (1791-1849). Habile graveur suisse.

Amwasen (Jean). Un des premiers imprimeurs de Zurich, où il vivait vers 1508.

Anderson (Alexandre). Xylographe anglais du XVIII° siècle, qui a laissé de très belles cartes géographiques et de jolis dessins d'histoire naturelle.

Adreani (André) (1540-1623). Célèbre xylographe italien, né à Mantoue. On lui doit des gravures sur bois, dont les plus remarquables sont : le *Triomphe de César* et l'*Enlèvement des Sabines*.

Andreæ (Jean). Célèbre imprimeur qui vivait à Francfort-sur-le-Mein vers 1667.

Andrew. Habile graveur de la première moitié du XIX° siècle.

Andrieu (Michel). Créateur d'une imprimerie à Goupillières (Eure), en 1491.

Angecourt ou **Angicourt** (Anthoine d'). On croit qu'il est le premier qui ait exercé, en 1550, la profession d'imprimeur à Fontenay-le-Comte (Vendée). On retrouve, en 1599, son petit-fils imprimeur en cette ville.

Angelier (Julien). Il créa la première imprimerie à Blois, en 1554.

Anisson (Laurent). Imprimeur lyonnais, élu échevin en 1670. Il est célèbre par la publication de la grande bibliothèque des anciens Pères et des écrivains de l'antiquité (27 vol., 1677).

Anisson (Jean), fils du précédent. Il mourut en 1711, imprima le *Glossaire* de du Cange et fut chargé, en 1690, par Louvois, de la direction de l'imprimerie Royale.

Anisson (Laurent). Imprimeur français, mort en 1761, neveu de Jean Anisson. De 1723 à 1733, il fut directeur de l'imprimerie Royale.

Anisson-Duperron (Étienne-Alexandre-Jacques), né à Paris en 1748, mort en 1794, fils de Jacques Anisson, à qui il succéda en 1788 comme directeur de l'imprimerie Royale. Accusé, en 1792, d'avoir imprimé un arrêté inconstitutionnel, il put se justifier. Après le 10 Août, forcé de quitter l'établissement, il se retira à la campagne. Arrêté en 1794, il essaya de séduire les autorités locales, ce qui causa sa perte. Il mourut peu après sur l'échafaud. On a de lui *Mémoire sur l'impression des lettres*, suivi de la description d'une nouvelle presse (1785).

Anisson-Duperron (Jacques-Laurent (1766-1852), fils du précédent. Fut directeur de l'imprimerie du Gouvernement, de 1809 à 1823. En 1815, il sauva les beaux types orientaux qui nous venaient de Rome et de Florence.

Anselin. Habile graveur au burin et en taille-douce de la fin du XVIII° siècle.

Antoine de Trente. Xylographe italien, né en 1508, qui a laissé 25 planches connues très remarquables.

Antoine de Worms. Célèbre xylographe qui a donné, en 1530, une vue de Cologne en 9 planches grand in-folio.

Appel. Imprimeur-lithographe qui fut un des plus habiles propagateurs de la chromolithographie en France. Mort à Paris en octobre 1882, à l'âge de 65 ans.

Appian (Adolphe). Célèbre peintre et fusiniste. Ses productions se distinguent par la perfection des détails et le fini de l'exécution. Appian fut un maître qui respecta et fit respecter son art; il mourut à Lyon, le 29 avril 1898, à l'âge de 82 ans.

Applegath. Ingénieur anglais qui, vers le milieu du XIX° siècle, inventa une presse accélérée, à cylindres verticaux, qui donnait 10,000 exemplaires à l'heure.

Arétin (L') (1492-1557). Poète italien, satirique et licencieux, surnommé le *Fléau des Princes*. Il débuta dans la vie comme relieur et faillit être fait cardinal par le pape Jules III, trompé par sa feinte dévotion.

Argelatti (1685-1755). Imprimeur et savant italien. Il fut le premier directeur de l'imprimerie de la fameuse Société palatine, fondée à Milan par le comte Archinto.

Arnaud de Bernard. Imprimeur du XVI° siècle. On a des livres de lui imprimés en 1579 à Bordeaux, en 1581 à Montauban, en 1583 à Paris, à Agen, à Lescar; en 1585 à Lyon; en 1589 à Tulle; en 1600 à Paris.

Arnaud de Bruxelles. Imprimeur à Naples, au XV° siècle, il publia en 1447 les célèbres *Sermones* de Robert Caraccioli.

Arnollet (Jacques). Imprimeur qui publia à Genève, en 1490, la *Passion* du Christ et les *Sept Sages de Rome*.

Arnoullet (Balthasar). Graveur français du XVI° siècle; il a laissé de nombreuses vues de villes, notamment celle de Poitiers.

Ascensianus. Surnom de Josse Bade, qui l'avait emprunté à son pays d'origine, Assche, localité située près de Gand.

Asola (André d'). Beau-père d'Alde Manuce; après la mort de celui-ci, il se chargea de la tutelle de ses enfants, acheva les travaux commencés par lui et mourut en 1529.

Assen (Walter van). Graveur hollandais des xv⁰ et xvi⁰ siècles, à qui l'on doit la première application des teintes connues sous le nom d'*effet*. Il a gravé la *Passion de Jésus-Christ*.

Athias (Joseph). Imprimeur juif d'Amsterdam, qui publia en hébreu l'Ancien Testament. Mort vers 1700.

Atteignant (Pierre). Imprimeur-libraire parisien qui imprima le premier, en 1527, la musique typographique d'après les procédés de Pierre Hautin.

Aubanel. Famille célèbre d'imprimeurs avignonnais. Le premier, Antoine, était l'imprimeur du pape avant la Révolution ; le second, Laurent, fut imprimeur et fondeur de caractères. Le troisième, Théodore, a laissé un nom en vogue parmi les félibres, qui lui ont fait élever un monument à Sceaux et une statue à Avignon.

Aubinière (Jean). Il introduisit l'art de l'imprimerie à Dinan, en 1593.

Audebert (François). Fondateur de la première imprimerie à Saintes, en 1598.

Audebert (J.-B.) (1759-1800). Naturaliste, peintre et graveur, né à Rochefort. On lui doit une *Histoire des oiseaux dorés et à reflets métalliques*, ouvrage très remarquable, publié en 1802 à 300 exemplaires.

Audran (Gérard) (1640-1703). Célèbre graveur lyonnais.

Auer (Simon). Célèbre fondeur de caractères ; il vivait à Nuremberg vers 1560 et moula les caractères glagoliques et cyrilliques dont les poinçons avaient été gravés par Jean Hartwach.

Auer (Aloïs). Célèbre typographe allemand, né à Welles (Autriche), en 1813. Nommé en 1841 directeur de l'imprimerie Impériale de Vienne, il fit de cet établissement l'un des premiers du monde et fut, en raison des services qu'il avait rendus, anobli par l'empereur.

Augereau ou **Angerellus.** Imprimeur, mort à Paris vers 1545. Il laissa des impressions estimées et fut un des premiers à substituer les caractères romains aux gothiques employés alors.

Augsbourg (Jean d'). (V. Johannès Meister.)

Augur (Hezekiah) (1791-1853). Sculpteur américain, inventeur d'une machine à graver, qui eut un très grand succès.

Augustin. Célèbre calligraphe qui vivait à Sienne (Italie), au moyen-âge.

Aymonier. Graveur ornemaniste génevois (xix⁰ siècle).

Azoguidus (Balthazar). Publia à Bologne, en 1471, un *Ovide* in-folio.

B

Baccio (Baldini). Habile graveur, orfèvre et nielleur, qui travailla à Florence de 1460 à 1490, et grava beaucoup d'après les compositions de Boticelli.

Bachten. Graveur génevois qui se distingua par ses œuvres artistiques sur or et argent (xix⁰ siècle).

Bacquenois (Nicolas). Un des

premiers imprimeurs qui vinrent s'établir à Reims, vers 1550.

Bade ou **Badius** (Josse) (1462-1535): Imprimeur, Flamand d'origine, connu encore sous le surnom d'Ascensianus. Il fut correcteur à Lyon, chez Jean Trechsel, s'établit à Paris de 1503 à 1535 et publia une foule d'ouvrages remarquables par leur correction. Ses filles épousèrent trois imprimeurs célèbres: Robert Estienne, Michel Vascosan et Jean de Roigny.

Bade ou **Badius** (Conrad) (1510-1560). Fils de Josse Bade, il se réfugia à Genève (1549) où, associé avec J. Crespin, puis avec son beau-frère Robert Estienne, il publia un grand nombre d'éditions estimées.

Baines (1774-1848). Homme politique et imprimeur anglais; après avoir travaillé comme typographe à l'imprimerie du *Leeds Mercury*, il devint propriétaire de cette feuille et remplaça, en 1833, Macaulay à la Chambre des communes.

Baines (Ed.). Né en 1800, fils du précédent, auquel il succéda à la tête du *Leeds Mercury* et comme député de Leeds.

Baldus. Héliographe français, qui fit faire de grands progrès à l'art de la photogravure.

Baléchou (Jean-Joseph) (1719-1764). Graveur français.

Bales. Célèbre calligraphe anglais, qui vivait au temps de la reine Elisabeth (1575), à laquelle il dédia des chefs-d'œuvre de calligraphie microscopique.

Balgrave (John). Mathématicien et graveur anglais; il fit lui-même les planches de l'ouvrage qu'il publia en 1585 sous le titre *Astrolabium Uranicum universale*.

Ballantyne (James). Imprimeur écossais, ami et compagnon d'études du célèbre romancier Walter Scott. Celui-ci s'associa secrètement avec lui, pour l'impression de ses œuvres. Par son traité d'association, il était stipulé que les libraires-éditeurs de ses ouvrages étaient obligés de les faire tous imprimer chez Ballantyne.

Ballard. Imprimeur français, mort en 1672. Il était le seul imprimeur de la musique du roi et correcteur des psaumes de la chapelle royale.

Ballard (Robert II). Succéda à son père et fut imprimeur du roi pour la musique vocale et instrumentale. En 1650, il imprima *De vera Typographiæ origine*, ouvrage dans lequel l'invention de l'imprimerie est attribuée, mais sans preuves, à Mentelin.

Balzac (Honoré). Célèbre romancier français (1799-1850). Littérateur original et fécond, il a voulu reproduire tous les traits de la société contemporaine, dans une série de romans dont les principaux sont: le *Dernier Chouan*, la *Physiologie du Mariage*, la *Peau de Chagrin*, le *Médecin de Campagne*, *César Birotteau*, le *Père Goriot*, la *Femme de trente Ans*, la *Recherche de l'Absolu*, *Eugénie Grandet*, etc.

Balzac touche aux arts graphiques, d'abord comme éditeur (1824), puis comme imprimeur. En 1826, il s'installa avec Barbier, son associé, comme maître-imprimeur, 17, rue du Marais-Saint-Germain, à Paris. En 1827, il adjoignit une fonderie à son imprimerie ; mais l'année suivante, il fut forcé de liquider. Cet insuccès décida de sa vocation littéraire : « L'imprimerie, écrivait-il à sa sœur, m'a pris ma fortune, il faut qu'elle me la rende. » Balzac faisait le désespoir des typographes et des imprimeurs tant il chargeait de corrections les épreuves de ses romans.

Bamler. Introduisit, vers 1465 ou 66, l'imprimerie à Augsbourg, où il fit paraître, sans date, une bible en latin et une autre en allemand.

Bansa. Habile mécanicien et fondeur en caractères ; il inventa, en 1869, une machine à fondre qui fit ses premiers essais à l'imprimerie Serrières et fut, deux ans plus tard, adoptée par M. Deberny.

Barbay (Jacob de), dit le *Maître au Caducée*, excellent chalcographe italien du XVIe siècle.

Barbedor. Célèbre calligraphe français.

Barbier (Jean). (V. Notary.)

Barbou (Jean). Imprimeur lyonnais, qui publia en 1539 une édition des œuvres de Clément Marot en caractères italiques.

Barbou (Hugues), fils du précédent. Établi à Limoges, vers 1570, il y édita, en 1589, une fort belle édition en italique des *Lettres* de Cicéron.

Barbou (Jean-Joseph), fils de l'imprimeur Hugues Barbou, de Limoges. Il s'établit à Paris, où il fut reçu libraire en 1704.

Barbou (J.-Gérard), neveu et successeur de Jean Barbou. Éditeur d'une collection de classiques latins fort estimée (76 volumes).

Barbou (Hugues), neveu de J.-Gérard Barbou. Il lui succéda comme libraire en 1789 et mourut en 1808. Sa librairie passa à la maison Delalain.

Barletti de Saint-Paul. Grammairien, mort en 1809. On lui doit un système qui consistait à fondre en un seul bloc toutes les combinaisons de lettres qui se présentent fréquemment dans la composition.

Barra (Joachim). Célèbre imprimeur espagnol, né à Séville en 1725, mort à Madrid en 1785. Il eut le premier l'idée de satiner le papier avant de le faire servir à l'impression.

Bartolozzi (Francesco) (1725-1815). Célèbre graveur florentin, que sa *Mort de Chatam*, d'après Copley, suffirait à illustrer. Il excella dans la gravure au pointillé.

Bartsch (J.-A.-B.-R.) (1757-1821). Célèbre graveur, né à Vienne (Autriche).

Basan (Pierre-François) (1723-1797). Célèbre graveur et marchand d'objets d'art. On lui doit un recueil de 650 estampes, d'après les maîtres ; un *Dictionnaire des graveurs anciens et modernes*, des recueils et collections d'estampes des cabinets de Choiseul et Mariette.

Baskerville (1706-1775). Célèbre imprimeur et fondeur anglais, établi à Birmingham. Il est le premier qui ait fait usage du papier vélin pour les impressions. A sa mort, Beaumarchais reprit les caractères qu'avait fondus Baskerville et les fit servir à l'édition des œuvres de Voltaire, dite édition de Kehl.

Basmadji (Ibrahim). Hongrois qui introduisit l'imprimerie en Turquie, d'où son nom de Bâsmadji, qui signifie l'*imprimeur*.

Bassano (César). Célèbre xylographe italien du XVIIe siècle.

Battenberg. Graveur et fondeur typographe de grand mérite ; il s'établit rue Madame en 1843. Les différents types de caractères en usage à cette époque n'étaient pas très variés, en dehors des classiques, dont les formes étaient à peu près partout les mêmes. Battenberg, que cette pénurie avait frappé, créa de nouveaux genres qui furent promptement appréciés des imprimeurs de l'époque, et sa fonderie devint l'une des plus importantes de Paris. Il resta peu de temps rue Madame et transporta ses ateliers rue du Dragon, où il s'attacha comme voyageur M. Gustave Mayeur, jeune typographe, qui devait donner plus tard à sa fonderie une renommée qui, depuis, n'a cessé de s'accroître.

Battenberg mourut en 1860, laissant à sa veuve son importante maison, dont M. Mayeur était depuis plusieurs années déjà l'associé. En 1887, M. Mayeur devint seul propriétaire de la fonderie, qu'il transporta rue du Montparnasse, dans un atelier spécialement construit pour cet usage.

La mort de Gustave Mayeur, survenue au mois d'août 1891, fit passer sa maison aux mains de sa veuve, qui, deux ans plus tard, prit comme associé M. Allainguillaume, son parent, ancien typographe, que sa pratique des affaires mettait particulièrement à même de continuer les traditions de ses devanciers. La maison Allainguillaume et Cie est actuellement dirigée par M. Jules Saling, également ancien typographe, qui en est devenu l'associé.

Baudoin. Imprimeur parisien du XVIIIe siècle, qui fut choisi en 1789 comme imprimeur de l'Assemblée constituante.

Baudrand (Claude). Imprimeur de Salins (Jura), où il fut associé avec Benoît Bigot et Jean Després, qui y publièrent, en 1485, le premier livre imprimé dans cette ville.

Baudry (René). Xylographe français qui reçut en 1622, avec Nicolas Calmat, le titre d'*Imprimeur du roi en livres et dominotier en figures et histoires*.

Baüer. Mécanicien, né à Stuttgart, collaborateur de Frédéric Kœnig, avec lequel il inventa, en 1811, la presse mécanique à platine dont les propriétaires du *Times* firent aussitôt l'acquisition. En 1812 ils créèrent la presse cylindrique, en 1814 celle à deux cylindres, et en 1816 celle à retiration. Ces trois dernières presses ont été considérablement perfectionnées depuis.

Bauldrain (Dacquin). Il créa la première imprimerie à Hesdin (Pas-de-Calais), en 1512.

Baumann. Célèbre fondeur allemand du XVIIe siècle.

Bauzonnet. Restaurateur de la reliure française au commencement du XIXe siècle.

Bayard (Émile). Peintre et illustrateur français, né en 1837 à la Ferté-sous-Jouarre, mort au Caire en 1891. Il se fit connaître par des tableaux de genre, *Une Affaire d'honneur*, notamment. La guerre de 1870 lui inspira bon nombre de toiles ; la *Bibliothèque rose* et le *Tour du Monde* publièrent ses dessins. Il passa ensuite à l'*Illustration*, dont il illustra presque tous les romans, pendant dix ans, avec un talent hors de pair.

Beatricius, dit encore le *Maître au Dé*. Graveur italien, fut un de ceux qui, au XVIe siècle, continuèrent le plus heureusement la manière de Marc-Antoine.

Beatus Rhenanus (1485-1547). Erudit alsacien, né à Schlestadt, mort à Strasbourg, il fut correcteur chez Henri Estienne, chez Amerbach et chez Froben.

Beaubrun-Hardoin. Mort en 1865 ministre d'Haïti en France. Il avait débuté comme ouvrier typographe à l'imprimerie Nationale de Port-au-Prince.

Beaudoin (Lucien). Imprimeur-éditeur parisien, mort en 1898. Entré tout jeune à la librairie de la rue Dauphine, il succéda à Dumaine à la mort de ce dernier, et continua à maintenir la haute réputation du grand établissement de publications militaires.

Beauhin (Jean). Médecin et chirurgien célèbre, premier médecin de Marguerite, reine de Navarre ; né le 24 août 1511 à Amiens (Somme), mort à Bâle en 1582. Persécuté pour avoir embrassé la Réforme, il se retira en Angleterre, puis à Anvers, erra en Allemagne et se fixa en Suisse. Entré comme correcteur chez Froben, à Bâle, il pratiqua la médecine et fut agrégé au collège des médecins, dont il devint le doyen.

Beaumarchais (Pierre-Augustin Caron de) (1732-1799). Ecrivain français, auteur du *Barbier de Séville* et du *Mariage de Figaro*. Il s'occupa de finances, d'armements, d'horlogerie et d'imprimerie. En 1779, il se mit en tête de publier les œuvres complètes de Voltaire, qui étaient interdites. Il acheta au libraire Panckoucke pour 160,000 livres de manuscrits inédits de Voltaire, reprit pour 150,000 livres de caractères fondus par Baskerville et acquit trois papeteries dans les Vosges. Il installa son imprimerie dans le fort de Kehl, appartenant au margrave de Bade, publia son édition, et, dans toutes ces opérations, perdit un million. C'est à la suite de cet échec qu'il écrivit le *Mariage de Figaro*.

Beauplet (François). Xylographe français du XVIIe siècle, à qui nous devons le portrait de Richelieu sur son lit de parade.

Beauvarlet. Habile graveur français, né à Abbeville en 1731.

Beauvilliers (Jeanne de). Abbesse de l'abbaye d'Avenay (Marne), dans laquelle elle établit des ateliers typographiques en 1622.

Beccafumi (Domenico-Mecherino, du nom de son père adoptif (1484-1549). Fut d'abord berger, puis peintre, sculpteur, fondeur, graveur et mosaïste. Ses bronzes sont très recherchés, mais son œuvre principale est le pavé en mosaïque de la cathédrale de Sienne.

Bechtermuntze. Un des élèves de Gutenberg ; il s'établit de fort bonne heure à Mayence, d'où il transporta ensuite son imprimerie à Eltwill (1467). C'est en 1460 qu'il imprima le célèbre *Catholicon* du moine dominicain Jean de Balbus, de Gênes.

Beham (Barthélemy. (1494-1540). Peintre et graveur allemand, né à Nuremberg.

Beham (Hans-Sebalt). Peintre et graveur sur cuivre, élève de Dürer et neveu du précédent. Sa vie, dit-on, fut très dissolue, ce qui lui valut, en 1550, d'être précipité dans le Mein, à Francfort, où il périt.

Beheim (Hans-Baldung). Xylographe allemand du XVIe siècle, élève d'Albert Dürer. Son œuvre comprend plus de 200 sujets fort remarquables.

Bellaert. Imprimeur flamand du XIVe siècle ; il publia le premier livre imprimé à Harlem, avec date et nom d'imprimeur.

Bellenger (Clément). Graveur sur bois de grand talent, décédé à Paris, en 1898, à l'âge de 47 ans.

Bellerus (J.). Imprimeur du XVIe siècle, qui fut l'associé de Plantin lorsqu'il fonda l'imprimerie d'Anvers.

Bellesculées (Pierre). Imprimeur français, qui introduisit l'imprimerie à Rennes, en 1484.

Belleville. Libraire de Paris, qui fut pendu, en 1584, pour avoir composé et publié un pamphlet contre « Sa Majesté le Roy. »

Belin. Nom d'une célèbre famille d'imprimeurs-libraires, dont la souche remonte à 1763, époque à laquelle s'établit comme imprimeur, rue des Mathurins-Saint-Jacques, Auguste Belin. Le fondateur de cette maison, aujourd'hui universellement connue, eut quatre fils :

1º Belin-Leprieur, qui exerça quai des Grands-Augustins et rue Pavée-Saint-André ; 2º Belin-Mandar, qui débuta rue Saint-André-des-Arts et se transporta plus tard rue Christine ; 3º Belin (Dominique), dont l'officine prospéra quai des Augustins ; 4º Belin (Théophile), imprimeur à Epernay et à Sézanne.

Belin-Mandar eut pour successeur, en 1847, son fils Eugène, mort en 1868, après avoir créé la librairie classique actuellement située rue de Vaugirard, 52, et dirigée par ses trois fils : Henri, ancien président du cercle de la Librairie ; Tony qui dirige les ateliers de reliure, et Paul, plus spécialement chargé de la direction de l'importante imprimerie que cette maison possède à Saint-Cloud. Un autre fils de Belin-Mandar, Jules, mort en 1864, a été fonder une imprimerie à Santiago-du-Chili, où il épousa la fille du président Sarmiento. La famille Belin constitue, on le voit, une véritable dynastie d'éditeurs, libraires et imprimeurs qui, tous, font ou ont fait le plus grand honneur à leur profession.

Belon (Jean). Fonda la première imprimerie à Privas (Ardèche), en 1503, et à Romans (Drôme), en 1518. Il avait également des presses à Vienne, en Dauphiné, et le premier livre paru à Agde Hérault) aurait été imprimé par lui.

Bélot (Jean). Imprimeur originaire de Rouen, qui publia à Genève, en 1497, le *Kalendrier des Bergiers*, et de 1498 à 1500, le missel à l'usage de Genève et le missel de Lausanne.

Bemberg (Daniel). Imprimeur hollandais qui alla s'établir à Venise. On lui doit le *Thalmud babylonien* (12 vol. in-f°) et une belle bible en hébreu.

Benoît-Muzy. Célèbre graveur genevois (XIXe siècle).

Bensley (Thomas). Un des plus célèbres imprimeurs de l'Angleterre, dont le premier ouvrage remarquable remonte à 1789. C'est lui qui mit le premier en mouvement la presse mécanique inventée par Kœnig et Bauer. Mort en 1835.

Benziger (Jean-Nicolas-Adelrich) (1837-1876). Célèbre imprimeur, d'origine suisse, né à Einsiedeln. Après de sérieuses études faites dans les meilleurs établissements de la Suisse, il entrait, à l'âge de dix-neuf ans, dans l'importante imprimerie dirigée par ses frères, et, le 21 avril 1857, ceux-ci lui confiaient la direction de leur succursale de New-York. A Cincinnati, Joseph Benziger publia l'*Ami de la Vérité*, journal catholique allemand, qui obtint un grand succès, puis il édita, en langue anglaise, une série d'ouvrages scolaires très estimés.

Berdalle de Lapommeraye. Imprimeur de Rouen, qui fit pour la première fois dans cette ville, en 1836, des essais de chalcolithographie, procédé d'impression qui consiste à reporter sur pierre un dessin gravé sur cuivre pour le tirer ensuite par les procédés lithographiques ordinaires.

Bérenger. Moine du moyen-âge, qui se distingua comme copiste et calligraphe, et devint évêque de Venosa.

Bérenger (1780-1857). Poète français, qui sut élever la chanson à la hauteur de la poésie lyrique. Ses débuts le rattachent à la typographie. Après avoir essayé de plusieurs professions, il entra à l'imprimerie Laisney, à Péronne, où il travailla deux ans.

Berger-Levrault. (Voir Levrault.)

Berger (Daniel) (1774-1824). Un des meilleurs graveurs allemands dans le genre du pointillé.

Bergue (De). Ingénieur mécanicien qui inventa, en 1840, le sablier destiné à épurer la pâte dans la fabrication mécanique du papier.

Berjon (Jean). Imprimeur français du XVIIe siècle; il avait fondé à Charenton, avec Samuel Petit, une imprimerie clandestine pour la publication d'ouvrages favorables à la Réforme. Cette imprimerie fut détruite en 1620, par sentence judiciaire, les presses enlevées et les livres brûlés.

Bernard (Jean). Imprimeur de Pont-à-Mousson, vivait vers 1625, fut l'associé de Jean Happier Hanselet. (Voir ce nom.)

Bernard (Auguste) (1811-

1868). Correcteur d'imprimerie en 1828, il arriva à être nommé inspecteur général de l'imprimerie et de la librairie en 1862. Il publia de nombreux ouvrages techniques, et notamment *De l'Origine et des Débuts de l'Imprimerie en Europe; Les Estienne et les Types grecs de François Ier; Antoine Vitré et les Caractères orientaux de la Bible polyglotte de Paris; Notice historique sur l'Imprimerie nationale; Geoffroy Tory, premier Imprimeur royal, Réformateur de l'Orthographe et de la Typographie sous François Ier; Catalogue des Editions du Louvre*, précédé d'une *Notice historique sur l'Imprimerie royale; Archéologie typographique*, etc.

Bernard (Martin). Homme politique français, né en 1808. Compagnon de Barbès et de Blanqui dans leurs luttes pour le triomphe de l'idée républicaine, il prit part à diverses insurrections et fut obligé de se réfugier à l'étranger, d'où il ne revint qu'en 1859. Fils de l'imprimeur Laurent Bernard, de Montbrison, il s'occupa de typographie dans sa jeunesse.

Bernard (Salomon), dit le Petit Bernard, à cause du petit format de ses planches. Ce xylographe, originaire de Genève, vécut à Lyon, de 1512 à 1550, et travailla surtout pour les de Tournes. Il a laissé, entre autres, pour les *Métamorphoses* d'Ovide, des planches d'une extrême finesse.

Bernard (Samuel). Peintre et graveur, né à Paris au commencement du XVIIe siècle.

Berny (Lucien-Charles-Alexandre de). Né à Paris, le 13 février 1809, mort en 1881. Les fondateurs de cette maison, connue du monde entier pour la beauté et la variété de ses types de caractères, sont MM. Barbier et Laurent, ce dernier ancien contremaître de la fonderie Gillé, qui prirent peu après comme associé le célèbre romancier Balzac, alors établi imprimeur.

C'est en 1828 que M. de Berny entra dans la maison en qualité de commanditaire ; l'association Laurent-Deberny dura jusqu'en 1848. A cette époque, M. de Berny devint seul propriétaire de la fonderie, à laquelle il donna un essor considérable. C'est à lui qu'on doit, entre autres, l'introduction des *latines* dans les caractères d'imprimerie, renouvelant ainsi, par des formes aussi gracieuses que multiples, l'antique matériel typographique créé par les Garamond, les Guillaume Le Bé et autres graveurs de talent. Cet homme, à l'esprit large et généreux, s'entoura des artistes et praticiens les plus capables, ne reculant devant aucun sacrifice pour maintenir au plus haut point, en face des efforts croissants de l'étranger, la réputation de la fonderie française.

De Berny appartenait à l'école saint-simonienne. Faisant passer les conceptions humanitaires du domaine des idées dans celui des faits, il fut l'initiateur d'une équitable rémunération du travail, et dota sa maison d'institutions de prévoyance : caisse de l'atelier, attribuant au personnel des deux sexes des secours en cas de maladie ; pensions de retraites, avec participation aux bénéfices, etc.

Dédaignant les honneurs, d'une droiture et d'une fierté inébranlables, de Berny fut toute sa vie le modèle du philanthrope modeste et désintéressé. Il poussa si loin le dévouement à la cause des humbles qu'il se refusa constamment à introduire dans ses ateliers les moyens de production accélérés, afin de ne nuire en aucune façon aux intérêts de son personnel. En 1877, cet homme de bien, dont la bourse soulagea tant d'infortunes, et dans laquelle Balzac puisa presque librement, prit comme associé M. Tuleu, son élève, aujourd'hui directeur de la maison Deberny et Cie, dont il continue la renommée et les philanthropiques traditions.

Berthier (Antoine). Neveu des Prost, de Lyon, qui vint s'établir à Paris, où il fut protégé par le chancelier Seguier et Marie de Médicis. Désireux de publier les *Mémoires du Cardinal Richelieu*, et craignant les représailles des grands que cette publication pouvait compromettre, il s'en ouvrit à la reine qui lui répondit : « Travaillez sans crainte, et faites tant de honte au vice, qu'il ne reste plus en France que la vertu. » Voilà des paroles que l'on serait, plus que jamais, heureux d'entendre aujourd'hui.

Berthon ou **Berton** (Johannés). Imprimeur du xve siècle, qui s'était établi à Limoges ; on trouve un *Breviarium* sorti de ses presses et imprimé en 1495.

Berton (Barthélemy). Fondateur de la première imprimerie à La Rochelle, en 1558.

Bervic (Clément). Célèbre graveur sur bois, au burin et à l'eau-forte. Fut reçu en 1734 membre de l'Académie de peinture, et membre de l'Institut en 1803.

Besnard. Graveur français, qui exerçait son art sur cuivre et sur bois à Paris, au commencement du xixe siècle.

Bessarion. Cardinal qui coopéra, avec Guillaume Fichet et Jean Heynlin, à l'introduction de l'imprimerie à Paris, en 1469 ou 1470.

Best (Jean) (1808-1879). Habile graveur et imprimeur, né à Toul (Meurthe). Il remit en honneur la gravure sur bois et fut pendant de longues années imprimeur co-propriétaire du *Magasin pittoresque*.

Betham (Sir William) (1779-1853). Célèbre antiquaire anglais qui avait commencé par être imprimeur.

Béthune (Maximilien de), duc de Sully, surintendant des finances, bâtiments et fortifications de France, fils de François et de Charlotte Dœuvet, né en 1559, au château de Rosny (Seine-et-Oise), mort au château de Villebon, le 21 décembre 1641. Il avait établi une imprimerie au château de Sully, où furent imprimés ses *Mémoires*.

Bewick (Thomas) (1753-1828). Restaurateur de la xylographie en Angleterre ; son dessin excelle par une grande vérité et sa gravure par beaucoup de finesse.

Beys (Pierre). Petit-fils de

Plantin d'Anvers, qui le fit élever à l'imprimerie qu'il avait à Leyde. Etabli libraire-imprimeur à Paris, il alla ensuite exercer sa profession à Rennes, puis vint fonder une imprimerie à Lille, en 1610. Il eut pour successeur, en 1645, son gendre Simon Le Francq.

Bida (Alexandre) (1823-1895). Célèbre graveur français, né à Toulouse. Il eut pour maître Eugène Delacroix et se distingua surtout dans l'illustration des Evangiles publiés par la maison Hachette et qui eurent un succès considérable.

Bilaine (Louis). Le plus important imprimeur-libraire parisien de son temps. Il connaissait le latin, le grec, l'espagnol et l'italien et avait des dépôts dans les principales villes de l'Europe (XVIIe siècle).

Bigot (Benoît). (V Baudrand, Claude.)

Bischop (Nicolas), en latin *Episcopus*, célèbre imprimeur de Bâle, né à Wissembourg, en Alsace, mort en 1563. Gendre et successeur de Jean Froben, Bischop était lié d'une étroite amitié avec Erasme, qu'il institua l'un de ses exécuteurs testamentaires. Sa marque typographique, qui était une crosse épiscopale surmontée d'une grue, rappelait à la fois son nom et représentait l'oiseau symbole de la vigilance, pour indiquer le soin qu'il apportait dans la correction des textes.

Bizemont (De). Graveur orléanais, qui produisit, en 1803, les premières planches gravées sur bois debout.

Blaeuw (Guillaume) (1571-1638). Typographe et géographe hollandais; fut l'ami et le disciple de l'astronome Tycho Brahé et se fit connaître par ses impressions et ses travaux de géographie.

Blavignac. Dessinateur et graveur ornemaniste genevois (XIXe siècle).

Blaublom ou **Cyaneus.** Imprimeur et libraire parisien du XVIe siècle.

Bloemaert. Xylographe hollandais, né en 1564, mort en 1644, qui exerça son art à Gorkum.

Blondeau (J.-Nicolas). Inspecteur de l'imprimerie de Trévoux au XVIIIe siècle. Il a laissé un Grand Dictionnaire manuscrit en 14 volumes, dont un abrégé fut publié par Boudot, à Paris.

Blondelet. Né à Paris en 1825, fut d'abord typographe avant de devenir artiste aux Folies-Dramatiques.

Blot (Edouard) (1809-1872). Habile imprimeur parisien, qui, après avoir été prote de l'imprimerie Dondey-Dupré, succéda à son patron, en 1858. L'imprimerie Blot est aujourd'hui dirigée par M. Charles Blot, fils d'Edouard.

Bocksperger (Jean). Célèbre graveur de Salzbourg, qui grava en 1565 les remarquables planches de la Bible de Francfort.

Bocquillon (Arnoul). Fonda la première imprimerie à Châlons-sur-Marne, en 1493.

Bodoni (Jean-Baptiste). Célèbre imprimeur, né en 1740 à Saluces (Piémont), mort en 1813 à Padoue. Orientaliste et graveur distingué, il grava et fit graver pour le duc de Parme des caractères du plus beau modèle. Napoléon le pensionna et lui fit attribuer une récompense de 18,000 francs. Bodoni a publié un *Manuale tipografico* qui contient 250 sortes de caractères de langues différentes.

Boësce (Etienne). L'imprimerie lui doit d'avoir été introduite par lui à Cahors, en 1549.

Bogard ou **Boscard** (Jehan). Typographe originaire de Louvain, et qui appelé par les moines de l'abbaye de Notre-Dame-des-Prés, s'établit à Douai où il publia, en 1561, le premier livre imprimé dans cette ville.

Boissieu (Jean-Jacques de) (1736-1810). Célèbre peintre et graveur français. Ses eaux-fortes sont presque aussi estimées que celles de Rembrandt.

Boldrini (Nicolas). Célèbre graveur italien du XVIe siècle.

Bolswert ou **Bolswart** (B.-A.) (1580-1634). Célèbre graveur hollandais. Son frère, Scheltius, fut aussi habile que son aîné dans la gravure et le dessin.

Bologne (François de). Graveur du XVIe siècle, qui grava, pour Alde Manuce, les premiers caractères penchés dits *italiques*, employés à la composition du Virgile in-8º publié en 1501.

Bomberg (Daniel) (1517-1550). Imprimeur originaire d'Anvers ; il acquit à Venise une grande réputation pour ses ouvrages en langue hébraïque. Le *Talmud*, qu'il y publia, est cité comme un modèle d'art typographique.

Bonaparte (Lucien) (1775-1840). Frère de Napoléon Ier. Il se rattache aux arts graphiques par l'imprimerie particulière qu'il fonda à Paris, rue Verte, en 1799.

Bonaventure (Jules - Frédéric). Imprimeur parisien, qui reprit en 1847 le brevet de l'imprimeur Ducessois, dont le frère fut son associé pendant plusieurs années. Il céda ensuite sa maison à M. Gauthier-Villars et fut attaché à l'imprimerie Martinet. Mort à Poitiers le 1er février 1891.

Bonhomme (Pasquier). (V. Pasquier-Bonhomme.)

Bonnet (Louis). Graveur français du XVIIIe siècle ; dont les travaux sont justement appréciés.

Bonus Gallus. Introduisit l'imprimerie à Calle (Toscane), en 1471.

Bossange (Mathieu) (1766-1865). Il fut imprimeur-libraire à Paris et fonda d'importantes maisons de librairie française au Cap français, à Londres, Montréal, Mexico, Madrid, Naples, Leipzig, Rio-Janeiro.

Bosse (Abraham). Peintre, architecte, dessinateur et graveur à l'eau-forte et au burin.

Botel (Henri). Typographe saxon du XVe siècle. Il publia, le 16 août 1479, le premier livre paru à Lérida (Espagne). C'est un bréviaire à l'usage du clergé de cette ville, qui fut imprimé aux frais du sonneur de la cathédrale.

Bouchard (Thomas). Fonda la première imprimerie à Saint-Lo, en 1564.

Bouchard-Huzard. (V. Vallat-La-Chapelle.)

Boucher (Fr.) (1703-1770). Célèbre peintre et graveur français. Ses œuvres, devenues rares, ne figurent plus que dans les musées et les galeries des grands collectionneurs.

Bouchet (Guillaume). Imprimeur parisien du XVIᵉ siècle, qui fut l'associé de Jehan Boyer. (V. ce nom.)

Bouchot. Artiste français, mort en 1842; il fut imprimeur en taille-douce et se fit un nom comme peintre de genre et de portraits et graveur à l'aqua-tinta.

Boudan (Alexandre). Graveur en taille-douce, mort en 1671.

Boudin (Ferdinand) (1821-1896). Imprimeur et fondeur en caractères, décédé à Choisy-le-Roy (Seine).

Boudot. Imprimeur - libraire, décédé à Paris (1706). Il édita un dictionnaire qui est l'abrégé du Grand Dictionnaire de Blondeau. (V. ce nom.)

Boudot (Jean) (1685-1754). Célèbre savant français; il fut imprimeur-libraire de l'Académie des sciences; bibliographe distingué, il établit des règles fixes pour les classifications bibliographiques.

Bougon. Xylographe français, de Beauvais. En 1810, il produisit à la Société d'encouragement des eaux-fortes décalquées sur bois et découpées avec beaucoup d'adresse.

Boulanger (Jean). Graveur qui vivait au XVIIᵉ siècle, et auquel on attribue l'invention de la manière pointillée.

Boulard (1750-1809). Imprimeur-libraire à Paris, il est l'auteur d'un *Manuel de l'imprimerie* (1791) et d'un *Traité de Bibliographie* (1805).

Bourdon. Imprimeur du XVIᵉ siècle qui exerçait à Auxerre, où il publia, en 1566, une *Sauve-Garde*, donnée ensuite par l'empereur Maximilien II au cardinal de Lorraine.

Bourdon (1616-1671). Peintre et graveur français.

Bourdonnet - Stella (Claudine) (1636-1697). Cette femme artiste fut au premier rang des graveurs de son temps.

Bourgogne (Duc de). Avait installé au château de Versailles — à l'exemple de Mᵐᵉ de Pompadour — une imprimerie d'où sortit entre autres : *Prière à l'usage des Enfants de France* (in-12, 1760).

Bourrelier (Jean). Il établit, en 1597, la première imprimerie à Vannes.

Boussod (Léon). Un des chefs de la maison d'éditions artistiques fondée vers 1842 par M. Goupil père. Il s'était marié à la petite-fille du naturaliste Lacépède et avait eu de cette union trois fils, dont l'aîné a épousé une des filles du peintre Gérôme. Mort en décembre 1893.

Bouvier (Louis). Graveur et peintre genevois du XVIIIᵉ siècle; il est l'auteur d'un traité de peinture, et du portrait de Mᵐᵉ de Staël, qu'il peignit et grava lui-même.

Bouvier (Abraham). Artiste genevois du XIXᵉ siècle; comme peintre et graveur, il a laissé des figures très estimées, notamment un célèbre portrait de Michel Cervantès (1828).

Bouyer (Jean). Fonda la première imprimerie à Poitiers, en 1479.

Bovet (Élie). Artiste genevois du XIXᵉ siècle; comme peintre et graveur, il s'occupa spécialement de la figure.

Bovey. Architecte génevois du xviiie siècle, qui s'adonna à la gravure et laissa de très bonnes estampes.

Bovy. Célèbre graveur en médailles, d'origine génevoise.

Boyer (Adolphe-Désiré) (1803-1841). Ouvrier typographe lillois, auquel son livre : *De l'état des Ouvriers*, fit donner le surnom de Père des ouvriers.

Boyer (Jehan). Imprimeur parisien du xvie siècle, qui fut l'associé de Guillaume Bouchet. L'emblème de leur association consistait en deux bœufs paissant de conserve.

Bowyer (William) (1699-1777). Imprimeur anglais, qui a laissé des œuvres remarquables par la correction des textes.

Bradel. Relieur français, qui donna son nom à un cartonnage aussi pratique qu'apprécié.

Bradford (William) (1663-1752). Imprimeur anglais, qui introduisit son art à New-York, en 1693. C'est dans cette ville qu'il publia, en 1725, *The New-York Gazette*, le premier journal qui ait paru dans cette cité.

Bramah (Joseph) (1749-1814). Inventeur anglais à qui l'on doit une presse hydraulique, une machine à numéroter les billets de banque et divers perfectionnements dans les machines à fabriquer le papier.

Brandis (Marcus). Publia en 1481 le premier ouvrage avec date paru à Leipzig.

Brandt. Célèbre fondeur d'origine danoise, qui introduisit la machine à fondre en Allemagne, avec le concours de M. Haenel, fondeur de l'imprimerie Royale de Berlin (1844).

Brassart (Bonaventure). Introducteur de l'imprimerie à Cambrai, en 1518.

Brauwer ou **Brouwer** (Adrian) (1608-1640). Peintre et graveur hollandais.

Breitkopf (1719-1794). Savant typographe allemand de Leipzig. Il améliora l'alliage des caractères, modifia leur forme et inventa les notes musicales mobiles (1755). Il a publié : *Essai sur l'Histoire de l'Invention de l'Imprimerie ; Essai sur l'Origine des Cartes à jouer ; l'Introduction du Papier de Chiffons et les Commencements de la Gravure sur Bois en Europe*.

Brentel (Frédéric). Célèbre enlumineur.

Bresson. Un des premiers mécaniciens français qui construisirent des presses à bras en fer.

Breton (Barthélemy). Typographe qui exerçait à La Rochelle au xvie siècle. Il y publia, en 1563, l'édition originale du traité de Bernard Palissy.

Brévière. Graveur sur bois d'une rare habileté, qui fut chargé par l'imprimerie Nationale de graver les planches de *l'Histoire des Mongols*.

Brichet n. m. Mécanicien français qui, à la fin du xviiie siècle, remplaça par un marbre en fer la table en bois des presses à bras. Il perfectionna en outre la vis de foulage en lui donnant une bli uité plus grande, ce qui permit d'obtenir un foulage plus accentué et plus régulier.

Brière (Désiles). Publiciste et maître-imprimeur français (1806-1872). Originaire de la Martinique, il vint jeune faire son éducation à Rouen, où il se fixa. Ses convictions l'attachèrent au parti libéral, auquel il est toujours resté fidèle. Dès 1828, il prit la direction d'une ancienne feuille locale, le *Journal de Rouen*, la transforma et en fit un des organes les plus importants de la presse départementale. En 1829, il succéda à M. Duval comme imprimeur. En 1830, M. Brière, dans son journal, prit une part active à la révolution. Il lutta courageusement contre les ordonnances de juillet, seconda également l'établissement de la seconde République, en 1848, et la consolidation du Gouvernement actuel avait trouvé en lui un défenseur convaincu.

Brindley. Imprimeur anglais du XVIIIe siècle, dont les éditions latines sont imprimées en caractères microscopiques, ce qui en a diminué la valeur bibliographique.

Brito (Jean), de Bruges. Est regardé par certains auteurs comme l'inventeur de l'imprimerie. Il aurait fait cette découverte vers 1450. Jean Brito figure avec le titre de *meester* ou maître, au livre de la *Gilde* ou corporation des libraires et bouscrivers (ou écrivains, faiseurs de livres) de cette ville. Mort en 1493.

Brocar (Armand-Guillaume de). Imprima au couvent de Complute, à Alcala (Espagne), la première bible polyglotte (6 volumes in-folio), et qui est connue sous le nom de *Bible complutentienne* (1514-1517).

Brockhaus (Friedrich-Arnold) (1772-1823). Fameux éditeur allemand à qui l'on doit la publication du *Conversations-Lexicon* (*Dictionnaire de la Conversation*).

Brockhaus (Henri). Imprimeur-éditeur et fondeur en caractères, de Leipzig, qui publia vers 1849 des ouvrages très appréciés. On lui doit d'importants perfectionnements apportés aux machines à fondre, dès 1847.

Brosamer (Hans). Xylographe allemand, originaire de Fulda. Il fit les planches de l'édition de la bible luthérienne de 1588.

Brovellio (Les). Célèbre famille d'imprimeurs lillois, qui se succédèrent pendant trois générations dans le cours du XVIIIe siècle, et dont le fonds fut racheté par l'imprimerie Danel.

Bruce (David). Inventeur de la machine à fondre les caractères, né à New-York, le 6 février 1801, et mort à Brooklyn-New-York, en 1892.

Brugnot (1798-1831). Poëte, journaliste et imprimeur, originaire de la Côte-d'Or, et qui mourut à Dijon.

Brun. Ancien imprimeur à Nantes et typographe chez Firmin Didot ; il publia, en 1825, un *Manuel pratique de la Typographie française*.

Brune. Maréchal de France, né à Brive (Corrèze) en 1763, et lâchement assassiné par les royalistes à Avignon en 1815. Il avait commencé par être ouvrier typographe avant la Révolution.

Au début de la période révolutionnaire, Brune, établi imprimeur à Paris, cour du Commerce, fit paraître le *Journal général de la Ville*, connu depuis sous le nom du *Petit Gauthier*. Il dirigea seul cette publication, depuis le premier numéro jusqu'au 30 octobre 1789, époque à laquelle il prit comme associés et collaborateurs Jourgniac de Saint-Méard et Gauthier. Le journal paraissait tous les jours en une demi-feuille in-8º. C'était une de ces feuilles de combat, qui disparurent après le 10 Août. Elle avait pour devise : *Tout faiseur de journal doit tribut au malin*. Le journal de Brune donnait le compte rendu des séances de l'Assemblée nationale et des clubs ou districts, les nouvelles politiques et les faits divers saillants, des critiques d'art et de théâtre, des anecdotes, et même ce que nous appelons aujourd'hui les mots de la fin.

Brune était des Cordeliers, et grand ami de Danton. Il était surtout patriote. Quand la patrie fut en danger, il s'engagea dans la garde nationale où il se fit remarquer par sa haute taille, sa figure martiale et son ardent patriotisme. A la suite de la révolte du Champ-de-Mars, ses presses furent saisies et il fut mis un instant en prison. Le littérateur, le typographe, l'imprimeur, le journaliste disparurent alors et firent place au vaillant soldat.

Brunet (Jean). Savant bibliographe et libraire, qui publia en 6 volumes in-8º (1842), le *Manuel du Libraire*.

Bruneval (Claude). Fondateur de la première imprimerie à Melun, en 1593.

Bruyset (Pierre-Marie). Imprimeur-libraire de Lyon, condamné à mort et exécuté par ordre de la commission révolutionnaire pour avoir signé les assignats émis pendant le siège de Lyon. C'était la signature de son frère Jean-Marie que portaient ces assignats, mais Bruyset ne chercha pas à se disculper, donnant en cela un bel exemple de dévouement fraternel qu'il savait devoir lui coûter la vie.

Bry (Théodoric ou Dirck de) (1528-1598). Editeur, graveur et dessinateur flamand, qui abandonna Liège pour se fixer à Francfort.

Bry (Auguste) (1805-1880). Lithographe français, qui fut chef d'atelier de Senefelder. On lui doit divers procédés et perfectionnements de l'art lithographique : estompe sur pierre, lavis sur pierre et papier lithographique. Il est également l'auteur d'un *Traité de Lithographie* et d'un *Manuel d'Autographie*.

Bry (Pierre-Jean) (1822-1863). Imprimeur-libraire français, créateur, en 1848, des livraisons populaires à bon marché, qui ont contribué à répandre le goût de la lecture dans les classes laborieuses.

Buchoz (1727-1807). Médecin et naturaliste français, mort à Paris, où il avait établi une imprimerie.

Buckinck (Arnold). Imprimeur allemand que l'on trouve à Rome, en 1478, où il continue l'impression de la *Cosmographie* de Ptolémée, qui renferme 27 planches gravées en taille-douce.

Bullings (Jacques). Créa la première imprimerie à Bourg-en-Bresse, en 1571.

Bulmer (William). Célèbre imprimeur anglais, né à Newcastle. Ayant été chargé par Georges III d'imprimer les œuvres de Schakespeare, 9 vol. in-folio, qui parurent de 1791 à 1804, on donna à son imprimerie, en souvenir de ce fait, le nom de *Schakespeare Press*. Mort en 1830.

Buloz (François) (1804-1877). Né en Savoie, François Buloz vint très jeune à Paris, pour se préparer à l'école Normale supérieure. Son manque de ressources l'obligea à se faire correcteur d'imprimerie. Grâce à de constants efforts et à son énergique ténacité, il parvint à créer une des plus importantes revues françaises, la *Revue des Deux-Mondes*, qu'il dirigea jusqu'à sa mort.

Buon (Gabriel). Imprimeur et libraire-juré. On lui doit l'édition de Ronsard de 1587, que son fils Nicolas réimprima en 1623.

Buonarotti (Michel-Angelo) (1568-1646). Neveu du célèbre peintre, il se fit éditeur pour publier les poésies de son oncle.

Burdallet. Artiste graveur génevois (XIXe siècle) ; il a excellé dans le dessin à la plume sur pierre.

Burgkmair (1475-1529). Graveur allemand qui dessina avec Albert Dürer, sous la direction de Peutinger, la *Marche triomphale de l'Empereur Maximilien*. Il est un des auteurs de l'œuvre appelée : *Les Patrons de la Maison impériale d'Autriche*.

Bury (Frédéric). Artiste génevois du XIXe siècle, qui excella dans la gravure en bijouterie. Mort à Hanau (Allemagne).

Bussink (Ludwig). Graveur sur bois d'origine allemande, qui vint s'établir en France au XVIIe siècle et grava, vers 1640, d'après les dessins de Georges Lallemand, dont il était l'associé.

Buyens (Jean de). Imprimeur à qui la ville d'Arras doit la fondation de sa première imprimerie, en 1528.

Buynand des Echelles (Jean-François) (1773-1811). Imprimeur et écrivain français, qui exerça l'art typographique à Lyon.

C

Caille (Jean de La). Habile imprimeur-libraire qui fut nommé imprimeur du roi en 1644. On lui doit : *Histoire de l'imprimerie et de la librairie* (1 vol. in-4°, 1689).

Cailleau (André-Charles). Poète lyrique et comique, historien, libraire-éditeur ; devint imprimeur en 1772.

Caillotut (Antoine). Imprimeur parisien qui exerça de 1483 à 1497, et laissa des impressions estimées d'ouvrages de théologie.

Calamatta (Luigi) (1802-1869). Habile graveur italien.

Calames. Graveur génevois du XIXe siècle ; il a, des premiers, produit des dessins au lavis lithographique. Il fit également la manière noire au grattoir et laissa de remarquables paysages à l'eau-forte.

Calcar (Jean-Stephane Van). Xylographe flamand, qui grava en 1588, à Venise, les planches anatomiques du livre d'André Vésale.

Calliat (Pierre-Victor) (1801-1881). Architecte et graveur français né à Paris.

Calliergi (Zacharias). Savant crétois qui abandonna Venise vers 1512, appelé par Léon X, pour imprimer deux ouvrages grecs, *Pindare* (1515) et *Théocrite* (1516), ouvrages des plus remarquables par la correction du texte et la richesse de l'impression. Plus tard, Calliergi dirigea l'imprimerie que Auguste Chigi avait établie dans son palais.

Callot (Jacques) (1593-1635. Peintre, dessinateur et graveur, né à Nancy ; il se forma à Rome sous Jules Parigi et Philippe Thomassin, se fixa à Florence puis revint en Lorraine en 1520. Son œuvre contient plus de 1,600 pièces ; il s'est popularisé par celles où il a traité les sujets grotesques et caricaturé les vices et les ridicules de l'humanité.

Calmat (Nicolas). (V. Baudry, René.)

Campanus. Savant italien qui se consacra au développement de l'imprimerie de Ulrich Han, dans laquelle il fut correcteur.

Camusat (Jean). Habile imprimeur des XVIe et XVIIe siècles. L'Académie française, qui en avait fait son imprimeur, tenait fréquemment ses séances chez Camusat. Lorsqu'il mourut, en 1639, elle assista en corps à ses funérailles.

Canini (G.-A.). Peintre et graveur italien, né vers 1620, mort en 1666.

Canossa (J.-Baptiste). Xylographe italien, mort en 1747, et qui laissa des travaux remarquables par leur délicatesse.

Capelle (Pierre). Poète et littérateur, écrivain dramatique, ancien compositeur d'imprimerie, inspecteur de la librairie, auteur d'un *Manuel de la Typographie française*, né le 4 novembre 1772, à Montauban (Tarn-et-Garonne), mort à Paris en octobre 1851, doyen des auteurs dramatiques ; il fut un des fondateurs du Caveau moderne

Caracci (Agostino). Un des meilleurs graveurs italiens du XVI siècle.

Carant (Jean). Fondateur de la première imprimerie à Périgueux, en 1498.

Carcain ou **Carcagny** (Jean). Imprima à Paris, en 1485, la *Dialectique de Bur dan*.

Carez (1753-1801). On le considère comme l'inventeur du clichage, qu'il appliqua, dès 1785, à l'impression des livres d'église ; ses éditions sont dites *homotypes*. Il fut député à la Constituante et mourut sous-préfet de Toul.

Carroy (Gilles de). Imprimeur parisien qui fut, avec son correcteur Gilles Martin, « fouetté au cul d'une charrette » et banni du royaume pendant 9 ans pour avoir imprimé un pamphlet contre Henri III. L'auteur, l'avocat Le Breton, avait été pour ce fait « pendu et estranglé » dans la cour du palais.

Caron (Nicolas). Imprimeur français du XVe siècle, qui imprima, dit-on, en 1507, le premier livre paru à Amiens sous le titre : *Les Coutumes générales du Bailliage d'Amiens.*

Cars (Laurent) (1699-1771). Peintre et graveur.

Carter (William). Imprimeur anglais du xvie siècle, qui fut pendu et écartelé pour avoir publié une plaquette en faveur de Marie Stuart.

Casaubon (Isaac) (1559-1614). Savant critique et bibliothécaire de Henri IV, appelé plus tard par Jacques Ier à Londres. Il fut correcteur chez Froben et chez Henri Estienne son beau-père, et dirigea une imprimerie à Montpellier.

Caslon (William). Graveur anglais, fondateur de la célèbre fonderie de caractères qui porte son nom ; né en 1692, il créa sa maison en 1716. Le premier spécimen des types gravés par lui parut en 1734.

Castaldi (Panfilo), de Feltre (Italie). Né à la fin du xive siècle, d'une famille noble, il se voua d'abord à la jurisprudence et aux belles-lettres ; on prétend qu'il avait eu le premier l'idée des caractères mobiles, qui étaient fondus en verre à Murano. La statue de Panfilo Castaldi fut inaugurée à Feltre en 1868.

Castan (G.) Artiste genevois qui se fit une grande réputation comme graveur et peintre d'animaux (xixe siècle).

Caxton (William). Célèbre typographe anglais, né en 1410, mort en 1491. Il imprima en 1477 le premier livre paru en Angleterre.

Caylus (Comte de). Dessinateur et graveur à l'eau-forte, archéologue et littérateur.

Cazin (Hubert) (1724-1795). Libraire-éditeur ; il publia une collection d'environ 150 volumes de divers genres dans le format in-24, appelé, de ce fait, format cazin.

Cenini (Bernard). Imprimeur italien, né en 1415, à qui ses compatriotes attribuent l'invention des caractères mobiles.

Chaix (Napoléon). Né à Châteauroux, le 27 avril 1807, mort à Paris en 1865. Après avoir débuté en province comme simple compositeur, il vint à Paris, où ses aptitudes et sa vive intelligence le firent bientôt remarquer. A 25 ans, il était prote des ateliers de Paul Dupont, et en 1845 il fondait l'imprimerie modèle qui est pour tous les typographes, un sujet d'admiration.

En 1882, il créa une école professionnelle, dans laquelle les apprentis reçoivent tout à la fois l'enseignement technique et l'enseignement complémentaire. En 1846, il édita le livret qui porte son nom ; *l'Annuaire officiel des Chemins de Fer,* en 1847 ; *l'Indicateur,* en 1849 ; le *Recueil général des Tarifs,* en 1858 ; le *Code annoté des Chemins de Fer,* en 1852. Un succès mérité accueillit ces publications, qui furent avantageusement transformées sous l'active et habile direction de son fils Albans.

Napoléon Chaix ne fut pas seulement un savant typographe et un éditeur intelligent, il fut aussi un zélé philanthrope, s'efforçant constamment d'améliorer, par l'instruction et l'épargne, les conditions d'existence des ouvriers, qu'il considéra toujours comme ses collaborateurs.

Chaix (Edmond-Albans). Né à Châteauroux, le 27 mars 1832, mort à Paris le 26 août 1897. Fils du précédent, il hérita des qualités de créateur et d'administrateur qui firent de Napoléon une des plus remarquables figures du monde industriel. D'un caractère ferme, mais bienveillant, d'un esprit ouvert et positif, il s'attacha à développer et à multiplier les institutions de prévoyance fondées ou rêvées par son père, et parmi lesquelles il convient de citer : 1° une société de secours mutuels, et une caisse de retraite spéciale aux apprentis ; 2° la constitution d'un capital d'épargne aux apprentis ; 3° une caisse d'épargne scolaire ; 4° une caisse d'assurance contre les accidents et les décès ; 5° une caisse de participation aux bénéfices pour les ouvriers et les apprentis.

Il étendit en outre considérablement le nombre des publications créées par son prédécesseur ; c'est ainsi qu'on lui doit : les *Livrets spéciaux pour les Voyages circulaires* ; l'*Indicateur des Expéditions par grande et petite Vitesse* ; le *Bulletin annoté des Chemins de Fer en exploitation* ; la *Carte générale des Chemins de Fer de l'Europe* et celle des *Chemins de Fer de la France*, etc. L'imprimerie Chaix et Cie est aujourd'hui dirigée par M. Alban Chaix, fils aîné d'Albans, sous l'administration de qui elle ne pourra que continuer à prospérer.

Chalcondyle (Démétrius). Célèbre érudit athénien, qui vint se fixer à Milan vers 1474 et s'y fit imprimeur.

Chalmers (J.). Imprimeur d'origine anglaise et littérateur distingué. Il fut ouvrier dans sa jeunesse et compagnon de travail de Benjamin Franklin à l'imprimerie Wats, à Londres.

Chalmers (James) (1742-1810). Fils du précédent et célèbre imprimeur d'Aberdeen (Angleterre) directeur de l'*Aberdeen Journal*.

Châlon (Jean-Nicolas) (1742-1812). Artiste-graveur de Genève, célèbre par ses productions sur métaux précieux.

Cham. (V. Noé, Amédée de).

Chambolle (R.-V.) Habile relieur, bien connu des bibliophiles français et étrangers, pour lesquels il exécuta dans son modeste atelier de la rue du Pont-de-Lodi, des reliures dignes des maîtres du XVIIIe siècle. Mort à Paris, en septembre 1898, à l'âge de 64 ans.

Champfleury (Jules Fleury, dit) (1821-1881). Littérateur, créateur de pantomimes ; après avoir publié son *Histoire des Faïences*, il fut nommé conservateur du musée de céramique de Sèvres. Il avait débuté à Paris comme employé de librairie.

Chanoine. Imprimeur français, mort à Lyon en 1865, fondateur du journal *Le Progrès* et directeur d'une maison très importante, qui avait la spécialité des impressions de chemins de fer.

Chapman (Walter). Protégé par Jacques IV, il introduisit, avec Millar, l'imprimerie à Edimbourg, en 1508.

Chaponnier (Alexandre). Célèbre chalcographe de Genève, né en 1753.

Charavay (Gabriel) (1818-1879). Publiciste français, fondateur du journal *L'Imprimerie* (1863); érudit et expert en autographes, il a fondé *L'Amateur d'Autographes* (1862); la *Revue des Autographes, des Curiosités de l'Histoire et de la Biographie* (1866); on lui doit encore une *Règle définitive du Participe passé* et un *Traité de la Ponctuation*, ainsi que de nombreux catalogues d'autographes qui font autorité.

Charavay (Eugène) (1858-1892). Fils du précédent; directeur du journal *L'Imprimerie* à la mort de son père. Comme expert en autographes, il a rédigé de nombreux catalogues, fort appréciés en France et à l'étranger.

Charlet (1792-1845). Dessinateur et graveur français, qui a excellé dans la représentation des scènes militaires et la création des types immortels des grognards de la Grande Armée.

Charpentier. Editeur français, mort à Paris en 1871, qui édita une collection de romans dont le format porte son nom.

Chasles (Philarète) (1799-1873). Ecrivain, bibliographe et critique français, qui devint professeur de littérature étrangère au collège de France. Auteur du *Tableau de la Marche et des Progrès de la Langue et de la Littérature française au* XVIe *siècle* des *Etudes contemporaines*, des *Portraits contemporains*, et de traductions estimées. Persécuté par les Bourbons, il se réfugia en Angleterre, où il fut d'abord typographe, profession par laquelle il avait débuté, et correcteur d'imprimerie. Rentré en France quinze ans plus tard, il collabora aux *Débats* et à la *Revue des Deux Mondes*, ce qui lui valut son entrée au collège de France.

Châtelain (J.-B.) (1710-1811). Célèbre graveur à la pointe sèche et au burin, dont les travaux sont recherchés.

Chaubert (P). Imprimeur à qui l'on attribue l'introduction de l'imprimerie à Embrun (Hautes-Alpes), vers 1586.

Chaudière (Claude). Neveu du célèbre typographe Simon de Colines. De Paris il alla fonder la première imprimerie à Reims, vers 1551, sous les auspices du cardinal Charles de Lorraine.

Chauveau (Fr.) (1621-1676). Graveur français.

Chauvin (André). Imprimeur français, fondateur de la première imprimerie à Angoulême, avec Pierre Alain, en 1491.

Chazal (Antoine) (1793-1854). Habile peintre et graveur, né à Paris. Il excellait dans la reproduction des fruits et des fleurs.

Chevalier (Sulpice-Guillaume). (V. Gavarni.)

Chevalon (Claude). Succéda, en 1513, à l'imprimeur Rembolt.

Chevillier. Docteur et bibliothécaire de Sorbonne, qui publia en 1694 : *Origine de l'Impri-*

merie de Paris, ouvrage très apprécié (1 vol. in-4°.

Chigi (Auguste). Riche négociant qui fonda dans son palais, à Rome, vers 1512, une imprimerie dont il confia la direction au savant typographe Calliergi.

Chiswell (Richard) (1639-1711). Célèbre imprimeur-libraire de Londres. Il a laissé des livres fort bien imprimés et très recherchés des amateurs.

Choiseul (E.-François de) (1719-1785). Célèbre homme d'Etat français ; il établit à Chantilly une imprimerie particulière où il publia divers ouvrages.

Choiseul-Beaupré (De) dit Choiseul-Gouffier(1752-1817). Pair de France. A l'époque où il représenta la France à Constantinople (1784), il établit une imprimerie dans le palais de l'ambassade française.

Chopy (Antoine). Graveur génevois (1750) ; il se distingua dans la production des cartes géographiques et des vignettes sur bois.

Cigoli. Peintre florentin qui vivait vers 1600 ; il imagina une sorte de pantographe appelé, de son nom, *équerre de Cigoli*.

Civelli (Giuseppe). Grand industriel italien, pendant la seconde moitié du XIX° siècle. Il avait créé six imprimeries dans les principales villes de l'Italie, à Milan, Florence, Turin, Venise, Ancône et Rome, ainsi que deux fabriques de papier à Chiaravalle et à Sarteano. Mort à Milan en 1882.

Clarendon (Lord). Fonda à Oxford, en 1713, une imprimerie qui devint célèbre sous le nom de Clarendonian-Press.

Claye (Jules) (1806-1886). Célèbre imprimeur français. Il débuta comme apprenti à l'imprimerie Firmin Didot, puis dirigea la maison de Henri Fournier, auquel il succéda. Il édita un grand nombre d'ouvrages qui sont des merveilles de l'art typographique et de l'illustration : *Histoire des Peintres, Galerie de l'Europe*, les *Promenades de Paris*, les *Contes de Perrault*, les *Evangiles*, etc. Il est lui-même l'auteur d'ouvrages techniques dont le plus connu est le *Manuel de l'Apprenti typographe*.

Clerc (F.). Enlumineur-cartier qui vivait au temps de Charles VII, et dont il reste deux planches gravées, l'une de 10, l'autre de 18 cartes, portant tous les caractères de cette époque.

Clerget (Humbert). Habile dessinateur qui fut professeur à l'école d'état-major et à la maison d'éducation de la Légion d'honneur à Saint-Denis. Mort à Vanves, en mars 1899, à l'âge de 81 ans.

Cloches (Thomas de). Introduisit l'imprimerie à Sisteron, en 1513.

Clousier (J.-C.). Imprimeur ordinaire du roi ; fut nommé en 1786 directeur de l'imprimerie des Jeunes Aveugles.

Clowes (William). Imprimeur anglais du XIX° siècle, qui publia le *Penny Magazine* et posséda la plus vaste maison de Londres consacrée aux différentes branches des arts graphiques.

Clymer (Georges). Célèbre mécanicien américain, mort à Londres en 1834. Né de parents suisses établis en Pensylvanie, il se fit connaître par diverses inventions ingénieuses, notamment celle de la presse à bras dite colombienne.

Coblence (Samuel-Victor). (1814-1879). Célèbre clicheur français, né à Nancy, mort à Paris. Il fut d'abord ouvrier typographe et employa ses loisirs à des études de chimie. C'est lui, après bien des déboires, qui appliqua la galvanoplastie à la typographie, et qui, plus tard, substitua à la cire le moulage à la gutta-percha.

Cochard et David. Fondeurs en caractères dont l'association ne fut rompue que par la retraite de M. Cochard. M. David étant mort vers 1888, sa veuve continua les opérations de la maison jusqu'en 1899, époque à laquelle celle-ci fut cédée à M. G. Peignot. (V. Leclerc, Pierre.)

Cochin (Charles-Nicolas) (1715-1788). Dessinateur et graveur français.

Cochran (J.). Habile graveur anglais de la première moitié du XIXº siècle, à qui l'on doit de très beaux portraits de la reine Victoria, d'après les maîtres anglais de l'époque.

Codowiki (Daniel). Célèbre graveur polonais, né à Dantzig en 1726.

Cœck (Peter) (1490-1553). Architecte, peintre et graveur flamand, originaire d'Alost. Il a donné d'intéressantes planches sur Constantinople et les mœurs des Turcs.

Coignard (Charles Iᵉʳ), fut reçu imprimeur-libraire en 1644.

Coignard (Jean-Baptiste II) (1660-1737). Il succéda à son père, comme imprimeur-libraire du roi et de l'Académie française, et fut conseil-syndic des imprimeurs et libraires.

Coignard (Jean-Baptiste III). Fils du précédent, libraire-imprimeur du roi et de l'Académie et syndic des imprimeurs et libraires. Sa sollicitude pour les travailleurs en fit le bienfaiteur des ouvriers typographes, en faveur desquels il fonda une pension à laquelle son nom est resté attaché. Mort en 1768.

Coindet (J.). Peintre et graveur génevois du XIXᵉ siècle, qui s'occupa de paysages et d'animaux.

Coisne (Joseph). Mécanicien français, perfectionna la presse à bras Stanhope, en remplaçant les contrepoids par des ressorts à boudin. Mort en 1880.

Colard (Mansion). (V. Mansion.)

Colette. Dessinateur lithographe, mort en 1877, que son talent fit surnommer le « roi de la plume. »

Colin (Jean). Introduisit l'imprimerie à Metz, en 1482.

Colines (Simon de). Typographe français, mort en 1547. Il épousa la veuve d'Henri Estienne et introduisit en France les caractères italiques inventés par Alde Manuce. Il fonda la première imprimerie à Meaux, en 1522.

Colinet (Simon de). Imprimeur et graveur en caractères du XVᵉ siècle. Il grava, le premier, des caractères romains de différentes grosseurs.

Collart (Joseph) (1754-1830). Artiste génevois qui se fit une réputation comme graveur sur métaux précieux.

Collard. Inventeur qui prit en 1850 un brevet pour une machine propre à graver des lettres et des ornements en creux et en relief sur toutes sortes de matières.

Colliot. Mécanicien français qui contribua à répandre les presses à bras en fer, et dont une machine en blanc, à cylindre, fut très remarquée à l'Exposition de 1834.

Collombat. Famille d'imprimeurs du XVIIIe siècle, dans laquelle la charge de libraire-imprimeur du cabinet du roi était héréditaire.

Colombier. Introduisit l'imprimerie à Nîmes, en 1578.

Colomiès (Jacques). Créateur de la première imprimerie à Lescar, en 1541.

Colson. Célèbre fondeur parisien, qui fut un des premiers à faire usage de la machine à fondre (1852). On doit à Colson l'invention d'une machine à créner les f et les ff, c'est-à-dire, à dégager mécaniquement la boucle de ces lettres du corps de la lettre, ce qui se faisait jusqu'alors à la lime. Cette machine n'eut qu'un succès éphémère et fut bientôt remplacée par une autre plus pratique. La fonderie Colson a été incorporée, en 1875, à la maison Turlot.

Comes palatinus. Comte palatin, titre donné à Jenson par le pape Sixte IV.

Comino (Joseph). Imprimeur italien du XVIIIe siècle. Il fonda à Padoue l'imprimerie devenue célèbre sous le nom d'imprimerie Cominiane.

Commelin (Jérôme). Imprimeur flamand du XVIe siècle, qui devint bibliothécaire de l'Electeur palatin, à Heidelberg, où il mourut en 1597.

Conté. Chimiste français qui, pour rivaliser avec l'Angleterre, inventa, en 1795, le crayon noir mat qui porte son nom. Ce crayon est composé d'un mélange de graphite, réduit en poudre fine, et d'argile.

Coral (Etienne). Imprimeur lyonnais qui importa l'imprimerie à Parme en 1473.

Corbon. Homme politique qui fut représentant du peuple en 1848. Il avait été compositeur, correcteur, sculpteur, député et sénateur sous la 3e République.

Cordier (Balthasar). (V. Mathias, Antonius.)

Coriolan (Christophe) (1540-1600). Allemand d'origine, ce xylographe vécut à Venise, où il grava de nombreux portraits et de belles planches d'histoire naturelle.

Cornhert ou **Coornhert** (Diederick) (1522-1590). Graveur et littérateur allemand, qui devint secrétaire d'Etat de Guillaume de Nassau. On prétend même qu'il composa le chant national *Wilhelmus van Nassouwen*.

Corrozet (Gilles) (1510-1568). Imprimeur-libraire et littérateur. On lui doit la *Fleur des Antiquités* et *Singularités de la noble cité de Paris* (1532).

Cort (Cornélius). Un des plus célèbres chalcographes hollandais (1536-1578).

Cosson. Imprimeur parisien, dont la maison était rue du Four. Cette imprimerie, qui était en pleine prospérité vers 1855, devint légendaire par la difficulté que l'on éprouvait à se procurer les sortes dont on avait besoin ; aussi y avait-il, sous tous les rangs, des planques de circonstance. Un metteur en pages, dont le rang était peu éloigné d'une cloche en fonte dénommée poêle, était un planqueur émérite, et, pour éviter d'être dévalisé, il venait à l'atelier fêtes et dimanches. Ayant marié sa fille un samedi, il contrevint à ses habitudes, et quand, le lundi, il reprit sa place, sa réserve s'était envolée. L'histoire courut les ateliers, et lorsque dans une imprimerie quelconque, un compositeur demandait des sortes au chef de matériel, il s'entendait invariablement répondre : « Chez Cosson, derrière le *poêle*. »

Coste (Nicolas de La). Imprimeur aussi habile qu'érudit du XVIIe siècle.

Coster ou **Koster** (Laurent) de Harlem (Hollande) (1370-1430). Certains prétendent que c'est entre 1420 et 1425 qu'il fit dans cette ville la découverte de l'imprimerie. D'après les historiens hollandais, ce serait Laurent Coster qui aurait tiré les premières épreuves en caractères mobiles.

Costerauste (Pierre). Cet imprimeur fonda la première imprimerie à Riom (Puy-de-Dôme), en 1589.

Cot (Jean). Libraire et fondeur parisien du XVIIe siècle, mort en 1708.

Cot (Pierre). Fils du précédent, et, comme lui, libraire et fondeur en caractères. Il entreprit une histoire générale de la fonderie de lettres et de l'imprimerie, que la mort l'empêcha d'achever.

Cotta de Cottendorf. Ecrivain allemand, né en 1764, mort en 1832. Originaire de Stuttgart, il publia en 1807, à Tubingen, le premier traité écrit sur la lithographie : *Le Secret de l'impression sur pierre dans toute son étendue* ; il fonda l'*Allgemeine Zeitung* ; introduisit, en 1812, à Augsbourg, la première presse typographique qu'on ait vue en Bavière.

Couret de Villeneuve (1749-1806). Célèbre imprimeur-libraire, qui apporta de nombreux perfectionnements à l'art typographique et mourut professeur de grammaire générale dans le département de l'Escaut.

Courteval. Relieur du XVIIIe siècle, auquel on attribue le mode d'ornementation des dos et des plats désignés sous le nom de gaufrure.

Cousin (Jean) (1500-1590). Artiste français, né à Sens, et surnommé le *Michel-Ange français*. Il excella à la fois dans la peinture à l'huile, la peinture sur verre, la sculpture et la gravure. Comme graveur, Jean Cousin est célèbre par ses illustrations des livres liturgiques du diocèse de Sens. De 1552 à 1582, on rencontre la main de Jean Cousin dans un grand nombre de livres publiés à Sens. Sur ses gravures, il apposait son monogramme composé des lettres I et C ou bien encore des deux lettres J et S, initiales de Jean de Sens, *Johannes Senonensis*, nom que Cousin se plaisait à prendre et à revendiquer par affection pour son pays natal.

Coustelier (Antoine-Urbain), mort en 1724. Imprimeur-libraire de Paris, qui publia une belle collection des anciens poètes français.

Coustelier (Antoine-Urbain). Fils du précédent. Comme imprimeur-éditeur, il commença la collection de classiques latins connue sous le nom de collection Barbou. Mort en 1763.

Couteau (Nicolas). Imprimeur et libraire parisien du xvie siècle.

Cowper. Mécanicien anglais qui se distingua dans la fabrication des machines à cylindres au début de l'invention de celles-ci.

Coypel (Noël) (1628-1707). Célèbre peintre et graveur, né et mort à Paris. Antoine, son fils (1661-1722), fut également un peintre-graveur d'un grand talent.

Cramoisy (Sébastien) 1585-1689). Imprimeur français ; il fut choisi par Richelieu, en 1640, pour diriger l'imprimerie Royale, qui venait d'être fondée au Louvre.

Cranach (Lucas). Xylographe du xvie siècle, qui a laissé de nombreuses gravures religieuses dans le genre dit camaïeu.

Crantz (Martin). (V. Krantz.)

Crapelet (Charles) (1762-1809). Célèbre typographe français, dont les impressions sont remarquables par leur correction et leur élégance.

Crapelet (Georges-Adrien) (1789-1842). Habile imprimeur et écrivain technique français. On lui doit une *Etude pratique et littéraire sur la Typographie* (1828), et *Des Progrès de l'Imprimerie en France et en Italie au xvie siècle*.

Crès (Jean). Un des fondateurs de la première imprimerie à Loudéac (Côtes-du-Nord), avec Robin Fouquet (1484). Il introduisit également cet art à Lantenac, ville du même département, en 1490.

Crété (Jules-Anselme). Habile imprimeur de Corbeil, mort en février 1899, à l'âge de 62 ans. Il succéda à son père, et sut donner à la maison une extension considérable, qui ne fera que s'accroître sous la direction de son fils, M. Edouard Crété.

Crevenna (Pierre-Antoine). Erudit et bibliophile du xviiie siècle ; il recueillit les matériaux d'une histoire des origines et des progrès de l'imprimerie, qui malheureusement ne put être publiée.

Cruse (Lovys), dit encore *Louis Cruse*, *Garbin* ou *Guerbin*. Imprimeur genevois qui, à dater de 1481, publia à Genève de nombreux ouvrages de théologie, des romans et un vocabulaire latin-français.

Curmer (Henri-Léon) (1801-1870). Libraire-éditeur, qui fut le créateur des publications illustrées en France.

Cuyp (1606-1683). Célèbre peintre et graveur hollandais.

Cyaneus. (V. Blaublom.)

D

Daguerre (Louis-Jacques-Mandé) (1789-1851). Peintre décorateur et physicien français.

S'associa en 1829 avec Niepce pour mener à bonne fin la fixation sur verre des objets à l'aide de la lumière solaire, d'où le nom de *daguerréotype* donné à cette découverte, bien que le véritable inventeur fut Niepce. Les procédés de Daguerre et de Niepce furent achetés, en 1830, par le gouvernement, moyennant une rente de 6,000 francs à Daguerre et une de 4,000 francs au fils de Niepce.

Dammez (Lucas). (V. Leyden.)

Danel (Léonard) 1789-1875). Célèbre imprimeur français, qui donna une impulsion considérable à l'imprimerie, aujourd'hui deux fois centenaire, fondée à Lille par les Henry. C'est M Léonard Danel, son fils, aujourd'hui âgé de 80 ans, qui, secondé par son gendre, M. Bigo-Danel, est à la tête de cette maison, une des plus importantes du monde entier.

Danner Léonard). Mécanicien de Nuremberg, qui, au XVIe siècle, perfectionna la presse à imprimer, en remplaçant les vis de bois par les vis de laiton.

Darmoise. Fondeur en caractères, dont la maison a été incorporée, en 1888, à la fonderie Turlot.

Dassier (Jean) (1676-1763). Célèbre graveur genevois. En collaboration avec son fils Jacob (1715-1759), il a laissé un livre intitulé *Explication des médailles*, représentant une suite de sujets tirés de l'histoire romaine, gravés par eux-mêmes. Cet ouvrage fut publié à Paris.

Daubigny (Charles-François) (1817-1878). Célèbre peintre paysagiste et graveur français, élève de son père et de Paul Delaroche.

Danby (Joseph). Ouvrier typographe, né en Belgique ; il devint directeur du *Moniteur belge*, qu'il dirigea pendant 30 ans, et mourut à Bruxelles en 1899, à l'âge de 74 ans.

Daudet. Graveur en taille-douce, d'origine genevoise, qui vivait vers 1669.

Dauphine (Mme la). Etablit au château de Versailles, en 1758, une imprimerie d'où sortit : *Elévation du cœur à N.-S. J.-C., par rapport à la sainte Communion* (in-16) « imprimé de la main de Mme la Dauphine, mère de Sa Majesté. »

Day (John). Graveur et imprimeur anglais (1544-1582) ; il améliora les types grecs et laissa de belles cartes et des figures mathématiques.

Debors (Robert). Marchand de Rouen qui, étant de passage à Paris, le jour de l'exécution de Martin Lhomme, et voyant la populace animée contre le malheureux libraire, descendit de cheval et dit à la foule : « Eh quoy, mes amis, ne suffit-il pas qu'il meure? Laissez faire le bourreau! Le voulez-vous tourmenter davantage que sa sentence ne porte ? » Arrêté aussitôt, il fut jugé le 19 juillet et condamné « à estre pendu et estranglé en place Maubert, pour raison et émotion de la sédition populaire faicte par le dict prisonnier, par le moyen des propos scandaleux et blasphèmes dicts par le dict Debors, prisonnier, contre *l'honneur de Dieu et* de la Glorieuse Vierge Marie, induisant par le dict prisonnier le peuple à sédition et scandale public. »

Debucourt (P.-L.) (1755-1832). Célèbre graveur et peintre; il a laissé entre autres, dans le genre de la gravure au lavis, des dessins de sa composition pleins de finesse et d'esprit.

Debure (G.-F.) Libraire parisien qui publia en 1755, dans le format in-12, le *Museum typographium*, tiré seulement à 12 exemplaires.

Degen (Vincent). Célèbre imprimeur autrichien, rénovateur de l'imprimerie à Vienne, où il exerça son art de 1800 à 1827.

Degener et **Weiler.** Mécaniciens de New-York, qui inventèrent en 1862 la machine à pédale *Liberty*, première machine de ce genre.

Delapeine (S.). Graveur et peintre génevois (XIXe siècle), célèbre comme animalier et paysagiste.

Delatour (Louis-François) (1727-1807). Imprimeur-libraire parisien, qui fut longtemps le fournisseur de la Compagnie de Jésus.

Delespine (Jean-Baptiste-Alexandre). Imprimeur parisien, mort en 1765. En 1702, il fut nommé imprimeur ordinaire du roi, charge dont il se démit en 1741. Son fils, Charles-Jean-Baptiste, fut également imprimeur.

Delorme (Philibert) (1518-1677). Célèbre architecte français, qui commença la construction des Tuileries. On prétend que Philibert Delorme grava lui-même les bois de son livre sur l'architecture.

Deluze (Jacques). Français natif de la Saintonge, qui, après la révocation de l'Edit de Nantes, introduisit à Neuchâtel (Suisse), où il s'était réfugié, l'industrie de l'impression sur tissus. Les étoffes n'avaient de dessiné que le trait; l'intérieur des figures était colorié au pinceau.

Demarteau (Gilles) l'aîné (1729 ou 1732-1776), graveur d'origine liégeoise, qui travailla à Paris, où il excella dans la manière sablée.

Demarteau (Gilles-Antoine). Neveu du précédent, mort à Paris en 1806; il grava, comme son oncle dans la manière sablée.

Deriaz. Artiste génevois du XIXe siècle; se fit une réputation comme graveur ornemaniste.

Derriey (Charles) (1808-1877). Né à Moissey (Jura), il débuta dans la typographie à Besançon, puis entra dans la maison Didot où, après avoir été tour à tour compositeur, imprimeur, stéréotypeur, fondeur en caractères et dessinateur, il apprit enfin, à l'âge de vingt-sept ans, l'art de la gravure.

Derriey ne fut pas seulement le plus inventif et le plus capable des graveurs, il fut aussi un mécanicien des plus remarquables. Son coupoir à équerres et à crémaillères; son moule mécanique à fondre du corps 5 au corps 20; son moule à refouloir, pouvant fondre jusqu'à 500 points de longueur et 120 points d'épaisseur; sa machine à rompre, frotter et composer; sa machine à justifier, sont certainement de belles inventions, mais son chef-d'œuvre est la machine à numéroter les billets de banque : cette petite merveille, qui agit automatiquement, prend les billets, les compte, les numérote et s'arrête d'elle-même quand sa tâche est terminée. On doit également à Charles Derriey d'importants perfectionnements apportés aux châssis numéroteurs, et un splendide album de filets et vignettes typographiques de grand format, tiré à la presse à bras, en noir et en couleurs, qui suffirait à illustrer le nom de son créateur, grâce à qui la typographie peut lutter aujourd'hui avec la gravure et la lithographie. A la mort de Charles Derriey, sa maison passa aux mains de son neveu et héritier, l'habile constructeur de machines, M. Jules Derriey, qui la vendit en 1880 à M. Turlot, lequel en a porté la renommée à son plus haut point. (V. Virey.)

Dervich. (V. Imâd.)

Desjardins (Louis-Joseph-Isnard), artiste-graveur en taille-douce, à qui est due la découverte (1845) du procédé de gravure chromotypographique connu sous le nom de *gravure Desjardins*, et grâce auquel il put exécuter des imitations de peinture et d'aquarelle (*fac-similé Desjardins*) devenues populaires dès 1855.

Desnoyers (A.-G.-L. Boucher, baron) 1779-1857. Célèbre graveur français, qui fut nommé graveur du roi en 1825.

Desportes (J.). Lithographe français, professeur de lithographie à l'école des Sourds-Muets et fondateur, en 1837, du journal *Le Lithographe*, qui, de cette date à 1848, rendit de grands services à l'art lithographique.

Després ou **du Pré** (Jean). Créa la première imprimerie à Salins (Jura), en 1465.

Desroches. Député belge, qui publia en 1777 un ouvrage intitulé : *Nouvelles recherches sur l'Origine de l'Imprimerie*, dans lequel il prétend que cet art aurait été trouvé à Anvers, aux environs de 1440.

Dessessarts (Lemoyne, dit) (1744-1810). Après avoir été successivement avocat, littérateur, historien, il se fit imprimeur-libraire à Paris.

Detella (D.) (1762-1836). Graveur génevois qui se fit connaître par ses travaux artistiques sur métaux précieux.

Deutsch (Nicolas-Emmanuel). Xylographe bernois, qui a laissé de curieuses gravures représentant les vierges sages et les vierges folles (1515).

Devéria. Dessinateur à qui l'on doit les affiches illustrées, dont la première, inspirée du Méphisto qu'Eugène Delacroix mit en tête des dix-sept planches qu'il exécuta pour la traduction de *Faust*, parut en 1828. On ne connaît qu'une seule épreuve de cette affiche.

Deville. Artiste génevois (xixe siècle) qui fut à la fois peintre et graveur pour la figure.

Devincenzi. (V. Dumont.)

Dickens (Charles) (1812-1870). Célèbre écrivain anglais, auteur de romans dont les plus connus sont : *David Copperfield, Olivier Twist ; Vie et Aventures de Nico* *las Nickleby*. Dickens fut correcteur d'imprimerie avant d'embrasser la carrière des lettres, et il présida, en 1854, le meeting de l'Association londonienne des correcteurs de journaux, tenu à Londres dans le but d'améliorer le sort de ses sociétaires.

Diday. Graveur génevois du XIXe siècle ; il est un des premiers qui aient produit des dessins de paysage au lavis lithographique.

Didot (François-Ambroise) (1730-1804). Célèbre imprimeur français, fils de François, syndic en charge de la communauté des libraires. Indépendamment des belles éditions sorties des presses de François-Ambroise Didot, reçu imprimeur en 1753, on lui doit l'établissement du point typographique en usage de nos jours dans les imprimeries françaises, la presse à bras à un seul coup, et d'importantes modifications dans l'art de fabriquer le papier. En 1790, Franklin visita l'imprimerie Didot et confia son fils à Firmin, qui lui enseigna la gravure des poinçons et la fonte des caractères.

Didot (Pierre-François (1732-1793). Frère du précédent. Reçu libraire en 1753, il fut nommé, en 1765, imprimeur du comte de Provence (depuis Louis XVIII). Créateur de la grande papeterie d'Essonne, P.-F. Didot eut pour gendre Bernardin de Saint-Pierre, l'auteur de *Paul et Virginie*.

Didot (Pierre) (1761-1853). Fils aîné de François-Ambroise, succéda à son père en 1789 et fut peu après nommé imprimeur du roi. Pour honorer l'imprimerie en sa personne, le gouvernement fit placer ses presses au Louvre ; c'est là que furent imprimées les fameuses éditions dites du Louvre, si recherchées aujourd'hui des bibliophiles.

Didot (Firmin) (1764-1836). Fils d'Ambroise et frère de Pierre, il fut sans conteste le plus célèbre de la famille. Graveur de poinçons, fondeur en caractères, imprimeur-libraire, fabricant de papier et littérateur, on peut dire que rien ne lui fut étranger. On lui doit un mode de stéréotypage qu'il appliqua aux tables de logarithmes de Callet, pour éviter les erreurs qui eussent pu se produire dans leur recomposition. Ce système, peu pratique, mais qui dénote l'esprit inventif de Firmin Didot, fut abandonné quelques années après son application et remplacé, sans plus de succès, par un procédé qui consistait à fondre, au moyen d'un alliage de cuivre, d'étain et de plomb, des caractères que l'on enfonçait ensuite, à l'aide d'un balancier, dans une plaque de plomb chargée de fournir un cliché. Firmin Didot fut plusieurs fois nommé député sous Louis XVIII, Charles X et Louis-Philippe.

Didot (Henri) (1765-1852). Fils de Pierre-François, graveur de poinçons et mécanicien consommé, il grava, à l'âge de 66 ans, des caractères microscopiques d'une netteté et d'une beauté remarquables. On lui doit l'invention du moule polyamatype, dont se virent les fondeurs en caractères jusqu'à la création de la machine à fondre. Henri Didot avait deux frères : Pierre-François, un des inventeurs, avec Robert, de la machine à papier sans fin, et Didot le jeune, qui, après avoir été docteur en médecine, succéda comme imprimeur à son frère Henri.

Didot (Ambroise-Firmin) (1790-1876) et Hyacinthe-Firmin (1794-1880). Fils de Firmin, qu'ils secondaient depuis longtemps, et dont ils devinrent les associés en 1819. Leur établissement, qui n'avait cessé de prospérer dans toutes les branches, fut mis hors concours en 1844 et en 1849. Ambroise-Firmin Didot fut, en 1823, le promoteur du comité philhellène. Il contribua également à introduire la typographie dans plusieurs villes helléniques. Aussi, en 1876, le Conseil du peuple de la Grèce décida que le nom d'Ambroise-Firmin Didot serait donné à l'une des rues d'Athènes.

Après d'excellentes études au collège Sainte-Barbe, Hyacinthe fut tour à tour compositeur, pressier, fondeur, graveur, dans les ateliers de Firmin-Didot. En 1827, avec son frère Ambroise, il prit la direction des établissements paternels. Administrateur éminent, M. Hyacinthe Didot était en même temps un lettré délicat et un savant bibliophile, dont la collaboration fut précieuse à son frère Ambroise pour la préparation des importants ouvrages qui ont donné tant de renom à leur librairie.

Didot (Jules) (1794-1871). Fils de Pierre Didot, succéda à son père en 1819. La maison Didot est actuellement dirigée par Alfred, fils d'Ambroise, qui a pris pour collaborateurs ses deux fils Maurice et René, ainsi que MM. Magimel et Hébert, leurs parents.

En mémoire de Firmin, ses descendants ont adjoint à leur nom patronymique le nom de baptême de celui qui porta à son plus haut point la gloire de cette illustre famille, qui s'appelle aujourd'hui Firmin-Didot.

Les Didot sont toujours imprimeurs, mais au Mesnil seulement, ayant cédé depuis longtemps leur maison de la rue des Saints-Pères à M. Georges Chamerot, l'imprimeur bien connu, président en exercice de la Chambre syndicale des imprimeurs typographes.

Dienecker (Josse). Célèbre graveur allemand du XVI° siècle; il fut chargé, par l'empereur Maximilien, d'exécuter les planches de bois de l'œuvre dite *Les Patrons de la Maison impériale d'Autriche*, dessinée par Albert Dürer, Burgkmair et Scheuflin ou Schauffelein.

Dinkmuth (Conrad). Relieur et imprimeur, il publia, en 1480, un *Donat* xylographique en lettres allemandes, un des rares que l'on connaisse.

Diodati (François). Graveur génevois, né en 1647, à qui l'on doit des vues et des portraits remarquables.

Dirck de Bray. Xylographe hollandais, de Harlem, mort en 1680. Parmi ses productions, on remarque un excellent portrait de son père (1664).

Divry (Charles) (1810-1885). Imprimeur français, président honoraire de la Société des protes, ancien maire du XIV° arrondissement de Paris.

Dolet (Etienne) (1509-1546). Poète, écrivain latin et français, orateur, humaniste et imprimeur, né à Orléans. Il fut secrétaire d'ambassade à Venise, puis imprimeur à Lyon, où ses opinions religieuses le firent jeter en prison. Transféré à Paris, il y fut brûlé comme athée le 3 août 1546, jour de la Saint-Etienne, sur la paroisse Saint-Etienne. Une statue lui a été érigée sur le lieu de son supplice, place Maubert.

Domenico de Pistoïa. Religieux jacobin, confesseur des dominicaines de Saint-Jacques de Ripoli, près de Florence (Italie). Avec leur procureur, Piero de Pisa, autre religieux jacobin, il aurait enseigné vers 1476, aux religieuses dominicaines l'art typographique, pour leur permettre d'éviter la ruine que l'invention de l'imprimerie aurait amenée dans l'industrie de la copie et de l'enluminure des manuscrits, à laquelle elles se livraient spécialement. Parmi les ouvrages sortis de l'imprimerie des religieuses de Saint-Jacques de Ripoli, on cite une édition du *Décameron* de Boccace, publiée en 1478.

Dominique Anselme. Passe pour avoir été le fondateur de la première imprimerie à Avignon, vers la fin du XVe siècle.

Doré (Gustave) (1833-1883). Célèbre dessinateur, qui avait commencé, dès l'âge de 11 ans, par publier à Bourg-en-Bresse des lithographies remarquables. Gustave Doré, dont l'œuvre est considérable, s'adonna également à la peinture et à la sculpture. Ses peintures sont très estimées.

Dorigny (Nicolas) (1657-1746). Célèbre graveur français.

Doublet (Eugène-Henri). Habile graveur de poinçons, né à Paris en 1817, mort dans cette ville en 1888. Simple ouvrier, il ne tarda pas à se faire remarquer par le fini apporté à la gravure de ses poinçons et par la création de types nouveaux, dont les matrices lui furent achetées par diverses grandes fonderies de caractères. S'étant établi, il adjoignit peu après une fonderie à son atelier de gravure, en même temps qu'il initiait son fils Charles aux branches multiples du métier. A la mort de son père, M. Charles Doublet, qui est lui-même un graveur de poinçons de grand talent, prit l'administration de la maison, dont il transforma l'outillage, et à laquelle il donna une impulsion telle qu'elle est aujourd'hui une des plus importantes de la capitale.

Doutre (Esprit). Typographe lyonnais, né en 1811 ; il représenta le département du Rhône à l'Assemblée nationale de 1848 et à la Législative de 1849.

Dow (Gérard) (1598-1675) (?). Célèbre peintre hollandais, né à Leyde ; il avait débuté par être graveur, et fut élève de Rembrandt.

Downes (Joseph) (1753-1830). Un des plus anciens imprimeurs de la cité de Londres ; il fut imprimeur de la police royale et édita la *Gazette du cri de haro de la police* (Hue and cry police Gazette).

Draeger (Charles) (1844-1899). Habile conducteur typographe qui, après avoir été prote à l'imprimerie Lahure, fonda un atelier rue de Vaugirard. Draeger excellait surtout dans les tirages en chromotypographie, qu'il exécutait avec une perfection des plus remarquables. La maison Draeger est passée aux mains de ses fils, ses élèves et continuateurs.

Dressler. Fondeur allemand, qui perfectionna les machines à fondre dans des conditions très appréciables (1848).

Drevet (Pierre) (1664-1739). Célèbre graveur lyonnais, dont le fils, Pierre, fut également un graveur d'une grande habileté.

Dritzehen (André). Bourgeois de Strasbourg, fut l'associé de Gutenberg pour la recherche de ses fameux *secrets*, qui n'étaient autres que la découverte de l'imprimerie.

Du Bellay. Xylographe français, qui vivait à Paris vers 1680 et fut le maître de Le Sueur et de Papillon.

Du Bois (Charles). Artiste genevois (XIXᵉ siècle); il fut à la fois graveur et peintre, et se distingua comme paysagiste et animalier.

Dubois. Nom de l'inventeur de la graphotypie.

Du Bois (Simon). Créateur de la première imprimerie à Alençon, en 1530.

Duboy de Laverne (1755-1802). Savant typographe français, qui devint directeur de l'imprimerie Nationale pendant la Révolution. Orientaliste distingué, il organisa, en quelques jours, l'imprimerie française, grecque et arabe, qui accompagna l'expédition d'Égypte et rendit de si grands services à notre armée.

Dubuisson. Imprimeur français (1819-1887). L'imprimerie Dubuisson, qui était située rue Coq-Héron, fut vendue à l'encan il y a quelques années; elle se signala par l'impression d'un nombre considérable de journaux. C'est à elle, vers la fin de l'Empire et jusqu'en 1880, que s'adressaient tous les journalistes sans fortune désireux de lancer un journal politique avancé, ce qui valut à M. Dubuisson, soit comme gérant, soit comme imprimeur, de 110 à 120 années de prison, que très heureusement pour lui il ne fut pas astreint à faire.

Du Caurroy. Imprimeur parisien du XVIIᵉ siècle, qui publia de nombreux pamphlets contre les Jésuites. C'était le plus hardi des imprimeurs de son temps, et son audace l'avait fait surnommer la *Providence des libellistes*.

Duchange (Gaspard) (1662-1757). Graveur français.

Duchemin (Nicolas). Imprimeur parisien du XVIᵉ siècle; il gravait habilement les poinçons, particulièrement pour la musique et le plain-chant.

Duchesne (1804-1858). Célèbre chirurgien-dentiste, qui fut d'abord compositeur chez Moisson, à Beauvais, puis chez Courcier et chez Dupont, à Paris.

Duclerc (1812-1888). Homme politique français, adjoint au maire de Paris, député, ministre. Il avait exercé la profession de correcteur d'imprimerie au journal *Le Bon Sens*, dont il devint rédacteur, avant d'entrer au *National*, en 1840.

Duguerrier (Louis). Célèbre enlumineur français.

Dulcinio (Le Père). Célèbre érudit italien qui fut correcteur chez Zarotus, vers 1470.

Dumaine. Imprimeur et éditeur de publications militaires, qui eut pour successeur M. Beaudoin. Mort à Paris, en 1894, à l'âge de 78 ans.

Dumeil. (V. Derriey.)

Dumont. Un des inventeurs, avec M. Devincenzi, de la paniconographie, que M. Gillot perfectionna, et à laquelle il donna le nom de gillotage.

Duplat. Xylographe français qui a produit de nombreuses gravures sur bois au commencement du xixe siècle, notamment les figures des œuvres d'Archimède, traduites par Peyrard (1807).

Dupont (J.-B.-Auguste) (1798-1849). Imprimeur-lithographe; fut rédacteur en chef de l'*Echo de Vesoul*, puis député à l'Assemblée nationale de 1848. Tué en duel le 20 août 1849.

Dupont (Paul). Célèbre imprimeur français. Elève de Firmin-Didot. Paul Dupont, qui mourut en 1879, s'était établi en 1815, et, malgré les difficultés des premières années, parvint, en 1830, à racheter l'imprimerie dont le brevet lui avait été retiré en 1820. Il institua une Société de secours mutuels et accorda une participation dans les bénéfices à son personnel. L'amélioration du sort des travailleurs fut une des grandes préoccupations de son existence. Ancien député de la Dordogne sous Louis-Philippe et sous l'Empire, Paul Dupont fut élu par ce département lors des premières élections sénatoriales. La maison Dupont est aujourd'hui dirigée par M. Paul Dupont, fils du précédent.

Du Pré (Jean). Imprimeur de Paris, qui fonda la première imprimerie à Chartres, en 1482, et, en 1486, à Abbeville, avec le concours de Pierre Gérard.

Du Pré (Jean), de Lyon. Fondateur de la première imprimerie à Uzès, en 1493 ; on le retrouve à Avignon, vers 1497.

Dupuis (Jean). Imprimeur parisien du xviie siècle, mort en 1675. Il était membre de la compagnie dite de *La Grand'Navire*, pour la publication des Pères de l'Eglise.

Dupuy (Mathurin). Un des plus habiles imprimeurs-libraires du xviie siècle.

Durand (Jean-Louis). Graveur génevois (1673) ; il a laissé des ornements qui font l'admiration des connaisseurs.

Durandas (Jacques). Imprimeur qui introduisit son art à Caen, en 1480, avec Gilles Quijouc.

Dürer (Albert) (1471-1528). Célèbre peintre et graveur allemand ; il fit faire de grands progrès à la perspective et fut, comme dessinateur et graveur, le chef d'école d'une pléiade d'artistes célèbres dans les arts graphiques. Albert Dürer se plaisait à reproduire des sujets terrifiants.

Dutartre. Habile mécanicien français qui fut un des premiers à construire des machines tirant plusieurs couleurs en même temps. Celle de ce genre qu'il exposa en 1867, à Paris, fut particulièrement remarquée.

Dutillet. Célèbre enlumineur, auquel on doit le *Recueil des Rois de France.*

Duval (Pierre) (1619-1683). Géographe du roi ; auteur et éditeur de traités de géographie et de cartes géographiques.

Duverger. Maître imprimeur parisien ; Bérenger, à qui le Gouvernement provisoire de 1830 avait offert la direction de l'imprimerie Royale, la fit attribuer à Duverger, qui l'abandonna au bout d'un an et fut remplacé par le poète Pierre Lebrun.

Duvet (Jean), dit le *Maître à la Licorne* ; graveur au burin et à l'eau-forte, né en 1485 et qui travaillait encore vers 1550. Sa planche principale est l'allégorie de Henri II et Diane de Poitiers.

Duvivier. Habile graveur en médailles, à qui l'on doit la gravure de belles pièces de monnaie de la fin du règne de Louis XVI.

E

Eaubonne (Daniel). Célèbre calligraphe et enlumineur, auteur du fameux *Graduel* de 1682, conservé à la bibliothèque de Rouen.

Eckmann (Edouard). Célèbre xylographe flamand, mort en 1610 ; il a reproduit de nombreux dessins de Callot.

Eckstein ou **Eggestein** (Henri). Maître ès-arts en philosophie du XVe siècle ; fut pendant quelque temps l'associé de l'imprimeur Mentelin, à Strasbourg. On cite plusieurs ouvrages qu'il aurait imprimés en 1468 et en 1471.

Edelinck (Gérard) (1649-1707). Graveur belge, né à Anvers, mort à Paris. Il substitua dans la gravure les tailles en losange aux tailles carrées. Son œuvre se compose de trois cents pièces : *Sainte Famille*, d'après Raphaël ; *Christ aux Anges*, de Lebrun, etc.

Edelinck (Nicolas). Dessinateur et graveur au burin, fils du précédent (1680-1768). Son meilleur morceau est la *Vierge et l'Enfant Jésus*, d'après le Corrége. Son talent fut bien inférieur à celui de son père.

Eisen (Charles) (1721-1778). Célèbre peintre, dessinateur et graveur.

Elphen (Eve Van). Veuve de Jean Elzévier, à qui elle succéda à la tête de la fameuse maison que les Elzévier avaient à Leyde (Hollande).

Elzévier ou **Elzévir.** Célèbre famille d'imprimeurs flamands, dont les principaux représentants furent :

Elzévier (Louis) (1540-1617). Etabli à Leyde en 1580, on vit sortir de ses presses plus de 150 ouvrages différents, ce qui était énorme pour l'époque. C'est lui qui introduisit en typographie la distinction des *i* et des *j*, des *u* et des *v* minuscules. En 1619, Lazare Zetner compléta cette innovation en créant les *J* et les *U* majuscules.

Elzévier (Bonaventure) (1583-1652). Un des cinq fils, et le plus célèbre, de Louis Elzévier. Il s'associa avec son neveu Abraham et publia une série d'ouvrages latins en petit format.

Elzévier (Daniel), né en 1626, fils de Bonaventure ; associé à son cousin Jean, il débuta à Leyde, puis alla se fixer à Amsterdam.

Elzévier (Jean). Cousin de Daniel, dont il fut quelque temps l'associé à Amsterdam. Il continua les affaires de la maison à Leyde, jusqu'à sa mort, arrivée en 1661.

Elzévier (Louis III), fils de Louis II. Naquit à Utrecht, vers 1604, et fut le premier qui alla fonder une imprimerie à Amsterdam. Il mourut en 1670, et la maison passa aux mains de Daniel, son cousin et associé, jusqu'en 1683. A la mort d'Anne Beerminck, sa veuve, survenue en 1691, l'imprimerie Elzévier fut acquise par des étrangers.

Emeric (David) (1755-1839). Ancien avocat et imprimeur-libraire à Aix. Nommé imprimeur du roi en 1787, il fut successivement maire d'Aix, député des Bouches-du-Rhône et membre de l'Académie des inscriptions et belles-lettres.

Emery (Pierre). Imprimeur du XVII° siècle, qui fut doyen des procureurs de la Société des typographes parisiens.

Endter (Wolfang). Célèbre fondeur de caractères, né en Allemagne, où il exerça. Mort en 1659.

Engel (Jean). Célèbre relieur français (1811-1892). Il s'établit à Paris comme relieur en 1825, et, depuis cette époque jusqu'en 1892, ne cessa de perfectionner son art, surtout en ce qui regarde le matériel et l'outillage mécanique. Il périt dans la catastrophe de Saint-Gervais, et son corps fut retrouvé dans le limon charrié par les eaux.

Engelmann. Famille d'imprimeurs qui ont introduit la lithographie en France et puissamment contribué à son développement artistique. Ils ont en outre inventé la chromolithographie telle qu'on la pratique actuellement : c'est-à-dire avec un trait calque général sur pierre, décalqué à la presse sur autant de pierres qu'il faut de couleurs, et de façon que ce décalque disparaisse à la préparation. On leur doit également une machine à repérer au moyen d'aiguilles et pouvant s'appliquer à toutes les presses, et, enfin, le tirage sur papier sec, remplaçant le trempage par le glaçage. Les membres marquants de cette famille sont : Godefroi, Jean et Robert.

Engelmann (Godefroi). Lithographe français, né à Mulhouse en 1788. Il travailla d'abord comme dessinateur dans les fabriques d'indiennes et de toiles peintes, puis alla étudier la lithographie à Munich et s'établit à Paris en 1816. Introduisit la lithographie à Barcelone en 1820, et à Londres en 1821. La lithographie lui doit une foule d'innovations et de perfectionnements, tels que le lavis lithographique, permettant d'exécuter des teintes légères au moyen d'un simple tampon (1819) ; le transport sur pierre des planches gravées sur cuivre (1821), etc.; mais son plus beau titre de gloire est l'invention de la *chromolithographie*, dont il créa même le nom. Mort à Mulhouse en 1839.

Engelmann (Jean). Fils du précédent. Il donna à l'art lithographique et à la chromolithographie un caractère essentiellement artistique et créa la *diaphanie* ou art de composer des vitraux en lithographie.

Engelmann (Robert). Imprimeur lithographe, qui suivit dignement les traces de son père et de son aïeul. La maison créée par Godefroi est aujourd'hui très brillamment continuée par M. Edmond Engelmann.

Erasme (Didier ou Désiré) (1467-1536). Savant hollandais, fils naturel de Gérard Praet. Après avoir reçu les ordres sacrés, il passa à la Réforme, professa en Hollande et en France et fut correcteur chez Froben. Dans la paraphrase du chapitre 16 de saint Mathieu, il laissa passer une faute : *singulari amore* au lieu de *singulari more ;* la Sorbonne le condamna, sur les instances du farouche sectaire Noël Beda.

Erhard (Schiéble) (1823-1880). Graveur, né à Forkheim (grand-duché de Bade). Venu à Paris, il entra en 1854 comme graveur à l'imprimerie Royale, puis s'établit à son compte et acquit une grande réputation comme graveur géographe. Il fit faire de sérieux progrès à la gravure et à l'impression des cartes géographiques.

Ermens (Joseph) (1736-1805). Imprimeur et célèbre bibliographe belge. Il a laissé à la bibliothèque royale de Bruxelles une importante collection de manuscrits relatifs à la bibliographie historique des Pays-Bas.

Estienne (Henri Ier). Chef de cette famille célèbre de typographes ; né en 1460, il appartenait à une ancienne famille de la noblesse de Provence, et fut déshérité par son père pour s'être adonné à l'art typographique qui venait d'être introduit en France. Etabli imprimeur-libraire à Paris vers 1500, il exerça jusqu'en 1521, époque de sa mort, et publia 128 ouvrages, dont le plus connu est le *Quintuplex Psalterium* (1509 et 1513).

Estienne (François). Fils aîné de Henri, né en 1502, mort en 1556 ; s'associa avec Simon de Colines, qui avait épousé la veuve de Henri. On ne connaît que peu d'ouvrages sortis de ses presses.

Estienne (Charles). Troisième fils de Henri, né en 1504, se fit d'abord recevoir docteur en médecine. En 1541, il accompagna en Allemagne et en Italie Lazare Baïf, ambassadeur de François Ier. En 1551, lorsque Robert, son frère, se réfugia à Genève, il se fit imprimeur et dirigea l'établissement des Estienne à Paris. Il publia 97 ouvrages, mais ruiné par sa grande entreprise du *Thesaurus Ciceronianus* (1557), il fut enfermé pour dettes au Châtelet et y mourut en 1559.

Estienne (Robert). Second fils d'Henri, né à Paris en 1503 ; il se livra à l'étude des langues latine, grecque et hébraïque et fonda une imprimerie. En 1539, François Ier lui conféra le titre d'imprimeur royal, et fit fondre pour lui des caractères hébraïques par Guillaume Le Bé, et grecs par Claude Garamond. En butte aux tracasseries de la Sorbonne, après la mort de son protecteur, François Ier, il se réfugia à Genève où il mourut en 1559.

Estienne (Henri II). Fils aîné

de Robert, né à Paris, en 1528. Il eut pour précepteurs les savants F. Danès, Tusan et Adrien Turnèbe, fit des voyages en Italie, en Angleterre, en Allemagne, etc., et vint s'établir imprimeur à Genève (1557). Ruiné par la publication de son *Thesaurus græcæ linguæ*, il mourut à Montpellier en 1598.

Estienne (Robert II). Fils de Robert Ier, frère de Henri II, né en 1530, suivit son père à Genève et revint ensuite à Paris, où il rétablit l'imprimerie paternelle. Il mourut à Genève en 1570.

Estienne (François II). Frère des deux précédents, fonda en 1562 une typographie à Genève, où il imprima, entre autres ouvrages, une belle Bible (1566-1567) ornée de gravures sur bois.

Estienne (Robert III). Né vers 1560, mort en 1630, était fils de Robert II. Après avoir achevé son éducation auprès du poète Philippe Desportes, il obtint en 1574 le titre d'interprète du roi pour les langues grecque et latine, ainsi que le brevet d'imprimeur. En 1624, il imprima une traduction française, faite par lui, des deux premiers livres de la *Rhétorique* d'Aristote.

Estienne (Paul). Fils unique du célèbre Henri II, naquit à Genève en 1566. Après la mort de son père, il prit en main la direction de son imprimerie. Mais, compromis dans la fameuse conspiration dite de *l'Escalade*, qui faillit livrer Genève au duc de Savoie (1602), il fut jeté en prison, puis exilé. Durant son exil, qu'il passa en France (1605-1620), il semble avoir abjuré le protestantisme.

Estienne (Antoine). Fils de Paul, né à Genève en 1591, suivit son père en France, lors de son bannissement, établit une imprimerie à Paris vers 1612, et reçut en 1615 le titre d'imprimeur du roi. Ses affaires s'étant embarrassées, il dut cesser d'imprimer. Devenu aveugle et infirme, il termina ses jours à l'Hôtel-Dieu de Paris en 1674.

Eumènes, de Pergame. Passe pour être l'inventeur du parchemin, *membrana pergamena*.

Ève. Nom d'une célèbre famille de relieurs français qui furent en grande faveur sous les règnes de Henri IV et de Louis XIII.

Everdingen (Albert Van) (1621-1675). Peintre et graveur hollandais.

Eysenhut. Imprima sur planches de bois, en 1471, un livre de 16 feuillets intitulé *Defensorum Beatæ Mariæ Virginis*.

F

Fabert (Abraham) (1560-1638). Maître-échevin de Metz, fut directeur de l'imprimerie ducale de Nancy; père de Fabert, le premier roturier qui devint maréchal de France.

Fabre (Jean). Imprimeur français, originaire de Langres. Il fut appelé à Turin en 1474 par le célèbre médecin auteur Pantaleone da Confienza et y fonda une imprimerie. Le premier livre imprimé dans cette ville fut le *Bréviaire romain*, sorti de ses presses.

Faguer. Imprimeur d'origine française, qui mourut à Londres en 1511 et fut l'une des célébrités de la typographie anglaise.

Faithorn (William). Célèbre graveur au burin, né à Londres en 1691. Il a laissé de remarquables planches d'après Van Dyck.

Falda (J.-B.). Célèbre graveur milanais qui vivait vers 1665.

Fante (Sigismondo). Artiste italien de Florence, qui, vers 1529, a donné de superbes modèles de lettres dont les graveurs et enlumineurs ont orné leurs ouvrages.

Fantuzzi (Antonio). Célèbre graveur italien du XVIe siècle.

Faques (Guillaume). Né en Normandie, il imprima en Angleterre aux XVe et XVIe siècles.

Farcal, Farcaltius ou **Farcallius** (Armand). Introduisit l'imprimerie à Colmar, en 1523.

Farley. Célèbre calligraphe anglais qui fut chargé, en 1783, par ordre de la Chambre des lords, de copier les deux volumes du *Domesday Book.*

Faust, Fust ou **Fuest** (Jean). Imprimeur du XVe siècle, mort, croit-on, en 1466. Il fut l'un des associés de Gutenberg. Né à Mayence, il imagina, dit-on, le premier, l'art d'imprimer avec des types en cuivre et ensuite trouva le moyen de les remplacer par des types en plomb, vers 1450. On croit qu'il enseigna son art à Jean Mentel, de Strasbourg, ce qui aurait donné lieu à l'opinion que Strasbourg fut le berceau de l'imprimerie.

Faverger. Célèbre calligraphe français.

Felice (Fortuné-Barthélemy de) (1723-1779). Littérateur et imprimeur italien ; il fut d'abord jésuite, puis embrassa le protestantisme et s'établit en Suisse, à Yverdun, où il fonda une imprimerie

Fer (Nicolas de) (1646-1720). Géographe et graveur français, qui orna ses cartes de dessins très ingénieusement composés.

Fernique (Albert). Ingénieur et professeur à l'école Centrale. Il fonda, en 1872, un établissement de photogravure, qui ne tarda pas à prendre une des premières places parmi les plus importants ateliers de ce genre. Albert Fernique est mort le 19 septembre 1898, à l'âge de 57 ans.

Ferrière (François). Graveur en taille-douce, qui vivait à Genève aux XVIIe et XVIIIe siècles, et qui a laissé des travaux très estimés.

Fertel (Dominique), connu encore sous le nom de *Fertel de Saint-Omer*. Il est l'auteur de la *Science pratique de l'Imprimerie*, ouvrage paru en 1725, et qui contient, avec des instructions pour se perfectionner dans l'art de l'imprimerie, une méthode pour établir les inscriptions, suivie de la description d'une nouvelle presse.

Fichet (Guillaume). Prieur de Sorbonne qui, de concert avec le cardinal Bessarion et Jean Heynlin, dit Jean de La Pierre, introduisit en 1469 ou 1470 l'imprimerie à Paris. L'atelier fut établi dans la Sorbonne même, et sa direction confiée à Ulric Gering, qui eut pour premiers compagnons

Martin Krantz ou Crantz, et Michel Friburger. (V. ces trois noms.)

Fick (Guillaume) (1808-1877). Imprimeur génevois, dont la maison se rattache aux de Tournes, qui vinrent en 1585, de Lyon à Genève. On doit à Fick de nombreuses éditions *princeps*, dont la plupart sont des chefs-d'œuvre de l'art typographique. L'établissement fondé par Guillaume Fick est très brillamment continué par MM. Maurice Reymond et Cie.

Ficquet. Célèbre dessinateur et graveur à l'eau-forte et au burin du XVIIIe siècle.

Field. Imprimeur anglais, successeur de Vautrollier à Londres; ce fut sur ses presses que s'imprimèrent les premiers poèmes de Shakespeare.

Fiévée (Joseph) (1767-1839). Fut d'abord compositeur d'imprimerie, puis journaliste et préfet. Ses presses furent brisées à Paris en 1793.

Filhol (A.-M.) (1759-1812). Graveur-éditeur français, qui publia le *Musée royal de France*.

Figuet (Etienne) (1731-1794). Habile graveur français.

Finiguerra (Thomasso, dit *Maso*). Célèbre nielleur italien du XVe siècle, qui travailla aux fameuses portes de bronze du baptistère de Lorenzo Ghiberti.

Flamel. Célèbre enlumineur de livres.

Flandre (Gérard de). (V. Lissa, Gérard de.)

Flandrino (Girardo). Imprimait à Trévise, en 1474.

Fleischmann (1791-1831). Artiste graveur allemand qui excella dans le genre dit pointillé.

Fleury (Ed.) Littérateur français, né à Laon, en 1819. S'est fait un nom par ses études historiques et archéologiques. Il exerça la profession d'imprimeur dans sa ville natale.

Flipart (J.-J.) (1723-1789). Graveur français.

Flynt (Paul) (1570-1620). Graveur allemand sur métaux, qui se distingua dans le travail au maillet ou *opus mallei*.

Foillet (Jacques). Fondateur de la première imprimerie à Montbéliard, en 1588.

Fonderie générale. La fonderie générale a été créée, il y a 60 ans, par la réunion des ateliers Firmin Didot, Molé, Tarbé, Everat et Laboulaye, pour ne citer que les plus importants. Sous l'énergique impulsion de ses habiles directeurs : Charles Laboulaye, auquel succéda A. René, qui fut à son tour remplacé par M. Th. Beaudoire, cette fonderie ne tarda pas à prendre une des premières places parmi les établissements similaires de la capitale. La variété des caractères étrangers dont cette maison est pourvue a rendu de grands services aux savants, et la réputation de ses types spéciaux, dont le nombre augmente chaque année, est depuis longtemps établie. On doit, en outre, à M. Th. Beaudoire, une méthode très ingénieuse de composition typographique de la musique et du plain-chant. Grâce à des combinaisons pratiques et entièrement systématiques, la musique peut se composer aujourd'hui avec la même facilité que les caractères ordinaires. Depuis la retraite de M. Th. Beaudoire, survenue en 1894, la fonderie générale est dirigée par M. Charles Beaudoire, fils aîné du précédent, qui en continue brillamment les honorables traditions.

Fontanesie. Artiste génevois du xix° siècle, qui se fit une grande réputation comme graveur et peintre d'animaux.

Foret (Etienne). Cet imprimeur introduisit son art à Grenoble, en 1490

Foster (Benjamin). Compositeur typographe et inventeur anglais ; le premier, il tenta la composition mécanique, abandonna la typographie à la suite d'insuccès et fonda à Londres, en 1815, une fabrique d'encres d'imprimerie.

Foucault (Madame). Femme typographe et philanthrope. Orpheline et abandonnée dès son bas âge, elle dissimula son sexe et se fit *ouvrier* typographe. Elle fut *correcteur* à l'imprimerie Paul Dupont, collabora à divers journaux, à des romans, et mourut en 1880, laissant une belle fortune et un nom béni des pauvres.

Foucher (Louis-Léon) (1817-1864). Habile mécanicien, fondateur de la grande maison du boulevard Jourdan, à laquelle sa veuve et ses fils, Émile, Léon (tous deux décédés) et Auguste ont donné un essor considérable. Foucher, qui avait été simple ouvrier, s'adonna plus particulièrement à la fabrication de l'outillage typographique, qu'il perfectionna, augmenta et diffusa par l'utilité de ses créations. On lui doit surtout de tels perfectionnements dans le mécanisme des machines à fondre les caractères qu'ils équivalent à de véritables inventions. La maison Foucher avait débuté, en 1817, Petite rue Taranne ; transportée plus tard rue Dareau, puis enfin boulevard Jourdan, elle est devenue sans rivale sous la direction de M. Auguste Foucher, son propriétaire actuel.

Foucquet (Jean). Célèbre enlumineur tourangeau, qui s'intitulait *bon painctre et enlumineur du roy Louis unzième*. C'est lui qui décora le merveilleux manuscrit des *Antiquités des Juifs* que l'on admire à la bibliothèque Nationale.

Foudriner (G.-H.). Fabricant de papier en Angleterre, mort en 1819. Fut le premier qui fit fonctionner pratiquement la machine à papier inventée par Robert, et pour la mise en marche de laquelle il dépensa 60,000 livres.

Foulis. (V. Tilloch.)

Fournier (Pierre-Simon), dit *Fournier le Jeune* (1712-1768). Célèbre typographe, graveur en caractères et écrivain, élève du peintre Colson. Il donna une base systématique à la typographie en rattachant le *point* aux mesures linéaires de son temps (V. au *Dictionnaire de l'outillage*, t. Ier, p. 249, Echelle Fournier). On lui doit divers ouvrages, dont le plus important est son *Manuel typographique* (1764-1766), (2 vol. in-8°), que la mort l'empêcha d'achever.

Fournier (Henri). Imprimeur français, à qui succéda le célèbre typographe Jules Claye. On lui doit un traité de typographie qui eut trois éditions, 1825, 1854, 1870.

Fowler (John). Savant imprimeur anglais du xvi⁰ siècle. Après avoir été professeur à Oxford, il fonda une imprimerie à Louvain, où il édita de nombreux ouvrages de controverse contre le protestantisme.

Français. Habile graveur-illustrateur, qui mourut à Paris en 1897.

François de Bologne. (V. Bologne.)

François (J.-C.). Graveur parisien du xvi⁰ siècle qui, vers 1750, inventa la gravure à la manière du crayon ou manière sablée. Les succès qu'il obtient lui valurent le titre de graveur de dessins du cabinet du roi.

Francour (Juan). Publia en 1493, à Valladolid (Espagne), le premier livre daté qui ait paru dans cette ville : *Las Notas del relator*.

Franklin (Benjamin) (1706-1790). Un des hommes les plus illustres dont s'honore la typographie. Né à Boston, le 17 janvier 1706, il entra, en 1718, comme apprenti dans l'imprimerie de son frère James Franklin. Son apprentissage devait durer neuf ans ; mais il en reçut le brevet au bout de cinq années, et partit pour Londres en 1724, où il travailla comme ouvrier imprimeur ; pendant les années 1725 et 1726, chez Palmer et Watt. Ambassadeur des Etats-Unis en France, Franklin a laissé une grande réputation comme homme d'Etat, écrivain, philosophe et physicien.

Comme imprimeur, il publia entre autres, sous le nom de Richard Saunders, l'*Almanach du Bonhomme Richard,* pour servir à l'éducation sociale des classes laborieuses. Franklin, qui est l'inventeur du paratonnerre et de l'instrument de musique appelé harmonica, avait fondé à Passy, en 1782, une imprimerie, qui fut continuée par son petit-fils William-Temple, et dans laquelle celui-ci imprima, en 1817, les mémoires de son grand-père. William-Temple Franklin mourut à Paris, en 1823, pauvre et abandonné de ceux qui avaient été les courtisans et les obligés de son aïeul. Franklin fut enterré à Philadelphie, dans le cimetière de Christchurch, et William-Temple au Père-Lachaise.

Frapié. Un des premiers mécaniciens français qui construisirent des presses à bras en fer, après l'introduction en France de la Stanhope.

Frédéric III. Empereur d'Allemagne, de la maison d'Autriche ; il se rattache à l'art typographique en ce que, vers 1468, il accorda aux imprimeurs des armoiries consistant en un écu allemand, portant une aigle aux ailes éployées, tenant en ses griffes un composteur et un visorium. Le chef de l'écu portait un casque royal avec couronne, sur laquelle un griffon de profil tenait en ses serres deux balles ou tampons à encrer. (V. t. I⁰ʳ, p. 385, Armes des imprimeurs.)

Frégevise (E.). Artiste genevois, qui, comme peintre et graveur, traita particulièrement de la figure (xix⁰ siècle).

Freitag (J.-G.). Allemand qui, en 1795, améliora le mécanisme des presses typographiques et donna une grande extension à leur fabrication.

Frellons (Les). Nom de deux frères, Jean et François Frellons, imprimeurs à Lyon au xv° siècle, et qui ont laissé une réputation méritée dans la typographie, grâce à l'exactitude, à la beauté, et à la correction de leurs impressions.

Frères de la vie commune. Communauté religieuse qui établit une imprimerie dans son monastère, à Rostock (Mecklembourg), et publia, en 1474, une édition in-folio de Lactance.

Fresuler (André). Imprimeur du xv° siècle. Il fonda une imprimerie à Nuremberg, en 1473, puis alla à Leipzig et à Rome, où Jules II le combla de faveurs. A sa mort, survenue en 1504, il légua son imprimerie aux dominicains de Leipzig.

Frey. Auteur d'un *Manuel d'imprimerie* publié en 1835.

Frey. Un des meilleurs graveurs allemands au lavis du xviii° siècle, qui a laissé de belles vues de châteaux.

Friburger (Michel). Né à Colmar; il fut appelé, vers 1470, par Guillaume Fichet, pour installer l'imprimerie de la Sorbonne, dans laquelle il fut l'associé d'Ulric Gering et de Martin Krantz ou Crantz.

Froben (1460-1527). Imprimeur célèbre, dont la maison était le rendez-vous de tous les savants de l'époque, parmi lesquels Erasme, dont il était l'ami. Après avoir travaillé chez Amerbach et Petri comme correcteur, il fonda un établissement typographique et fut un des premiers imprimeurs qui substituèrent les caractères romains aux caractères gothiques employés jusqu'alors. Il publia une édition de saint Jérôme en 9 volumes.

Fromme (Carl). Imprimeur de la cour et libraire-éditeur à Vienne (Autriche), mort en 1884, à l'âge de 57 ans. Il a élevé, en Autriche, l'impression des calendriers et le commerce des livres à une hauteur inconnue jusque-là dans ce pays.

Froschauer (Hans). Imprimeur allemand, qui résidait à Augsbourg en 1473. Il se distingua par l'impression de la musique en typographie, sur planches de bois.

Froschawer (Christophe). Célèbre typographe zurichois, qui, de 1519 à 1564, publia un grand nombre d'ouvrages et jusqu'à 21 éditions diverses de la Bible.

Funckter (J.-Michel). Imprimeur-libraire d'Erfurth; il employa la stéréotypie en faisant usage de moules de plâtre ou de papier enduit de sanguine.

Furne (Charles) (1794-1859). Fut d'abord employé aux douanes, puis fonda à Paris une maison d'édition qui acquit une grande réputation par le soin apporté à ses travaux.

Fust. (V. Faust.)

Fyner (Conrad). Cet imprimeur fit en 1475, à Esslingen, le premier essai de caractères hébreux, dans le *Tractatus contra perfidos Judeos*, du dominicain Pierre Schwartz. Il publia également, à la même époque, une édition de Gerson contenant des notes de musique imprimées.

G

Gaignot (Denis). Imprimeur qui publia, en 1555, dans la ville du Mans, le *Coustumier*.

Galabin (1737-1824). Célèbre typographe londonien, qui devint imprimeur de la cour et fut chargé de la publication du Livre rouge ou *Rod Book*.

Galignani. Fondateur du *Galignani's Messenger*, organe qui paraît à Paris depuis bientôt 50 ans. Ayant réalisé dans l'imprimerie et la librairie une fortune considérable, ce philanthrope légua à l'Assistance publique un terrain de 7,000 mètres, situé boulevard Bineau, à l'effet d'édifier sur cet emplacement une maison de retraite destinée aux gens de lettres, libraires et typographes sans fortune, âgés de plus de 60 ans. A ce don était joint un titre de rente de 70,000 fr., plus deux maisons dont le revenu dépasse 100,000 fr. M. Galignani est mort à Paris, le 12 décembre 1882, à l'âge de 86 ans.

Galliot-Dupré. Imprimeur parisien du xvie siècle. Les livres qu'il a publiés sont en caractères gothiques et traitent presque tous de jurisprudence.

Gallotius (Ange). Imprimeur établi à Rome au xvie siècle. Léon X lui confia la célèbre imprimerie qu'il avait établie dans le collège Quirinal, et d'où sortirent de belles éditions grecques, dont la plupart furent revues par le savant Constantin Lascaris.

Gallus. (V. Han, Ulrich).

Gallus (André). Publia à Ferrare, en 1471, une édition de Martial. Il paraît avoir été le premier imprimeur établi dans cette ville.

Gando (Jean-Louis). Graveur et fondeur en caractères, né à Bâle au xviiie siècle. Attiré en France par Grandjean, premier graveur du roi, il s'établit à Paris et y créa une fonderie importante.

Gandon. Artiste genevois, qui traita particulièrement des figures, comme peintre et graveur (xixe siècle).

Gannal (1791-1852). Ancien aide-de-camp du général Vandamme, et pharmacien chimiste, à qui l'imprimerie doit l'invention des rouleaux à base de gélatine.

Garamond (Claude). Né à Paris, vers la fin du xve siècle, Claude Garamond y mourut en 1561. Ce célèbre graveur et fondeur de caractères fut chargé par François 1er de graver, d'après les dessins d'Ange Vergèce, les trois sortes de caractères grecs connus sous le nom de *Garamond*. Les caractères romains de cet artiste sont aussi très estimés.

Garbin. (V. Cruse.)

Gardano (Antonin). Célèbre imprimeur italien à qui l'on doit un mode d'impression de la musique consistant dans la gravure des notes et des portées sur un seul et même bloc. Mort en 1571.

Gardelle (Robert). Habile graveur genevois, né en 1682.

Garils. Cet imprimeur, avec Justinian, contribua à l'introduction de l'imprimerie à Beaujeu (Rhône), en 1556.

Garnier (Claude). Imprimeur français, qui introduisit l'art de

Gutenberg à Bazas, en 1530, et à Auch en 1533.

Garnier (Jean). Fonda la première imprimerie à Bourges, en 1530.

Garnier (Jules). Imprimeur français, mort en 1882, directeur du *Journal de Chartres.* Il est l'auteur d'une *Histoire de l'Imagerie populaire à Chartres.*

Garnier (Pierre). Xylographe français, qui exerça son art à Troyes, concurremment avec son fils, vers 1650.

Gaspard (Philippe). Imprimeur parisien dont la maison était fort connue, au XVIe siècle, à l'enseigne des *Trois-Bornes*, rue Saint-Jacques. En 1519, il vint à Bordeaux, apportant ses presses, son matériel, ses vignettes et sa marque. Gaspard eut pour successeur, vers 1520, Jean Guyard ou Guyach.

Gasse (Nicolas). Imprimeur parisien du XVIIe siècle. Reçu maître imprimeur à Paris, en 1625, il fut adjoint en 1633 au syndic de sa corporation et compta parmi les meilleurs praticiens de son époque.

Gatteaux. Graveur, né en 1788, mort membre de l'Institut, section de gravure, en 1881. Il exécuta une foule d'œuvres dont beaucoup figurent dans nos musées. Dans sa jeunesse, il avait commencé une riche et belle collection d'objets d'arts, tableaux, dessins, etc., qui fut brûlée pendant la Commune. Cette collection était estimée trois millions. L'artiste la destinait au musée des Beaux-Arts, au Louvre, à la ville de Paris et à la bibliothèque Nationale. Ce qui a surtout popularisé le nom de Gatteaux, c'est la gravure du valet de trèfle, à lui confiée par le Gouvernement pour l'impression du timbre de garantie dans les jeux de cartes.

Gaucher (Charles-Etienne) (1740-1804). Célèbre graveur au burin, né à Paris. Les portraits qu'il a gravés sont recherchés.

Gauermann (Jacob) (1772-1825). Habile peintre et graveur allemand. Son fils, Frédéric (1807-1862) abandonna la gravure pour se consacrer exclusivement à la peinture, art dans lequel il acquit une réputation méritée.

Gauflecourt (Capperonnier de) (1691-1766). Bibliophile et imprimeur français, auteur d'un traité sur la reliure des livres, qu'il imprima lui-même. Il dirigea une imprimerie à Montbrillant, près de Genève, et une autre à Lamothe, près de Lyon.

Gauthier d'Agoty (1710-1785). Graveur marseillais qui perfectionna l'art de graver et d'imprimer en couleurs ; il faisait usage de quatre couleurs : noir, bleu, jaune et rouge.

- **Gauthier** (Victor-Eugène) (1821-1879). Ancien président de la Société typographique parisienne qui alla fonder à Nice, en 1862, une imprimerie modèle de laquelle sont sortis de très remarquables ouvrages. Le fils et successeur de V.-E. Gauthier continue dignement les traditions paternelles.

Gauthier-Villars (Jean-Albert). Imprimeur-éditeur (1828-1898). Elève de l'école Polytechnique, ingénieur en chef des télégraphes, Gauthier-Villars devint imprimeur en 1864 ; il succédait à M. Mallet-Bachelier, lequel avait lui-même succédé à sa belle-mère, veuve de Jean-Marie Courcier, fondateur de la maison (1791). Gauthier-Villars se consacra plus particulièrement à l'impression des travaux d'algèbre et de mathématiques pour le compte de l'Institut de France, de l'Observatoire de Paris, de la Société des ingénieurs civils, etc., ce qui valut à sa maison une réputation universelle. En 1866, il se rendit acquéreur de l'imprimerie Bonaventure et Ducessois, qui travaillait presque exclusivement pour les éditeurs. La maison Gauthier-Villars, dont la prospérité ne fait que croître, est actuellement dirigée par M. Albert Gauthier-Villars, le second fils de Jean-Albert.

Gavarni (Sulpice-Guillaume Chevalier, dit Paul) (1801-1866). Célèbre caricaturiste et dessinateur lithographe français. Il dessinait surtout la charge, dans laquelle il ne fut jamais surpassé.

Gaveaux. Mécanicien français qui fut le maître, et plus tard l'associé de M. Marinoni.

Gazaud (Jean). Imprimeur huguenot qui exerçait à Embrun (Hautes-Alpes), vers 1586.

Ged (William). Orfèvre d'Edimbourg. Vers 1725, il imprima des livres entiers « avec des planches solides », obtenues par un procédé de clichage qu'il ne tarda pas à abandonner. Mort en 1749.

Geissler. Habile graveur génevois du XVIIIe siècle, qui laissa des vues de Genève très estimées.

Gelée (Claude). (V. Lorrain.)

Gelée (Jean). Frère du peintre célèbre du même nom, surtout connu sous le nom de Claude le Lorrain ; comme xylographe, il a laissé une série de gravures très estimées. Vivait au XVIIe siècle.

Genoude (Eugène de) (1792-1849). Célèbre prédicateur français. Il entra dans les ordres à la mort de sa femme, après avoir été successivement imprimeur à Paris, journaliste et directeur de la *Gazette de France*.

Genoux (Claude). Homme de lettres, né en 1812 en Savoie ; il fut d'abord margeur d'imprimerie et inventa un mode de clichage au papier mâché qui n'eut aucun succès.

Gensfleich. Surnom de Gutenberg. On trouve, dans différents arrêts de justice relatifs aux procès de Gutenberg, cette mention : « Jean, dit Gensfleich, autrement dit Gutenberg, de Mayence. » Quelques auteurs prétendent que le véritable nom de l'inventeur de l'imprimerie est Gutenberg de Sorgeloch, dit Gensfleich. D'après l'acte de 1459, découvert par Bodman, le vrai nom serait Henn (Jean) Gensfleich de Sulgeloch, dit Gudinberg.

George (H.-P.). Artiste génevois du XIXe siècle ; à la fois graveur et peintre, il a laissé des paysages estimés ; il eut également du succès comme animalier.

Gérard de Leempt. Imprimeur hollandais établi à Utrecht. Associé avec Nicolas Ketelaer, on les considère comme les deux plus anciens typographes de la Hollande.

Gérard (Pierre). Imprimeur qui, en 1486, fonda avec Jean

Dupré, de Paris, la première imprimerie à Abbeville.

Gering (Ulrich). Imprimeur du xv⁰ siècle, né à Lucerne, mort en 1510. Appelé en France par Guillaume Fichet, il fonda, en 1469 ou 1470, dans les bâtiments de la Sorbonne, avec Martin Krantz et Michel Friburger, la première imprimerie établie à Paris. C'est aux imprimeurs de Sorbonne que l'on doit la mise en usage, en France, des lettres doubles æ et œ, que l'on remplaçait alors par des e.

Germanus (Henri, dit *l'Allemand*). Imprima, en 1493, avec Sébastien de Pontremulo, une superbe édition grecque d'Isocrate.

Gervais (Pierre). Artiste génevois qui se distingua comme graveur sur or et argent (xixᵉ siècle).

Gessner (Salomon). Poète suisse, mort en 1788, peintre, graveur et imprimeur ; il publia, en 1773, une édition de ses *Idylles*, dont il dessina et grava lui-même les planches.

Gheesdal (Jean). Erudit qui fut correcteur chez Plantin.

Ghemen (De). Imprimeur de Copenhague qui publia, en 1495, dans cette ville, le premier livre imprimé en langue danoise.

Ghérando ou **Gherardo**. Artiste italien des xvᵉ et xviᵉ siècles, qui se distingue comme mosaïste, miniaturiste et graveur.

Gherling ou **Gherlins** (Jean). On trouve cet imprimeur allemand à Barcelone en 1468, puis à Braga, en Portugal, où il imprime le *Breviarium Bracharense*. On rencontre également un Jean de Gherlins ou Guerlins, comme introducteur de l'imprimerie à l'abbaye de la Grasse (Languedoc) en 1513, à Saint-Pons-de-Thomiers en 1516, à Carcassonne en 1517, et à Montauban en 1527. Il est possible que ces trois noms ne concernent qu'un seul et même personnage.

Gibbons (Grinling) (1650 (?)-1721). Célèbre graveur et sculpteur sur bois, né en Angleterre, où il produisit de nombreux chefs-d'œuvre.

Gignoux (Pierre). Artiste génevois, né en 1678 ; il fut d'abord serrurier, puis à force de travail et de labeur, arriva à se faire une grande réputation comme graveur.

Gilbert (Sir John) (1817-1897). Peintre aquarelliste et habile dessinateur, né à Blackheath (Angleterre).

Gilbray (James) 1757-1815). Habile graveur anglais.

Gilet (Jean). Apporta l'imprimerie à Montpellier, en 1595.

Gillé (Joseph). Fondeur et graveur en caractères du xviiiᵉ siècle. En 1777, il fut nommé graveur et fondeur du roi pour les caractères d'imprimerie. Son fils lui succéda en 1789.

Gillot (Firmin) (1820-1872). Imprimeur lithographe français, qui fut, dès 1848, le promoteur de la gravure chimique et du procédé de reproduction appelé de son nom *gillotage* ou *paniconographie*, et qui rivalisa bientôt avec la gravure sur bois. Le succès de cette invention consista dans la reproduction des chefs-d'œuvre de la taille-douce et de ceux dessinés sur pierre, que l'on put dès lors imprimer économiquement par les moyens typographiques.

Girardet (Paul). Habile graveur français du xixᵉ siècle.

Girardot (Charles-Samuel) (1780-1855). Habile graveur et lithographe suisse. — Edouard-Henry (1819-1867). Fils du précédent, habile graveur et peintre remarquable.

Girault (François). Cet imprimeur, ami de Jean Cousin, introduisit l'imprimerie à Sens, en 1551.

Girodot. Habile mécanicien français ; un des premiers, il construisit des presses à bras en fer, et, plus tard, des machines à cylindre.

Girolamo Rocco. Célèbre calligraphe vénitien du moyen-âge.

Gistel (Gottlieb). Habile typographe viennois, mort en 1883. Fondateur, en 1872, de l'école professionnelle typographique de Vienne.

Giunta (Les). Célèbre famille d'imprimeurs florentins du xviᵉ siècle, qui furent surnommés les *typographes cosmopolites*. Cette famille avait en effet des imprimeries à Florence, Venise, Lyon, Londres et Salamanque. Un de ses plus célèbres représentants fut Philippe Giunta, imprimeur à Florence, et qui mourut en 1517.

Glen (Jean de). Imprimeur et graveur liégeois du xviᵉ siècle, qui publia plusieurs ouvrages anciens sur les mœurs et coutumes de son temps, et qu'il orna de figures dont il fut le dessinateur et le graveur.

Glockenton (Georges). Célèbre coloriste et graveur, qui mourut à Nuremberg en 1514.

Godefroy (Jean). Habile graveur et dessinateur français (1779-1838).

Godet (Gylles). Imprimeur anglais qui publia, en 1560, la *Généalogie des Rois d'Angleterre*, avec de remarquables figures gravées sur bois.

Goes (Van). Passe pour être le premier imprimeur établi à Anvers en 1472. On cite, comme sortant de ses presses : *Het boeck van Tondalus* (in-4º).

Glover (Le Révérend M.). Introduisit l'imprimerie à Cambridge (État de Massachussetts, aux États-Unis), où parut en 1673 le *May Flover*, premier journal publié en Amérique.

Gobert. Importa l'imprimerie à Nérac, en 1549.

Gœber (Goswin). Fondateur de la première imprimerie à Sedan, en 1565.

Golz ou **Golzius** (Huber) (1524-1583). Célèbre graveur en camaïeu, d'origine hollandaise.

Goltzius (1588-1617). Un des meilleurs chalcographes hollandais.

Goret (Étienne). Imprimeur qui exerça en 1490 à Grenoble, où il paraît avoir été appelé par le Parlement du Dauphiné.

Gosselin. Célèbre copiste du moyen-âge, qui a laissé de remarquables travaux calligraphiques relatifs aux ouvrages des anciens Pères de l'Église.

Goupil. Célèbre imprimeur

grande maison Boussod et Valadon, qui possède des succursales dans les principales villes du monde. M. Goupil a été un des rares éditeurs qui aient encouragé la gravure française depuis le commencement du siècle. Mort en 1893, à l'âge de 86 ans.

Goupy (Victor). Ouvrier typographe qui devint directeur de l'association Remquet et Cie, et, plus tard, propriétaire de l'imprimerie de ce nom. Cette association avait été fondée, en 1848, par des ouvriers typographes, à qui le Gouvernement provisoire avait prêté une somme de 50,000 francs, prélevée sur les fonds votés par la Chambre des représentants au profit des ouvriers désireux de s'affranchir du patronat par la mise en association. La plupart de celles-ci sombrèrent, n'ayant eu d'autres avantages que de ruiner beaucoup d'ouvriers tout en augmentant le nombre des patrons. Victor Goupy est mort en décembre 1893.

Gourmond (Gilles ou Ogillus). Imprimeur parisien mort en 1527. Il est le premier qui ait imprimé à Paris des livres grecs et hébreux.

Gourmont (Jérôme de). Fonda, en 1535, la première imprimerie à Saint-Denis, près de Paris.

Goy (Mme). Femme genevoise, qui fut à la fois peintre et graveur de talent ; elle s'adonna plus spécialement à reproduire des paysages et des animaux (xixe siècle).

Graff (Urse). Célèbre graveur du xviie siècle, né en Suisse.

Graffort. Xylographe français du xviie siècle.

Grafton (Richard). Imprimeur anglais qui publia, en 1540, la *Bible de Cranmer*, avec de remarquables initiales, richement ornées.

Gran (Henri). Fondateur de l'imprimerie à Haguenau, en 1498.

Grandjean (Philippe). Célèbre graveur de caractères ; il exerça à Paris, de 1700 à 1725, et fut chargé d'exécuter, pour l'imprimerie du Louvre, les nouveaux caractères dont Louis XIV avait ordonné la gravure et la fonte en 1693.

Grandjon (Jean). Graveur et fondeur de caractères, qui exerça à Paris, de 1506 à 1521.

Grandjon (Robert). Frère du précédent ; il fut graveur de poinçons, fondeur en caractères et libraire ; le pape le fit venir à Rome pour dessiner, frapper et fondre les capitales de l'alphabet grec.

Grand'Navire (Compagnie de la). Association d'imprimeurs qui était composée des deux Dupuy (Jacques et Baptiste), de Sébastien Nivelle et de Michel Sonnius. Sa réputation était telle que les livres qui portaient sa marque n'étaient pas censurés à l'étranger.

Grandville (J.-J. Gérard, dit) (1803-1847). Célèbre caricaturiste, né à Nancy ; mort dans un asile d'aliénés.

Gravelot (H.-F.) dit Bourguignon (1699-1773). Célèbre graveur et dessinateur.

Gringonner (Jacquemin). Enlumineur du xive siècle, qui enlumina, en 1392, les premières cartes à jouer, pour le roi Charles VI.

Grollier (Jean). Trésorier des guerres sous François Ier. Célèbre par le culte qu'il voua aux beaux livres et par les splendides reliures qu'il fit exécuter pour sa bibliothèque par les artistes en renom de son époque, reliures auxquelles il a donné son nom et qui sont fort recherchées.

Gromors. Imprimeur et libraire parisien du xvie siècle.

Grosclaude. Artiste peintre et graveur, originaire de Genève (xixe siècle) ; il s'est fait connaître par ses belles productions et reproductions de figures.

Grover. Fondeur, dont les fontes d'arabe étaient célèbres au commencement du xviiie siècle.

Grun (Hans-Baldung) (1475-1552). Peintre, graveur et xylographe du xvie siècle. On lui doit de belles planches relatives à l'histoire sainte.

Gruninger. Imprimeur qui vivait à Strasbourg au xve siècle, et publia, de 1496 à 1499, des éditions de Térence et d'Horace décorées de gravures sur bois caractéristiques.

Gryphe (Sébastien). Imprimeur, fondeur et graveur d'origine souabe. Il s'établit à Lyon et y mourut en 1558, après y avoir exercé son art pendant 28 ans.

Gryphe (François). Frère du précédent, et, comme lui imprimeur, fondeur et graveur ; s'établit à Paris à peu près à la même époque où son frère s'établissait à Lyon.

Gubitz (Frédéric-Guillaume) (1786-1804). Célèbre xylographe allemand, né à Leipzig, et qui exerça glorieusement son art à Berlin, où il fut professeur de xylographie.

Gudenburg (Jean). Nom sous lequel Gutenberg est désigné dans la *Chronique de Cologne* de 1499.

Guerbin. (V. Cruse.)

Guerlins (Jean de). (V. Gherling.)

Guichard (Claudius) (1826-1895). Né à Lyon, il exerça d'abord la profession d'imprimeur et prit une part active au mouvement républicain de 1818 ; élu député en 1890, par la 3e circonscription de Lyon, il fut réélu aux élections générales de 1893.

Gnignon ou **Guigon**. Artiste genevois du xixe siècle. Il traita des animaux et des paysages, et se fit une réputation méritée, aussi bien comme peintre que comme graveur. Il est un des premiers qui aient produit des dessins de paysages au lavis graphique.

Guillard (Charlotte). Veuve de Rembold, puis de Chevalon (1542) ; elle exerça la profession d'imprimeur, soit seule, soit avec ses deux époux, pendant plus de 50 ans. Elle a laissé de nombreux ouvrages, très estimés pour leur correction et leur exécution (xve et xvie siècles).

Guillaume. Imprimeur et libraire parisien du xvie siècle.

Guillaumin (Gilbert-Urbain) (1801-1864). Libraire-éditeur parisien, qui édita spécialement des ouvrages d'économie politique et fut le fondateur du *Journal des Économistes*.

Guillemot (Pierre). Imprima en 1643, en 3 vol. in-f°, l'*Histoire de France* de Mézerai, recherchée des bibliophiles, en raison de certains passages qui furent supprimés dans les éditions suivantes.

Gutenberg (Jean ou Hans Gensfleich). Inventeur de la typographie, né à Mayence, vers 1400, mort en 1468. Forcé, par des troubles civils, de quitter sa ville natale en 1420 et de se réfugier à Strasbourg, on le trouve, en 1434, établi, riche, et s'occupant d'imprimerie. Il eut, à ce moment, pour commanditaire, un noble du nom d'André Dritzhen, et l'orfèvre Dunn. Ce ne fut que plus tard, lorsque n'ayant pas réussi à Strasbourg, il retourna à Mayence, qu'il s'associa à Fust, lequel introduisit dans la société Schœffer, qui se maria peu après avec la petite-fille — et non la fille comme il a été dit — de Fust ou Faust. Cette seconde association paraît n'avoir pas été heureuse, si l'on en juge par sa prompte dissolution et le procès que Fust intenta à Gutenberg. A la suite de ce procès, Fust et Schœffer abandonnèrent au père de la typographie leur vieux matériel pour monter un atelier rival dans la ville même de Mayence. Gutenberg mourut en février 1468, après avoir été nommé gentilhomme pensionné de la maison de l'archevêque de Mayence, l'électeur Adolphe II, comte de Nassau.

Aucun ouvrage imprimé à Strasbourg ou à Mayence ne porte le nom de Gutenberg, ce qui fait que l'on ignore si le premier ouvrage typographique connu : les *Lettres d'Indulgence*, et le second, le *Catholicon*, de Balbus, ont été imprimés par Gutenberg ou par Fust et Schœffer.

Guyard ou **Guyach** (Jean). Imprimeur français, successeur en 1520, à Bordeaux, de Gaspard Philippe, qui, de Paris, avait importé l'imprimerie dans cette ville, où déjà elle avait été amenée en 1486 par l'allemand Svierler, d'Ulm.

Gymnique (Jean). Nom donné à deux imprimeurs allemands des XVIe et XVIIe siècles. La veuve du premier épousa Hiérat, qui fut l'associé de Jean Gymnique fils.

H

Haas (Wilhelm). Imprimeur bâlois, qui, au XVIIIe siècle, se distingua comme habile typographe et graveur de lettres ; il améliora, en 1772, le mécanisme de la presse typographique.

Hachette (Louis-Christophe-François) (1800-1864). Célèbre éditeur français. Il suivait les cours de l'école Normale supérieure, lorsqu'elle fut licenciée (1822). Ancien imprimeur à Alger, il fonda, en 1826, la librairie classique qui porte son nom. Les ouvriers typographes parisiens n'ont jamais oublié que le 26 février 1848, au lendemain de la Révolution, Hachette proposa spontanément du travail pour trois presses, et pour trois mois, à des imprimeurs qui chômaient, afin d'entraîner les autres éditeurs par son exemple.

Hachette (Georges) (1838-

1892). Après avoir fait ses études au lycée Louis-le-Grand, M. Georges Hachette fut licencié en droit en 1861. Il entra peu après à la librairie, où il devint l'associé de son père et de ses beaux-frères, MM. Louis Bréton et Émile Templier.

Hænel. Célèbre fondeur et imprimeur allemand du XVIII° siècle.

Hager (Hans). Célèbre typographe de Zurich, qui, de 1520 à 1530, imprima dans cette ville plusieurs ouvrages de Zwingle.

Haldenwang (C.) (1770-1831). Un des meilleurs artistes allemands dans la gravure à l'aquatinta.

Hallberger (Edouard). Célèbre typographe et imprimeur allemand, né en 1822 à Stuttgart et mort à Strasbourg. Hallberger était fils de libraire ; mais, préoccupé dès sa jeunesse du désir de parvenir et d'étendre son champ d'action, il voyagea et s'initia au mode de faire des libraires de l'Allemagne du Nord, et, en 1848 seulement, il rentrait à Stuttgart pour y fonder une librairie qui devait devenir célèbre. Dès 1853, il publiait l'*Ueber Land und Meer*, qui est le plus répandu des journaux illustrés allemands après la *Gartenlaub*. Plus tard, il éditait le *Illustred Magazine* de Freligrath, ainsi que d'innombrables ouvrages de luxe et des éditions de musique exécutées avec beaucoup de soins. Son frère, Carl Hallberger, lui succéda à la tête de la maison.

Hamer (Wolfang). Graveur bavarois, qui vivait à Nuremberg au XV° siècle.

Han (Ulrich), d'Ingolstadt. Imprima à Rome, vers 1467, les *Meditationes Io de Turrecremata*, comportant 34 gravures sur bois représentant les peintures de l'église Sainte-Marie de la Minerve.

Hansard. Célèbre famille d'imprimeurs anglais, qui exercèrent l'art typographique avec distinction, de 1799 à 1828.

Hanzelet (Jean-Happier). Etabli à Pont-à-Mousson, il imprima, en 1626-1627, sans date et sans nom d'auteur, un livre intitulé : *Combat d'honneur concerté par les quatre éléments sur l'heureuse entrée de Madame la duchesse de La Valette en la ville de Metz*.

Harlay (François de) (1585-1653). Cardinal archevêque de Rouen ; il avait établi une imprimerie particulière dans son château de Gaillon.

Harsi (Olivier de). Imprimeur parisien, mort en 1584. Il a édité un grand nombre d'ouvrages de droit.

Hartwach (Jean). Célèbre graveur de lettres de Nuremberg ; il fit les poinçons-reliefs nécessaires à l'exécution des caractères glagoliques ou croates et cyrilliques, que moula le célèbre fondeur Simon Auer, pour la typographie de Primus Truber de Carinthie (1560).

Harvey (William). Né vers 1800, mort en 1866. Habile dessinateur anglais et graveur sur bois.

Haunas (Marc-Antoine). Célèbre xylographe allemand, qui vivait à Augsbourg à la fin du XVI° siècle.

Hauréau (Jean-Barthélemy).

Ancien député à l'Assemblée nationale de 1848, ancien conservateur de la bibliothèque Nationale, membre de l'Académie des inscriptions et belles-lettres. Il fut nommé directeur de l'imprimerie Nationale en 1870, prit sa retraite en 1882 et mourut en 1897.

Hautin (Pierre). Imprimeur, graveur et fondeur en caractères, qui grava en 1525 les premiers poinçons pour la musique.

Haüy (Valentin) (1796-1822). Célèbre philanthrope, bienfaiteur des aveugles, pour lesquels il fonda des maisons de travail à Paris, en Russie et en Prusse. Fut nommé directeur de l'imprimerie des Jeunes aveugles en 1786.

Hédoin (1821-1889). Un de nos meilleurs aquafortistes. Elève de Paul Delaroche et de Célestin Nanteuil, Hédoin avait débuté au Salon en 1844, et, depuis, ses expositions furent toujours remarquées.

Heigle (Erhard). Habile graveur au maillet, d'Augsbourg, où il travaillait vers 1720.

Heilman (André). Un des associés supposés de Gutenberg en 1436-37.

Henn. D'après un acte de 1459, découvert par Bodman, le véritable nom de Gutenberg serait Henn (Jean) Gensfleich de Sulgeloch, dit Gudinberg.

Henriquel-Dupont. Célèbre graveur (1797-1892). Il grava la plupart des tableaux et portraits historiques de Paul Delaroche et des peintures d'Ingres. Fut membre de l'Institut et professeur de gravure à l'école des Beaux-Arts.

Henry (Les). Célèbre famille d'imprimeurs lillois, qui imprimèrent de 1715 à la fin du xviiie siècle, et dont le fonds fut repris par les Danel.

Herbst (Jean). (V. Oporin.)

Herhan (Louis-Etienne) 1768-1854). Imprimeur français et fondeur en caractères ; il imagina d'employer les caractères de cuivre gravés en creux, que l'on composait comme des lettres ordinaires en relief. On obtenait ainsi une sorte de moule dans lequel on enfonçait, à l'aide d'un mouton, une plaque de matière typographique préalablement soumise à une température voisine de la fusion, et qu'on laissait ensuite refroidir sur le moule.

Hérissant. Ce nom est célèbre dans l'imprimerie française, et de 1654 à 1800, on compte 31 Hérissant qui exercèrent l'art typographique avec distinction. Un des plus connus est Louis-Prosper, qui fut médecin et littérateur, et à qui l'on doit un poème sur l'imprimerie.

Hérissey (Auguste) (1818-1875). Imprimeur français, qui reprit à Evreux la succession de Jules Ancelle, et fut un des promoteurs de la librairie artistique et des éditions elzéviriennes.

Hervagius ou **Herwagen.** Imprimeur de Bâle au xvie siècle ; il épousa la veuve de Froben et réimprima des éditions publiées par Alde Manuce. Mort en 1561.

Hess (André). Imprimeur hongrois, qui publia à Bude (Buda-l'esth), en 1473, une histoire de la Hongrie.

Hessloehl. Habile graveur en

taille-douce, né à Strasbourg, élève de Jacques Oberthür.

Heyulin (Jean), dit Jean de La Pierre, recteur, puis prieur de Sorbonne, qui fut le collaborateur de Guillaume Fichet pour l'introduction, en 1469 ou 1470, de l'imprimerie à Paris.

Hiérat. Imprimeur allemand du xvie siècle, célèbre surtout par la fécondité de ses productions. Il épousa la veuve de Jean Gymnique, et reprit son imprimerie, dans laquelle il eut pour associé Jean Gymnique fils.

Hœ (Richard-March). Colonel américain, mort en 1886, chef d'un des plus importants établissements de construction de machines du monde. On lui doit plusieurs inventions, entre autres celle de la rotative primitivement employée à l'impression du papier sans fin ou continu.

Hoffmann (François-Ignace-Joseph). Bailli de la petite ville de Benfeld, près de Strasbourg, créateur du premier journal illustré, dit-on, vers 1780. Hoffmann quitta l'Alsace en 1783 avec son fils François-Romain-Joseph, pour se fixer à Paris, où il sollicita un privilège sous le titre distinctif d'*imprimeur polytype*, qui lui fut accordé par arrêt du Conseil du 3 décembre 1783.

Hoffmann. Industriel de Schelestadt. En 1792, se basant sur la propriété qu'ont les métaux blancs, surtout ceux où il entre de l'étain et du bismuth, de se refroidir lentement après avoir été fondus et de rester un certain temps comme de la cire ramollie. Hoffmann eut l'idée de tirer parti de cette propriété. Il fit donc sur des caractères en relief ce que Herhan fit plus tard sur des matrices, avec cette différence qu'il coulait ensuite de la matière sur le moule en creux qu'il avait obtenu. Inutile de dire que ce procédé n'eut aucun succès pratique.

Hofmann (Wilhelm). Graveur allemand qui publia, en 1610, le *Diarium* du couronnement.

Hohenwang. Imprimeur allemand du xve siècle ; il fut longtemps regardé comme un des premiers qui aient pratiqué à Ulm l'art typographique. Les recherches de Butsch ont montré qu'il a été homme de lettres à Ulm et imprimeur à Augsbourg.

Holbein (Hans) (1497-1554). Illustre peintre et graveur, né en Bavière, mais qui passa une partie de son existence à Bâle et en Angleterre, où il avait été appelé par Henri VIII. Il était fils de Hans, dit *Le Vieux*, l'auteur de la fameuse *Danse des Morts*.

Holbein (Ambroise). Frère du précédent et, comme lui, peintre et graveur célèbre, mais moins connu que son aîné.

Holl (Lienhard). Cet imprimeur publia à Ulm, en 1482, la *Cosmographie* de Ptolémée, avec des caractères romains et des initiales ornées d'arabesques ; c'est le premier ouvrage qui contienne des cartes géographiques sur bois, gravées par Jean Schnitzer, d'Arnsheim.

Hollard (Wenzel) (1607-1677). Habile graveur bohémien, qui se fixa à Londres, où il exécuta plus de 2,000 gravures, entre autres, la *Danse des Morts*, de Holbein.

Holtrop (Guillaume) (1806-1870). Conservateur en chef de la bibliothèque royale de La Haye, il a laissé de remarquables travaux sur l'histoire de l'imprimerie hollandaise.

Homery (Conrad), de Mayence, où il était docteur. En 1468, Gutenberg lui laissa le matériel de son imprimerie, qui, des mains d'Homery, passa dans celle de Nicolas Bechtermunde.

Hondius (1573-1645). Habile graveur flamand.

Hornung. Artiste génevois du XIXe siècle; peintre et graveur, il s'occupa de la figure et sut imiter d'une manière remarquable, en lithographie, la vigueur des eaux-fortes.

Houbigant (Charles-François) (1686-1783). Célèbre oratorien, qui fut professeur de belles-lettres au collège de Juilly. Il établit une imprimerie particulière dans sa maison de campagne à Avilly, près de Chantilly, en 1745.

Hubert (Jean), né en 1721. Célèbre peintre génevois, qui mania le burin avec un très grand talent.

Hugues. Copiste célèbre du moyen-âge, compagnon de Radulphe, et élève, croit-on, de l'illustre abbé calligraphe Théodoric. On lui doit une remarquable copie du *Décalogue* et des *Livres moraux*.

Huguetan (Jacques). Imprimeur lyonnais du XVIe siècle, chez lequel se réunissaient les zélés partisans de la Réforme.

Hullmandel. Lithographe allemand, qui s'était perfectionné à Munich, sous la direction de Senefelder; il s'établit à Londres, au commencement de ce siècle, et publia un manuel de lithographie.

Hulot. Habile graveur, chimiste et mécanicien, qui fut chargé, en 1848, d'obtenir par la galvanotypie la reproduction de certaines parties des anciens billets de banque. Il produisit ainsi un métal plus dur que le cuivre, sur lequel furent longtemps imprimés les billets de cent francs.

Humbert. Artiste génevois (XIXe siècle) qui se fit une certaine réputation comme peintre et graveur. Il s'occupa spécialement d'animaux et de paysages.

Huot. Célèbre graveur en taille-douce, un des meilleurs élèves de M. Henriquel-Dupont; il a exécuté, entre autres planches, le *Prix de l'Arc*, d'après Van der Helst; l'*Ensevelissement de sainte Catherine*, d'après Luini; le *Poète florentin*, de Cabanel; la *Vierge*, de Hébert, et le *Portrait d'une jeune Fille*, d'après Gérard. Mort en 1883.

Huré (Sébastien). Imprimeur parisien, mort en 1678. Il fut imprimeur du roi et laissa à son associé Léonard Frédéric, la maison d'impression la plus importante de la capitale.

Husz (Martin). Etablit la première imprimerie à Toulouse, en 1476.

Huyon (Guillaume). Imprimeur lyonnais du XVIe siècle, à qui l'on doit une bonne édition de Lucain, mais auquel on reproche d'avoir contrefait les classiques portatifs d'Alde Manuce.

I

Ibarra (Joachim) (1726-1785). Imprimeur espagnol, qui perfectionna l'art typographique dans son pays, où il publia de nombreuses et belles éditions. C'est Ibarra, qui, le premier, fit connaître à ses compatriotes le satinage du papier imprimé.

Ibrahim-Effendi. Obtint du sultan (1726) l'autorisation de faire venir de Leyde des matrices et des caractères, pour rétablir à Constantinople l'imprimerie supprimée par un firman de Bajazet II, rendu en 1483, et qui punissait de mort quiconque se permettrait d'imprimer.

Imâd. Célèbre calligraphe persan du XVIIIe siècle. Ses autographes, ainsi que ceux de Dervich, sont tellement estimés, qu'on en suppute la valeur par lettre, et que chacune de celles-ci varie comme prix de 5 à 10 francs.

Ireland (Samuel). Habile graveur anglais mort en 1800.

Isingrinus (Michel), Imprimeur bâlois du XVIe siècle. Il fut d'abord associé avec Jean Bebelius, son beau-père, puis dirigea seul sa maison. On lui doit la publication, en grec, des œuvres d'Aristote, qu'il imprima le premier, après Alde Manuce, ainsi que celle de plusieurs ouvrages de médecine.

Israël (Sylvestre) (1621-1691). Célèbre graveur lorrain originaire de Nancy.

J

Jacob de Strasbourg. Xylographe d'origine allemande, qui a donné en 1503 un *Triomphe de Jules César*, en 12 planches.

Jacobelle (Jacques), d'Heidelberg ; vers 1575 il établit de beaux modèles de lettres majuscules et minuscules.

Jacobi. C'est au Russe Jacobi que l'on doit la galvanoplastie. Cette découverte eut lieu en 1838, mais ce ne fut qu'en 1851 que les premiers résultats obtenus furent rendus publics, à l'Exposition de Londres.

Jacobi (Pierre). Introduisit l'imprimerie à Saint-Nicolas-du-Port (Meurthe-et-Moselle) en 1501, et à Toul en 1505.

Jacquemin. Graveur de lettres français, qui, en 1818, grava plusieurs corps de caractères, d'après des modèles empruntés à l'Angleterre.

Jæger (Georges). Un des meilleurs artistes allemands dans la gravure au maillet, qui vivait vers 1667.

Jamet Mettayer. Imprimeur de Blois, qui exerça dans cette ville au XVIe siècle, postérieurement aux Angelier.

Jannon (Jean). Imprimeur célèbre de Sedan, au XVIIe siècle. Il a laissé des éditions remarquables par la ténuité et la netteté des caractères.

Janot (Denis). Imprimeur français du XVIe siècle, auquel François Ier, par lettres patentes de 1543, conféra le titre d'imprimeur du roi pour la langue française, comme il avait, en 1538, donné la même qualité à Conrad Néobard pour le grec, et à Robert Estienne pour le latin, en 1539.

Janson (Jean). Fonda la première imprimerie à Nancy, en 1572.

Jansson (Théodore Ameloveen) (1657-1712). Médecin et bibliographe hollandais, petit-fils, par voie maternelle, de Jean Jansson, dont il ajouta le nom à celui d'Amelowen, qui était le sien propre. Il fut le premier historien des Estienne.

Jansson Blæuw (Guillaume). (V. Blæuw.)

Jansson Blæuw (Corneille). Fils du précédent. Il continua quelque temps l'œuvre de son père, puis fut choisi par le roi Gustave-Adolphe de Suède pour être son imprimeur.

Janszoon (Laurens). Nom hollandais sous lequel on désigne quelquefois Laurent Coster.

Jaquy (Sébastien). Fonda la première imprimerie à Nîmes, en 1578.

Jarry (Nicolas). Célèbre calligraphe français, auquel on doit l'*Office de la Vierge*, exécuté pour Anne d'Autriche (1656), différents ouvrages de piété, et la fameuse *Guirlande de Julie* (1641), magnifique ouvrage composé pour le duc de Montausier, qui l'offrit à Julie de Rambouillet.

Jazet (J.-P.-M.) (1788-1871). Graveur parisien qui exécuta à l'aqua-tinta les principales œuvres de Delaroche, Gros, Vernet, etc. — Alexandre-Jean-Louis, son fils, fut aussi un habile graveur.

Jean Bernard. (V. Volpato.)

Jean (P.). Introduisit l'imprimerie, en 1485, à Tréguier (Côtes-du-Nord).

Jean de Cologne. Imprimeur du XVe siècle. Etabli à Venise, il publia des éditions de Cicéron, de Plaute, et des traités de droit.

Jean de Paderborn. (V. Jean de Westphalie.)

Jean de Sens. (V. Cousin, Jean.)

Jean de Spire. Imprimeur célèbre du XVe siècle On croit que c'est lui qui introduisit l'imprimerie à Venise, en 1469. Il y imprima, de concert avec Vindelin, son frère et successeur, les œuvres de Cicéron, de Pline et de saint Augustin.

Jean de Vérone. Imprimeur du XVe siècle, qui passe pour avoir publié le premier livre imprimé à Venise, en 1470.

Jean de Westphalie. Imprimeur du XVe siècle, d'origine allemande ; il fonda la première imprimerie à Louvain, en 1473. On pense également qu'il alla introduire l'art de la typographie à Alost et à Nimègue.

Jean (Alexandre). Célèbre graveur de caractères, français, qui fut l'élève de Grandjean, à qui il succéda, en 1723, à l'imprimerie Royale.

Jegher (Christophe). Xylographe né en Allemagne, en 1578, et qui vécut à Anvers, où il gravait d'après Rubens.

Jenson (Nicolas), né en 1420. Maître de la Monnaie de Tours, il fut envoyé à Mayence par Louis XI, en 1462 « pour y surprendre les secrets de l'art », c'est-à-dire pour saisir le secret de l'imprimerie, qui venait d'être découverte. Il s'établit à Venise en 1470 et grava un caractère romain superbe, qui est assurément le modèle dont se sont servis ensuite les Elzévier.

Jesi (Samuel). Né vers 1789, mort en 1874. Célèbre graveur milanais, à qui l'on doit de superbes portraits de Léon X et de plusieurs cardinaux.

Johannes (Meister). Curé de Saint-Maurice d'Augsbourg (Bavière), qui, d'après Herberger, est le premier qui se soit, en 1407, servi d'un poinçon en relief (?) pour imprimer. Il est encore connu sous le nom de Maître Jean d'Augsbourg.

Johannes Senonensis. (V. Cousin, Jean.)

Johannot (Alfred). Peintre et graveur français, né à Offenbach (Hesse) (1800-1837).

Johannot (Tony) (1803-1852), frère du précédent et célèbre graveur français, né à Offenbach.

Johannot (François). Habile lithographe, élève de Senefelder, qui introduisit son art à Paris en 1806.

Johannot (Charles). Frère du précédent, célèbre graveur au pointillé, né dans la Hesse. Son *Trompette blessé*, d'après Horace Vernet, et les gravures de l'*Aminta* du Tasse (1813), sont de véritables chefs-d'œuvre.

Johnson (William). Célèbre fondeur américain qui inventa, vers 1818, la première machine à fondre ayant donné des résultats pratiques. Cette machine, qui n'était en réalité qu'un moule à main perfectionné, avait pour avantage de fondre les lettres beaucoup plus rapidement tout en les fondant une à une, ce qui se fait du reste encore aujourd'hui.

Jollat (Mercure). Célèbre graveur français du XVIe siècle.

Jombert (Charles-Ant.), né à Paris, en 1712, mort en août 1784 à Saint-Germain-en-Laye. Libraire du roi pour le génie et l'artillerie, adjoint de la communauté en 1754, et syndic en 1774.

Jore (Ch.-Franc.). Imprimeur libraire, né à Rouen, fut dépouillé de sa maîtrise pour avoir imprimé, en 1731, les *Lettres philosophiques* de Voltaire. Jore tomba plus tard dans la misère et reçut de Voltaire une pension.

Josse (Georges). Imprimeur parisien du XVIe siècle, qui publia des ouvrages très importants.

Josserand. Célèbre calligraphe français.

Josses. Imprimeur français, qui, en 1484, introduisit l'imprimerie dans la ville de Rennes.

Jouaust (Charles) (1801-1864). Imprimeur français, né à Rennes et mort à Paris. D'abord compositeur, puis correcteur chez Crapelet, M. Jouaust devint l'associé de l'imprimeur Guiraudet, puis seul propriétaire de l'imprimerie en 1860.

Jouaust (Damase). Imprimeur français, né en 1835, mort en 1893, fils du précédent. Il imprima la *Bibliothèque elzévirienne* de la collection Janet, et sous le nom de *Librairie des bibliophiles*, donna du renouveau aux écrivains des XVIIe et XVIIIe siècles, qu'on ne trouvait plus que dans les bibliothèques privilégiées. Damase Jouaust ne fut pas seulement un imprimeur habile, ce fut encore un érudit consommé. On lui doit *Les Lettres du Siège de*

Paris, où tout ce qui n'est pas officiel est de lui ; il a rédigé, en collaboration avec George d'Heylli, la *Gazette anecdotique*.

Jousset (Gabriel) (1829-1896). Avocat de talent, musicien, peintre et dessinateur amateur, Gabriel Jousset était, par sa mère, arrière-petit-fils de Philidor. En 1860, il devint l'associé de son père, alors imprimeur rue de Furstenberg ; quelques années plus tard, la maison, dont le siège est toujours rue de Furstenberg, procéda à d'importants agrandissements et l'imprimerie fut transférée rue de la Santé, où elle est encore actuellement. C'est à Gabriel Jousset, alors président de la Chambre des imprimeurs typographes, que l'on doit la fondation de l'école Gutenberg, à laquelle il se consacra jusqu'au moment où il fut atteint par la maladie qui devait l'emporter.

Juan de Paris. Imprimeur du xve siècle, qui s'établit à Tolosa (Espagne). Il publia en 1489, avec Estaban et Cliblat, deux Allemands, ses associés, le premier livre imprimé dans cette ville avec date certaine. Ce livre avait pour titre : *Histoire de la Linda Melosyna*.

Jugge (Richard). Imprimeur d'Elisabeth d'Angleterre ; il se signala par ses belles éditions de la Bible, vers 1550.

Jungerman (Godefroy), né à Leipzig et mort en 1610. Ce savant fut un des correcteurs les plus remarquables de Wechel.

Junte (Les). (V. Giunta.)

Juste (François). Imprimeur lyonnais du xvie siècle.

Justinian. Fut, avec Garils, un des créateurs de l'imprimerie à Beaujeu (Rhône), en 1556.

K

Kaulbach. Habile graveur d'Arolsen qui produisait au xviiie siècle.

Keil (Ernest). Fondateur de la célèbre revue *La Gartenlaube*, de Leipzig, qui, lorsqu'elle fêta, en 1877, le 25e anniversaire de sa création, comptait plus de 380,000 abonnés. Mort en 1878.

Keller (G.). Industriel de Dresde, qui, en 1844, trouva la pâte mécanique de bois pour la fabrication du papier, après 14 ans d'essais infructueux. Faute de ressources pour exploiter son invention, il céda celle-ci à Wœlter, qui perfectionna ses procédés.

Kerbriant. Imprimeur et libraire parisien du xvie siècle.

Kerver (Thielman). Imprimeur d'origine étrangère, qui exerça à Paris de 1497 à 1522. Il a imprimé des livres liturgiques illustrés et historiés, des missels, des codes en deux couleurs.

Kerver (Jacques). On le croit fils du précédent. Il avait un commerce très étendu, soit en France, soit à l'étranger. Kerver fut le premier à qui les papes Pie V et Grégoire XIII accordèrent le privilège d'imprimer l'office de l'Eglise, suivant la réforme du concile de Trente ; ce privilège fut confirmé par Charles IX. Kerver mourut à Paris en 1583.

Ketelaer (Nicolas). Imprimeur hollandais, qui est, avec Gérard de Leempt, le plus ancien des typographes de la Hollande. Ils étaient, vers la fin du xv⁰ siècle, établis à Utrecht, où ils publièrent l'édition *princeps* de la *Scholastica historia super Novum Testamentum* (1473, in-folio).

Keyser (Henri). Habile typographe, graveur sur bois et sur cuivre qui vivait à Stockholm au xv° siècle. Il avait d'abord servi sous Gustave-Adolphe, qui lui avait fait cadeau d'un outillage d'imprimeur pris sur l'ennemi.

Kiesling. Graveur sur or et argent, né à Genève, dont les œuvres sont très estimées (xix⁰ siècle).

Kilian (Corneille). Érudit qui exerça pendant 50 ans les fonctions de correcteur à l'imprimerie plantinienne. Mort vers 1556.

Kirchen (Athanase). Jésuite du xvii⁰ siècle, qui réunit une collection curieuse des différentes sortes de papiers connues ; sa collection renfermait même du papier d'amiante.

Klinger (Jean-Georges). Un des meilleurs artistes de Nuremberg dans la gravure au maillet.

Knapen (François). Imprimeur-libraire parisien du xviii⁰ siècle. Il fut imprimeur-libraire de la cour des Aides et de la juridiction consulaire, et syndic de la librairie.

Knapen (Achille-Maximin-Philigone), fils du précédent, né en 1759, mort en 1800 ; fut imprimeur-libraire à Paris et avocat au Parlement.

Knecht (Edouard). Parent et élève de Senefelder, dont il fut l'associé pendant 10 ans. En 1827, il reprit à Paris les brevets de l'inventeur de la lithographie.

Knight (Charles) (1791-1873). Célèbre éditeur anglais, fondateur du *Knight's quarterly Magazine*.

Kœlhoff (Jean). Imprimeur de Cologne du xv⁰ siècle, qui s'est signalé par les erreurs de dates qui figurent au bas de plusieurs de ses livres. En 1472, il introduisit les signatures dans les impositions.

Kœnig (Frédéric). Typographe et mécanicien allemand, né à Eisleben (Saxe) en 1775, mort en 1833. Après des débuts pénibles et des tentatives infructueuses en France, en Autriche et en Russie, il passa en Angleterre, où il put réaliser la construction des machines dont il avait conçu le plan. Il construisit successivement la presse mécanique à encrage automatique, la presse simple à cylindre, puis la presse double, qui, dès le 28 novembre 1814, servit à imprimer le journal *Le Times*, alors édité par Richard Taylor, dans l'imprimerie de Thomas Bensley. En 1816, Kœnig et Bauer mirent en marche la machine à retiration, qui imprimait simultanément les deux côtés de la feuille.

Konath (Abraham). Imprimeur qui vivait à Mantoue au xv⁰ siècle, où il publia, en 1476, divers ouvrages en caractères hébreux.

Korburger ou **Koburger** (Antoine). Imprimeur du xv⁰ siècle, mort en 1513 ; imprima à Nuremberg et aussi à Lyon, de 1471 à 1513. Les savants de son temps l'appelaient le prince des imprimeurs. Il avait, dit-on, vingt-quatre presses dans son atelier, cent ouvriers, des magasins à Lyon et dans plusieurs autres villes de France.

Krantz ou **Crantz** (Martin). Un des deux prototypographes qui aidèrent Ulrich Gering à installer l'imprimerie créée à la Sorbonne par Guillaume Fichet et Jean Heynlin.

Kruse (Henne ou Jean). Tailleur de moules (formschneider), de Mayence. qui imprima et fabrica des cartes dans cette ville, vers 1440. On le regarde comme un des prototypographes.

Kurschner (Conrad). (V. Pellican.)

Kusell (Les). Célèbre famille de graveurs qui vivait à Augsbourg au XVIIe siècle.

L

Labadie (Jean de) (1610-1674). Français d'origine, il fut d'abord jésuite, puis pasteur protestant à Montauban et à Middlebourg. Il fonda une imprimerie en Hollande, aux environs d'Utrecht.

La Bouisse-Rochefort (1788-1853). Poète, littérateur et naturaliste français; il fut établi imprimeur à Toulouse.

Laboulaye (Edouard-René **Lefebvre** de). Né à Paris, le 18 janvier 1811, mort le 24 mai 1883. Brillant avocat à la cour Royale de Paris, il fut successivement administrateur du collége de France et professeur de législation comparée (1849), puis fondeur en caractères. Comme il n'avait embrassé cette carrière que pour être agréable à son frère Charles, et lui permettre de publier le grand *Dictionnaire des Arts et Manufactures*, il ne tarda pas à se séparer de lui pour reprendre le cours de ses travaux d'érudition. On doit à M. de Laboulaye un nombre considérable d'ouvrages de grande valeur, qui lui valurent d'être membre de l'Institut, président de l'Académie des inscriptions et belles-lettres, et enfin sénateur inamovible.

Laboulaye (Ch. **Lefebvre** de). Frère du précédent; il fut, comme son aîné, un écrivain de grand talent et mena de front la fonderie et la littérature. Associés, les frères Laboulaye acquirent les fonderies Lion et Molé. La vie des frères Laboulaye fut attristée par une grave erreur due à la sensibilité de leur cœur: ils prirent parti pour le trop fameux Libri, cet inspecteur général des bibliothèques de France, qui profita de sa situation pour s'approprier les trésors confiés à sa garde, et fut pour ce fait condamné aux travaux forcés.

Lacroix (Jean). Célèbre graveur genevois, des XVIIe et XVIIIe siècles.

Lagrange (Victor). Ouvrier typographe, mort en 1894. Il prit part à la défense de Dijon en 1870 et fut pendant 10 ans représentant de Lyon à la Chambre des députés.

Lahure (Charles). Né à Paris, le 26 février 1809, il entra à l'école de Saint-Cyr et en sortit officier de cavalerie. Au bout de quelque temps, il s'associa avec M. Crapelet, et, par la suite, devint le chef de la maison d'imprimerie qui porte son nom et qui ne tarda pas à prendre, sous son active et intelligente direction, une immense extension. Imprimeur du Sénat, de la cour de Cassation, de la société de l'Histoire de France, de la société des Bibliophiles français, M. Lahure imprima en outre un grand nombre de journaux dont il était propriétaire, parmi lesquels le *Journal pour tous*, la *Semaine des Enfants*. On lui doit une intéressante bibliothèque des meilleurs romans étrangers, une collection des chefs-d'œuvre de la littérature française et la plupart des grandes collections de la librairie Hachette. M. Charles Lahure avait quitté depuis 1870 la direction de sa maison, laquelle a actuellement pour chef un de ses fils, M. Alexis Lahure, secondé par son beau-frère, M. Bauche, et qui est devenue, par suite de l'acquisition de l'imprimerie Simon Raçon, une des plus importantes imprimeries de France. Les publications illustrées de la maison Lahure et ses impressions en couleurs par des procédés typographiques, imitant à merveille la peinture à l'huile et l'aquarelle, jouissent d'une réputation universelle.

Lainé. Imprimeur français, qui fut le prote de la maison Didot en 1837. Il dirigea également l'imprimerie d'Alexandrie, où parut le premier journal imprimé en Egypte. Imprimeur à Paris, de 1860 à 1872, il céda à cette époque son établissement à M. Georges Chamerot, l'érudit imprimeur, actuellement président de la Chambre des imprimeurs typographes.

Laire (Le P. Fr.-Xavier). Religieux minime, un des plus savants bibliographes du XVIIIᵉ siècle. Né à Vadans (Franche-Comté), le 10 novembre 1738, il devint bibliothécaire du cardinal Loménie de Brienne, aussi célèbre comme bibliophile que comme ministre de Louis XVI. On doit au Père Laire des ouvrages fort curieux sur les débuts de la typographie en France et en Italie. On estime surtout sa *Dissertation sur l'origine et les progrès de l'imprimerie en Franche-Comté pendant le XVᵉ siècle* (1785, in-8º).

Lalleman. Graveur français qui préconisa, dès 1857, la photographie directe sur bois pour graver ensuite d'après l'image obtenue.

Lallemand (Rich.-Conteray) (1726-1807). Imprimeur de Rouen, qui fut juge syndic, échevin et maire de la ville, et que Louis XV anoblit.

La Maison-Fort (Louis Dubois-Descourt, marquis de) 1762-1827). Maréchal de camp et homme politique français. Emigré en 1791, il fonda une imprimerie et une librairie à Brunswick, puis à Hambourg.

Lambinet (Pierre) (1742-1813). Historien de l'imprimerie, qui a publié en 1798, à Bruxelles, les *Recherches historiques, littéraires et critiques sur l'origine de l'imprimerie*.

Lamesle (Claude). Libraire parisien et fondeur en caractères qui vivait à Paris vers 1737. Il céda sa fonderie et se retira à

Avignon, où il en fonda une nouvelle. A laissé de beaux spécimens de caractères de sa maison.

Lamy. Artiste graveur qui se fit connaître à Genève par ses travaux remarquables sur or et argent (xix° siècle).

Lancelot. Habile graveur français de la fin du xix° siècle.

Langelier (Abel). Célèbre libraire du xvi° siècle, qui publia une foule d'éditions estimées.

Langlois (Jacques). Habile fondeur, qui fut nommé en 1633 imprimeur du roi.

Langlois (Denis). Imprimeur du xvii° siècle. Fut d'abord médecin, mais son goût pour l'imprimerie lui fit abandonner sa profession. Il composa un grand nombre d'ouvrages qu'il publia lui-même.

Langlois (François), dit *Chartres* ou *de Chartres*. Graveur français.

Langlois. Peintre et graveur pour la figure, originaire de Genève (xix° siècle).

Lantensack (Hans). Célèbre graveur allemand de Bamberg, qui publia, en 1522, un livre de dessins gravés sur bois.

Lanyer (Jérôme). Papetier auquel les Anglais attribuent, vers 1634, la découverte du papier velouté.

Larcher (Étienne). Imprimeur français, qui établit une imprimerie à Nantes en 1487 ou 1493.

Larousse (Pierre) (1817-1875). Imprimeur parisien, auteur du *Grand Dictionnaire du XIX° siècle*. Larousse consacra une partie de sa vie à l'instruction, fonda le journal *L'École normale* en 1857, et commença la publication de son *Dictionnaire* en 1864. En 1869, Larousse se fit maître-imprimeur pour continuer cette publication.

Lasne (Michel) (1596-1667). Célèbre graveur français.

Lassay (Marquis de . Établit en 1727 une imprimerie particulière dans son château de Lassay.

Lasteyrie (Comte Philibert de) (1759-1849). Agronome, industriel, philanthrope et publiciste français. Il présenta en 1820 un rapport favorable, à la société d'Encouragement, sur les pierres lithographiques factices dites carton de Senefelder. Il a publié, en 1837, un livre intitulé : *Typographie économique ou l'Art de l'Imprimerie mis à la portée de tous*. M. de Lasteyrie s'était rendu à Munich en 1812 pour voir de près l'invention de Senefelder ; après la paix, il fonda à Paris un atelier de lithographie, qui servit d'abord à l'impression des circulaires du ministre de la police, et plus tard à des travaux artistiques.

Lastmann. Peintre hollandais qui vivait vers 1626 ; il est un des premiers qui aient fait des essais de gravure en couleurs.

Lateron (Mathieu). Établit en 1514 la première imprimerie à Vendôme.

La Tour (Jean de). Introduisit l'imprimerie à Angers, en 1476.

Lauffen (Hélie de). Imprimeur suisse qui publia, en 1470, à Munster en Argovie, le *Mammotrectus*, premier livre imprimé en Suisse, et le premier aussi dans lequel on voit des chiffres arabes, qui n'avaient pas encore figuré parmi les signes typographiques.

Laugier (Jean-Nicolas) (1785-1865), Graveur français, né à Toulouse, à qui l'on doit toute une série de planches remarquables.

Laulne (Étienne de), dit *Stephanus*. Graveur français, né à Orléans, en 1518; il travaillait principalement pour les damasquineurs, les orfèvres et les nielleurs.

Launay (Nicolas de) (1739-1792). Graveur français.

Laurent et **Deberny**. (V. Berny (de).

Lavagna (Philippe de). Imprimeur milanais, qui exerçait en 1469.

Lavauzelle. Fondateur, en 1831, de l'importante librairie-imprimerie militaire de Limoges. C'est en 1870 que la maison fut placée sous la direction de son chef actuel, M. Henri Charles-Lavauzelle, qui lui a donné une impulsion considérable, laquelle ne fait que s'accentuer tous les jours.

Laver (Georges), de Wurtzbourg. Fut appelé à Rome, en 1469, par le cardinal Caraffa. Il établit son imprimerie dans le monastère de Saint-Eusèbe, où il eut pour correcteurs Platina et Pomponius Lætus.

Le Bas (Jacques-Philippe) (1703-1783). Graveur français.

Le Beau. Dessinateur français et graveur au burin.

Le Bé (Guillaume) 1525-1598). Graveur et fondeur en caractères, né à Troyes. Il grava à Venise, en 1545, des caractères hébraïques. En 1539, François Ier le chargea de graver et de fondre des caractères orientaux. Il fut un des fournisseurs du célèbre imprimeur Ch.istophe Plantin, d'Anvers.

Le Blon. Graveur allemand établi en Italie, qui appliqua dès le XVIIe siècle la théorie de l'impression polychrome à l'aide des trois couleurs fondamentales : rouge, bleu et jaune. Le Blon a expliqué en partie cette théorie dans un traité auquel il donna le nom de *Il colorito*.

Lebourgeois (Jean). Imprimeur rouennais du XVe siècle, qui eut pour élève le célèbre Faguer, une des gloires de la typographie britannique.

Lebrun (Pierre-Antoine). Poète français, membre de l'Académie française, né en 1785, mort à Provins. En 1830, il fut nommé directeur de l'imprimerie Royale, poste qu'il conserva jusqu'en 1848.

Lebrun. Habile graveur, à qui l'on doit l'illustration d'un grand nombre d'ouvrages scientifiques. Mort en 1894 à l'âge de 84 ans.

Le Caron (Nicolas). Créateur de la première imprimerie à Amiens, en 1508.

Le Cartel (Jean). Fondateur de la première imprimerie à Avranches, en 1591, et à Coutances, en 1597.

Le Clerc (Jean). Graveur sur bois, qui travaillait à Paris, vers 1620, sous le nom de Marchand, *tailleur d'histoires*.

Leclerc (Sébastien) (1637-1714). Habile graveur français, à qui l'on doit entre autres des traités sur l'architecture, la perspective et la géométrie.

Leclerc (Pierre). Habile ingénieur et constructeur mécanicien qui créa, en 1842, un atelier de fonderie dont il fit lui-même l'outillage, borné, vu son manque de ressources, à la fabrication des blancs. En 1858, Leclerc mourut, laissant à sa veuve qui ne lui survécut que peu d'années, l'administration de sa fonderie. Celle-ci fut cédée à une société, sous la raison sociale Vᵉ Routier et G. Peignot. Les ateliers prirent alors une grande extension et furent transportés, en 1868, au boulevard Edgar-Quinet.

M. Peignot, à qui le succès donnait une activité sans égale, adjoignit à la fabrication des blancs celle des filets matière, cuivre et zinc. En 1875, l'association prit fin et M. Peignot resta seul propriétaire. En 1882, la vieille fonderie Longien était incorporée à la maison Peignot, qui, de ce chef, adjoignit à la fabrication des blancs celle des caractères de labeurs et de fantaisie. Enfin, en 1892, une importante fonderie parisienne était également cédée à M. Peignot par Mᵐᵉ Vᵉ David, ce qui doublait en quelque sorte les ressources et les moyens de production de l'établissement du boulevard Edgar-Quinet, devenu ainsi un de nos ateliers de fonderie les plus vastes et des mieux approvisionnés.

Lecomte (Marguerite). Graveur français, mort à la fin du xviiiᵉ siècle.

Le Curion. Célèbre calligraphe qui vivait à Rome au moyen-âge.

Lee. Xylographe anglais qui a exécuté, à la fin du xviiiᵉ siècle et au commencement du xixᵉ, de nombreuses planches destinées à illustrer des ouvrages pour la jeunesse.

Leew (Gérard de). Ami d'Érasme ; il fut imprimeur à Gonda (Hollande), vers 1473, et s'établit ensuite à Anvers.

Le Fébure (Claude). Peintre et graveur à l'eau-forte.

Lefèvre (Théotiste). Célèbre typographe français, né en 1798, mort en 1887. Employé pendant cinquante ans dans la maison Firmin-Didot, il dirigea en maître les divers services de l'imprimerie. En dehors de ses travaux manuels, on lui doit le *Guide pratique du Compositeur d'Imprimerie*, ouvrage considérable, devenu classique et plusieurs fois réimprimé. Théotiste Lefèvre entreprit, avec une sollicitude couronnée de succès, l'instruction des sourds-muets au point de vue typographique, et fut, en 1842, l'initiateur de l'introduction des femmes dans l'imprimerie.

Lefèvre (Jean-Jacques) (1799-1851). Editeur, libraire et imprimeur français ; il exerça à Paris et publia des éditions remarquables, par leur exécution typographique, des meilleurs ouvrages français du xviiiᵉ siècle.

Lefman (Ferdinand). Graveur, mort à Paris en 1890. On doit à cet artiste la découverte d'excellents procédés pour la reproduction des dessins par la gravure et la phototypie. Il donna ainsi de très intéressants essais d'après des paysages de Corot, Daubigny, de Flers ; des sujets et figures d'après Faustin Besson, Amaury Duval, Chaplin et Yvon. Lefman a exécuté, pour la chalcographie du Louvre, une gravure fac-similé d'un dessin au crayon rouge d'André del Sarte.

Lefranc (Alexandre) (1830-1894). Industriel français, chef de la maison fondée en 1775 par Alphonse Lefranc, pour la fabrication des couleurs et des vernis pour les arts et l'industrie, à laquelle s'ajouta, en 1840, la fabrication des encres d'imprimerie.

Le Francq (Simon). Imprimeur lillois du XVIIe siècle. Il fut le gendre de Pierre Beys, à qui il succéda, à Lille, en 1645.

Lefrançois. Papetier établi à Rouen, vers 1620, et qui paraît être le véritable inventeur du papier velouté.

Legangneur. Célèbre calligraphe français.

Legascou. Célèbre relieur, qui, aux environs de 1820, opéra une révolution dans son art en y introduisant les *fers pointillés*, auxquels il a donné son nom.

Legrand (Marcellin). Célèbre fondeur en caractères et graveur de poinçons. Il succéda, vers 1820, à son oncle Henri Didot, comme directeur de la fonderie Polyamatype et grava pour l'imprimerie Nationale des caractères chinois et une belle collection dans les types Didot.

Leicester (Lord). Établit une imprimerie à Oxford, en 1585.

Leloir. Habile graveur sur bois de la première moitié du XIXe siècle.

Le Maire (Abraham). Fonda la première imprimerie à Calais, en 1582.

Le Marié (Antoine). Fondateur de la première imprimerie à Évreux, en 1600.

Lemercier (Jacques). Architecte et graveur français. Mort en 1660.

Lemercier (Rose-Joseph) (1803-1887). Habile et remarquable imprimeur lithographe français. Élève de Senefelder, il put, après les plus pénibles débuts, s'établir à son compte, et, par la suite, contribua grandement au développement de l'art lithographique en France.

Lemoyne (Suzanne-Sylvestre). Femme graveur au burin du XVIIIe siècle.

Longhi (Pietro). Habile graveur italien, né à Venise en 1702, et auteur d'un traité historique et pratique de la gravure.

Lenoir (Michel). Imprimeur estimé des bibliophiles, qui exerça aux XVe et XVIe siècles.

Léonard (Frédéric). Imprimeur parisien ; il fut l'associé et le successeur de Sébastien Huré et posséda la plus importante imprimerie de la capitale. Il avait pour clientèle spéciale le clergé et les ordres religieux, et c'est de ses presses que sortit la fameuse collection d'auteurs latins *Ad usum Delphini*.

Le Petit (Pierre). Célèbre imprimeur et fondeur en caractères du XVIIe siècle, mort en 1686. Il succéda, en 1647, à Gilles Morel, en la charge d'imprimeur du roi, aux gages de 225 livres. A la mort de Camusat, son beau-père, il le remplaça comme imprimeur de l'Académie française. On lui doit la fameuse *Histoire du Nouveau Testament*, de Royaumont, (in-4° de 546 pages) qui est un chef-d'œuvre d'impression et dans laquelle se trouvent 268 eaux-fortes d'un dessin incomparable, représentant les principales scènes de la Bible.

Le Rouge (Les). Famille d'imprimeurs français, originaires de Châblis (Yonne). Ils étaient à la fois calligraphes, enlumineurs, miniaturistes et s'occupèrent de typographie, de gravure sur bois et d'illustrations de livres. Jacques Le Rouge suivit Jenson à Venise, où il s'établit en 1472. Pierre Le Rouge édita à Châblis, en 1478, le *Livre des bonnes mœurs*, de J. Legrand. En 1487, il reçut le titre d'imprimeur royal. Son fils, Guillaume Le Rouge, lui succéda à Châblis, qu'il quitta ensuite pour aller s'établir à Troyes.

Le Rouge (Jean). Fonda la première imprimerie à Troyes, en 1483.

Le Rouge (Jacques) Fondateur de la première imprimerie à Embrun, en 1489.

Leroux (Pierre). Philosophe et économiste, représentant du peuple, ancien typographe et maître imprimeur, né à Paris, en 1798, et mort dans la même ville d'une attaque d'apoplexie. Après de bonnes études et quelques vicissitudes, il se fit compositeur, puis correcteur, et prit, en 1845, la direction d'une imprimerie à Boussac (Creuse). Elu représentant du peuple en 1848, il proposa à l'Assemblée constituante l'abolition des brevets d'imprimeurs, en réservant toutefois l'indemnité ; mais sa proposition fut rejetée. Il s'occupa, avec Ballanche, son confrère en imprimerie, de l'invention d'une machine à composer, qui n'eut aucun succès. Pierre Leroux fut le premier imprimeur qui abandonna le clichage au plâtre, pour utiliser le clichage au papier, inventé par Lottin de Laval. (V. ce nom.)

Le Roux (Mathurin). On lui doit l'introduction de l'imprimerie au Mans, en 1541.

Leroy (Guillaume). Typographe appelé à Lyon par Barthélemy Buyer, bourgeois de cette ville, où il imprima de 1473 à 1488.

Lesfargues (Bernard). Imprimeur et poète, né vers 1600.

Lesgret. Célèbre calligraphe français.

Le Sueur (Pierre) (1636-1716). Célèbre xylographe français, dont les travaux sont remarquables par leur fini.

Le Sueur (Vincent) (1668-1743). Fils du précédent ; se distingua comme lui dans la xylographie ; fut un des meilleurs élèves de Papillon.

Le Sueur (Nicolas) (1690-1764). Xylographe français, de la famille des précédents ; célèbre par sa fécondité ; on lui doit plus de 1,000 planches, dont un grand nombre très remarquables.

Le Talleur (Guillaume). Fondateur de la première imprimerie à Rouen, en 1487.

Leu (Thomas de). Célèbre graveur au burin, d'origine flamande.

Letton (Jean). Imprimait à Londres, avec Guillaume de Machlinia (de Malines), vers 1480.

Léveillé. (V. René.)

L'Évêque (Henri). Artiste génevois du xviiie siècle ; il était à la fois graveur et peintre sur émail.

Levilapis (Herman), dit encore *Lichtenstein*. Imprimeur du xve siècle, originaire de Cologne. Il se fixa à Vienne, où l'on croit qu'il introduisit l'imprimerie, à Trévise et à Venise, où il fut l'associé de Nicolas Petri de Harbus.

Levrault. Célèbre famille d'imprimeurs français, dont la maison, fondée en 1684, s'est, depuis, transmise de mains en mains, par succession directe, sans sortir de la famille. Établie à Strasbourg, et limitée à l'Alsace, la maison Levrault devait prendre un rapide essor au commencement de ce siècle. Pendant la période de 1798 à 1821, elle eut à sa tête François-Laurent-Xavier Levrault. Un de ses frères, nommé par l'empereur directeur de l'imprimerie de la Grande Armée, trouva la mort dans la campagne de Russie, et l'autre, au moment de la création du royaume de Westphalie, reçut le titre d'imprimeur du roi, à Dusseldorf. Xavier Levrault, chef de la maison principale à Strasbourg, créa les premières publications militaires. Il fut un des promoteurs de la fondation de l'*Annuaire militaire*. Plus tard, ayant étendu jusqu'à Paris même l'action de sa maison, il donna la mesure de ce qu'il pouvait entreprendre en éditant les œuvres de Cuvier, de Blainville, de Lacépède, d'Elie de Beaumont, de Victor Cousin et autres érudits.

Xavier mourut en 1820, et sa veuve dirigea l'imprimerie avec le concours de son gendre, Frédéric Berger-Levrault. Celui-ci eut pour successeur M. Oscar Berger-Levrault, qui s'est adjoint M. Norberg, aujourd'hui l'un des associés de cette importante maison dans laquelle il était entré, il y a 50 ans, en qualité d'apprenti.

Après la guerre de 1870, la maison Berger-Levrault n'hésita pas à quitter Strasbourg pour venir s'établir à Nancy où elle est encore actuellement.

Lévy (Michel). Né à Phalsbourg (Meurthe), en 1821. Il fit, vers 1830, ses débuts dans le commerce des livres, des pièces de théâtre, rue Marie-Stuart. Associé ensuite avec son frère aîné, il ouvrit, en 1847, avec son autre frère Lévy (Calmann), mort en 1891, le magasin de librairie, rue Vivienne, qui fut en 1871 transporté rue Auber. Le célèbre éditeur a conquis une place considérable dans l'industrie du livre et a rendu les plus grands services à la librairie française en développant partout des débouchés pour les productions de l'esprit français. Mort à Paris le 5 mai 1875, à l'âge de 54 ans.

Leyden (Lucas Van) (1494-1533) : célèbre peintre et graveur hollandais, à qui l'on doit la fameuse planche *Mahomet tuant*

Sergius. On l'appelle aussi Lucas de Leyde et Lucas Dammez.

Lhomme (Martin). Libraire-imprimeur parisien, qui fut le 15 juillet 1560 « pendu et estranglé à une potence, mise à la place Maubert, lieu commode et convenable, et déclare, dit l'arrêt, tout et chascun des biens du dict prisonnier acquis et confisquez au Roy ». Martin Lhomme avait publié un pamphlet contre les Guise, et qui était intitulé : *Épître envoyée au Tigre de la France*. (V. Debors Robert.)

Lichtenstein. (V. Levilapis.)

Liepmann (Jacques). Peintre allemand qui inventa une machine à l'aide de laquelle on pouvait tirer en quelques secondes une copie de tableau à l'huile. Ce fut l'origine de la chromolithographie.

Liétard (Michel) (1702-1796). Graveur génevois qui s'est attaché à reproduire les grands maîtres par le burin.

Lignamine (Philippe). Savant imprimeur qui publia à Rome, vers 1470, les premières éditions de Quintilien et de Suétone, parues sans date.

Linck (Antoine). Artiste génevois du XVIIIe siècle; il était en même temps graveur et peintre à la gouache.

Lionnet (Les frères). Artistes français, morts en 1898. Ils débutèrent dans la typographie, puis se consacrèrent à l'art dramatique. Leur talent égalait leur désintéressement et leur esprit philanthropique. Ils organisèrent de nombreuses représentations pour les enfants coupables ou moralement abandonnés de la Petite-Roquette et pour les déments des hospices d'aliénés. En reconnaissance des services rendus par les frères Lionnet, un comité a fait placer leur médaillon dans le grand amphithéâtre de la Salpêtrière. Les frères Lionnet étaient jumeaux et leur ressemblance physique telle qu'il était à peu près impossible de les distinguer l'un de l'autre.

Liotard (Jean-Eugène). Peintre et graveur à l'eau-forte.

Lipse (Just) (1547-1606). Un des plus illustres écrivains et humanistes belges. Il fut correcteur à l'imprimerie Plantin, et, à ce titre, mérite de compter parmi les illustrations typographiques.

Lissa (Gérard de). Célèbre typographe flamand du XVe siècle, connu encore sous le nom de *Gérard de Flandre;* il introduisit l'art de Gutenberg dans plusieurs villes d'Italie, notamment à Udine, où il imprima en 1484, avec des caractères gothiques, la *Constitutioni de la Patria de Frivoli*.

Littret de Montigny. Dessinateur et graveur au burin.

Llouffen (Elie). Chanoine de l'abbaye de Munster (Suisse) au XVe siècle, dans laquelle il établit une imprimerie.

Longhi (Giuseppe) (1766-1831). Célèbre graveur, né en Lombardie; il reproduisit la plupart des œuvres des grands maîtres italiens.

Longien. Fondeur parisien, dont la maison fut rachetée en 1882 par M. G. Peignot. (V. Leclerc Pierre.)

Lorenzo della Magna (Nicolo di). Il publia à Florence, en 1477, le *Saint Mont de Dieu*, d'Antonio Bettini, qui est le premier livre imprimé, orné de gravures sur cuivre.

Lorilleux (René-Pierre). D'abord ouvrier imprimeur à l'imprimerie Royale, Pierre Lorilleux créa la première fabrique française d'encres d'imprimerie. Il s'établit rue du Cimetière-Saint-André-des-Arts, actuellement rue Suger, dans l'ancienne demeure de l'abbé de Saint-Augustin, où sont encore les magasins de la maison Ch. Lorilleux et Cie. La première usine fut établie en 1816 à la Maison-Blanche; en 1824, elle fut transférée à Chante-Coq, sur les hauteurs de Puteaux, où Pierre Lorilleux avait acquis un ancien moulin à vent, dont l'image est devenue la marque de fabrique de cette maison qui est actuellement la plus importante fabrique d'encres du monde.

Lorilleux (Charles). Fils du précédent; il n'avait que 29 ans lorsqu'il succéda, en 1856, au fondateur de la maison. D'une activité sans égale, Charles Lorilleux s'attacha à transformer l'outillage de son usine pour le mettre au niveau des besoins nécessités par l'emploi des machines à tirages rapides. Il étendit les affaires de sa maison aux principales villes de l'étranger, dans lesquelles il fonda des succursales aujourd'hui très prospères. Chimiste distingué, il inventa de nouveaux procédés pour la production des noirs de fumée et adjoignit aux multiples branches de fabrication des encres, broyage et préparation des couleurs, etc., celle de la fabrication des rouleaux et des pâtes en pains, dans laquelle il ne tarda pas à exceller. En même temps qu'industriel et chimiste hors pair, Charles Lorilleux fut un lettré délicat et un technicien de grande valeur, à qui l'on doit la publication d'un manuel de lithographie très estimé.

La maison Ch. Lorilleux et Cie est continuée par MM. René-Charles Lorilleux et Hussenot-Lorilleux, fils et gendre de Charles, qui se sont attachés à en maintenir les traditions et la renommée, secondés dans cette tâche, par M. Charles Guasco, qui en dirige tous les services depuis plus de vingt ans.

Lornet, baron de Foucaux (A.-F.) (1759-1826). Ingénieur français qui s'occupa d'arts graphiques. Envoyé en mission en Allemagne, à l'époque de la Révolution, il y cultiva la lithographie naissante, fit l'analyse des encres et crayons employés, obtint des images parfaites, et apporta à Paris une pierre dessinée par lui, des épreuves tirées sur cette pierre et des mémoires sur l'art nouveau.

Lorrain (Claude le) (1600-1678). Célèbre paysagiste et graveur français, dont le véritable nom était Gelée.

Lortic. Cet habile relieur fut le concurrent heureux de Trautz-Bauzonnet. Leurs noms figureront avec éclat dans l'histoire de la reliure française. Venu du midi de la France, Lortic passa de longues années à se faire connaître et apprécier. C'est à Ambroise-Firmin Didot qu'il doit sa consécration : lors de la vente de la bibliothèque de l'éminent bibliophile, le nom de Lortic retentit avec honneur dans les salles de l'hôtel Drouot. Mort en mai 1892.

Lotther (Melchior). Imprimeur allemand qui publia, en 1519, à Wittemberg, la traduction du Nouveau Testament de Luther, avec les caractères de Froben, de Bâle.

Lottin (Auguste). Célèbre imprimeur parisien, qui avait eu avant la révolution le titre d'imprimeur du dauphin. On lui doit un grand nombre de productions, parmi lesquelles : *Les plaintes de la typographie contre certains imprimeurs ignorants*, traduit de l'ouvrage latin d'Henri Estienne, et le *Catalogue chronologique des libraires et imprimeurs de Paris*. Mort le 6 juin 1793.

Lottin de Laval (Victorien-Pierre). Né à Orbec-en-Auge (Calvados), le 19 septembre 1810. C'est à l'illustre peintre, sculpteur, chimiste, littérateur et voyageur Lottin de Laval, que l'on doit l'invention du flan en papier en usage dans toutes les clicheries. La première application de ce flan à la typographie fut faite à Boussac, en 1848, dans l'imprimerie de Pierre Leroux, alors député à la Constituante, et ami de Lottin de Laval. Le flan en papier n'est autre que la lottinoplastie appliquée à la clicherie, comme le prouve le flan *princeps* qui servit à mouler en 1845, à Bagdad, le fameux cylindre d'Opis, appartenant alors au colonel Taylor, gouverneur de l'Inde anglaise. Ce précieux document fait partie des collections de l'école Gutenberg, à laquelle il a été donné par l'inventeur de la lottinoplastie.

Lottin de Laval, qui vit aujourd'hui très retiré dans son château des Trois-Vals, près Bernay, obtint, à l'âge de 20 ans, une des 500 croix données aux héros des Trois Glorieuses. En 1844, il fut nommé, par le schah de Perse, directeur général des voies et navigations de la Perse, fonctions que la droiture de son caractère l'obligea à résilier peu après. Chargé de mission par le Gouvernement français en Perse, en Syrie, en Babylonie, en Arabie, en Assyrie, etc., il découvrit, en 1844, les ruines de Ninive, honneur que l'on a faussement attribué à l'Anglais Austen Layard, ainsi qu'il résulte d'une mention faite par M. Frédéric de Mercey, ancien sous-directeur des Beaux-Arts, dans son ouvrage : *Les Beaux-Arts depuis leur origine jusqu'à nos jours* (3 vol. in-8°, Paris, 1855, t. Ier, p. 77). Grâce à la lottinoplastie, Lottin de Laval put rapporter de ses nombreux voyages une foule de monuments anciens dont on peut admirer au Louvre les admirables reproductions.

Louis (Jean), dit *Tiletain*. Imprimeur parisien, originaire de Tielt (Pays-Bas), qui imprima en 1541 une édition de Quintilien très estimée.

Louis XV. Etablit en 1718, aux Tuileries, une imprimerie ; de ces presses sortit : *Cours des principaux fleuves et rivières de* *l'Europe*, composé et imprimé par Louis XV, sous la direction de Collombat.

Louis XVI. Quand il était Dauphin, fit installer à Versailles une imprimerie d'où sortit un livre intitulé : *Maximes morales et politiques tirées de Télémaque*, imprimées par *Louis Auguste, Dauphin*, in-8°, 1766.

Lowinger. Célèbre fondeur allemand du XVIIᵉ siècle.

Lucas de Leyde. (V. Leyden.)

Lucas (Francisco). Artiste espagnol qui, vers 1580, créa de beaux modèles calligraphiques pour copistes et graveurs.

Luce (Louis). Graveur en caractères de l'imprimerie du Louvre, de 1740 à 1770. Il a laissé un caractère spécial, la *perle*, gravé sur trois points, qui est le plus petit caractère fondu jusqu'à cette époque. Il créa le genre d'écriture appelé *bâtarde* du Louvre.

Lud (Gauthier). Fondateur de la première imprimerie à Saint-Dié, en 1507.

Lufft (Hans). Imprimeur de Wittemberg qui, adoptant la date de 1440 comme celle de l'invention de l'imprimerie, réunit en 1540 les imprimeurs, les libraires et les compagnons typographes de la ville pour célébrer le premier jubilé de cette invention.

Lugny (Vicomte de). Etablit en 1617, en son château de Lugny, près d'Autun, un atelier dans lequel il fit imprimer entre autres un in-folio : *Les Mémoires de Gaspard et de Guillaume de Saulx de Tavannes*.

Luschuer. Imprimeur à Montserrat au XVᵉ siècle.

Lutzelberger (Jean). Un des plus célèbres xylographes du XVIᵉ siècle, originaire de Bâle ; il a laissé une *Danse macabre* et un *Alphabet rustique*.

Lysa ou **Lisa** (Gérard de). Imprima à Trévise, en 1471, *Phalaridis, Epistolæ, ex interpretatione Fr. Aretini*.

M

Mabre-Cramoisy (Sébastien) (1642-1687). Imprimeur ordinaire du roi, il fut directeur de l'imprimerie Royale, après Sébastien Cramoisy, dont il avait épousé la petite-fille.

Mac-Carthy (Jacques) (1785-1835). Irlandais d'origine, mais élevé à Paris, il fit avec distinction les guerres de l'Empire ; après 1815, il se fit traducteur, puis devint imprimeur-libraire et, en 1830, chef de la section de statistique au dépôt de la guerre. Il a publié un *Traité de géographie moderne* fort estimé.

Macé (Charles). Célèbre imprimeur parisien, mort en 1606. Il avait pour marque une pyramide avec ces mots : *Stans penetro*, ce qui signifie que, sans bouger, par lui-même, un livre pénètre comme un coin dans l'intelligence.

Macé (Robert). Imprimeur de Caen, mort en 1490. Il est le premier qui exerça en Normandie l'art de l'imprimerie en se servant des caractères fondus. Il eut pour apprenti le célèbre imprimeur Christophe Plantin.

Machlinia (Guillaume de). (Voir Letton.)

Maeule. Célèbre graveur-émailleur genevois; il a porté à la perfection l'art de faire des nielles sur métaux précieux (xixe siècle).

Maillot. Nom du premier ouvrier imprimeur qui se servit de rouleaux confectionnés d'après le procédé du docteur Gannal. Maillot s'était fait une réputation dans l'imprimerie par diverses inventions ingénieuses.

Maître (Antoine). Célèbre relieur français, mort en 1871. Ayant commencé comme simple ouvrier, il dut à son travail et à son intelligence la haute situation qu'il occupa dans l'industrie de la reliure.

Malignan. Imprimeur qui, en 1593, publia à Nîmes le premier livre, avec date certaine, paru dans cette ville.

Malines (Israël de). (V. Mecken.)

Mallet-Bachelier. (V. Gauthier-Villars.)

Malo (Jacques) (1757-1800). Après avoir été cordelier, il quitta les ordres en 1789 pour établir une imprimerie à Vire; il la vendit peu après pour embrasser la carrière militaire; il était chef d'escadrons au 21e dragons lorsque les Jacobins, ayant fait irruption au camp de Grenelle en 1796, furent mis par lui en déroute. Quelque temps après, il fit avorter la conspiration de Lavilleheurnois, en arrêta les chefs, et fut nommé général de brigade, comme ayant bien mérité de la patrie.

Malo. Nom de deux industriels, le père et le fils, qui, à la fin du xviiie siècle, fabriquaient à Paris des plaques métalliques dans lesquelles étaient découpées des lettres. Ces plaques, qui rappelaient les *hypogrammes* des Grecs et les *laminæ interrasiles* des Romains, comprenaient un grand nombre d'alphabets, depuis la grandeur d'un pouce 1/4 jusqu'au cicéro, ainsi qu'un assortiment d'ornements et de vignettes variées.

Malteste (Félix) (1802-1883). Imprimeur français; associé en 1828 avec M. Mie, qui fut plus tard représentant du peuple, avait fondé rue Joquelet une imprimerie qui fut emportée par la débâcle de 1830. Quelques années plus tard, Malteste devint acquéreur de l'imprimerie Carpentier-Méricourt, qu'il dirigea pendant cinquante ans environ, et qui devint, à sa mort, la propriété de M. Edouard Duruy, l'imprimeur bien connu.

Mame (Armand). Imprimeur français qui fonda à Tours, en 1796, la célèbre maison d'imprimerie et d'édition qui porte son nom.

Mame (Alfred-Henri-Armand) (1811-1893). Fils du précédent; il prit, en 1833, avec son cousin Charles Mame, la direction de la maison fondée par son père. Resté seul directeur en 1846; il créa de vastes ateliers où travaillent constamment sept à huit cents ouvriers, non compris ceux du dehors. A la spécialité des ouvrages d'éducation religieuse et des six à huit millions de livres de prix qui sortent annuellement de la maison, il adjoignit la reliure, et, depuis

1845, l'édition des grands ouvrages descriptifs, littéraires ou scientifiques. On lui doit la *Bible*, avec dessins de Gustave Doré, la *Touraine artistique*, la *Chanson de Roland*, avec eaux-fortes de Chiffard, *Nos Potaches, les Ecoles professionnelles*, texte et dessins d'Alexis Lemaître ; *En Vacances*, texte et dessins de Henri Carot, l'habile peintre verrier, et une foule d'autres ouvrages non moins remarquables. M. Mame a créé des cités ouvrières, avec crèches, asiles, écoles, caisses de retraite, etc., qui lui valurent de hautes et légitimes récompenses. L'imprimerie Mame est actuellement dirigée par M. Paul Mame, fils de Alfred-Henri-Armand.

Mame (Edmond) (1861-1899). Fils de M. Paul Mame, Edmond fut un imprimeur aussi habile qu'érudit. Avec la collaboration éclairée de son père, il avait entrepris des travaux absolument remarquables, entre autres la *Vie de Jésus*, d'après les dessins de James Tissot, ouvrage unique en ce genre, qui suffirait à illustrer le labeur du jeune et brillant imprimeur décédé dans la force de l'âge après une cruelle maladie.

Mandouce (Emile) (1818-1871). Imprimeur lithographe français ; après avoir dirigé les ateliers lithographiques de la maison Chaix, et avoir été établi quelque temps à son compte, il alla s'installer à Constantinople, où il fonda la première lithographie qui ait existé dans cette ville.

Manet (Edouard) (1833-1882). Célèbre peintre et graveur français ; il s'était d'abord engagé dans la marine avant d'entrer dans l'atelier de Thomas Couture.

Manni (Dominique) (1690-1788). Célèbre imprimeur et publiciste, né à Florence ; il s'est distingué par l'érudition et la correction de ses ouvrages.

Mansion (Colard). Imprimeur flamand, qui fonda, croit-on, vers 1464, la première imprimerie à Bruges, où il resta sans interruption jusqu'en 1468 et où il reparut en 1471. On suppose que, durant son absence, il alla apprendre la typographie en France, si l'on en juge par la forme des caractères typographiques qu'il en rapporta et qui étaient ceux de la *grosse bâtarde* employée dans les manuscrits français.

Mantegna (André) (1430-1506). Peintre italien, de Padoue ; comme graveur, il excella dans la manière lancéolaire. Ses chefs-d'œuvre sont le *Christ au tombeau* et la *Sainte famille*.

Manuce (Alde l'Ancien). Illustre imprimeur, né à Bassanio (Italie), en 1449, mort en 1515. Il fut un des premiers imprimeurs qui donnèrent des éditions correctes des auteurs grecs et latins. C'est pour ces derniers qu'il inventa les caractères dits *aldins* ou italiques, dont il se servait exclusivement. Le premier livre sorti de ses presses, avec date certaine, est la grammaire grecque de Lascaris, publiée en 1494.

Manuce (Paul). Fils d'Alde l'Ancien, né à Venise, en 1512, mort en 1574. Fut imprimeur en 1533, et se distingua par la correction de ses classiques latins. Trouvant peu d'encouragements à

Venise, il vint à Rome (1562), où Pie VI lui confia un atelier au Capitole. Mal payé, il retourna à Venise en 1570.

Manuce (Alde, le Jeune (1547-1597). Fils de Paul Manuce; né à Venise, mort à Rome professeur de belles-lettres. A onze ans il publia un *Recueil des élégances des langues latine et italienne*. Il laissa tomber sa maison, en négligeant la correction de ses travaux et en abandonnant ses presses à ses ouvriers.

Manuel (Louis-Pierre). Homme politique français, né en 1751, mort décapité en 1793. Membre de la Commune de Paris, puis de la Convention nationale, il publia la *Police dévoilée*, les *Lettres de Mirabeau à Sophie de Monier*, des *Lettres sur la Révolution*, etc. Après avoir débuté dans les ordres, Manuel fut prote à l'imprimerie Garnery, rue Serpente. Au cours de sa vie publique, il s'intéressa au sort des ouvriers imprimeurs et voulut même user de son influence pour améliorer leur situation.

Marais (J.-B.). Graveur au burin.

Marun (Hiérosme ou Jérôme). Imprima le premier livre paru à Jonzac (Charente-Inférieure), en 1612, sous le titre *L'Armageddon de la Babylon apocalyptique*, du pasteur Jean Welsch. Plus tard, vers 1626, on le retrouve comme imprimeur à Sainte-Foy, en Guyenne, où il édita plusieurs ouvrages religieux ayant pour auteurs des pasteurs réformés.

Marc-Antoine ou **Marc-Antonio Raimondy**, dit encore **Marc-Antoine de Bologne**, né entre 1475 et 1488, mort en 1527. Un des plus célèbres graveurs italiens. Contemporain de Raphaël, il nous a principalement conservé les ouvrages de ce grand artiste.

Marcel (J.-J.) (1777-1854). Savant orientaliste français. Il prit part à l'expédition d'Egypte et fut l'organisateur et le directeur de l'imprimerie française du Caire. Nommé à son retour, en 1803, directeur de l'imprimerie Nationale, il conserva cette place jusqu'en 1809.

Marcenay de Ghuy (Antoine de). Peintre, graveur au burin et à la manière noire, amateur, né à Arnay-le-Duc, vers 1722, mort à Paris en 1811.

Marchand (Martin). Introduisit l'imprimerie à Pont-à-Mousson, en 1580.

Marchand (Prosper) (1675-1756). Littérateur et libraire français, mort à Amsterdam. Il a publié en 1740, à La Haye, une *Histoire de l'origine et des premiers progrès de l'imprimerie*.

Marchand (Guy). Imprimeur parisien des xve et xvie siècles.

Marcolini (François). Architecte et graveur italien, né en 1500, à Forli, et qui publia ses remarquables travaux à Venise.

Marcus Brandis. Est regardé comme le fondateur de l'imprimerie à Leipzig. Son premier ouvrage porte la date de 1481.

Maréchal (Quentin). Fondateur de l'imprimerie à Chaumont (Haute-Marne) (1598). Le premier ouvrage sorti de ses presses est le traité de *Pyrotechnie* de Joseph Boillot.

Mareschal (Eustache). Introduisit l'imprimerie à Pamiers (Ariège), en 1522. Ce personnage paraît être le même que le Mareschal qui créa la première imprimerie à Clermont-Ferrand, en 1523.

Marie de Médicis (1573-1642). Princesse d'origine italienne, femme de Henri IV et mère de Louis XIII. Elle cultivait les arts et laissa entre autres une gravure sur bois représentant un buste de femme.

Mariette (Pierre-Jean). Habile imprimeur et savant antiquaire du XVIII° siècle. Auteur du *Traité des pierres gravées* (2 vol. in-4°). Fut secrétaire du roi et contrôleur général de la Grande Chancellerie, membre de l'Académie royale de peinture et de sculpture.

Marin Allabre. Maître imagier, célèbre au siècle dernier, et qui rendit fameuse l'imagerie populaire chartraine.

Marinoni (Hippolyte). Né à Paris en 1823, dans un modeste logis de la rue Saint-Jacques. La situation considérable prise dans l'imprimerie par cet ancien ouvrier mécanicien, que la vivacité de son intelligence, sa ténacité inébranlable et son entente des affaires ont mis au premier plan du monde industriel — voire même politique par ses attaches avec le *Petit Journal* — nous oblige à lui donner ici une place que nous nous étions promis de ne donner qu'aux morts.

Marinoni entra tout jeune dans les ateliers de M. Gaveaux, où il fit son apprentissage. A 24 ans, il devenait l'associé de son patron, avec lequel il collabora à la construction de la première presse à réaction, dite à quatre cylindres, destinée au tirage du journal *La Presse*, dont Emile de Girardin était alors propriétaire. Le succès de cette machine fut considérable, et bientôt il n'y eut plus, en France et à l'étranger, une seule imprimerie de quelque importance qui ne voulût avoir sa *presse à quatre cylindres*. Nous ne pouvons entrer ici dans le détail des créations auxquelles Marinoni attacha son nom; disons seulement que, le premier, il exposa en 1867 une rotative à papier sans fin, qui tirait 10,000 exemplaires à l'heure. Ce fut à M. Cl. Motteroz, l'habile directeur des Imprimeries réunies, alors conducteur typographe, que revint l'honneur, après des difficultés multiples, de la mise en marche du nouvel engin de production, si complétement perfectionné depuis par son créateur, que le chiffre du tirage est passé, selon le genre de machine et de travaux, de 10,000 à 36,000 exemplaires. Marinoni a construit un nombre considérable de machines de tous genres, pour la typographie, la lithographie, le bronzage mécanique, etc., et, à l'heure actuelle, on ne compte pas moins de 13,220 machines exclusivement réservées à l'imprimerie. Le célèbre constructeur s'est adjoint, depuis de longues années déjà, l'ingénieur Jules Michaud, son gendre, qu'il a chargé de la direction de ses ateliers, et dont la compétence n'est égale que par l'activité et l'urbanité.

Marnef (Jehan de). Typographe du XVe siècle, qu'on regarde comme ayant fondé la première imprimerie à Poitiers, en 1479.

Marot (Jean-Baptiste). Graveur français qui vivait vers le milieu du XVIIe siècle.

Marot (Michel). Graveur français, fils du précédent.

Maroulle ou **Marullo** (J.-A. de) (1674-1726). Protecteur des arts et graveur amateur, d'origine italienne.

Marpon (Charles) (1838-1890). Imprimeur français et éditeur populaire. Né à Nancy, Marpon eut des débuts très modestes, et il était depuis longtemps conducteur à l'imprimerie Schiller, quand il eut l'idée, avec son frère Lucien, d'acheter les soldes d'éditions et d'inaugurer le système de vente à bon marché qui s'est depuis généralisé. En 1873, il s'associa avec M. E. Flammarion, le frère de l'astronome, et ils devinrent peu après propriétaires de l'imprimerie de la rue Racine.

Martens (Thierry), **Mertens** ou **Maertens**, dit encore *Martin d'Alost*. Imprimeur flamand, qui publia à Alost, en 1473, le *Speculum conversionis peccatorum*, de Denis de Leeuw, qu'on regarde comme la première production typographique des provinces flamandes.

Martin (Guillaume). Associé de Sébastien Nivelle, avec lequel il publia des ouvrages très importants (1559-1567).

Martin de Flandre. (V. Schœn.)

Martin (Edme). Imprimeur du XVIIe siècle, qui publia des ouvrages religieux et historiques et fut nommé directeur de l'imprimerie Royale sur la recommandation de Sébastien Cramoisy.

Martin (Edme II). Habile et érudit imprimeur-libraire qui publia, au XVIIe siècle, un grand nombre d'ouvrages généralement appréciés.

Martin d'Alost. (V. Martens, Thierry.)

Martin le Jeune. Imprimeur parisien du XVIe siècle; très habile dans son art, il fut choisi pour succéder à Robert Estienne lorsque celui-ci se retira à Genève pour cause de religion. On lui doit la publication en hébreu de quelques livres de l'Ancien Testament.

Martinet (Achille) (1806-1877). Célèbre graveur français, membre de l'Institut. Ses meilleures œuvres sont : ses études d'après les *Loges* de Raphaël; un beau portrait de *Rembrandt*, daté de 1835; *Charles Ier*, d'après Delaroche; le *comte d'Egmont*, d'après Gallait; *Le Tintoret et sa fille*, d'après Léon Coignet; la *Vierge à l'œillet*, d'après Raphaël; la *Magdeleine* et le *Saint Paul à Éphèse*, d'après Lesueur.

Martinet (Louis) (1811-1867). Imprimeur français, qui s'est fait une réputation méritée par ses impressions d'ouvrages scientifiques, et par celle du *Magasin pittoresque*, qui s'imprima chez lui jusqu'en 1853. Son imprimerie, une des premières de la capitale, passa aux mains de son fils; elle fait aujourd'hui partie des Imprimeries réunies.

Marziano. Dessinateur, coloriste et miniaturiste italien, originaire de Tortone et auquel on attribue les cartes à jouer datées de 1142, dont les beaux types sont conservés à Milan, Turin et Gênes.

Mascaron (Pierre). Libraire d'Avignon, qui établit une imprimerie à Marseille, en 1594.

Masquin (Georges) (1825-1888). Un des protagonistes de l'idée corporative parmi les ouvriers ; il fut, avec Corbon, l'un des collaborateurs du journal *L'Atelier*, et l'un des fondateurs et le second directeur de l'Imprimerie nouvelle, association ouvrière installée d'abord rue des Jeûneurs, puis transportée rue Cadet.

Massiquot (Guillaume). Né à Issoudun en 1797. Il inventa, en 1840, la mécanique à couper le papier à laquelle il a donné son nom.

Masso Finiguerra. Artiste italien de Florence, dont les premiers essais datent de 1450, et auquel on attribue l'invention de la gravure en creux sur métal, quoique les iconographes allemands décrivent, dans leur pays, un certain nombre d'estampes portant des dates antérieures. Masso Finiguerra jouit, en son temps, d'une grande réputation comme dessinateur et nielleur.

Masson (Antoine) (1636-1700). Peintre et graveur au burin d'une rare habileté.

Mathias (Antonius). Imprimeur du xve siècle, qui s'établit à Mondovi (Italie) avec Balthasar Cordier ; c'est de leurs presses que sortit le premier livre en date (1472) imprimé dans cette ville.

Mattaire (Michel). Un des plus célèbres historiens de l'imprimerie, né en 1668, de parents français réfugiés. Mort à Londres en 1747.

Maufer (Pierre). Imprimeur d'origine française qui, vers 1475, se fixa en Italie où il exerça son art à Padoue, Vérone et Venise, et laissa des éditions très estimées.

Maulde (Alfred) (1832-1895). Imprimeur français. Il débuta en 1836 dans l'imprimerie fondée par son père avec la collaboration de M. Renou, son associé, et dirigée ensuite par M. Cock. En 1884, Alfred Maulde devint gérant de cette maison, à laquelle il sut maintenir le rang exceptionnellement honorable qu'elle tient dans l'imprimerie parisienne. L'imprimerie Maulde, Doumenc et Cie est aujourd'hui dirigée par M. Henri Doumenc, qui débuta dans la maison comme apprenti typographe.

Maurer (Christophe) (1558-1614). Célèbre xylographe originaire de Zurich.

Maurier (G. du). Célèbre dessinateur anglais, d'origine française. Mort en 1896.

Maurus (Jean). Fonda la première imprimerie, en 1500 ou 1517, à la Réole (Gironde).

Maxton (John). Il fut le premier qui, en Angleterre, exerça, de 1659 à 1683, l'art de la fonderie selon certaines règles mathématiques.

Mayeur (Gustave). (V. Battenberg.)

Maynal (Guillaume). Imprimeur parisien du xvᵉ siècle. Après avoir rompu son association avec Martin Krantz et Michel Friburger, Ulrich Gering, alors établi rue de la Sorbonne, choisit deux nouveaux associés, Guillaume Maynal et Berthold Remboldt. Il publia, avec leur concours, entre autres livres, le *Missel de Paris*, pour le compte de Simon Vostre (1477).

Mazzuoli (François), dit le Parmesan. On lui attribue l'invention de la gravure à l'eau-forte.

Meckelen ou **Meklen** (Israël van), connu encore sous le nom d'*Israël Mentz* ou *Israël de Malines*. Il est regardé par quelques auteurs comme l'inventeur de la gravure à l'eau-forte xvᵉ siècle).

Mecheln (Conrad de). Imprimeur qui exerçait son art à Bâle, vers 1685, et dont l'établissement a duré jusqu'au commencement du xixᵉ siècle.

Méchitar. Habile imprimeur arménien qui vivait dans l'île de Saint-Lazare, près de Venise, où il imprima, en 1733, la Bible en arménien.

Mecom (Benjamin). Imprimeur américain qui fit en 1770, à Philadelphie, des essais de clichage analogues à ceux qu'avait faits Ged à Édimbourg.

Meerman (Gérard) (1722-1741). Érudit hollandais auquel on doit (1765) un ouvrage sur les *Origines typographiques*, dans lequel, à l'aide d'une foule de documents, il tenta d'établir que Laurent Coster est l'inventeur des types mobiles, et que Gutenberg ne fit que perfectionner son invention en créant les lettres en métal fondu, création que les Italiens attribuent à Bernard Cenini.

Mélanchton (1497-1560). Célèbre réformateur allemand, collaborateur et ami de Luther, dont il devint plus tard l'adversaire. Rédigea la *Confession d'Augsbourg* et fut correcteur chez un imprimeur du nom d'Anselme.

Mellan (Claude) (1601-1688). Graveur français très original, dont une estampe représente la tête du Christ en une seule ligne spiralée.

Mendoza (Antoine de). Érudit espagnol, qui introduisit l'imprimerie à Mexico, vers 1564.

Menissel. Imprimeur du xviᵉ siècle, dont on possède un recueil de *Vieux Noëls*, conservé à la bibliothèque de l'Arsenal, et imprimé par lui à Melun en 1590.

Mennet (L.). Graveur et peintre genevois (xixᵉ siècle), très connu comme paysagiste et animalier.

Mentel ou **Mentelin** (1410-1478) Regardé à tort par quelques-uns comme l'inventeur de l'imprimerie, il fit son apprentissage à Mayence, et vint en 1440 à Strasbourg, dont il est le plus ancien imprimeur. On le surnomma *Chrysographe* (enlumineur), et il reçut de l'empereur Frédéric III des lettres de noblesse. C'est à lui qu'avaient été conférées par le même empereur, en 1466, disent les uns, en 1468 ou 1470 selon d'autres, les armes des imprimeurs, avec cette devise : *Virtutem mente coronat*

Mentz. (V. Mecken.)

Mercier (Abbé). Savant bibliographe et historien de l'imprimerie, mort en 1799. On doit à cet érudit des ouvrages très estimés sur les premiers produits de la typographie.

Mercier (Gustave). Aquafortiste français, élève de Caucherel, décédé et incinéré à New-York, en janvier 1899, à l'âge de 46 ans. Il s'était fixé depuis 1887 en Amérique, où ses portraits d'après nature et ses reproductions de tableaux modernes lui avaient acquis une grande réputation.

Merian (Matthæus, l'Ancien) (1593-1651). Graveur suisse qui alla s'établir à Francfort. Son fils, Matthæus le Jeune, fut aussi graveur et peintre de grand talent; quant à sa fille, Maria-Sybilla, elle dessinait dans la perfection des fleurs et des insectes qu'elle peignait ensuite en miniature.

Mestral. (V. Reymond.)

Metlinger (Pierre). Imprimeur du xve siècle, d'origine allemande. Il introduisit l'art typographique à Besançon en 1487, à Dole en 1490, puis vint s'établir à Dijon. C'est de ses presses que sortit, en 1491, le premier livre imprimé en cette ville, sous le titre : *Recueil des privilèges de l'Ordre de Cîteaux*.

Meyrucis (1817-1890). Imprimeur parisien, successeur de M. Marc Ducloux, alors établi rue Saint-Benoît ; il transporta sa maison au n° 13 de la rue Cujas, où il commença l'impression des importantes publications protestantes qui ont tant contribué à la prospérité de cette maison. M. Meyruois eut pour successeur M. Ch. Noblet, le vénérable président honoraire de la Chambre des imprimeurs.

Michaud (L. G.) (1772-1858). Imprimeur qui a donné son nom à une *Biographie* célèbre. Il fut d'abord officier d'infanterie ; pendant la Révolution, il se fit imprimeur à Paris, en société avec Giguet, qui mourut en 1806. Ayant mis ses presses au service du parti de l'émigration, il subit trois mois de prison en 1799 et de nombreuses tracasseries sous l'Empire. En avril 1814, il imprima les proclamations des souverains alliés, et, en 1815, celle que Louis XVIII adressait de Cambrai, avant sa rentrée à Paris. Michaud eut le titre d'imprimeur du roi, et fut quelques mois directeur de l'imprimerie Royale, en 1824.

Michaud (Auguste) (1783-1879). Sculpteur e graveur sur médailles. Fut nommé graveur général des monnaies par Louis XVIII et maintenu par Charles X.

Michel. Célèbre calligraphe français.

Michel (Claude). Cet imprimeur fonda la première imprimerie de Tournon (Ardèche), en 1582.

Michel (Victor). Stéréotypeur français, inventeur des clichés bitumineux (1854) qui furent utilisés pour les illustrations du *Magasin pittoresque*, du *Musée des familles*, de *l'Illustration*, etc. Il fut des premiers à pratiquer le moulage à la gutta-percha, qui venait d'être découvert par Coblence, pour les reproductions galvanoplastiques applicables à la typographie.

Michelet (Jules). Illustre historien français, né en 1798, mort à Paris en 1874. Michelet avait été apprenti typographe dans l'imprimerie de son père. L'atelier paternel étant des moins prospères, par suite de la suppression des journaux, décrétée en 1800, les débuts du grand historien furent des plus pénibles. On vit la famille de Michelet se transporter successivement de la rue Montmartre à la rue Française, puis de celle-ci au coin de la rue de Verneuil et de celle des Saints-Pères, au n° 10 actuel; puis encore, peu après, en 1810, au boulevard Saint-Martin. En 1812, ils habitaient rue Notre-Dame-de-Nazareth, où ils furent privés de leurs moyens d'existence par un décret de Napoléon qui supprimait la plupart des imprimeries. Vers 1813 on les retrouve rue du Carême-Prenant, actuellement rue des Vinaigriers; ils avaient alors une chèvre que le jeune Michelet menait brouter dans l'impasse Saint-Louis. En 1815, la mère de Jules étant morte, le père et le fils, qui habitaient rue de Périgueux, ayant pour tout logement une pièce et un cabinet noir, se transportèrent rue de Buffon, puis en 1818 rue de la Roquette, au 49, où se voit encore le vieil hôtel dans lequel ces pauvres gens s'étaient réfugiés. Michelet, qui s'était appris seul à lire et à écrire, était venu au monde dans une église abandonnée dépendant du couvent des Filles de l'Union chrétienne, et dans laquelle son grand-père et son père avaient établi leur imprimerie. Cette église existe encore aujourd'hui : elle est située au n° 16 de la rue de Tracy.

Michels (Alphonse). Imprimeur parisien. Entré en apprentissage à l'âge de 8 ans, il fut ouvrier à 13 ans. Prote de l'imprimerie Carré, il épousa la veuve de son patron et prit la direction de la maison dans laquelle il avait débuté à un âge où l'on commence généralement son entrée à l'école. Mort en 1895.

Mickle (William-Julius) (1734-1788). Poète écossais, qui fut correcteur à Oxford, à la *Clarendon Press*.

Mie (Louis-Auguste). Né en 1801. Imprimeur à Périgueux, il fut député de la Dordogne à l'Assemblée Nationale de 1848 et à la Législative de 1849. (V. Malteste.)

Mignard (Nicolas), dit *Mignard d'Avignon*, pour le distinguer de son frère Pierre, dit *Mignard le Romain*. Peintre et graveur, né à Troyes vers 1605 et mort à Paris en 1668. C'est à la manière de peindre de son frère que l'on a donné le nom de *mignardise*.

Mignard (Jacques). Né en 1746. Littérateur, médecin et imprimeur à Paris; en 1801, il se rendit en Amérique où il mourut.

Migon (Etienne). Habile typographe qui fut chargé de diriger l'imprimerie que le cardinal de Richelieu avait établie dans son château de Richelieu, près Chinon, en 1642.

Milanese (Giov.-Cresci). Artiste italien qui laissa (1575) aux calligraphes et graveurs de son temps de beaux modèles de lettres.

Millanges (Simon). Célèbre imprimeur du xvie siècle, né à Limoges Professeur à Bordeaux, en 1572, il s'y établit imprimeur et publia des éditions qui se rapprochent beaucoup de celles des Estienne par la finesse de l'impression et des caractères.

Millar (Andrew). (V. Chapman.)

Miller. Mécanicien anglais qui, peu après l'invention de Frédéric Kœnig, construisit une machine pouvant imprimer 2,000 feuilles à l'heure.

Millet (Aimé), né à Paris vers 1816, mort en 1891. Célèbre sculpteur et dessinateur, élève de David d'Angers.

Mills (Nathan) (1749-1824). Imprimeur américain, né à Boston. Propriétaire du *Massachusett's Gazette*, il prit parti pour les Anglais lors de la guerre de l'Indépendance. Son journal fut supprimé par le Congrès et Mills se réfugia à Edimbourg après la défaite des troupes anglaises.

Minutianus (Les deux frères). Imprimèrent à Milan, en 1498-99, les œuvres complètes de Cicéron en 4 volumes in-folio.

Mocetus (Jacob). Célèbre xylographe italien, né à Vérone en 1454.

Moco (Hans). Fondeur du xvie siècle, d'origine suisse. Employé par Luschner, imprimeur à Montserrat, il fut envoyé par celui-ci à Perpignan, pour se procurer les matrices (de Rosembach probablement).

Mohl. Né en 1800, à Stuttgart, naturalisé français en 1842. Mohl, qui fut un savant orientaliste, devint professeur de persan au collège de France, membre de l'Académie des inscriptions et belles-lettres, et inspecteur de la typographie orientale à l'imprimerie Nationale.

Molé (A.). Habile fondeur qui fut directeur de la Fonderie générale. (V. ces mots.)

Momoro (Ant.-Franç.-M.). Imprimeur à Paris, né en 1756, à Besançon (Doubs), reçu dans la communauté des libraires de Paris en 1787, membre du club des Cordeliers en 1791, de la Commission municipale en 1792, commissaire du pouvoir exécutif en Vendée en 1793, décapité à Paris le 24 mars 1794. Momoro, gendre et successeur de Fournier le Jeune, avait commencé un traité de typographie que sa mort prématurée l'empêcha d'achever. (V. au *Dictionnaire de Bibliographie*.)

Monni (Jean). Graveur lyonnais (1580).

Monnoyer (Antoine). Reçu maître imprimeur à Paris en 1618, il fut le fondateur de la célèbre maison Monnoyer, du Mans, dans laquelle son fils Pierre lui succéda en 1634.

Monnoyer (Charles-Nicolas) (1793-1862). Il donna un grand développement à l'imprimerie fondée par ses ancêtres, fut investi de fonctions électives par ses concitoyens et laissa son important établissement à son fils Edmond, qui le dirigea jusqu'en février 1899, date de sa mort. M. Edmond Monnoyer était âgé de 64 ans.

Monpied (Aîné). Habile typographe, qui s'est particulièrement distingué dans l'exécution des travaux en filets, parmi lesquels *L'Amour et Psyché* et *La Mort d'Abel*. Après l'Exposition de 1855, Monpied fut décoré de la Légion d'honneur; il était prote chez Perraud et mourut vers 1856.

Montagna (Benedetto). Graveur italien du xvi° siècle, qui imita le style d'Albert Dürer.

Moreau (Pierre). Maître écrivain qui se fit recevoir imprimeur en 1640. Il grava une bâtarde brisée et une ronde avec lesquelles il imprima divers ouvrages. On donna à ces caractères le nom de *financiers*.

Moreau (Hégésippe). Poète français, né en 1810. Il a laissé des poésies réunies en volume sous le titre *Myosotis*. Elevé à Provins, il y apprit l'art typographique à l'imprimerie Lebeau, puis vint à Paris, où il travailla quelque temps comme compositeur à l'imprimerie Didot. Après une vie de misère et de privations, il mourut à l'hôpital de la Charité en 1838.

Moreesen (Paul). Célèbre xylographe flamand du xviiº siècle.

Morel. Introduisit l'imprimerie à Angers, en 1476.

Morel (Frédéric Iᵉʳ l'Ancien), (1523-1583). Savant helléniste français; gendre de Vascosan, il fut nommé directeur de l'imprimerie Royale en 1571. On lui doit des traductions de saint Jean Chrysostome, et un *Discours du vrai amour de Dieu* (1557).

Morel (Frédéric II le Jeune). Fils de Frédéric Iᵉʳ, né en 1558, mort en 1630, imprimeur du roi pour l'hébreu, le latin, le grec et le français, il devint, par l'amitié d'Amyot, professeur d'éloquence au collège Royal en 1585. On lui doit de bons ouvrages latins et de belles éditions d'Aristote et de Strabon.

Morel (Claude). Né en 1574, mort en 1626, frère de Frédéric le Jeune, lui succéda dans la direction de son imprimerie particulière en 1617, et reçut le titre d'imprimeur du roi en 1623. Il a publié des éditions de saint Basile, saint Cyrille, saint Grégoire de Nazianze, Archimède, Philostrate, etc.

Morel (Gilles). Fils de Claude, mort en 1650, fut aussi imprimeur du roi, puis conseiller au Grand Conseil. Dans le petit nombre de ses éditions, on distingue la *Bibliothèque des Pères grecs*, Paris, 17 vol. in-folio.

Morel (Guillaume) (1505-1564). Savant imprimeur français, qui succéda à Turnèbe dans sa charge de directeur de l'imprimerie Royale. On lui doit des éditions et des traductions de différents ouvrages grecs.

Moret ou **Moretus** (Jean). Imprimeur anversois du xvi° siècle, succéda à Plantin, son beau-père. Il se montra, par sa science et son talent, digne héritier de ce célèbre imprimeur, et mourut en 1610, laissant deux fils, Balthazar et Jean, qui exercèrent comme lui l'art de l'imprimerie.

Moretus (Edouard-Joseph). Dernier imprimeur de la lignée de Christophe Plantin. Ce fut lui qui céda en 1877, à la ville d'Anvers, pour en faire un musée, la maison et le matériel du célèbre imprimeur. Cette cession ayant été faite à des conditions très avantageuses pour la ville, vu les richesses incomparables que renfermait la maison, M. Moretus, qui mourut en 1880, peut être considéré comme un bienfaiteur de l'art typographique.

Morghen (Raphaël) (1758-1833). Célèbre graveur italien.

Morin (Martin). Imprimeur du xiv° siècle, auquel divers auteurs attribuent l'introduction de l'imprimerie en France. Martin Morin, d'après eux, ayant travaillé à Mayence, aurait apporté le nouvel art à Rouen. Cependant il résulte des recherches d'Edouard Frère et de P. Deschamps, que le premier livre attribuable, avec certitude, aux presses de Morin, date seulement de 1490, et que l'exercice de la typographie à Rouen ne peut être fixé qu'à l'année 1487.

Morin. Peintre et graveur à la pointe et à l'eau-forte.

Morpain (François). Imprimeur français qui reprit, en 1541, la succession de l'imprimerie Jean Guyard, à Bordeaux. Sa maison passa à Pierre de Ladime en 1571.

Morrhius (Gérard). Imprimeur du xvi° siècle, dont les publications grecques sont datées de la Sorbonne.

Morris (Richard). Imprimeur français, né en 1802 à Valenciennes, mort en 1884. Il attacha son nom à l'affichage des pièces de théâtre. En 1868, c'est lui qui fit établir sur les boulevards, les places publiques, les quais de Paris, les colonnes-affiches qui, de jour et de nuit, permettent au promeneur de consulter d'un coup d'œil l'ensemble des représentations scéniques. L'imprimerie Morris est continuée par son fils Gabriel, le typographe bien connu.

Morris. Général américain qui fut d'abord typographe. Membre de la Société typographique de New-York, il y porta le 1er septembre 1867, un toast dont les principaux termes sont empruntés au vocabulaire de l'imprimerie : « L'Union américaine, dit-il, est un noble *in-folio* de trente et une *pages* (nombre des Etats de l'Union à cette époque), fait par les meilleurs auteurs de la République des *lettres*, composé, *stéréotypé*, *imprimé* et *relié* dans une *forme* qui durera toujours. On peut y faire des *additions*, mais non des *retranchements*, et ceux qui *composeront* de futurs Etats, quelque bons ouvriers qu'ils soient, devront suivre exactement cette *copie*. »

Motiu (H.). Artiste genevois du xix° siècle, qui fut à la fois graveur et peintre paysagiste animalier.

Mougin-Rusand. Habile imprimeur lyonnais, mort en 1897.

Moulinet. Habile typographe de l'imprimerie Paul Dupont; comme Monpied, il se distingua dans les travaux en filets et exécuta ainsi un *Gutenberg* très remarquable. On lui doit en outre le fameux spécimen de Derriey, œuvre unique en son genre et qui ne sera très vraisemblablement jamais surpassée. Moulinet est mort vers 1864.

Mourot (Martin). Fonda la première imprimerie à Longeville (Meuse), en 1501.

Moxon (Joseph). Typographe d'origine anglaise, qui publia en 1683 un très curieux manuel de typographie en 2 volumes, intitulé : *The Mechanick Exercises*, dans lequel il donne entre autres une description très détaillée de l'imprimerie en Angleterre au XVIIe siècle.

Moyreau (Jean). Graveur au burin.

Moyse. Imprimeur juif du XVe siècle, originaire de Spire, en Allemagne, dont la famille se consacra à l'art typographique. Il eut pour fils Rabbi Gerson. (V. ce nom.)

Muguet (François) (1630-1702). Originaire de Lyon, il s'établit à Paris, où il devint imprimeur du roi et du clergé de France.

Müller de Kœnigsberg ou **de Montereggio** (Jean). Imprimeur du XVe siècle, qui publia à Nuremberg 48 ouvrages, notamment des *Calendriers* célèbres. Appelé par le pape Sixte IV, il vint à Rome et y mourut, dit-on, empoisonné.

Muller (Frédéric) (1782-1816). Habile graveur allemand, né à Stuttgart, mort à Paris.

Muller (J. Gaspard). Célèbre graveur allemand ; il fut le premier qui s'occupa de la gravure des lettres à Leipzig.

Muller (Jean). Pasteur de l'Eglise de Leyde, qui eut le premier l'idée, entre 1700 et 1771, de lier et de fixer les caractères mobiles composés, en les soudant par le pied. A ce titre on le regarde comme le promoteur de la stéréotypie. Il fut aidé dans ses travaux par son fils et par Van der May.

Musculus (Wolfrang) (1497-1563). Célèbre théologien, né à Dieuze (Lorraine), mort à Berne. Fut correcteur chez Froben, avec Amerbach, Casaubon et Erasme.

Musurus (Marc). Savant correcteur, né en Crète, vers 1470. Il se fixa en Italie et fut employé chez les Alde. En 1516, Léon XII le nomma archevêque *in partibus* de Malvasia, en Corée.

N

Nanteuil (Robert). Célèbre peintre et graveur au burin et à l'eau-forte, né à Reims, mort en 1678.

Nanteuil (Célestin) (1813-1873). Célèbre lithographe et peintre français, élève de Ingres.

Née (François-Denis) (1732-1818). Habile graveur, né et mort à Paris. Restaurateur des cuivres du *Recueil des Peintures antiques*.

Née de la Rochelle (1751-1838). Historien de l'imprimerie. On cite entre autres de lui : *Les recherches sur l'établissement de l'art typographique en Espagne et en Portugal*, Paris, 1830, et *l'Imprimerie savante*, 5 vol.

Néobard (Conrad). Imprimeur du XVIe siècle, qui fut en 1538 nommé imprimeur du roi pour le grec par François Ier, en raison de « son activité, de ses grandes ressources et de sa connaissance de la langue grecque. »

Nerlius (Bernard). Avec la collaboration de son frère, il imprima en 1488, à Florence, la première édition grecque d'Homère, laquelle est fort rare et très recherchée.

Neudorffer l'Aîné. Peintre de Nuremberg, qui laissa de beaux modèles de lettres majuscules et minuscules (1538).

Neumeister, Nummeister. Créa l'imprimerie à Albi, en 1481.

Neyret. Introduisit l'imprimerie à Chambéry, en 1483.

Nicholson (John) (1730-1796). Célèbre éditeur et imprimeur anglais, libraire de l'université de Cambridge. Il s'était acquis une grande renommée par ses éditions de livres classiques. Les étudiants lui avaient donné le surnom de Map ou Picture (carte ou tableau), à cause de sa manie de faire hommage à tous les universitaires de chaque carte géographique ou portrait qu'il publiait.

Niepce (Joseph-Nicéphore) (1763-1833). Un des inventeurs de la photographie, né à Châlon-sur-Saône. Il s'associa en 1829 avec Daguerre, et, aux termes du contrat passé, il fut reconnu que Niepce était l'inventeur du procédé désigné sous le nom de *daguerréotype*.

Niepce de Saint-Victor (1805-1870). Neveu du précédent qui, sans avoir jamais pris aucun brevet, n'en perfectionna pas moins les découvertes de son oncle. Chimiste distingué, il fut le promoteur de la photographie des couleurs, et, par ses recherches, en démontra la possibilité. Niepce de Saint-Victor avait été officier de dragons et de la garde municipale de Paris. Il fut nommé commandant du Louvre en 1854.

Nies (Frédéric). Graveur allemand qui, le premier de l'Allemagne, ait gravé des caractères hiéroglyphiques en 1840.

Nivelle (Sébastien). (V. Martin, Guillaume.)

Nivelle (Nicolas). Fils de Sébastien Nivelle. Érudit et habile imprimeur-libraire juré du XVIe siècle. Fut imprimeur de la *Sainte Ligue* et empêcha la ville de Paris d'être prise, alors qu'elle était assiégée par les troupes du roi, en 1589. C'est sans doute en raison de cet acte de vigilance, accompli à la barrière Saint-Jacques, qu'il fut nommé imprimeur de la Ligue.

Nodier (Charles) (1783-1844). Littérateur et membre de l'Académie française. Auteur, en 1801, d'une ode injurieuse pour Bonaparte, il fut enfermé à Sainte-Pélagie. A sa sortie de prison, il retourna à Besançon, sa ville natale, où il fut tour à tour correcteur d'imprimerie, professeur, bibliothécaire et journaliste.

Noé (Amédée de) (1819-1884). Célèbre caricaturiste français, plus connu dans les arts sous le nom de Cham.

Noorde (Cornélius van) (1731-1795). Célèbre xylographe hollandais, qui travailla à Amsterdam; il a laissé des productions estimées.

Normand. Habile mécanicien français qui attacha son nom à un des types de machines créées par Rousselet, en raison des importantes modifications qu'il y apporta et qui firent de cet engin un des plus appréciés de l'époque.

Norton (John). Alderman de Londres, qui fut nommé par Elisabeth imprimeur pour le grec, le latin et l'hébreu. Il imprima, en 1615, la belle édition de saint Jean Chrysostome.

Notary (Julien) ou *Le Notaire*. On le croit français ; il imprima à Westminster, en association avec Jean Barbier, un premier livre daté de 1498, et les derniers de 1520.

Nourrit (Robert). Fils du grand artiste lyrique Adolphe Nourrit, une des gloires de la scène française. Après de brillantes études au collège Sainte-Barbe, il fit son droit, fut reçu docteur et exerça pendant plusieurs années la charge d'avocat au Conseil d'État et à la Cour de cassation. Ce fut en 1872, à la mort de Henri Plon, dont il était le gendre, qu'il devint l'associé de son beau-frère, M. Eugène Plon. Mort en 1894, à l'âge de 61 ans.

Nourry (Claude), dit *le Prince*. Imprimeur lyonnais qui, le premier, publia en France la célèbre danse macabre de Holbein.

Nummeister (Jean). Imprimeur allemand, qui fut un des aides de Gutenberg. Il établit la première imprimerie à Poligno (Italie), avec Emilio de Orfinis, et donna la première édition du Dante en 1472.

Nyverd (Guillaume Ier). Libraire parisien du xvie siècle. Guillaume II, son fils, fut nommé en 1561 imprimeur ordinaire du roi.

O

Oberlin (1735-1806). Philologue et érudit, né à Strasbourg. Il a laissé un grand nombre d'ouvrages, parmi lesquels on remarque l'*Essai d'annales de la vie de Gutenberg*, dans lequel il revendique pour Strasbourg l'honneur d'avoir vu naître l'imprimerie.

Oberthür (Jacques) (xviiie et xixe siècles). Habile graveur en taille-douce et peintre en miniature.

Oberthür (François) (1812-1893. Imprimeur français, né à Strasbourg, fils du graveur Jacques Oberthür, qui s'associa, en 1825, avec Senefelder. François vint se fixer à Rennes où il s'établit comme relieur, puis comme imprimeur ; doué d'une vive intelligence et d'un remarquable esprit de suite, il donna, en peu d'années, une extension considérable à son imprimerie, de laquelle sortent aujourd'hui tous les genres de travaux : gravure, lithographie, procédés divers, etc.

Odet (Salomon-Léonard). Graveur lyonnais (1580).

Offenbach (André). Associé de Senefelder, il prit un brevet en France en 1802, et devint ainsi le premier imprimeur lithographe qu'ait possédé la France.

Ogilby (Jean) (1600-1676. Écrivain distingué, qui fut imprimeur du roi d'Angleterre Charles II, pour la géographie. On cite, parmi les ouvrages sortis de ses presses, un bel atlas in-folio et une Bible illustrée.

Olivelli (Hélie). Établit la

première imprimerie à Valence (Drôme), en 1496.

Olpe (Pierre de). Premier imprimeur de Cologne, où il exerçait vers 1470.

Oporin (Jean). Célèbre philologue et imprimeur, né à Bâle, en 1507, mort en 1568. Il fut copiste, professeur, médecin, typographe et philologue Érasme et André Vésale lui confièrent l'impression de leurs ouvrages. Oporin avait changé en grec son nom allemand de *Herbst* (Automne).

Orfinis (Emilio). (V. Neumeister.)

Orry (Marc). Imprimeur-libraire du xvie siècle, qui publia des ouvrages très estimés.

Oscan. Archevêque arménien du xviie siècle. En 1669, en vertu de lettres patentes de Louis XIV, il fit transporter à Marseille l'imprimerie arménienne d'Amsterdam; elle y fonctionna jusqu'en 1684, époque à laquelle les tracasseries du clergé le décidèrent à retourner à Amsterdam avec son matériel.

Ostade (Adrien van) (1610-1685). Fut en même temps célèbre peintre et habile chalcographe.

Oudiné. (V. Vauthier-Galle.)

Oudry (Jean-Baptiste) (1686-1755). Peintre et graveur.

P

Pachel (Léonard). Imprimeur allemand, élève de Gutenberg, qui vint s'établir à Milan, en 1479.

Padeloup (Antonin-Michel). Célèbre relieur, nommé en 1733 relieur du roi; il donna sa fille en mariage à son non moins célèbre confrère du Seuil.

Pagani (Matheus). Célèbre xylographe italien, connu surtout par les cartes géographiques qu'il a publiées à Venise, vers 1455.

Paganini. Imprimeur italien, qui exerçait son art à Brescia au xvie siècle. Il publia en 1518, à Venise, l'édition princeps du Coran en arabe.

Pagnerre. Libraire parisien qui fut nommé, en 1848, secrétaire général du Gouvernement provisoire. Il fut aussi président du cercle de la Librairie.

Palantino (Giov.-Batt.) (1540), Artiste romain à qui les arts graphiques sont redevables de jolis types de majuscules et de minuscules à l'usage des graveurs et calligraphes.

Palliot (Pierre) (1608-1698). Imprimeur-libraire à Dijon; il fut littérateur, graveur, en même temps historiographe du roi et généalogiste des duché et comté de Bourgogne.

Palm (Johann-Philippe). Libraire-éditeur de Nuremberg, né en 1766. Ayant reçu en commission un pamphlet contre Napoléon, celui-ci le fit juger par une cour martiale. Condamné à mort, on le fusilla le jour même de sa condamnation. Cette cruelle sentence souleva les esprits contre les Français et en particulier contre celui qui en fut l'instigateur.

Panckoucke (Charles-Joseph). Imprimeur-libraire et littérateur, né à Lille en 1736, mort en 1798. Établi à Paris à l'àge de 28 ans, sa maison devint célèbre dans toute l'Europe. Devenu éditeur du *Mercure de France*, il éleva ce recueil périodique à un haut degré de prospérité. Il conçut le plan de l'*Encyclopédie méthodique*, en commença l'exécution, et créa, en 1789, le *Moniteur universel*.

Panckoucke (Charles-Louis-Fleury). Fils de Charles-Joseph, littérateur, imprimeur-libraire éditeur, né à Paris en 1780, mort en 1844. Il publia comme auteur une traduction complète de Tacite, en 7 volumes, et, comme éditeur, des ouvrages nombreux et considérables. Amateur d'objets d'art, il en avait rassemblé diverses collections dont il a ordonné de former, par son testament, cent ans après sa mort, un musée communal à Meudon.

Pannartz (Arnold). Un des ouvriers de la maison Gutenberg. On le regarde comme un graveur de lettres typographiques romaines et l'on suppose qu'il quitta Mayence vers 1462. En 1467 il importa l'imprimerie à Rome, où il s'associa avec Sweynheym.

Pannemaker (François-Adolphe). Habile graveur contemporain français, d'origine belge, qui a collaboré avec G. Doré, Bayard, Français, Daubigny, etc., à une foule d'ouvrages. Il grava des billets de Banque pour la France, l'Italie, la Belgique, ainsi que le portrait de Bismarck d'après Lembach. Son fils, Stéphane Pannemaker, est lui-même un graveur d'un remarquable talent.

Papillon (Jean). Xylographe français, né à Rouen en 1639, mort à Paris en 1710.

Papillon (Jean-Nicolas). Xylographe français, frère du précédent, né en 1655; il fut moins habile que son frère.

Papillon (Jean) (1661-1723). Xylographe français, fils de Jean Papillon l'aîné; il est connu par ses portraits et ses vignettes chargées d'ornements.

Papillon (Jean-Baptiste-Michel). Fils du xylographe Jean-Nicolas Papillon, il exerça l'art de son père et a laissé de belles gravures sur bois pour une Bible.

Papillon (Jean-Baptiste). Frère du précédent et comme lui, xylographe distingué. Il fut le plus célèbre de cette famille de graveurs, et a laissé un *Traité historique et pratique de la gravure*, Paris, in-8°, 1772. On lui doit de magnifiques fleurons et culs-de-lampe.

Papillon (Marie-Anne). Née Bouillon, femme du précédent et qui acquit également une certaine réputation comme artiste xylographe.

Parasole (Isabella). Xylographe italienne du XVIIe siècle, qui a gravé un livre de modèles de broderies.

Parasole (Hiéronyma). Xylographe italienne, sœur de la précédente; elle a laissé une *Bataille de Centaures* remarquable.

Paravisini (Denis). Imprima à Milan, en 1476, la grammaire de Lascaris, le premier ouvrage connu dans lequel figurent des caractères grecs imprimés et non écrits à la main.

Parent (Anatole). Habile im-

primeur, successeur du célèbre typographe Rignoux. Parent, qui s'était fait une spécialité des ouvrages de médecine, est mort dans les environs de 1879.

Parigi (Jules). Célèbre graveur italien du xvi⁰ siècle; fut un des maîtres de Jacques Callot.

Parix (Jehan). C'est le premier imprimeur dont on trouve le nom sur des livres imprimés à Toulouse, en 1479.

Parizeau (Ph. L.). Un des meilleurs graveurs français à l'aqua-tinta (1780).

Parmesan (Francisco-Mazzuoli, dit le) (1503-1540). Célèbre peintre italien qui tire son nom de Parme, sa ville natale. Il fut en même temps un habile xylographe.

Parrati (Clément). Artiste qui vivait à Bruxelles vers 1596, et qui nous a laissé de beaux modèles de lettres.

Pasquier Bonhomme. Imprimeur français du xv⁰ siècle. Il est le troisième en date qui fonda une imprimerie à Paris. Vers 1476 il rompit avec l'habitude qu'avaient ses prédécesseurs de n'imprimer que des livres latins, et ce fut lui qui fit paraître le premier livre français : *Les Chroniques de France, appelées Chroniques de Saint-Denys, depuis les Troyens jusqu'à la mort de Charles VII, en 1461* (3 vol. in-f⁰).

Patavinus (Clément). Un des premiers imprimeurs qui se soient établis à Venise, vers 1474-76.

Patin (Guy). Docteur en médecine de la Faculté de Paris, professeur au collège Royal, né en 1601, à Hodenc-en-Bray, près de Beauvais, mort à Paris, en 1672. Peu favorisé de la fortune, Patin fut correcteur dans diverses imprimeries célèbres, ce qui lui facilita les moyens de suivre les leçons et le mit en rapport avec des savants.

Patisson (Mamert). Habile imprimeur, né à Orléans, mort à Paris, où il était établi. En 1600, il avait épousé la veuve d'un des fils de Robert Estienne I⁽ʳ, s'était ensuite associé avec Robert Estienne II, son beau-frère, puis devint enfin seul maître de l'imprimerie. Toutes ses éditions sont correctes et les caractères en sont très beaux.

Pedro de Madaria. Artiste espagnol de Valence (1565), à qui les arts graphiques sont redevables de jolis modèles de lettres, majuscules et minuscules.

Pelaz. (V. Subit.)

Pellerin (Charles-Nicolas) (1827-1868). Créateur de l'imagerie populaire à Epinal et fondateur de la célèbre imprimerie qui porte son nom.

Pelletier (Claude). Né en 1816, il fut en 1848 et en 1849 député du Rhône. Il avait appartenu à l'imprimerie en qualité de compositeur typographe.

Pellican (*Conrad Kurschner*, dit) (1478-1555). Ancien cordelier devenu ministre luthérien et professeur d'hébreu; fut correcteur chez Amerbach, Froben et Estienne.

Peressin (Jacques). Célèbre xylographe français du xvi⁰ siècle.

Périsse du Luc (Jean-André). Imprimeur-libraire de Lyon; il fut député du tiers-état de cette ville à l'Assemblée constituante de 1789. Lors de l'insurrection de Lyon contre la Convention, il prit une part active au soulèvement, fut condamné à mort et exécuté.

Perkius (Jacob) (1766-1849). Célèbre inventeur et mécanicien américain. Il substitua, dans la gravure des billets de banque, les plaques d'acier aux plaques de cuivre. S'étant rendu en Angleterre en 1848, il fut employé à la gravure des billets de banque.

Perreau. Habile mécanicien français qui succéda à M Normand. A la mort de Perreau, son établissement passa aux mains de MM. L. Alauzet, Heuse et Cie.

Perrier (Louis) (1789-1865). Célèbre imprimeur lyonnais. Reçu maître en 1823, il restaura l'antique réputation de l'imprimerie lyonnaise. Ses impressions, par leur beauté, le placent au-dessus des de Tournes et des Gryphe. On peut dire que c'est en partie à lui qu'on doit le retour de l'art typographique aux traditions du bon goût. Il est le créateur des caractères dits *augustales*.

Perron (Cardinal du). Établit en 1600, à Bagnolet, une imprimerie particulière où il fit imprimer une partie de ses ouvrages, dont il s'institua le correcteur.

Perthes (Les). Célèbre famille d'éditeurs allemands, dont le fondateur naquit en 1772 et mourut en 1843. C'est Wilhelm, petit-fils de Friedrich-Christoph, qui publia le premier, en 1816, en français et en allemand, l'*Almanach de Gotha*.

Pery (James). Célèbre publiciste anglais, propriétaire et éditeur du *Morning Chronicle*. Il avait institué deux primes, distribuées chaque semaine et attribuables : la première, à celui qui avait produit le plus de lignes ; la seconde, à celui qui avait composé le plus correctement.

Pesne (1623-1700). Peintre et graveur.

Peter (Michel). Célèbre docteur français, médecin des hôpitaux et professeur à l'école de Médecine. Son œuvre principale est résumée dans les trois volumes de ses leçons de *Clinique médicale*. Enfant du peuple, le futur professeur et académicien débuta par être compositeur, puis correcteur. Ses débuts se passèrent à l'imprimerie Lahure. Son gain quotidien lui permit d'acheter des livres et de payer ses inscriptions à l'école de Médecine. Aussi n'est-ce qu'à l'âge de trente-cinq ans qu'il put passer sa thèse de doctorat sur les *Lésions bronchiques et pulmonaires dans le croup*.

Petit (Samuel). (V: Berjon, Jean.)

Petit (Jean). Imprimeur qui exerçait à Paris vers 1511. Il y publia à cette date les *Coutumes d'Auvergne* ; ce livre fut réédité en 1538 à Clermond-Ferrand, par Nicolas Petit, qui passe pour l'introducteur de l'imprimerie dans cette ville.

Petit ou **Parvus** (Johannès). Imprimeur-libraire, qui fut l'associé de Josse Bade et exerça de 1501 à 1536.

Petri de Harbus (Nicolas). Imprimeur du xve siècle. Il se fixa à Vicence (Italie) et fut associé, pour l'impression de quelques ouvrages, avec Levilapis.

Petrina (Henri). Imprimeur de Bâle, qui publia en 1570-71, une géographie in-folio de Strabon, des plus remarquables. Cet ouvrage renferme 34 cartes gravées sur bois, portant sur deux pages et tenant la hauteur et la largeur du format. Ces planches ont été littéralement déchiquetées et évidées pour intercaler, dans les blancs ainsi produits, le texte comporté par les indications géographiques. Ce qui ne laisse pas d'être curieux, c'est que les Américains ont mis ce procédé en usage il y a quelques années, et qu'il a été présenté comme *nouveau*. Cette géographie est très rare, et l'on n'en connaît qu'un petit nombre d'exemplaires. Elle comporte à chaque page une colonne en grec et une en latin. La première est le texte même de Strabon et la seconde la traduction de Xylander.

Petyt. Fondeur et mécanicien anglais, qui inventa, vers 1857, une machine à frapper les caractères en cuivre, laquelle n'est plus en usage aujourd'hui et n'eut pour ainsi dire qu'un succès de curiosité, quoique de conception très remarquable.

Peutinger (1465-1547). Graveur allemand qui essaya, le premier, de tirer en couleurs des gravures sur bois, et sous la direction de qui fut exécutée la *Marche triomphale de l'Empereur Maximilien*. Ce travail colossal, dont les planches sont conservées à la bibliothèque Impériale de Vienne, fut exécuté sur poirier. Il ne compte pas moins de 135 tableaux, donnant une longueur de 54 mètres de gravure sur $0^m 37$ de hauteur.

Pfister. Imprimeur allemand qui imprima, dit-on, à Bamberg, une bible, avec les mêmes caractères que ceux de celle de Gutenberg. Certains auteurs le regardent comme un ancien compagnon de Gutenberg, à qui celui-ci aurait cédé tout ou partie de son matériel. Telle serait l'origine de ses caractères, dits *caractères de Pfister*.

Philelphe (Justin). Célèbre érudit qui fut correcteur chez Zarotus, imprimeur milanais, vers 1470.

Phillery. Célèbre xylographe anversois, qui a laissé entre autres une remarquable gravure représentant des soldats et des femmes.

Picart (Etienne, dit *le Romain*). Habile graveur et dessinateur, né à Paris et mort à Amsterdam. Son fils Bernard, fut également un graveur de grand talent. Mort à Amsterdam, en 1763.

Pierer (Les). Célèbre famille d'éditeurs allemands, dont le fondateur naquit en 1767.

Piero de Pisa. (V. Domenico de Pistoïa.)

Pierre. Imprimeur à Versailles, qui présenta à Louis XVI, en 1786, une presse à imprimer dont il était l'inventeur et qui avait été l'objet d'un rapport très favorable de l'Académie des sciences. Le roi tira lui-même sur cette presse plusieurs feuilles qui n'ont malheureusement pas été conservées.

Pierre, dit *Cesaris*. Imprimeur du xv⁰ siècle ; il est le premier concurrent que l'on vit paraître après Gering et fonder une maison rivale de la sienne. Comme ce dernier, il prend un associé, et, en 1473, on le trouve travaillant à frais communs avec Jehan Stohll et publiant le *Speculum humanæ vitæ* de Rodrigues, évêque de Zamora. Cette association fut vite rompue, et Cesaris, installé dans la maison du *Cygne et du Soldat*, publia seul le *Tractatus de permutatione beneficiorum* (in-4º), et d'autres ouvrages.

Pierres (Philippe-Denis) 1740-1808). Typographe parisien très réputé. Imprimeur ordinaire du roi, il fut choisi en 1785 comme directeur de l'imprimerie de l'Assemblée des notables. Il fut également imprimeur du collège de France, de la Faculté de médecine, du Grand Conseil, de la Congrégation de Saint-Maur, etc.

Pietro de Natali. Italien qui, à la fin du xiv⁰ siècle, s'occupa d'imprimerie à Murano (Italie), où il tenta d'employer des caractères en verre fondu.

Pi-Ching. Forgeron chinois qui est regardé comme un des inventeurs de l'imprimerie en Extrême-Orient. Il forma des caractères mobiles avec de la terre qu'il faisait cuire, et il les réunit par des cadres de fer. Cette invention n'eut pas de suite. La véritable imprimerie ne fut créée en Chine qu'en 1662. (V. Kang-Hi.)

Piget (Simon). Célèbre imprimeur-libraire du xvii⁰ siècle.

Pigouchet (Philippe). Célèbre imprimeur et graveur parisien des xv⁰ et xvi⁰ siècles. On lui doit de fort belles éditions des *Heures gothiques*, et plusieurs ouvrages latins remarquables par la netteté de leur impression. Pigouchet encadrait souvent ses livres d'*Heures* de dessins finement gravés sur bois, représentant des scènes de la vie religieuse.

Pill (C.). Danois qui inventa, vers 1842, la chimitypie ou gravure en relief obtenue par les procédés chimiques.

Pilgrim. Célèbre graveur du xvii⁰ siècle, né en Suisse, à qui l'on attribue l'invention du camaïeu.

Pille (Henri) (1844-1897). Peintre et dessinateur, né à Essommes (Aisne). Se consacra surtout à l'illustration.

Pillet (Auguste). Habile imprimeur parisien, qui, après avoir succédé à son père, fut longtemps l'associé de M. Dumoulin. Mort en 1893.

Pinard. Habile imprimeur, graveur et fondeur en caractères de Bordeaux. Élève de Firmin Didot, il vint s'établir à Paris en 1822, où il continua la publication de son bel in-folio *Le Temple de Gnide*.

Pinsard (Eugène). Artiste graveur français, décédé en 1898, et qui, jusqu'à la fin de sa longue carrière, se distingua par des œuvres remarquables dans toutes les branches : lithographie, gravure, eau-forte, taille-douce, etc. C'est à lui et à son frère, M. Z. Pinsard, que l'on doit la création des cahiers d'écriture gravée qui succédèrent aux modèles manuscrits que l'on fixait jadis sur des tringles, devant les yeux des élèves.

Piranesi (G.-B.) (1720-1778). Célèbre graveur italien qui reproduisit surtout les choses et les monuments de l'antiquité.

Pirot-Picart. (V. Vincle, Pierre de.)

Pisan (Héliodore). Graveur français d'un grand talent. Mort en 1890.

Pitrat (François). Célèbre imprimeur lyonnais, né en 1818, mort en 1893.

Pitteri (Jean-Marc (1703-1707). Graveur vénitien qui adopta une manière particulière, consistant en hachures parallèles.

Planck (Stephanus). Imprimeur allemand qui s'établit à Rouen, en 1485.

Plantin (Christophe) (1514-1589). Célèbre imprimeur d'origine française. Fils de Charles de Tiercelin, seigneur de La Roche du Maine, à Mont-Louis, près de Tours, il prit le nom de Plantin pour se faire relieur, la pauvreté de sa famille l'empêchant de suivre la carrière des armes. Établi libraire-relieur à Anvers, vers l'an 1550, il se fit recevoir maître imprimeur, et acheta, en 1555, la maison du « Marché du Vendredi », connue aujourd'hui sous le nom de musée Plantin. Associé à J. Bellerus, il fonda une importante imprimerie, où 48 presses fonctionnaient chaque jour. Nommé architypographe de Philippe II, il créa des succursales à Paris et à Leyde, et mourut en 1589, laissant sa belle imprimerie entre les mains de Jean Moretus (Jouannes Mourentorff), son gendre. Jusqu'à la fin du siècle dernier, ses descendants continuèrent à faire prospérer l'œuvre du fondateur et à augmenter les précieuses collections qu'il avait commencées. (V. Moretus.)

Pleydenwurf. (V. Wohlgemuth.)

Plon (Philippe-Henri) (1806-1872). Fondateur de la célèbre maison Plon, Nourrit et Cie. A 15 ans, il abandonna ses études classiques pour entrer dans l'imprimerie Didot, en qualité d'apprenti. Il y travailla ensuite comme ouvrier, ce qui lui permit plus tard, quand il eut atteint une haute situation, de rappeler qu'il était sorti de la classe ouvrière. Son habileté comme praticien le fit désigner, en 1828, pour aller organiser à Amsterdam l'imprimerie Royale. Les imprimeurs hollandais ayant hautement réclamé contre la création de cet établissement privilégié, le gouvernement dut renoncer à son projet. Plon revint en France, s'associa d'abord avec M. Belin, imprimeur à Sézanne, se fixa définitivement à Paris en 1832, et entra chez M. Béthune, dont il devint l'associé, puis le successeur, en 1845. Il s'associa alors avec ses deux frères, dont l'un se mit à la tête de l'impression et l'autre de la composition, lui, se réservant l'administration générale. Ses deux frères étant morts, Henri Plon prit comme collaborateurs ses deux fils, dont l'aîné, Eugène, fut un des hommes les plus remarquables de notre temps. La famille Plon était originaire de Mons (Belgique) où les Ploën (leur nom primitif) étaient imprimeurs, de père en fils, depuis le XVIe siècle.

Plon (Eugène) (1836-1895). A la mort de son père, Eugène Plon, un de nos plus célèbres imprimeurs, devint chef de la maison. Quelque temps après, il s'associa avec son beau frère, M. Nourrit, fils du grand artiste Adolphe Nourrit. Eugène Plon ne fut pas seulement un imprimeur hors pair, il fut surtout un grand savant. Ses œuvres sur le statuaire danois Thorwaldsen, Leone et Pompeo Leoni, et surtout sur Benvenuto Cellini, l'ont placé au premier rang des littérateurs et critiques d'art. Son activité infatigable, la droiture et la sûreté de son jugement l'avaient fait choisir, en 1886, par tous ses confrères, comme président du cercle de la Librairie. Il fut un des fondateurs de l'école Gutenberg et c'est à lui qu'est due la création de la bibliothèque technique du cercle de la Librairie.

L'imprimerie Plon, Nourrit et Cie est aujourd'hui dirigée par les neveux d'Eugène Plon, MM. J. Bourdel, Pierre Mainguet et Adolphe Nourrit, ses élèves, qui en continuent dignement les excellentes traditions.

Poilly (Les de). Famille de graveurs, dont le plus célèbre est François de Poilly, né à Abbeville en 1622, mort en 1693.

Poitevin (Louis-Adolphe) (1819-1882). Ingénieur-chimiste français qui découvrit de nombreux procédés industriels relatifs à l'application des découvertes photographiques aux arts de l'imprimerie. Les plus importantes découvertes de Poitevin peuvent ainsi se résumer : action de la lumière sur les mucilages bichromatés, photogravure chimique, hélioplastie, procédés au charbon, impressions aux encres grasses.

Pollaguolo. Graveur italien du XVe siècle ; excella dans la manière lancéolaire.

Pomar (François). Introduisit l'imprimerie à Annecy, en 1535.

Pomba (Guiseppe). Propagateur de l'art typographique en Italie, né en 1795. Il fonda à Turin la bibliothèque Civique et l'Union typographique-éditrice de cette ville.

Pompadour (Mme de). Cette courtisane, maîtresse de Louis XV (1721-1764), aimait et cultivait les arts. Elle avait formé un joli cabinet de curiosités et collectionné nombre de livres rares. Désireuse de posséder une imprimerie particulière, elle s'en ouvrit à Louis XV qui s'empressa de faire venir un détachement, (une *équipe* comme on dirait aujourd'hui) de l'imprimerie Royale, et installa le tout au château de Versailles. C'est pour cette raison que *Rodogune, princesse des Parthes*, tragédie de Corneille, qui sortit de ces presses, porte : *Au Nord*, 1760. Cette curiosité bibliographique fut imprimée sous les yeux de la marquise et renferme une estampe dessinée par elle.

Pontius (Paul). Célèbre graveur qui vivait à Anvers vers 1645.

Pontremulo (Sébastien de). (V. Germanus.)

Porporati (Ch.-Ant.) (1741-1816). Un des meilleurs graveurs italiens; se distingua dans la manière noire.

Porro (Jérôme). Célèbre xylographe italien, qui vivait à Venise vers 1590.

Portalis (1749-1806). Directeur général de la librairie et de l'imprimerie sous le premier Empire, le comte Portalis est l'auteur de la fameuse circulaire aux préfets, dans laquelle il est dit : « L'Empereur veut restituer à la plus belle découverte des temps modernes son lustre et sa dignité; il veut trouver, dans les imprimeurs, des espèces d'officiers ministériels de la pensée, qui soient parmi les hommes, pour la transmission des lumières, ce que sont les notaires pour la transmission des propriétés. » Cette *restitution* se traduisit par la suppression d'un nombre considérable d'imprimeries.

Portau (Thomas). Fonda la première imprimerie à Pons (Charente-Inférieure), en 1591, et à Niort en 1594.

Porthmann (Jules) (1791-1820). Imprimeur, né à Paris, à qui l'on doit un *Essai historique sur l'Imprimerie*, réimprimé sous le titre : *Éloge historique de l'Imprimerie* (1836).

Portier (T.-C.). Célèbre graveur genevois (1787). Parmi les nombreux sujets qu'il a gravés, ceux qui l'ont le plus mis en vue sont les *Plaisirs anglais*.

Portilia (André). Publia à Parme, en 1473 : *Triomfi di Petrarcha;* en 1479, un *Virgile* in-folio ; en 1840, l'*Histoire naturelle* de Pline.

Potter. Imprimeurs d'origine anglaise qui, en 1779, demandèrent au gouvernement français un privilège exclusif pour un système d'impression sur porcelaine dont ils étaient les inventeurs ; le privilège leur fut accordé, et dix ans après, en 1789, ils prirent un brevet de perfectionnement. Le système Potter, encore en usage de nos jours, consistait à décalquer sur les pièces à orner l'impression qu'on voulait leur confier, puis à protéger ce décalque par la couverte qui se vitrifiait à la cuisson et formait émail.

Poulet-Malassis. Éditeur parisien, mort en 1878 Il appartenait à une ancienne famille d'imprimeurs d'Alençon et publia des œuvres d'art ou originales, dont la plupart portent, comme armes parlantes, un poulet assis sur une broche (*poulet mal assis*).

Pourcelet (Simon). Fut le premier imprimeur établi à Tours, en 1493.

Poyvre (Henri). Fut un de ceux qui introduisirent l'imprimerie à Pau, en 1552.

Pradier (Charles-Simon) (1782-1857). Né à Genève, et frère du célèbre sculpteur. Charles-Simon se distingua dans la chalcographie.

Prault (Pierre). Libraire parisien qui fut imprimeur du roi vers 1760.

Prault (Laur.-Franç.). Né en 1740, mort à Paris en 1806. Reçu imprimeur libraire à Paris en 1781, il fut nommé imprimeur du roi en 1788, de l'Assemblée électorale en 1789, assesseur du juge de paix et électeur de 1790 à 1792.

Prestel (Jean-Gottlieb), né à Grunebach en 1739; un des meilleurs artistes de l'Allemagne dans la gravure à l'aqua-tinta.

Prévost (Z.). Habile graveur à l'eau-forte et au burin de la fin du XVIIIe siècle et des commencements du XIXe.

Preyz (Jean des). Fonda la première imprimerie à Langres, en 1582.

Primus Truber de Carinthie. Imprimeur luthérien réfugié à Tubingue, où il fonda en 1550 une typographie pour la propagation des ouvrages religieux en idiome croate, vandale et dalmatien.

Prost (Les). Habiles imprimeurs-libraires lyonnais du XVIe siècle.

Proudhon (Pierre-Joseph) (1807-1865). Célèbre écrivain socialiste, né à Besançon. Parmi les nombreux ouvrages qu'il publia, on distingue : *De la propriété; Les Contradictions économiques; De la Justice dans l'Église et la Révolution*. Fils d'un ouvrier tonnelier, Proudhon fit son éducation lui-même, fut typographe, prote, puis devint associé de l'imprimerie Lambert, à Besançon, et, plus tard, correcteur à Paris. En 1848, il fut élu représentant du peuple pour le département de la Seine.

Prudhomme (Louis-Marie) (1752-1830). Imprimeur-libraire, né à Lyon, mort à Paris. Il publia d'abord de hardis pamphlets, puis de 1789 à 1794, le journal *Les Révolutions de Paris*, dans lequel il attaquait avec violence l'ancien ordre de choses. On a encore de lui : *Géographie de la République française; Dictionnaire universel de la France; Histoire impartiale de la Révolution*.

Pynson (Richard). Était d'origine normande; le premier livre qu'il imprima à Londres porte la date de 1493.

Q

Quentin Maréchal (V. Maréchal.)

Quijoue (Gilles). Imprimeur qui introduisit son art à Caen, en 1480, avec Jacques Durandas.

Quillau (François-Augustin). Célèbre imprimeur parisien du XVIIIe siècle, à qui l'on doit des éditions recherchées, et qui imprima, en 1744, le *Code de la Librairie et de l'Imprimerie à Paris*, pour le libraire Saugrain. Créateur des cabinets littéraires appelés depuis *cabinets de lecture*.

Quinquet (Bertrand). Imprimeur parisien mort en 1802. On lui doit un *Traité de l'imprimerie ou Art de l'imprimeur*, ouvrage sans valeur appréciable. (Paris, an VII.)

R

Raban Elizer. (V. Rabbi Zorba.)

Rabbi Zorba. Imprimeur

juif qui publia à Lisbonne, de concert avec Raban Elizer, le commentaire du Pentateuque, en caractères hébraïques.

Rabbi (Israël-Nathan). Imprimeur juif de Spire, au xve siècle. Il est le père de l'imprimeur Moyse et l'aïeul de Rabbi Gerson. (V. ces noms.)

Rabbi Gerson. Fils de l'imprimeur juif Moyse, de Spire ; il alla établir à Constantinople, à la fin du xve siècle, une imprimerie où il travailla jusque vers 1530. Quelques-uns de ses enfants fondèrent des imprimeries dans d'autres villes de l'empire ottoman, notamment à Salonique.

Rabier (Louis). On lui doit la fondation de la première imprimerie à Orthez, en 1585.

Rache (Pierre de). Imprimeur qui fonda en 1612 la première imprimerie d'origine lilloise. Il mourut en 1648 et eut pour successeurs son fils Nicolas et son neveu Ignace de Rache.

Rache (Ignace de). Imprimeur lillois, neveu du précédent, auquel il succéda en 1648 comme associé avec Nicolas. Il mourut en 1684. Sa veuve épousa son ouvrier, François Fiévet, qui dirigea la maison et adopta son filleul, Liévin Danel, fils d'un chirurgien, ce qui fut l'origine de la célèbre famille d'imprimeurs lillois du nom de Danel.

Raçon (Simon). Célèbre imprimeur français, dont l'atelier était adossé à l'église Saint-Germain-des-Prés, et qui fit graver un superbe type de caractère auquel son nom est resté attaché. Cette imprimerie disparut en 1876, lors du percement du boulevard Saint-Germain, et le matériel, qui était considérable, fut racheté par la maison Lahure.

Ratdolt (Erhard). Imprimeur à Venise, vers la fin du xve siècle. On prétend qu'il imprima les *Elementa geometricā* d'Euclide, en 1482, avec des lettres d'or ; mais il paraît plus probable qu'il tira quelques exemplaires de cette édition *princeps* avec de l'encre imitant la couleur de l'or. C'est le premier livre typographique qui contienne des figures géométriques et mathématiques. Il revint, vers 1488, exercer l'imprimerie à Augsbourg, sa patrie.

Radulphe. Copiste du moyen-âge, neveu du célèbre calligraphe Théodoric. On lui doit l'*Eptateuque* et un missel remarquable.

Raffet (1804-1860). Célèbre dessinateur lithographe français, élève de Gros et de Charlet. Il illustra de nombreux ouvrages et créa des types militaires inoubliables. Son œuvre la plus remarquable est la *Revue des Morts*, conception militaire fantastique.

Raibolini (François). Imprimeur, peintre et graveur italien, mort en 1571, qui dispute à Alde Manuce la gloire d'avoir créé les caractères aldins, italique et cursive.

Raimondi (Marc-Antoine) (1488-1546). Le plus illustre des graveurs italiens ; il fut choisi par Raphaël pour reproduire sur cuivre la plupart de ses dessins.

Rambaud. Artiste de Genève, qui se fit une réputation comme graveur sur or et argent (xixe siècle).

Ramboldt ou **Remboldt** (Berthold). Imprimeur du xve siècle, d'origine allemande. Résida à Paris et fut, avec Guillaume Maynal, l'associé d'Ulrich Gering, après la rupture de celui-ci avec Martin Krantz et Michel Friburger. Installé rue Saint-Jacques, Ramboldt publia un grand nombre d'ouvrages de droit et les œuvres de saint Grégoire le Grand.

Raoux (Charles) (1811-1844). Habile lithographe français. Élève de Sentex, il se fit une grande réputation, non seulement en France, mais en Angleterre, où il passa plusieurs années de sa vie.

Raphelinge (François) (1539-1597). Savant imprimeur et orientaliste ; après avoir professé le grec et l'hébreu en Angleterre, il fut correcteur à Anvers, chez Plantin, dont il épousa une fille en 1565, lui succéda en 1585 dans l'imprimerie établie à Leyde, et fut nommé professeur d'hébreu et d'arabe à l'académie de cette ville.

Reboul ou **Rebol** (Antoine). Il passe pour avoir fondé la première imprimerie à Agen, vers 1526, disent les uns, vers 1545, disent les autres.

Rebourg (Louis). Habile mécanicien français, dont le nom fut très répandu aux environs de 1850. Ses successeurs furent : son frère, qui mourut peu après sa prise de possession, et MM. Parrain, Gaigneur et Colliot.

Régamey (Pierre-Guillaume) (1814-1878). Né à Genève, il fut un de nos meilleurs lithographes.

Venu en France en 1831, il travailla à Paris, en 1835, dans la maison Thierry frères. De 1840 à 1848, il entra dans l'atelier du comte de Bastard, où il étudia la peinture des manuscrits. En 1848, il fonda son atelier, et fit, en 1856, la première application de la chromo aux cartes géographiques. Régamey a collaboré aux *Évangiles*, à l'*Œuvre de Jehan Foucquet*, ces deux beaux ouvrages édités par Curmer. L'*Histoire des étoffes et tissus*, éditée par la maison Ducher, a été son œuvre capitale ; toutes les planches de cet ouvrage ont été faites dans son atelier. Citons encore le *Musée Campana* et une quantité de planches pour la maison Morel.

Regnault. Imprimeur et libraire parisien du xvie siècle.

Rembrandt van Ryn (Paul-Harmans) (1607-1669). Illustre peintre et graveur à l'eau-forte hollandais, né à Leyde. Les œuvres de ce maître incomparable ne se voient plus que dans les musées et les galeries des richissimes collectionneurs.

Renaudot (Théophraste). Médecin et philanthrope français (1584-1653). Il fonda la *Gazette de France*, le premier journal imprimé en français. Sa vie et ses œuvres ne sauraient être mieux caractérisées que par les inscriptions gravées sur le piédestal de la statue qui lui a été érigée à Paris en 1893, et sur une des faces duquel on lit : « Il faut que en un Estat les riches aydent aux pauvres, son harmonie cessant lorsqu'il y a partie d'enflée outre mesure, les autres demeurant atrophiées. »

René d'Anjou. Célèbre enlumineur qui décora le *Livre des Tournois*.

René. C'est aux fondeurs associés René et Léveillé que l'on doit l'introduction en France de la machine à fondre (1851).

Renou (Théophile-Stanislas) (1805-1871). Imprimeur français ; metteur en pages des *Affiches parisiennes*, il fut remarqué par M. Maulde, leur directeur, qui le prit pour associé vers 1838. Cette maison eut la clientèle des notaires et des commissaires-priseurs, fit sa spécialité des catalogues et des affiches de chemins de fer, et devint une des plus prospères de Paris.

Renouard (Antoine-Augustin) (1765-1853). Libraire et bibliographe distingué, qui publia à Paris des éditions d'ouvrages latins et français, toutes remarquables par l'élégance et la correction. On lui doit : *Catalogue de la bibliothèque d'un amateur* (1819) ; *Annales de l'imprimerie des Alde, ou histoire des trois Manuce et de leurs éditions* (1826, 1 vol. in-8°), *Annales de l'imprimerie des Estienne* (1837 et 1843).

Rétif de la Bretonne (Nicolas-Edme Restif, dit *de la Bretonne*) (1735-1806). Ecrivain fécond et d'imagination prodigieuse, Rétif, qui était fils de pauvres cultivateurs, vint à Paris, fit lui-même son éducation et gagna longtemps sa vie comme compositeur d'imprimerie, après avoir essayé d'une foule d'autres métiers.

Réveillon. Industriel parisien qui porta, vers 1785, la fabrication des papiers peints à un très haut degré de perfection. Sa maison fut mise au pillage par la populace, au début de la Révolution.

Reverdy (Jules). Dessinateur et lithographe de talent, mort en 1882. Il a perfectionné les procédés de diminution et d'agrandissement des planches lithographiées.

Rey (Hubert). Typographe auquel on a attribué à tort l'invention, en 1796, du composteur de fer. Il est aujourd'hui prouvé, par des documents authentiques, que cet instrument existait déjà en 1638.

Reymond. Célèbre graveur genevois qui appliqua le guillochage à la décoration des montres (XIXe siècle), concurremment avec Martin et Mestral.

Reyser (Georges). Imprimeur allemand qui publia à Wurzbourg, en 1479, un *Breviarum* qui offre le premier emploi de la chalcographie dans les livres imprimés en Allemagne.

Rhaw (Georges). Imprimeur de Wittemberg, qui publia, entre 1520 et 1540, le catéchisme et les petits écrits de Luther, ainsi que les œuvres de Mélanchthon.

Ricciardelli (Joseph et Gabriel). Célèbres xylographes napolitains du XVIIIe siècle.

Richard (J.). Artiste anversois qui, vers 1549, publia de jolis modèles de lettres de toutes sortes.

Richel (Bernard). Publia à Bâle, en 1475, son premier livre avec date.

Richer (Jean). Imprimeur-libraire-juré du XVIe siècle, qui édita les premiers volumes du *Mercure français*.

Richomme (Joseph-Théodore) (1785-1849). Célèbre graveur français, né à Paris, et qui habita l'Italie de 1808 à 1813, où il reproduisit un grand nombre des chefs-d'œuvre des maîtres italiens.

Riessinger. Prêtre de Strasbourg qui importa l'imprimerie à Naples, en 1471, où il imprima tout d'abord *Bartholdi de Saxo Ferrato in II codicis Justiniani partem*.

Riffe (Jean). Un des associés de Gutenberg, vers 1436-37.

Rigaud (Claude). Imprimeur-libraire du XVIIIe siècle ; il exerça à Lyon d'abord, puis à Paris. Beau-père de Jean Anisson, celui-ci résigna en sa faveur, en 1705, les fonctions de directeur de l'imprimerie Royale, auxquelles Louvois l'avait appelé. Claude Rigaud garda cette direction jusqu'en 1723, époque à laquelle elle fut reprise par Laurent Anisson.

Rignoux (Th.) (1780-1865). Fondeur de caractères et imprimeur parisien, dont les éditions, supérieurement exécutées, sont recherchées des bibliophiles. Th. Rignoux a imprimé à Paris les premiers livres illustrés avec figures gravées hors texte.

Rive (Pierre-Louis de La). Paysagiste genevois, né en 1759 ; il fut également graveur et laissa des œuvres au burin qui jouissent d'une réputation méritée.

Robert (Hubert) (1733-1808). Célèbre peintre et graveur, né à Paris, où il mourut. En 1801, il devint conservateur du musée du Louvre.

Robert. Ouvrier à la papeterie d'Essonne, il inventa, en 1798, la machine à fabriquer le papier. Didot Saint-Léger lui ayant acheté ses brevets, se rendit en Angleterre, où il traita avec la maison Foudriner pour la mise en pratique de cette invention.

Robert (Jules). Un des maîtres de la gravure moderne sur bois. Il avait gravé le dernier billet de 100 fr. de la banque de France, sur lequel on remarque sa signature à côté de celle de Paul Baudry. Jules Robert, qui était né en 1843, est mort le 5 novembre 1898.

Robin Fouquet. Il fut, avec Jean Crès, un des introducteurs de l'imprimerie à Loudéac (Côtes-du-Nord), en 1484.

Roch Lottin de Saint-Germain. Reçu imprimeur en 1789, il publia le *Catalogue chronologique* des libraires et imprimeurs de Paris depuis 1470 jusqu'à 1789, ouvrage précieux et recherché.

Rochienne (Pierre). Xylographe français, né à Paris en 1520. Il a gravé les dessins de la *Légende dorée*, et a laissé 109 planches destinées à l'illustration de la Bible.

Rockener (Vincez). Dessinateur nurembergeois, contemporain de Dürer, qui dessina les ornements des initiales du poème de Pfinzing : (*Les aventures du chevalier de Tewrdannckh*).

Rocolet (Pierre). Imprimeur parisien du XVIIe siècle. En 1635, il fut nommé imprimeur ordinaire du roi, alors qu'il était déjà imprimeur de la ville de Paris. Sa fidélité à la cause royale pendant les troubles de la minorité de Louis XIII l'exposa souvent à de grands dangers et lui valut, le 5 octobre 1641, une médaille et une chaîne d'or, accompagnées d'un brevet honorable. Pierre Rocolet est mort en 1662.

Roger. Roi de Sicile, accorda en 1102 un diplôme pour la construction d'une fabrique de papier de coton.

Roger. Copiste du moyen-âge, qui a laissé des travaux calligraphiques estimés.

Rollet-Boutonné. Fondeur en caractères et imprimeur parisien, mort en 1639 ; fut syndic adjoint de sa communauté, en 1626.

Rome (Jacques-Antoine de). Célèbre relieur, mort en 1761. Il fut le plus remarquable de la famille des de Rome, qui compta quatorze relieurs de ce nom.

Romilly. Artiste de Genève, dont les gravures sur or et argent sont très estimées (XIXe siècle).

Rood (Thierry). Imprimeur d'Oxford, qui publia en 1478-79, les *Lettres de Phalaris*, traduites en latin par Fr. Arétin.

Rops (Félicien). Célèbre aquafortiste, né en Belgique. Rops lutta pendant plus de 20 ans pour la propagation de l'eau-forte ; il vint ensuite se fixer en France et mourut à Essonne, qu'il habitait depuis une quinzaine d'années, le 21 août 1898.

Roret (Nicolas-Edme) (1797-1860). Célèbre éditeur français, né à Vendeuvre-sur-Barse (Aube). On lui doit la publication d'une série de manuels techniques très utiles qui forment une collection d'environ 400 ouvrages divers.

Rose (Victor). Habile dessinateur français qui s'occupa surtout de travaux mécaniques et industriels dans lesquels il excella. Victor Rose est mort à Paris il y a quelques années.

Rosenauer. Femme célèbre comme artiste en niellure, qui vivait en Allemagne au XVIIIe siècle ; elle est la fille du graveur-orfèvre Mettel, de Nuremberg.

Rosenbach. Imprimeur du XVe siècle, né à Heidelberg. Il publia des livres à Barcelone en 1493, en 1498 à Tarragone, et s'établit à Perpignan en 1499. On le retrouve à Barcelone vers 1530.

Rossignol (Pierre). Publia en 1529 le premier livre imprimé à Albi.

Rot (Adam). Imprimeur allemand qui vint se fixer à Rome vers 1480, et fit en 1471 usage de diphthongues pour les sons composés.

Rota (Martin). Graveur de Selemico (Dalmatie), un des meilleurs artistes de son temps (1538-1567).

Rouges (Jacques des), dit encore *Rossi* ou *Rubeis*. Imprimeur d'origine française, qui vint s'établir à Venise et y publia divers ouvrages, de 1474 à 1476.

Roulière. Xylographe français, qui vivait vers 1650.

Rousseau (Jacques). Fondateur de la première imprimerie à Cahors, en 1585.

Rousseau (Jean-Jacques). Illustre philosophe, né à Genève en 1712, mort à Paris en 1778. Rousseau, avant de vivre de sa plume, avait été graveur à l'eau-forte et au burin.

Rousseau (Léon), né en 1845, à Tours. Habile graveur sur bois, à qui l'on doit les illustrations de la *Chanson de l'Enfant* (édition Chamerot), d'après les dessins de Lobrichon et Rudaux ; la *Naissance de Vénus*, d'après Bouguereau ; l'*Amour endormi*, d'après Perrault ; l'*Amour et l'Argent*, d'après Vély, etc. Collabore depuis de longues années à l'*Illustration*.

Rousselet. Habile mécanicien français qui, vers 1830, apporta d'importantes modifications aux machines à imprimer et créa des types dont le succès fut considérable.

Roussin (Pierre). C'est à lui qu'on doit l'introduction de l'imprimerie à Nevers, en 1590.

Roux ou **Rost** (Pierre). Cet imprimeur introduisit son art à Aix en 1575.

Roycroft. Imprima à Londres, en 1657, la *Polyglotte* du docteur Walton (6 vol. in-folio). Ce fut le premier ouvrage publié par souscription et avec prime.

Ruprecht. (V. Siegen, Louis.)

Ryland (William-Wynne) (1732-1783). Célèbre graveur anglais qui excella dans la manière au pointillé.

S

Sadeler. (Gilles) (1570-1629). Célèbre graveur belge.

Sahnson (J.-B.). Né à Stockholm en 1797, mort à Paris en 1859. Célèbre graveur en médailles et en pierres fines.

Sahsbach (Conrad). Menuisier allemand qui a, dit-on, confectionné la première presse employée par Gutenberg.

Saint-Martin (Jean-Antoine) (1791-1832). Orientaliste distingué, il fut membre de l'Académie des inscriptions, administrateur de la bibliothèque de l'Arsenal et directeur des types orientaux à l'imprimerie Royale.

Saint (G.). Graveur hollandais du XVIIIe siècle ; il travailla à la manière sablée.

Saint-Aubin (Augustin de) (1736-1807). Célèbre graveur et dessinateur.

Saint-Non (Abbé Richard de) (1727-1791). Graveur français, à l'eau-forte et à l'aqua-tinta.

Saint-Omer. Célèbre calligraphe français.

Saint-Ours. Peintre genevois ; il traita les sujets historiques, s'adonna à la gravure et mania le burin avec un talent réel (XVIIIe siècle).

Salamanca (A.). Graveur et célèbre marchand d'estampes.

Salvatore Rosa (1615-1673). Peintre napolitain, qui est également célèbre comme graveur à l'eau-forte.

Sanlecque (Jacques de). Célèbre fondeur en caractères, auquel succédèrent son fils et son petit-fils. Il créa sa fonderie en 1596 et se distingua comme graveur des Elzévier.

Sanlecque (Jacques de). Fils du précédent (1617-1660), était un savant dans les langues anciennes et modernes. Il est devenu célèbre comme fondeur en caractères d'imprimerie et graveur de musique.

Sara (Robert). Imprimeur parisien, reçu membre de sa corporation en 1629. Beaucoup de livres sortis de ses presses sont précédés d'épîtres dédicatoires, avis, préfaces en latin ou en français. Il fut adjoint du syndic de sa communauté en 1649.

Sarrabat (Isaac). Dessinateur et graveur à la manière noire.

Saugrain (1700-1805). Libraire parisien, qui devint conservateur de la bibliothèque de l'Arsenal. Il fut l'éditeur du *Code de l'Imprimerie et de la Librairie*.

Savary de Brèves. Étant ambassadeur du roi de France à Constantinople, on grava pour lui, dans cette ville, des poinçons turcs, arabes, syriaques et autres. Envoyé ensuite à Rome, il y fit imprimer deux ouvrages en langue arabe. Il revint à Paris, ramenant de Rome un imprimeur nommé Paulin, fonda une imprimerie particulière vers 1615, de laquelle sortit imprimé en turc et en français le traité conclu entre Henri IV et le sultan Achmed; de ces presses sont également sortis quelques ouvrages importants ayant pour nom d'imprimeur : *Typographia Savardana*.

Savill (Robert). Simple employé de chemin de fer ; étant attaché à la compagnie du Birmingham-Railway, il inventa la machine à imprimer et à numéroter les billets qui, depuis lors, remplacèrent les tickets que l'on détachait d'un livre à souche. Mort en 1888.

Savine (Jean). En 1580, cet imprimeur créa la première imprimerie à Auxerre.

Schaffers (Jacob-Christian). Imprimeur de Ratisbonne au XVIII° siècle. Il publia en 1765 un volume in-8° dont chaque feuillet est imprimé sur un papier différent. Parmi ces divers spécimens de l'art du papetier, on remarque le papier de coton, de peuplier, de sciure de bois, de mousse, de tremble, de saule, de hêtre, de mûrier, de clématite, de pin, de sapin, de sarments de vigne, de tiges de houblon, de chanvre, d'aloès, de muguet, d'herbes, d'algues marines, de jonc, de paille, de trognons de chou, de chardons, de genêts, de tourbe, etc.

Schauffelein ou **Scheuflin** (1490-1539). Habile graveur allemand, qui fut le collaborateur de Dürer et de Burgkmair dans l'exécution des planches qui constituèrent l'œuvre connue sous le nom de : *Les Patrons de la Maison impériale d'Autriche*.

Scheiner (Le R. P.). Religieux, géomètre et astronome allemand, qui inventa au commencement du XVII° siècle le parallélogramme linéaire appelé depuis *pantographe*, pour réduire ou amplifier les dessins tracés sur le papier.

Schenk (Peter). Graveur hollandais, qui vivait à Amsterdam vers 1680 ; il est un des premiers qui aient fait des essais de gravure en couleur.

Schenker (Nicolas) (1760-1848). Célèbre artiste genevois. Il fut habile à la taille et au pointillé et dirigea avec succès une école de gravure en taille-douce fondée à Genève en 1817.

Scheuflin. (V. Schauffelein.)

Schiller (Élie). Imprimeur, né à Dresde, mort à Paris en 1862. Venu à Paris à 22 ans, il travailla dans divers ateliers et se fit naturaliser. Bientôt il devint prote, puis dirigea l'imprimerie du journal *La Patrie*. Grâce à son activité, sa maison du faubourg Montmartre était devenue une des plus importantes imprimeries de journaux de Paris.

Schnitzer (Jean). Graveur qui exerça son art à Arnheim en 1482. On lui doit les belles planches et les cartes géographiques sur bois de la *Cosmographie* de Ptolémée, publiée en 1482, à Ulm, par Lienhard Holl.

Schœffer ou **Schoiffer** (Pierre). Né près de Mayence, Schœffer était un étudiant qui voyageait et copiait des manuscrits. Soit qu'il en eût préparé pour Gutenberg, soit qu'il donnât des leçons à la fille de Fust, ces imprimeurs l'eurent bientôt initié à leur art. Après la rupture de la société de Gutenberg et Fust, Schœffer continua à travailler avec Fust, dont il avait épousé la petite-fille. Il a publié un grand nombre d'éditions. La date de sa mort n'est pas certaine, mais on pense qu'il est décédé en 1502 ou 1503. En 1490, Pierre Schœffer imprima le *Psalmorum Codex*, qui est le premier ouvrage où l'on trouve des notes de plain-chant.

Schœffer (Jean). Fils de Pierre Schœffer, il lui succéda de 1502 à 1533. Publia à Mayence, en 1505, une traduction allemande de Tite-Live, et en 1524 une traduction latine d'Appien.

Schœn ou **Schongauer**, connu encore sous le nom de *Martin de Flandre*, mort en 1488 à Colmar. Il travailla dans les Pays-Bas et laissa de belles gravures; on lui attribue l'invention de l'impression des estampes.

Schœnsperger (Jean, l'aîné). Imprimeur augsbourgeois, qui publia de 1468 à 1524 des ouvrages fort bien traités, dont la 2e édition du fameux *Tewrdannckh*, qui parut en 1519. La première édition des *Aventures du chevalier de Tewrdannckh* avait été publiée par lui à Nuremberg, en 1517.

Schram (Conrad). Xylographe allemand qui décora un livre d'Évangiles publié à Munich en 1620.

Schreiber. Un des vétérans de la typographie allemande, mort à Iéna en 1864. Dans sa jeunesse il travailla comme compositeur à l'*Almanach des Muses*, du poète Schiller, et fut en fréquentes relations avec celui-ci, ainsi qu'avec Gœthe.

Schüle (Jean-Henri de). Est regardé comme le créateur des étoffes imprimées en Allemagne. Il s'établit à Augsbourg en 1750.

Schurer (Lazare). Fondateur de la première imprimerie à Schelestadt en 1518.

Schurener de Bopardia (Jean). Réimprima à Rome, en 1476, la *Chronique* de Philippe de Lignamine.

Schweikard (Jean-Adam) (1722-1787). Graveur de Nuremberg auquel on attribue les premiers essais d'aqua-tinta.

Scinzenzeler (Ulrich). Imprimeur allemand ; élève de Gutenberg, il vint s'établir à Milan en 1479.

Scott (Édouard-Léon) (1817-1879). On a prétendu qu'il appartenait à la famille du célèbre romancier Walter Scott. Il débuta à Paris par être correcteur d'imprimerie, et c'est en cette qualité qu'il entra d'abord à l'imprimerie Didot; mais aussitôt apprécié par le célèbre bibliophile, il ne tarda pas à devenir le bibliothécaire de la maison. Toute la correction du *Manuel du Libraire* de Brunet fut confiée à ses soins. Scott a le premier pressenti le téléphone en inventant un instrument qu'il appela le *phonautographe;* mais il laissa tomber ses brevets en désuétude.

Scrivarius (Pierre). Imprimeur, né à Harlem à la fin du xvi° siècle. Il a publié un ouvrage sur Laurent Coster (1628), dans lequel il s'efforce de démontrer que si Mayence a commencé vers 1450, Harlem, dès 1430, avait des livres avec figures, imprimés par Laurent Coster. Il croit également que le *Speculum salutis* a été imprimé avec des caractères fondus.

Seguin (Thomas). Graveur genevois des xvii° et xviii° siècles; il a laissé de nombreuses gravures, d'après Wilter.

Selligue. Mécanicien français qui inventa, vers 1830, une machine tenant le milieu entre la presse à bras et la presse mécanique. Les toucheurs étaient automatiques, le mouvement général continu, et la pression s'obtenait à l'aide de la platine.

Senefelder (Aloys) (1771-1834). Inventeur de la lithographie, né à Prague, mort à Munich D'abord auteur dramatique, il songea à imprimer lui-même ses ouvrages au moyen de la gravure à l'eau-forte ; ses recherches l'amenèrent à découvrir l'art de la lithographie. Établi à Munich, il fit servir sa méthode à la reproduction de la musique, et trouva la plupart des procédés actuellement en usage dans la lithographie. Après avoir pris plusieurs brevets, notamment à Paris, où il eut un établissement, il fut nommé directeur de l'atelier lithographique du cadastre de Munich.

Serrière (1801-1871). Imprimeur et habile praticien français. Étant simple ouvrier typographe à l'imprimerie de la rue Montmartre, où se tirait la *Presse*, il avait été remarqué par Emile de Girardin, qui avait trouvé en lui un intelligent et actif auxiliaire pour la réalisation de son idée de la presse quotidienne à bon marché. Dès 1852, M. Serrière apportait dans la clicherie les innovations importantes qui permirent de tirer la *Presse*, et plus tard le *Petit Journal*, à des nombres regardés alors comme fabuleux. Il peut être considéré comme le véritable créateur de la typographie quotidienne à grande vitesse.

Servet (Michel). Célèbre hérésiarque qui fut correcteur à Lyon chez Trechsel, et fit imprimer à Lyon *De Trinitatis Erroribus Libri septem*, où il traita la Trinité de Cerbère à trois têtes et de Geryon fabuleux. Mis en prison, il s'évada, se réfugia à Vienne en Dauphiné, où il publia *Christianismi Restitutis* ; cet ouvrage fut brûlé avec l'effigie de l'auteur. S'étant rendu à Genève dans l'espoir de laisser passer l'orage qui le menaçait, le malheureux savant fut appréhendé par les sbires de Calvin et brûlé vif sur une des places de cette ville.

Seuil (Du). Fut nommé, dans les premières années du xviiie siècle, relieur du duc d'Orléans. Il a donné son nom à la reliure à *filets* avec *coins et milieux*.

Shakespeare (1564-1616). Le plus grand poète et génie dramatique qu'ait produit l'Angleterre, auteur de *Roméo et Juliette*, *Hamlet*, *Le Marchand de Venise*, *Macbeth*, *Le Roi Lear*, etc. M. Blades prétend que Shakespeare fut pendant quelques années employé à Londres, dans l'imprimerie de Vautrollier, comme correcteur ou commis.

Sharp (William) (1746-1824). Célèbre graveur anglais.

Siberch (Jean). Introduisit l'imprimerie à Cambridge en 1521.

Sichem (Conrad van). Xylographe qui grava à Bâle les *Treize Lieux* de la Confédération suisse et beaucoup d'autres planches.

Siegen (Louis). Célèbre graveur qui créa, en 1611, le mezzotinto ou gravure à la manière noire, dont on attribue à tort la découverte au prince palatin Ruprecht.

Silber (Eucharius) Imprimeur allemand qui vint s'établir à Rouen, en 1495.

Silbermann (Gustave) (1801-1876). Célèbre imprimeur français, né à Strasbourg, mort à Paris. En 1840, il s'adonna aux impressions typographiques en couleurs ; on peut le regarder comme le véritable inventeur de la chromotypographie. Il a ainsi permis à la typographie de regagner le chemin que la lithographie lui avait fait perdre. Son chef-d'œuvre est la *Bannière de Strasbourg*, imprimée en 36 nuances sur fond d'or. On lui doit, à l'occasion de l'érection de la statue de Gutenberg à Strasbourg (24 janvier 1840), la publication d'un album typographique aujourd'hui presque introuvable, dans lequel il avait réuni les types des caractères alors en usage dans les principales fonderies de France et en particulier ceux de l'imprimerie Royale, alors dirigée par le poète Lebrun, qui, ne comprenant pas la portée de cette publication, lui avait tout d'abord refusé son concours.

Silvestre (Israël) (1621-1691). Dessinateur et graveur français.

Silvestre (L.-C.) (1792-1867). Libraire français, qui a donné son nom à la salle de la rue des Bons-Enfants, où se font toutes les ventes de livres. Il a laissé inachevé un ouvrage remarquable : *Les Marques typographiques*.

Simon. Imprimeur strasbourgeois qui, vers 1848, était parvenu à imiter, avec le concours de la lithographie, les dessins au lavis et à l'aquarelle. Malheureusement, il fit un secret de cette invention et mourut sans laisser aucune description de son remarquable procédé.

Simon (Frédéric-Émile) (1805-1886). Graveur français, né à Strasbourg. Il a illustré divers ouvrages, notamment : *Les schlitteurs des Vosges*, *Les fables de la foi chrétienne*, publié la *Carte du Rhin*, le *Panorama des Vosges*, etc.

Simonin (Jean). Graveur en taille-douce, d'origine génevoise, qui vivait vers 1630.

Smith (John) (1660-1721). Célèbre graveur anglais à la manière noire.

Snell (Jean). Publia en Suède, en 1483, le *Dialogus Creaturarum moralizatus*, dont un exemplaire est conservé à la bibliothèque d'Upsal, et qui est le premier livre de ce pays portant une date.

Solidi (Jean). Il fonda, en 1478, la première imprimerie à Vienne (Isère).

Solis (Virgile) (1514-1562). Célèbre xylographe de Nuremberg ; il a laissé plus de 1,000 planches gravées.

Sonnius (Michel). Libraire-juré du XVIe siècle ; il fut le chef d'une famille remarquable d'imprimeurs-libraires qui tint, jusqu'en 1650, la tête du commerce parisien des livres.

Sonnius (Laurent). Fils du précédent, et qui fit, comme lui, partie de la Compagnie de la Grand'Navire.

Sorg (Antoine). Imprimeur d'Augsbourg qui publia, en 1483, le premier livre d'armoiries, contenant 1200 armoiries et effigies des personnes ayant assisté au concile de Constance.

Soubeyran (Pierre). Graveur génevois, né en 1709 ; il laissa des estampes très estimées.

Spencer. Chimiste anglais qui fut un des premiers à utiliser la galvanoplastie. Sa découverte est connexe à celle de Jacobi et remonte à 1838.

Spener. Protégé par Frédéric le Grand, à qui il avait appris l'art typographique, il obtint du roi de Prusse un privilège pour l'impression du journal *Berlinische-Nachrichten*, ce qui permit à sa maison de prendre en peu de temps un développement considérable.

Spilman (Jean). Joaillier anglais qui reçut d'Elisabeth, en 1588, l'autorisation de construire un moulin à papier, que l'on croit être le premier ayant fonctionné en Angleterre.

Spilsbury (Thomas) (1733-1795). Célèbre imprimeur anglais ; c'est lui le premier qui, en Angleterre, ait imprimé correctement des livres en français.

Spœrl (Jost) (1588-1665). Xylographe de Nuremberg, qui laissa de nombreuses gravures dans l'*Opus pictus*.

Spon (Jacques). Célèbre érudit, qui fut correcteur chez Bilaine, où il corrigea le fameux Glossaire publié par cet imprimeur.

Sporer (Jean). Peintre de cartes allemandes, qui, au XVe siècle, illustra *L'Art de mourir : Sive de tentationibus morientium*.

Springinklee (Hans). Célèbre xylographe allemand du XVe siècle, élève d'Albert Dürer.

Stadel-Staedel (Josias-Isaac) (1627-1700). Imprimeur-libraire de Strasbourg ; il fut un des consuls de cette ville.

Stanhope (Lord Charles) (1753-1816). Homme d'État anglais et savant mécanicien, à qui la typographie doit l'invention de la presse en fer qui porte son nom.

Steiner. Fondeur bavarois, qui perfectionna, après Dressler, les machines à fondre.

Steiner (C.). Graveur genevois (1775); il a laissé des eaux-fortes très artistiques.

Steinschawer ou **Steynschauwer** (Adam). Originaire de Schweinfurt, il introduisit l'imprimerie à Genève en 1478.

Stimmer (Tobie). Xylographe célèbre, né à Schaffouse, en 1534.

Straham. Imprimeur anglais qui exerça son art avec distinction vers 1770.

Straub (Georges). Graveur allemand qui publia en 1609 un livre de costumes.

Stroobants (Guillaume). Imprimeur du XVIe siècle, qui vint, en 1596, fonder à Lille la seconde imprimerie établie dans cette ville.

Sturm (Jean) (1507-1589). Poète et prosateur latin, qui fut imprimeur à Louvain en 1528, puis professeur de langue latine et grecque à Paris et recteur de l'académie de Strasbourg.

Subit. Célèbre artiste genevois, qui, avec Pelaz, exécuta sur métaux précieux de magnifiques gravures niellées, avec un vernis émail de leur invention (1830).

Sully (Maximilien de Béthune, baron de Rosny, duc de). Etablit vers 1630, au château de Sully, dans l'Orléanais, une imprimerie d'où sortirent, en 2 volumes, les *Économies royales* écrites par lui.

Satorius. Mécanicien, né à Cologne, qui, en 1808, prit un brevet en France pour une machine pouvant imprimer 8,000 feuilles à l'heure. Ruiné avant d'avoir pu construire sa machine, il laissa tomber son brevet, dont profitèrent vraisemblablement ses concurrents plus heureux.

Svierler (Michel). Imprimeur allemand, originaire d'Ulm, qui s'établit à Bordeaux en 1486. Malgré l'appui de son associé Nolot de Guiton et une subvention du prévôt des jurés, Svierler ne put réussir.

Swaybold (Frank). Imprimeur qui publia à Cracovie, en 1491, la traduction en polonais de l'*Octœchos* de Jean Damasque.

Sweynheim (Conrad). Ouvrier de la maison Gutenberg ; on croit qu'il quitta Mayence vers 1462 ; on le regarde comme un de ceux qui ont gravé les premières lettres typographiques en caractères romains. Il s'associa avec Pannartz, ancien élève de Gutenberg, et imprima à Rome, au XVe siècle. Dans l'espace de sept ans, leur maison imprima 12,375 volumes, mais le succès de la vente ne répondit pas à la production et le pape Sixte IV fut obligé de les secourir.

Sylburge. Savant latiniste et helléniste ; il fut correcteur chez les Wechel, à Francfort-sur-le-Mein, et chez les Estienne à Paris.

Sylvius (Antoine). Xylographe flamand qui vivait vers 1560 ; il s'est spécialement consacré à la reproduction des monnaies et médailles.

T

Tacq (Antoine). Imprimeur du xvie siècle, qui passe pour avoir fondé la première imprimerie à Lille, en 1594.

Tagliente (Giov.-Ant.). Artiste vénitien auquel on doit (1545) de remarquables modèles de lettres pour calligraphes et graveurs.

Talbot. Anglais qui inventa le papier sensible utilisé en photographie.

Tallien (Jean-Lambert) (1769-1820). Célèbre révolutionnaire français, connu pour l'impitoyable répression qu'il exerça à Bordeaux contre les partisans des Girondins. Tallien fut un de ceux qui attaquèrent Robespierre avec le plus de violence au 9 Thermidor, et compta parmi les plus féroces réacteurs thermidoriens. Il fit fusiller les royalistes prisonniers à Quiberon, et suivit Bonaparte en Egypte. D'abord clerc de procureur, il devint prote au *Moniteur universel*, et plus tard, avec la commandite des Jacobins, publia le journal *L'Ami des Citoyens*.

Tarbé des Sablons (1762-1837). Imprimeur et administrateur français, né à Sens, mort à Paris. Il fut imprimeur et maire de Melun, chef de division au ministère du Commerce et des Manufactures.

Tarbé. (V. Fonderie générale.)

Tardieu (Nicolas) (1674-1749). Célèbre dessinateur et graveur au burin.

Tardieu (Jules-Romain) (1804-1868). Libraire-éditeur parisien ; fut longtemps un des rédacteurs de la *Bibliographie de la France* et publia un grand nombre d'historiettes sous le pseudonyme de J.-T. de Saint-Germain.

Targa (François). Habile imprimeur parisien du xviie siècle.

Tauchnitz. (V. Traugott.)

Tavernier (Guillaume). Imprimeur qui publia en 1496, à Provins, un *Traité* de Jean le Liseur, qui est regardé comme le premier livre imprimé dans cette ville.

Taylor. Ingénieur anglais, qui fut au service de Frédéric le Grand, roi de Prusse ; il est un des premiers qui aient fait des essais de gravure en couleur.

Templier (Emile-François). Doyen des associés de l'importante maison de librairie Hachette et Cie. Mort à Paris, en 1891, à l'âge de 70 ans.

Terzuelo. Habile imprimeur qui inventa, vers 1835, un moule à fondre donnant 25 lettres à la fois ; une presse à tiroir qui eut un grand succès, et une presse à platine d'un système pratique et très ingénieux.

Testard (Emile). Célèbre éditeur parisien ; il a attaché son nom à l'*Edition nationale* de Victor Hugo. Mort en 1895, à l'âge de 44 ans.

Teubner (B.). Erudit imprimeur de Leipzig, qui se signala par l'impression du *Codex Frede-*

rico-*Augustanus*, paru en 1846.

Teunissen (Cornélius). Célèbre xylographe hollandais, qui donna, en 1544, une vue d'Amsterdam en 12 grandes planches.

Théodoric. Abbé d'Ouche, un des meilleurs copistes du moyen-âge; il a laissé, comme monuments de son talent calligraphique, des *Collectes*, un *Graduel* et un *Antiphonaire*.

Thévenot de Coulon (Jean-Félicité) (1755-1814). Inventeur de la tachygraphie, dont il expliqua le mécanisme dans son ouvrage : *Moyens mécaniques de perfectionner l'art d'écrire*.

Thiboust. Imprimeur de l'Université en 1554; il était en même temps graveur et fondeur en caractères.

Thiboust (C.-Louis) (1667-1737). Fondeur en caractères et imprimeur parisien, qui devint adjoint de sa communauté en 1709 et imprimeur de l'Université en 1715. On lui doit un poème latin sur l'imprimerie, travail qui fut traduit en français par son fils. Il était l'arrière-petit-fils du précédent.

Thiébaut. Célèbre graveur en médailles d'origine genevoise.

Thierry (Rolin). Imprimeur-libraire du XVIe siècle, qui fut emprisonné pour avoir publié un livre intitulé *Le Manant*.

Thierry (D.). Imprimeur-libraire, mort en 1712; il exerça son art à Paris et publia plusieurs éditions remarquables par la netteté de leur impression, entre autres la *Bible* dite des Cordeliers.

Thierry (Pierre) (1794-1870). Imprimeur français, né à Mulhouse et mort à Paris. En 1815, il fut initié à la lithographie par Engelmann, son beau-frère, qui se l'adjoignit comme associé. Président de la Chambre des imprimeurs lithographes, il était, à l'époque de sa mort, le doyen des imprimeurs.

Thomassin (Philippe). Célèbre graveur du XVIe siècle, qui fut à Rome l'un des maîtres de Jacques Callot.

Thomassin (Simon-Henri) (1688-1741). Célèbre graveur français.

Thomas (J.). Un des plus importants imprimeurs viennois; il exerça son art de 1748 à 1798, et possédait 24 presses, 8 librairies et 2 moulins à papier.

Thompson. Habile graveur sur bois, originaire de Londres; en 1820, il exécuta à Paris des vignettes supérieures à tout ce qui avait été fait jusqu'alors.

Thonnelier. Habile mécanicien français, qui, un des premiers, construisit des presses à bras en fer. A l'Exposition de 1834, il présenta une presse double qui fut très remarquée par le jury.

Thorey. Ancien prote de la fonderie Didot l'aîné, successeur de Marcellin Legrand, comme directeur de la fonderie Polyamatype. Son atelier passa aux mains de ses neveux Christian et Ferdinand Virey.

Thuvien. Imprimeur et constructeur; vers le milieu du XIXe siècle, il inventa à Paris une presse colossale pour publier des affiches de 8 pieds de haut sur 10 de large.

Tilloch (Alexandre). Il publia à Glascow, en 1780, en compagnie de l'imprimeur Foulis, l'*Anabase* de Xénophon, au moyen de *planches solides*. Ce fut un des premiers essais de clichage ayant donné des résultats avantageux.

Tiquet (François). Habile constructeur mécanicien, qui fut l'associé de Mme Ve Alauzet. Mort en janvier 1896.

Tissier. Inventeur, en 1844, d'un mode de gravure chimique sur pierre qu'il dénomma *tissiérographie*.

Titien (Le) (1477-1576. Célèbre peintre italien, chef de l'école vénitienne. Il s'est également distingué comme xylographe.

Tondu (Pierre-Henri-Marie), dit *Lebrun Tondu* (1754-1793). Il débuta dans les ordres, qu'il quitta pour entrer dans l'armée ; au bout de deux ans, il déserta, se fit ouvrier imprimeur puis journaliste à Liège. Après la journée du 10 août 1792, il devint ministre des relations extérieures. L'année suivante, il fut enveloppé dans la proscription des Girondins et périt avec eux sur l'échafaud.

Topffer (Rodolphe) (1799-1846). Ecrivain et artiste genevois, qui se distingua : dans les lettres, par des ouvrages très curieux de psychologie : *Nouvelles genevoises*, *Réflexions et menus Propos d'un Peintre genevois*, etc. ; et, comme graveur lithographe, en crayonnant lestement de grotesques charges : *M. Vieux-Bois*, *M. Jabot*, *M. Cryptogame*, etc.

Tortebat (François) (1626-1690). Peintre et graveur français.

Tortorel (Jean). Xylographe français qui, de 1564 à 1570, a gravé des scènes de la guerre des huguenots.

Toschi Paolo). Né vers 1788, mort en 1854, cet habile graveur italien reproduisit le premier, par la gravure, les fresques du Corrège.

Tournes (Jean de). Célèbre imprimeur, né à Lyon en 1504. Il fit son apprentissage chez Sébastien Gryphe et fut reçu maître en 1540. La plupart de ses éditions, remarquablement imprimées, sont ornées de gravures sur bois, à la manière de Simon Vostre et de Pigouchet. De Tournes mourut de la peste en 1564, et son imprimerie passa à son fils Jean II, qui exerça jusqu'en 1585, époque à laquelle il dut quitter Lyon pour cause de religion. Son frère ayant été s'établir à Genève à la mort de leur père, on suppose qu'il se réfugia quelque temps dans cette ville. La famille des de Tournes exerça la profession d'imprimeur-libraire pendant près de deux siècles et demi, soit à Lyon, soit à Genève, où les descendants de Samuel de Tournes avaient encore une imprimerie en 1780.

Tournier. Célèbre graveur genevois, dont les travaux sur métaux précieux jouissent d'une grande réputation (XIXe siècle).

Tramaux - Malhet. Typographe qui publia à Louviers, en 1843, le *Vade-Mecum ou l'Indispensable aux Typographes*, Maltres et *Ouvriers, et en général à toutes les personnes qui impriment ou font imprimer.*

Traugott-Tauchnitz, et son fils **Charles.** Imprimeurs de Leipzig, qui se distinguèrent par de jolies productions. Le père, né en 1761, se signala par des éditions latines et grecques, dont il avait stéréotypé la composition d'après le procédé Stanhope.

Trautz-Bauzonnet. (V. Bauzonnet.)

Trechsel (Gaspard). Imprimeur lyonnais qui eut pour correcteur Josse Bade, à qui il donna sa fille Thalie en mariage. Trechsel imprima en 1487 le tome Ier des *Œuvres de saint Augustin.*

Tritheim ou **Trithème.** Historien et théologien allemand, né en 1462, mort en 1516 ; il fut le premier auteur qui ait attribué l'invention de l'imprimerie à Gutenberg. Ce témoignage, qui se trouve dans les *Annales d'Hirsauge*, a d'autant plus de valeur que Tritheim était contemporain des commencements de l'imprimerie et qu'il tenait ses renseignements de Pierre Schœffer lui-même.

Trois Mailles (René). Introduisit l'imprimerie à la Flèche, en 1575.

Troschel (P.). Habile graveur allemand qui se distingua dans l'illustration de la fameuse Bible de Martin Luther, ouvrage in-folio, imprimé à Nuremberg par Wolfgang, en 1643.

Trouillet (Auguste). Mécanicien, graveur et typographe français, mort en 1891. Il créa et développa une industrie unique pour numéroter, dater, imprimer, timbrer ou perforer les mandats, effets de commerce, actions, obligations, etc. Ses principales inventions sont : le numéroteur à main, les châssis articulés pour le numérotage typographique, les machines à billets de chemins de fer, la folioteuse à pédale, etc.

Tsaï-Lun. Lettré chinois qui passe pour avoir été l'inventeur du papier. Il figurait, probablement en qualité de secrétaire, à la cour de l'empereur Kouang-Hou, le premier souverain de la dynastie des Han, lequel ayant régné de l'an 25 à l'an 58, occupait précisément le trône à l'époque de Jésus-Christ.

Tubières (Philippe - Claude de), comte de Caylus (1692-1754). Habile graveur français.

Turnèbe (Adrien), dit *Turnebus* (1512-1565). Poète grec, latin et français, né aux Andelys, mort à Paris ; il fut professeur royal en langues grecque et latine, imprimeur à Paris et directeur de l'imprimerie créée par François Ier.

Twyn (John). Imprimeur qui vivait à Londres vers 1660. Accusé d'avoir imprimé un *Traité sur l'exécution de la justice*, qui est un devoir pour le magistrat et pour le peuple, fut condamné à un horrible supplice : son corps fut traîné sur une claie, de la prison au lieu d'exécution ; il fut pendu, mais de manière que la mort ne s'en suivît pas ; on lui arracha les membres ; ses entrailles furent sorties de son ventre et brûlées « devant ses yeux », enfin sa tête fut coupée et son corps divisé en quatre quartiers « au bon plaisir de S. M. le roi Charles II ».

Tyndall. Célèbre érudit qui, ayant le premier traduit la Bible en anglais, fut pour ce fait étranglé et brûlé le 2 septembre 1536. Lord Monmouth, son protecteur, fut enfermé à la Tour de Londres et ses biens confisqués.

U

Ugo de Capri ou **da Carpi.** Peintre et graveur italien qui vivait vers 1590, et auquel on attribue le genre de xylographie désigné sous le nom de camaïeu, et qui consistait à imiter les dessins faits sur papier teinté et rehaussé au crayon blanc.

Unsinger (Charles) (1822-1891). Habile imprimeur, qui, après avoir travaillé à Strasbourg, dans la maison Berger-Levrault, vint à Paris diriger les machines de la maison Plon ; il entra ensuite en la même qualité à l'imprimerie de Jules Claye, qu'il quitta vers 1877 pour s'établir rue du Bac, où il fonda une maison renommée pour la belle exécution de ses travaux. La maison Unsinger est passée aux mains de son gendre, M. Emile Kapp.

V

Vaelbecke (Louis de). Flamand qui vivait au xvie siècle, auquel l'érudit belge Desroches attribue l'invention de caractères en bois, isolés et par estampes, qu'on regarderait comme les premières tentatives de l'imprimerie.

Valay ou **Volay** (Jehan). Célèbre cartier de Paris ; il exerça son industrie de 1483 à 1498.

Valentin (Robert-François) (1796-1849). Typographe et écrivain français. Fait prisonnier à Waterloo, il se fit maître d'études à son retour en France. En 1820, il entra à l'imprimerie Baudouin, dont il devint le prote ; il passa ensuite à l'imprimerie Paul Dupont en qualité de correcteur, et de 1845 à 1849, date de sa mort, collabora à la direction de la maison Plon en qualité de *grand prote*. Valentin a laissé plusieurs ouvrages de valeur, parmi lesquels un *Abrégé de l'Histoire des Croisades*, les *Ducs de Bourgogne au* xive *et au* xve *siècle*, etc.

Vandenborght (Michel-Joseph) (1801-1870). Habile fondeur de caractères, né à Bruxelles, qui introduisit le premier, en Belgique, l'usage des machines à fondre, auxquelles il fit subir de très heureuses modifications. Après les débuts les plus modestes, il parvint à créer un établissement de premier ordre qui, après sa mort, passa aux mains expérimentées de ses fils Alexandre et François. La fonderie Vandenborght est aujourd'hui dirigée par l'habile typographe Jean Dumont, également directeur de l'école de Typographie de Bruxelles.

Vallat-La-Chapelle. Ex-secrétaire de M. de Malesherbes, il fonda, en 1759, une imprimerie à Paris. Cette imprimerie fut continuée, en 1771, par Mme Marie Vallat-La-Chapelle, sa veuve, née Bardé ; en 1792, par sa fille Marie-Rosalie Vallat-La-Chapelle, épouse de M. Huzard, membre de l'Académie des sciences ; en 1841, par Mme Adèle-Joséphine Huzard, leur fille, veuve de M. Bouchard, et en 1876, par Mme Adèle-Rosalie Bouchard, sa fille, épouse de M. Jules-Pierre Tremblay.

Valleyre. Imprimeur du XVIIIe siècle ; il faisait usage de planches en cuivre, représentant des sujets religieux, fondues dans un moule d'argile, et qu'il mettait en tête de ses livres d'église (1735).

Van den Velde (Isaïe) (1597-1653). Célèbre peintre et graveur hollandais.

Van den Velde (Adrien) (1639-1672). Peintre et graveur hollandais de grand talent.

Van der May. (V. Muller Jean.)

Van Dyck (Antoine) 1599-1641). Illustre peintre et graveur à l'eau-forte, né à Anvers, élève de Rubens.

Van Os (Peter). Imprimeur hollandais, qui imprimait à Zwolle (Ober-Yssel), vers 1488-1491 ; il employa dans ses livres les planches de bois qui avaient servi aux éditions originales de la *Bible des Pauvres*.

Varin (Jean) (1604-1672). Graveur français.

Vascosan (Michel). Imprimeur célèbre, qui naquit aux environs de 1500, mort en 1576. Il épousa à Paris la belle-sœur de Robert Estienne, et devint le digne émule de cet illustre typographe. Le premier il rejeta les caractères gothiques pour se servir des caractères romains. Imprimeur de l'Université de Paris et imprimeur du roi, il donna un grand nombre d'éditions fort bien imprimées avec grandes marges.

Vauthier-Galle (André). Statuaire et graveur en médailles ; en collaboration avec Oudiné, il exécuta la figure des timbres à l'effigie de la République de 1848 et de Napoléon III. Il grava également la médaille de l'Exposition de 1867. Mort en mai 1899, à l'âge de 81 ans

Vautrollier (Thomas). Savant humaniste et imprimeur, d'origine française. Il vint à Londres au commencement du règne de la reine Elisabeth, et établit une imprimerie dans le quartier de Blackfriars. Le 19 juin 1574, la reine lui accorda un privilège pour l'impression, en anglais, du *Nouveau Testament*. En 1584, il eut la hardiesse de publier une édition du philosophe hétérodoxe Jordano Bruno, et dut s'enfuir pour éviter les conséquences d'un procès. Il passa à Édimbourg plusieurs années, pendant lesquelles il fit de très bons élèves dans les imprimeries de cette ville. Ses amis ayant intercédé pour lui, il put revenir à Londres reprendre la direction de son établissement. Il maria sa fille Jakin à l'imprimeur Richard Field, en janvier 1588, et mourut la même année. Vautrollier est un des anciens imprimeurs anglais les plus estimés. Le nombre des ouvrages sortis de ses presses est de 78, la plupart en latin. Il avait pour marque une ancre, avec cette devise : *Anchora spei* (l'ancre du salut).

Vecellio (Cesare). Frère du

Titien; ce xylographe a publié, en 1590, un livre des *Costumes*.

Veldener ou **Veldenaer** (Jean). Imprimeur belge, qui vint, en 1475, s'établir à Louvain après avoir exercé pendant quelques années à Cologne. Il quitta Louvain vers 1478 et alla s'établir à Utrecht, où il avait été précédé par Nicolas Ketelaer et Gérard de Leempt, deux imprimeurs célèbres, qui exercèrent les premiers l'art de l'imprimerie en Hollande.

Veldener. Imprimeur allemand de Culembourg ; en 1483, il donna une nouvelle édition du *Miroir du Salut*, en se servant des xylographies originales.

Veneziano (Georges-Grégoire). Imprimeur du xvi° siècle. Il établit à Fano (Italie), en 1514, aux frais du pape Jules II, la première imprimerie arabe.

Vérard (Antoine). Imprimeur parisien du xv° siècle. C'est lui qui fit le plus pour l'impression de nos vieilles chroniques et des romans de chevalerie. La seconde édition des *Chroniques de France*, dont la première avait été imprimée par Pasquier Bonhomme, se termine ainsi : *Cy finist le premier volume de Chroniques de France, imprimé à Paris le dixiesme jour de septembre, l'an mil iiii cens quatre-vingt et treize, par Antoine Vérard*. Les ouvrages de cet imprimeur sont recherchés.

Vergèce (Ange). Célèbre calligraphe, dont les productions sont si parfaites, qu'elles ont donné naissance à l'expression : *écrire comme un ange*.

Verien (Nicolas). Graveur français, à qui l'on doit un ouvrage curieux sur les chiffres, devises, emblèmes, médailles, etc.

Vermeulen (C.). Célèbre graveur au burin et à l'eau-forte.

Vésale (André). Célèbre graveur italien des xv° et xvi° siècles.

Vezino de Levilla. Artiste espagnol à qui les graveurs et calligraphes doivent de beaux modèles de lettres (1580).

Vidouve (Pierre). Habile imprimeur parisien du xvi° siècle.

Viel-Cazal (1829-1893). Un des maîtres français de la gravure sur bois ; la maison Hachette se l'était attaché depuis 1865.

Viéville (Théodore-Joseph). Habile imprimeur parisien, mort en janvier 1893.

Villeneuve (Gérard de). Introduisit l'imprimerie à Metz, en 1482.

Vinçard. Imprimeur-libraire parisien. A publié, en 1806, *L'Art du Typographe*, « dédié à MM les hommes de lettres, par B. Vinçard, typographiste, breveté par S. M. l'Empereur et Roi, inventeur des ligatures françaises et étrangères et des presses à touchoir, ex-secrétaire de la Société typographique de Paris, membre de plusieurs sociétés des sciences et des arts ». Ce traité, in-12 raisin de 246 pages, est curieux et renferme une belle collection de caractères orientaux, de vignettes, un protocole de correction, des modèles d'imposition, une page de musique ordinaire et une de plain-chant, un dictionnaire des homonymes et un vocabulaire typographique.

Vincent (Jacques). Quitta le Mans pour venir s'établir à Paris. Fut un des bons imprimeurs du xviii° siècle.

Vinchon (1789-1855). Imprimeur de la ville de Paris, successeur de Mme veuve Ballard et prédécesseur des frères de Mourgues, dont la maison fut incorporée aux imprimeries réunies. Vinchon fut un peintre d'histoire de grand talent, dont les œuvres les plus remarquables furent détruites en 1871 lors de l'incendie de l'Hôtel-de-Ville.

Vincle (Pierre de, dit *Pirot Picart*). Imprimeur qui publia en 1535 la Bible dite de *Serrières*, ainsi appelée parce qu'elle fut composée et tirée dans le village de ce nom (canton de Neuchâtel, Suisse)

Vindelin. Imprimeur du xv° siècle, originaire de Spire. En 1472, il s'associa avec Jean de Cologne, imprimeur à Venise, pour publier une collection d'ouvrages de droit. Vindelin fut le frère de Jean de Spire. (V. ce nom.)

Vingles (Jean de). Créa la première imprimerie à Pau, en 1552.

Vink (Nicolas). Graveur allemand, qui exerça son art à Nuremberg, entre 1473 et 1482.

Virey (Christian et Ferdinand). Neveux de Thorey qui, vers 1840, les prit comme collaborateurs et associés. La maison fondée par Thorey, au 90 de la rue de Vaugirard, fut, quelques années plus tard, transférée rue de Rennes, 142, où elle prit rapidement une extension considérable, grâce à l'activité des nouveaux propriétaires et au talent de Ferdinand, qui fut un de nos plus remarquables graveurs de poinçons. Plus tard il grava, sous la direction de M. Barre, notre billet de banque de 1,000 fr., qui fut très remarqué pour la finesse du travail. Les caractères compactes, très en faveur de 1830 à 1836, avaient été remplacés par les types maigres et allongés des xvi° et xvii° siècles. Les frères Virey surent leur donner des formes élégantes et variées qui les distinguent du style anglais, si uniforme.

Christian et Ferdinand Virey étant morts après la guerre de 1870, la maison passa aux mains de leur frère Jules et de leurs sœurs, qui la cédèrent en 1873 à M. Turlot. Les frères Virey avaient acquis la propriété des moules polyamatypes du célèbre graveur et fondeur Marcellin Legrand, neveu et successeur de Henri Didot, ainsi que la fonderie Dumeil, qui avait le plain-chant pour spécialité.

Sous l'active et intelligente direction de M. Turlot, l'ancienne maison Virey s'est accrue des fonds suivants : 1° en 1875, Colson, réputé pour ses caractères de journaux en matière dite ferrugineuse ; 2° en 1880, Charles Derriey, fonderie, coupoir et numéroteurs ; 3° en 1888, Darmoise; 4° en 1893, Eon ; 5° en 1895, l'atelier de gravure de M. Viel-Cazal.

La fonderie Turlot, installée depuis 1893 au 128 de la rue de Rennes, dans d'immenses ateliers spécialement aménagés à cet effet, est aujourd'hui une des plus importantes du monde entier ; elle est actuellement dirigée, sous le nom de *Fonderie Turlot et Cie*, par M. Henri Chaix, gendre de M. Turlot.

Visscher. Famille hollandaise de graveurs célèbres au burin et à l'eau-forte, qui exercèrent aux XVIe et XVIIe siècles.

Vitré ou **Vitray.** Né vers 1600, mort en 1674. Célèbre imprimeur parisien qui publia la Bible polyglotte de Guy-Michel Lejay (10 vol. 1628-1641). Dans ce passage : *Ejice primum trabem de oculo* il se glissa une erreur : la première lettre du mot *oculo* manquait, ce qui fit accuser Vitré d'impiété par Gabriel Sionita et Flavigny.

Vivenay ou **Vivenet** (Nicolas). Il avait, paraît-il, établi son imprimerie dans l'hôtel de Condé. Ayant imprimé divers pamphlets dont un, entre autres, était dirigé contre le surintendant d'Emery, il fut enfermé au Châtelet et condamné à cinq ans de galères.

Vivian (Mathieu). L'imprimerie fut introduite par lui à Orléans, en 1490.

Voitelain (Louis). Poète et imprimeur, né en 1798 à Paris, mort en 1852.

Volpato (Jean). (1733-1802). Habile graveur italien. Il signa ses premières épreuves du nom de Jean Bernard.

Volpi (Gaëtan et Jean-Antoine). Ils s'associèrent avec Joseph Comino pour fonder l'imprimerie appelée Cominiane, en 1717. Cette imprimerie s'est fait un nom dans l'Europe. Les frères Volpi corrigeaient eux-mêmes toutes les productions qui sortaient de leurs presses et qui sont aujourd'hui fort rares.

Vorsterman (Lucas) (1578-1640). Peintre et graveur allemand, élève de Rubens ; sur les conseils de celui-ci il se consacra entièrement à la gravure où il acquit un talent très remarquable.

Vostre (Simon). Imprimeur parisien du XVe siècle, pour le compte de qui Philippe Pigouchet grava toute une collection de dessins destinés à l'illustration des *Livres d'heures*.

Vouet (Simon) (1590-1649). Célèbre peintre et graveur parisien.

W

Waldarfer ou **Wardarfer** (Christophe). Imprimeur qui publia, en 1471, les *Lettres* de Pline, le *Décaméron*, de Boccace, et les *Discours* de Cicéron. Il aurait également exercé son art à Milan vers la même époque.

Waldow. Habile imprimeur-éditeur de Leipzig, qui fonda en 1863 le journal technique *Archiv für Buchdruckerkunst*, très apprécié en Allemagne. Mort en 1878, à l'âge de 64 ans.

Waltener (A.). Habile imprimeur lyonnais, né à Paris le 24 avril 1831, mort à Lyon le 31 janvier 1892.

Walter (Les John). Célèbre famille d'imprimeurs anglais dont le premier fonda, en 1785, le *Daily Universal Register*, devenu plus tard le *Times*, et qui ont contribué à faire de cet organe le plus important de l'Angleterre.

Walter (John). Petit-fils du fondateur du *Times*, il fut, comme son père et son grand-père, un industriel hors pair. Il avait réuni dans l'immense construction en briques rouges qu'il fit édifier à Londres, et à laquelle il donna le nom de Printing House Square, l'imprimerie, la fonderie de caractères, et un atelier où se fabrique l'outillage servant à l'exploitation du journal. Il fut, pendant 35 ans, membre de la Chambre des Communes et mourut en 1894 à l'âge de 77 ans.

Wan-Hi-Che. Magistrat et célèbre calligraphe chinois qui vivait au IIIe siècle de notre ère. Il a laissé des autographes tellement estimés qu'ils se vendent de 3,000 à 6,000 francs.

Waterloo (Antoni). Né vers 1600, mort en 1662. Peintre et graveur hollandais. Ses gravures, dont on ne connaît qu'un nombre relativement restreint, sont très recherchées des connaisseurs.

Watteau (Jean-Antoine) (1684-1721). Illustre peintre et graveur français.

Wats. Imprimeur anglais du XVIIIe siècle. A ses débuts dans la carrière typographique, Benjamin Franklin travailla comme compositeur dans son imprimerie de Londres.

Weber. Célèbre graveur en taille-douce, né à Strasbourg, élève de Jacques Oberthür.

Wechel (Christian). Célèbre imprimeur du XVIe siècle, né en Allemagne, vint en 1522 à Paris où il s'établit, et mourut, dit-on, en 1554. Il imagina de faire des éditions économiques des auteurs classiques, en les publiant par parties détachées pour en faciliter l'acquisition aux écoliers pauvres.

Wechel (André) (1510-1581). Fils du précédent, il acquit en 1560 le fonds d'imprimerie d'Henri Estienne. Il publia la *Grammaire* de Ramus, écrite avec l'orthographe simplifiée, s'attacha à la Réforme, et dut quitter Paris après la Saint-Barthélemy, à laquelle il échappa grâce à l'ambassadeur de Saxe. Il alla alors s'établir à Francfort.

Weigel (Hans.). Xylographe allemand de Nuremberg, qui publia en 1577 un livre des *Coutumes*. Il a également laissé des cartes géographiques et des ornements de titres de livres.

Weiler. (V. Degener.)

Wensler (Michel). Fondateur de la première imprimerie à Cluny (Saône-et-Loire), en 1483, et à Mâcon, en 1493.

Wetstein (Jean-Henri) (1649-1726). Savant typographe bâlois, qui s'établit imprimeur et libraire à Amsterdam. Il accompagna de savantes préfaces les ouvrages sortis de ses presses.

Wielandy (Jacob). Célèbre chalcographe genevois, qui vivait dans la première moitié du XVIIIe siècle.

Wille (J.-G.) (1715-1808). Habile graveur au burin et à l'eau-forte.

White. Mécanicien anglais qui, en 1829, fit la première application de la fonte mécanique des caractères d'imprimerie.

Wittersheim. Imprimeur du *Journal officiel*, de 1869 à 1881. Wittersheim, qui mourut il y a quelques années seulement, fut le dernier imprimeur du *Journal officiel*, mis alors en régie au bénéfice de l'équipe des *dix-huit*, qui se constituèrent, pour la circonstance, en société anonyme, sous l'égide du gouvernement.

Woelriot (Pierre). Habile graveur français du XVIe siècle.

Wohlgemuth (Michel). Graveur de Nuremberg, auquel on attribue, en collaboration avec Jean Pleydenwurf, des gravures de la Bible de 1483 et de la Chronique de Hartmann Schedel, publiée par Koburger. Il fut le maître d'Albert Dürer.

Wolfe (Reynold). Imprimeur d'origine suisse que Henri VIII fit venir en Angleterre.

Wolff (Jean-Chrétien) (1689-1770). Historien de l'imprimerie. On lui doit les *Monumenta typographica* (Hambourg, 1740, 4 vol. in-8°, ouvrage important pour l'histoire de l'imprimerie, et contenant une bibliographie des écrits qui avaient paru jusqu'alors sur ce sujet.

Wolfgang. Imprimeur de Nuremberg qui publia, en 1643, la fameuse Bible de Luther, illustrée de superbes gravures sur cuivre par P. Troschel. Dans cette Bible se trouvent également des gravures sur bois, qui semblent avoir été empruntées à des éditions antérieures.

Woodbury. Célèbre photographe à qui l'on doit l'application du procédé d'impression à la gélatine découvert par Poitevin, et auquel on a donné les noms de photoglyptie, de woodburytypie et d'hélioplastie.

Wynkyn de Worde (1500-1534). Imprimeur originaire de Cologne, qui publia en Angleterre plusieurs ouvrages ornés de curieuses gravures sur bois.

Wys (Urbain), de Zurich. Peintre et dessinateur, il créa de beaux modèles de lettres pour calligraphes et graveurs, en 1549.

X

Xylander (Guillaume). Célèbre docteur du gymnase d'Heidelberg, qui traduisit en latin et corrigea la géographie de Strabon, imprimée à Bâle en 1570-71, par Henri Petrina.

Y

Yciar Vizcayo (Juan). Artiste espagnol du XVIe siècle, qui rendit de grands services aux arts graphiques en leur donnant de beaux modèles de lettres pour calligraphes et graveurs. Il publia en 1529, à Saragosse, un recueil de modèles d'écritures dont plusieurs furent gravés sur bois par Jean de Vingles.

Z

Zacharias. Imprimeur russe, qui publia en janvier 1778, le premier numéro du *Riga'sche Zeitung*.

Zarotus (Ant.), de Parme. Imprimeur qui publia à Milan,

vers 1470-71, un grand nombre d'ouvrages. Il eut pour correcteurs le P. Etienne Dulcinio et Justin Philelphe.

Zayner ou **Zeiner** (Gunther). Typographe du xve siècle, qui a le premier imprimé à Augsbourg, en 1468. Il introduisit en Allemagne les caractères romains, avec lesquels il imprima, en 1472, la belle édition des *Etymologies de saint Isidore de Séville*.

Zell (Ulrich). Imprimeur originaire de Hanau, qui vivait à Cologne vers 1499. Il a imprimé une bible latine en 2 volumes infolio, sans date et sans indication de lieu. Elle est composée sur 2 colonnes à 42 lignes.

Zeltner (Jean-Conrad) (1687-1720). Pasteur d'Altdorf (Bavière) et historien de l'imprimerie. On lui doit un très curieux livre sur la vie des plus illustres correcteurs d'imprimerie, qui a pour titre : *Correctorum in typographiis eruditorum centuria*, et qui fut publié à Nuremberg en 1716.

Zetner (Lazare). Typographe du xviie siècle qui, en 1619, introduisit dans les grandes capitales la distinction des I et des J ainsi que celle des U et des V.

Ziquidi (Constantin). Dessinateur humoristique qui avait acquis en Roumanie une grande réputation. Né en 1865, il est mort à l'hôpital de Brancovan en 1899.

DICTIONNAIRE

DE

BIBLIOGRAPHIE GRAPHIQUE ET PHOTOGRAPHIQUE

Abney. « Cours de photographie ». Traduit de l'anglais par Léonce Rommelaer. In-8°, Paris, Gauthier-Villars, 1877.

Abott. « Franklin, the apprentice Boy ». New-York.

About (Edmond). « La justice et la liberté dans l'imprimerie typographique ». J. Claye, Paris, 1865.

Achaintre (Albert). « Étude sur les impressions en couleurs ». Paris, imp. Lahure.

Achard (P.). « Simples notions sur l'introduction de l'imprimerie à Avignon ». 1879.

Adam (Antonius). « Boisomanie », fantaisie typographique illustrée. Ernest Garnet, imprimeur, Moustier, 1894.

Adams. « Typographia or the Printers's Instructor ». Philadelphia, 1837.

Adeline (Jules). « L'illustration photographique ». In-16, Rouen, imp. Gy.

Adry (J.-P). « Catalogue chronologique des imprimeurs-libraires du Roy ». — « Du nombre des imprimeurs sortis de la famille des Elzévirs ». Paris, 1806.

Advielle (Victor). « Notice sur les calligraphes Bernard, dit de Paris, et Bernard, dit de Melun, et sur le chevalier de Berny ». In-8°, Paris, lib. Rapilly. — « Renseignements intimes sur les Saint-Aubin, dessinateurs et graveurs ». In-8°, Paris, Plon, Nourrit et Cie, lib. Soulié.

Aebi. « L'imprimerie à Beromünster dans le xve siècle ». Mémoire pour les fêtes du jubilé de 1870 (en allemand). Einsiedeln.

Affi (Le P. Irén.). « Essai de mémoires sur la typographie parmesane du xve siècle ». In-4°, Parme, 1791 (en italien); édition en 1827, avec additions par A.-N.-G. Pezzana.

Agenda du photographe et de l'amateur de photographie, fondé en 1895 par Charles Mendel. Paris,

118, rue d'Assas. Grand in-8° de 250 p. avec de nombreuses illustrations. Chaque année, 1 fr. 50. Paris, lib. Ch. Mendel.

Agle (A.). « Manuel pratique de photographie instantanée ». 1887.

Aide-Mémoire de photographie, publié sous les auspices de la Société photographique de Toulouse, par C. Fabre. In-18 (périodique), chez Gauthier-Villars.

Alary (Jacques). « Gutenberg et l'imprimerie typographique ». In-8°, 56 pages, imp. Jousset, 1876. — « Le travail de la femme dans l'imprimerie typographique, ses conséquences physiques et morales ». In-8°, 1883. — « De Paris à Amsterdam ». Guide historique de l'imprimerie. In-8°, 1884. — « Étienne Dolet et ses luttes avec la Sorbonne ». In-8°, 1898. Prix : 1 fr., chez l'auteur, 56, rue de la Tombe-Issoire, Paris. Ces ouvrages ont été composés et imprimés par J. Alary.

Albert. « Le maître machiniste à la presse mécanique » (en allemand). Leipzig, 1853.

Alkan Aîné. « Les étiquettes et les inscriptions de boîtes-volumes de Pierre Jaunet, fondateur de la bibliothèque elzévirienne ». In-8°, 1883. — « Les femmes compositrices d'imprimerie sous la Révolution française, en 1794 ». Paris, 1862. — « Les livres et leurs ennemis ». In-8°, Paris, 1862. — « Mémoire à Son Excellence le Ministre de l'instruction publique, des cultes et des beaux-arts sur le projet d'élever une statue, sur la place de la Sorbonne, à Ulrich Gering, l'introducteur de l'imprimerie à Paris ». In-8°. — « Notice sur Just-Jean-Etienne Roy ». Paris, 1871, chez Pillet. — « Notice sur C.-L. Silvestre, ancien libraire-éditeur ». Paris, 1868. — « Particularités concernant un volume sorti des presses de Jules Didot, et vers inédits de Pierre Didot ». In-8°, 1885.

Alkan Aîné et **Leprince.** « Les quatre doyens de la typographie parisienne ». Paris, 1889, avec portraits.

Allgeyer. « Manuel des procédés de la photographie ». Représentation pratique de son emploi pour les presses à main et presses rapides. Leipzig, 1881.

Almanach de l'auteur et du libraire pour 1777, chez Duchesne, Paris.

Almanach de la librairie (1778-1781). Paris, chez Moutard. In-12.

Almanach des typographes. In-8°. Perpignan, lib. Comet, rue Saint-Jacques. 0 fr. 25.

Altishofer. « Les procédés ». Traité pratique de phototypie, impressions aux encres grasses, reports sur bois, photolithographie, photozincographie, photogravure. Paris, 1887.

A. M. (Abbé). « Notice biographique sur Mathieu-Placide Rusand, ancien imprimeur du roi, à Lyon ». Paris, 1840, chez Poussielgue.

Amateur photographe (*L'*). Revue de la photographie dans le monde entier. Hebdomadaire illustré. Paris, 21, boulevard Saint-Germain. Ab. 10 fr. par an.

Ames (Jos.) et **Herbert** (W.). « Antiquités typographiques »

3 vol. in-4º, 1749 et 1785. Londres (en anglais).

Amoretti « Lettre sur l'année de la naissance d'Alde Manuce et une estampe signée Gaetano Marini ». Rome, 1804 (en italien).

Andrieu (Jules). « Histoire de l'imprimerie en Agenais ». Agen, 1886.

Angilbert. « Guide pratique de photocopie industrielle ». In-8º, Paris, 1887.

Anisson-Duperron « Lettre du directeur de l'imprimerie Royale sur l'impression des assignats », 1790. — « Mémoire sur l'impression des lettres ». In-4º, 1785.

Annales de l'imprimerie, revue mensuelle, chez Félix Callewaert, 26, rue de l'Industrie, Bruxelles.

Annonces typographiques. Genève.

Annonces typo-litho. Genève.

Annuaire de l'imprimerie, par Arnold Muller, typographe, avec la collaboration de plusieurs praticiens des arts graphiques. Dans son format de poche si goûté, il donne des notices variées, techniques, historiques et des principaux faits de l'année; les adresses de toutes les associations, de tous les journaux et des publications nouvelles des industries du livre; les adresses de tous les imprimeurs typographes, lithographes et autres de France, de Belgique et de Suisse, annuellement mises à jour. Il se termine par un semainier pour notes quotidiennes. Paraît tous les ans au mois de novembre. Relié en toile, 2 fr. par an.

Annuaire général et international de la photographie. In-8º. Illustrations dans le texte et hors texte. Paris, imp. et lib. Plon, Nourrit et Ciº, et Gauthier-Villars. 4 francs.

Annuaire de l'imprimerie de Paris, publié par la Chambre des imprimeurs en lettres. Paris, imp. Noblet.

Annuaire de l'imprimerie et de la librairie française. Paris, Baudouin frères, 1826.

Annuaire de l'imprimerie, de la papeterie, du commerce de la musique et des estampes, et des professions qui concourent à la publication des œuvres de la littérature, des sciences et des arts. Paris, au cercle de la Librairie.

Annuaire général de la librairie et des professions qui s'y rattachent. Paris, Chérié, 1893.

Annuaire de la librairie belge. Bruxelles, chez Lebègue, publié sous les auspices du cercle de la Librairie et de l'Imprimerie.

Annuaire de la librairie et de l'imprimerie italiennes. Milan, Associazione tipografico, libraria italiana, 12, via Monte di Pieta.

Annuaire de la papeterie française et étrangère. Mayenne, imp. Soudée. Paris, Office des fabricants de papier. 10 fr.

Annuaire de la papeterie latine. 6 fr., chez Picard, rue Bonaparte, 82, et Rouveyre, 1, rue des Saints-Pères, Paris.

Annuaire de la papeterie universelle, industriel et commercial. In-8º. Paris, Ch. Lhomme, 9, rue Lagrange, 6 fr.

Annuaire de la presse française et du monde politique. (Fondé en 1879.) Henri Avenel, directeur.

In-8°. 80, rue Taitbout; lib. Flammarion.

Annuaire de la Société des amis des livres. Paris, imp. Quantin, 1882.

Annuaire de la Société des aquafortistes français.

Annuaire du Syndicat général des sténographes et des dactylographes In-8°, Paris, imp. Jeulin et Cie.

Annuaire de la papeterie latine, France et colonies, Alsace-Lorraine, Belgique, Suisse française, etc. 1re année. In-18, Paris, lib. Picard, Rouveyre, etc. 6 fr.

Automarchi (P.). « Rapport sur la treizième exposition bordelaise ». 120 pages, imp. Barthelet et Cie, Marseille.

Antonelli. « Recherches bibliographiques sur les éditions ferraraises du xve siècle ». In-4°, Ferrare, 1830 (en italien).

Appun. « A Messieurs les libraires et imprimeurs ». Bunzlau, 1840 (en allemand).

Arago. « Rapport sur le daguerréotype ». Paris, Gauthier-Villars, 1839.

Archimowitz. « La stéréotypie au papier dans toute son étendue, améliorée et simplifiée d'après les nouvelles expériences ». Carlsruhe, 1862.

Archives de l'imprimerie (Les). Revue mensuelle illustrée, fondée à Lausanne, en 1887, par Constant Pache. Maurice Reymond, directeur, 8, rue de Saint-Jean, Genève.

Archiv für Buchdruckerkunst. Alexandre Waldow, imprimeur à Leipzig, directeur.

Archivio typographico. Périodique technique, Nebiolo et Cie. Turin.

Ardant (P.). « Le papier, l'imprimerie, la porcelaine ». Limoges, Ducourtieux, 1892.

Arétin (baron d'). « Discours sur les premiers effets de l'invention de la typographie », 1808. — « Des plus anciens monuments de l'art de l'imprimeur en Bavière ». Munich, 1801.

Armoiries des imprimeurs lithographes; planche in-folio, imprimée en chromolithographie en 13 couleurs; au journal *L'Imprimerie.*

Armoiries des imprimeurs typographes; planche in-folio, imprimée en chromotypographie, par E. Meyer. Paris, 1844.

L'Art de l'imprimerie. Bruxelles

El Arte de la imprenta, boletin de la fundicion tipografica del sucesor de Antonio Lopez. Barcelona-Gracia.

L'Arte della stampa. Directeur M. Salvatore Landi, à Milan.

Astle (Th.). « The origin and progress of wirting as well hieroglyphic as elementary, etc. » London, 1784.

Até. « Méthode sûre, précise et facile de photographie. » In-8°, avec fig., Paris, lib. E. Mazo, 2 fr. 50.

Atkyns. « Origine et progrès de l'imprimerie ». In-4°, Londres, 1644 (en anglais).

Aubert. « Traité élémentaire et pratique de photographie au charbon ». In-18, 1878.

Audouin de Géronval. « Manuel de l'imprimeur ». In-18, 1820.

Audiffredi (J.-B.) « Lettres typographiques », publiées sous le pseudonyme de l'abbé Nicolas Ugolini. In-8º, 1778 (en italien).

Audra (E.). « Le gelatino-bromure d'argent, sa préparation, son emploi, son développement ». Paris, imp. Gauthier-Villars.

Auer (Aloys). « L'appareil polygraphique ou les différentes branches artistiques de l'imprimerie impériale de Vienne ». Vienne, 1853. Texte en allemand, français, anglais et italien. — « Das Raumverhaltniss der Buchstaben ». Vienne, 1849. — « Die Entdeckung der Naturselbstdruckes oder die Enfindung » von ganzen Herbarien, Stoffen, Spitzen, etc. Vienne, 1853. — « Eigenthums-Streit, bei neuen Enfindungen » insbesondere beidem in der K. K. Hof und Staatsdruckerei zu Wien entdecken Naturselbstdrücke. Vienne, 1853.

Avezac-Lavigne « L'histoire moderne par la gravure, ou Catalogue raisonné des portraits historiques, avec renseignements iconographiques ». In-8º. Paris, lib. Leroux.

B

Bachmann. « L'école du compositeur ». Manuel pour praticiens ou personnes étrangères à l'imprimerie. Brunswick, 1858. — « L'école du compositeur des notes de musique. » Guide pour l'instruction sans maître. Leipzig, 1875. — « La fonderie de caractères pour praticiens et autres, principalement pour les imprimeurs ». Leipzig, 1868. — « Guide pour les conducteurs de machines à imprimer ». Brunswick, 1871 (en allemand.) — « Guide pour maître machiniste de la presse mécanique ». Brunswick, 1871 ; 2ᵉ édition, 1873. — « L'imprimeur à la presse manuelle ». Leipzig. — « Nouveau manuel de l'art de l'imprimerie ». Weimar, 1876.

Baden-Pritchard (H.). « Les ateliers photographiques de l'Europe ». Traduit de l'anglais par Ch. Baye, Gauthier-Villars, 1885.

Bædeker (H.-W.) « L'histoire et la haute importance de l'art typographique ». Hanovre, 1840 (en allemand.)

Baër (Fr.-Ch.). « Lettre sur l'origine de l'imprimerie ».

Baillière (J.-B.). « Notes complémentaires de la notice historique sur le cercle de l'Imprimerie, de la Librairie et de la Papeterie ». Paris, 1882.

Baillet (A.). « Jugemens des savans sur les principaux ouvrages des auteurs ». 7 vol. (le premier vol. contient les jugements sur les principaux imprimeurs), 1722.

Balagny (De). « Hydroquinone et potasse ». — « Traité de photographie par les procédés pelliculaires ». — « Les contretypes ou les copies de clichés ». Gauthier-Villars. Paris, 1893.

Ballerstedt. « Manuel de l'impression sur pierre ». Quedlinbourg et Leipzig, 1837.

Ballhorn. « Alphabets des langues orientales et occidentales à l'usage des compositeurs et correcteurs ». Leipzig, 1844 (en allemand).

Bankes. « Lithographic, or the art of making Drawings on stone, for the purpose of being multiplied by Printing ». London, 1813, in-8°.

Bansa (Vinceslas). « Les origines de la fonderie typographique et des machines à fondre ». Librairie technique, E. Morin, 40, avenue des Gobelins, Paris, 1893.

Bapst (G.). « Imprimerie et reliure ». Quantin, Paris.

Barberot (E.). « Procédés d'autographie industrielle et artistique ». In-8°, Paris, 1887.

Barbier (A.). « Un centenaire bibliographique », 1791-1891, avec préface. F. Ducloz, à Moutiers-Tarentaise.

Barbier de Montault (X.). « Reliures armoriées ». (Société des antiquaires de l'Ouest). In-8°. Poitiers, Blais et Roy.

Barot (A.). « Le photographe amateur ». Manuel suivi d'un cours de photominiature. In-18 jésus. Paris, lib. Jeandé, 0 fr. 25.

Barreswil et **Davanne**. « Chimie photographique ». In-8°, 1864. Gauthier-Villars.

Barrois (G.). « Prototypographie ». Paris, 1830.

Barse (Jules). « Etudes comparées sur l'industrie française, la fabrication et le commerce du papier en 1860 et 1864 ». Paris, 1864.

Bartolini. « Essai épistolaire sur la typographie du Frioul dans le xve siècle ». In-4°, Udine, 1798 (en italien).

Baruffaldi (Jérôme). « Essai sur la typographie de Ferrare ». In-8°, Ferrare, 1777 (en italien).

Basan. « Dictionnaire des graveurs anciens et modernes ». 2 vol. in-8°, Paris, 1789.

Baschet (Armand). « Aldo Manuzio ». Venise, 1867 (en italien).

Batut (Arthur). « La photographie appliquée à la production du type d'une famille, d'une tribu ou d'une race ». Paris, Gauthier-Villars, 1888. — « La photographie aérienne par cerf-volant ». — « La photographie appliquée à l'anthropologie ». 1887.

Baudouin. « Anecdotes historiques du temps de la Restauration, suivies de recherches sur l'origine de la presse, son développement, son influence sur les esprits, etc. ». Paris, 1853. — « Notice sur la police de la presse et de la librairie sous la monarchie, la république et l'empire ». In-8°, Paris, 1852.

Baudrier. « Bibliographie lyonnaise ». Recherches sur les imprimeurs, libraires, relieurs et fondeurs de lettres de Lyon au xvie siècle. In-8°, Paris, lib. A. Picard et fils, 20 francs.

Bauer (Godefroi). « Vindiciæ typographicæ ». Strasbourg, 1740.

Baume-Pluvinel (De **La**). « Formation des images photographiques ». Paris, Gauthier-Villars.

Baumgarten-Crusius (Ludw.-Fr.-Otto). « Discours prononcé à la fête séculaire académique de l'invention de l'imprimerie, célébrée à Iéna, le 24 juin 1840 ». In-8°, Iéna, 1840 (en allemand).

Baur. « Invitation à la fête de l'inauguration du monument de Gutenberg ». Mayence, juin 1837, in-4°.

Bautz. « La lithographie dans

toute son étendue » (en allemand).

Bayard (Emile). « L'illustration et les illustrateurs ». Ouvrage orné de vignettes des principaux artistes et de portraits par l'auteur. In-8°, Paris, lib. Delagrave.

Bazille et **Constant**. « Code de la Presse ». Commentaire théorique et pratique de la loi du 20 juillet 1881. Paris, Pedone-Lauriel, éditeur, 1883.

Bazin (A.). « Revision du tarif des ouvriers typographes ». Un mot à M. Leneveux, retiré des affaires. In-8°, 1861.

Bazin (Eugène). « La sténographie Bazin popularisée », nouveau traité complet de tachygraphie pratique. Versailles, impr. Manceau et Koupferschmitt.

Beadnell. « A Guide to typography. In two parts ». Literary and pratical, or the Readers' Handbook and the Compositor's vade-mecum. London, 1859. — « A Key to one of the main Difficulties of English Orthography », being an alphabetical collection of nearly 3000 words resembling others in sound, but differing in sense, spelling or accentuation. London, 1867. — « Spelling and ponctuation », a manual for authors, students and Printers. London, 1880.

Beauchamps (J. de) et **Rouveyre** (Ed.). « Guide du libraire antiquaire et du bibliophile ». Vade-mecum à l'usage de tous ceux qui achètent et vendent des livres, chez Ed. Rouveyre et G. Blond, 98, rue de Richelieu, Paris. Prix : 3 fr. 1882.

Beaudoire (Th.). « Manuel de typographie musicale ». Paris, 1891. Chez l'auteur, 13, rue Duguay-Trouin. — « Méthode pour la fonte et l'entretien des rouleaux typographiques ». Paris, 1888. — « Mémoire sur la question des livres liturgiques et le décret de la Congrégation des rites qui favorise la concurrence allemande, adressé à M. le Ministre du Commerce et de l'Industrie ». Paris, 1893. — « Origine des signes numéraux ». Paris, 1892. — « Le point typographique et le Congrès d'Anvers ». Paris, 1893.

Beaumont (S.). Le découpage en typographie, ses applications pratiques, procédés et spécimen ». Imp. Beaumont frères, Mantes-sur-Seine.

Bechstein. « L'impression allemande dans ses rapports avec le style ancien et moderne ». Heidelberg, 1884.

Bekker (Ernst). « Le blason des imprimeurs ». Essai pour lui restituer sa forme et sa signification primitives. Modeste moyen de contribuer à la glorification de Gutenberg. Projet conçu à l'occasion de l'inauguration du monument de l'inventeur de l'imprimerie, le 14 août 1837. Darmstadt, in-8° (en allemand).

Beleurgey de Raymond (E). « Traitement des papiers photographiques. La photominiature, la ferrotypie ». In-18 jésus, Paris, lib. du Comptoir français de photographie.

Belloc (A.). « Photographie rationnelle ». Traité complet, théorique et pratique, in-8°, 1862. — « Le trésor de l'opérateur photographe ». Gauthier-Villars, 1865.

Belloc (G.). « Photographie ». Procédé sur verre et sur papier. In-12, Paris, Gauthier-Villars.

Belot (E.). « La machine à faire les sacs en papier ». In-8°, 10 p. avec fig. et pl. Nancy, imp. Berger-Levrault et Cie.

Benatre (Edouard). « Leçons de sténographie ». Méthode Riom. In-8°, Paris, imp. Larousse.

Benderitter. « De la construction des machines lithographiques ». Rouen, imp. Benderitter. — « Guide de l'apprenti imprimeur lithographe ». Rouen, 1879. Petit in-12. — « Guide de l'apprenti typographe ». Rouen, opuscule de 36 pages. — « Guide de l'imprimeur lithographe » (impressions noires sur pierres lisses). In-32, Rouen, Benderitter fils.

Benet (Armand). « Un atelier d'imprimerie et une boutique de libraire à Mâcon au XVIIIe siècle ». Mâcon, chez Protat, 1883.

Beraldi (H.). « Les graveurs du XIXe siècle ». Guide de l'amateur d'estampes modernes. In-8°. Paris, lib. Conquet. — « La reliure au XIXe siècle ». In-4°, lib. Conquet.

Bérard (A.-S.-L.). « Essai bibliographique sur les éditions des Elzévirs les plus précieuses et les plus recherchées ». Firmin Didot, 1822.

Bergellanus (Joannes-Arnoldus). « Invention calcographique ». Mayence, 1541 (en latin).

Berger (K.) « Quatrième fête séculaire de l'invention de l'imprimerie ». In-8°, Carlsruhe, 1840 (en allemand).

Berger-Levrault (O.) et **Norberg** (J.). « L'imprimerie Berger-Levrault et Cie, à Nancy ». Notice historique. In-8°, 1878.

Bergeret (A.) et **Drouin** (F.). « Les récréations photographiques ». Paris, Ch. Mendel.

Berget (A.). « Photographie des couleurs par la méthode interférentielle de M. Lippmann ». 1895, Gauthier-Villars.

Berghmann. « Etudes sur la bibliographie elzévirienne ». Stockholm, 1885.

Berlan (Francesco). « Histoire de la typographie en Italie », avec notice sur les arts qui s'y rattachent. Editée par Angelo Colombo, directeur de l'imprimerie Agnelli, au bénéfice de la corporation des typographes de Milan (en italien).

Berliner (A.). « Souvenir des fêtes des 4, 5 et 6 avril 1836, en l'honneur de Gutenberg ».

Bermann. « Guide pour la stéréotypie au papier et au plâtre ». Leipzig.

Bernard (Auguste). « Archéologie typographique ». — « Antoine Vitré et les caractères orientaux de la Bible polyglotte de Paris ». In-8°, 1857. — « Antoine Vérard et ses livres à miniatures du XVe siècle ». — « Catalogue des éditions du Louvre, précédé d'une notice historique sur l'imprimerie Royale ». — « Les Estienne et les types grecs de François Ier ». In-8°, 1856. — « Geoffroy Tory, premier imprimeur royal, réformateur de l'orthographe et de la typographie sous François Ier ». In-8°, 1865. — « Histoire de l'imprimerie

Royale du Louvre ». Paris, 1867.
— « Notice historique sur l'imprimerie Nationale ». In-16, 1848.
— « De l'origine et des débuts de l'imprimerie en Europe ». 2 vol. in-8°, Paris, 1853. —
« Voyages typographico-archéologiques en Allemagne, en Belgique, en Hollande, en Angleterre, etc. », In-8°, 1853.
Bernard (Jean) et **Touchebœuf** (L.). « Petits clichés et grandes épreuves ». Gauthier-Villars, 1878.
Berthiaud. « Nouveau manuel complet de l'imprimeur en taille-douce ». In-24 (rédigé par Boitard), 1837.
Berthiaud et **Boitard.** « L'imprimeur en taille-douce ». In-18, lib. Roret.
Berthier (A.). « Manuel de photochromie interférentielle : Procédé de reproduction directe des couleurs ». — « Le développement à l'iconogène ». In-18 jésus, Paris, Gauthier-Villars.
Berthier (S.). Traité de l'imprimerie à l'usage des petites machines ». In-8°, 1882.
Berthier (S.) et **Durey.** « Travaux typographiques en noir et en couleurs », 9 fascicules in-4°, 1883-89.
Bertillon (Alphonse). « La photographie judiciaire, avec un appendice sur la classification et l'identification anthropométrique ». Prix : 3 fr. Paris, Gauthier-Villars, 1890.
Bertrand (Georges). « Guide des imprimeurs, protes, libraires et publicistes, contenant le tarif des prix de Paris, les principales lois sur la presse, etc. ». In-8°.

Bureaux du *Bulletin de l'Imprimerie*, 2, rue Suger. — « L'école professionnelle : cours théoriques et pratiques de typographie, à l'usage des apprentis et ouvriers compositeurs, imprimeurs, conducteurs, brocheurs, fondeurs, stéréotypeurs, galvanoplastes, etc. ». In-18 jésus. — « Les livres typographiques », 1878.
Bertsch. « Nouveaux appareils photographiques pour l'agrandissement et le stéréoscope », 1864.
Beta (Heinr.). « Le jubilaire de 1840 et ceux qui l'ont précédé. Le passé comme présent ». (A été confisqué lors de sa publication.) Berlin, 1840 (en allemand).
Bettoni. « Pièces du procès sur les loteries et sur les publications de librairie avec primes aux souscripteurs soumises au jury de l'opinion publique ».
Beyer. « Petit manuel de l'imprimeur lithographe ». Munich, 1863.
Beyschlag (D.-E.). « De la forme et de la taille, articles sur l'histoire de l'art à Nordlingen », 1798.
Bezold. « Etude de la couleur, coup d'œil sur l'art et les ouvrages d'art . Brunswick, 1874.
Bibliographe alsacien (Le). Gazette littéraire, historique, artistique. Strasbourg, chez Berger-Levrault, 1862.
Bibliographie de France (La). Journal de l'imprimerie, de la librairie et de la papeterie, hebdomadaire, 117, boulevard Saint-Germain. Directeur, le Président du cercle de la Librairie ; secrétaire-gérant, Just-Chatrousse. Prix de l'abonnement : un an,

20 francs; union postale, 24 fr.; un numéro, 50 centimes.

Bibliophile français (Le). Paris, Bachelin-Deflorenne, 1868.

Bibliophile illustré (Le). Londres, W. Jeffs, 1862.

Bibliophile limousin (Le). Chez Paul Ducourtieux, imprimeur, directeur, à Limoges.

Bibliotheca Belgica. « Bibliographie générale des Pays-Bas ». Gand et La Haye.

Bidwel. « A Treatise on the imposition of forms, with tables of signature ». New-York, 1875.

Bigelow. « Life of Benjamin Franklin », written by himself, now first, edited from original manuscripts, and from his printed correspondence and other writings. 3 vol. in-8°, Philadelphia, 1875.

Bigeon (A.). « La photographie et le droit ». In-18 jésus, Paris, lib. Mendel.

Blanquart-Evrard. « Intervention de l'art dans la photographie ». In-12, Paris, Gauthier-Villars.

Binder et Rohlacher. « Les reports sur pierre ». Meiningen, 1851.

Binkert. « Leonhard Straub, premier imprimeur de la ville de Saint-Gall. Mémoire à la fête de commémoration au troisième centenaire de l'établissement de l'imprimerie à Saint-Gall ». Saint-Gall, 1878.

Birkhauser. « Praktische Anleitungen für Setzer und Drucker ». (Guide pratique du compositeur et de l'imprimeur.) Bâle, 1889.

Blades (William). « Les livres et leurs ennemis ». Traduit de l'anglais, par H.-J. Tucker. In-8°, 1883. — « The life and Typographic of William Caxton ». England's first printer. With evidence of his typographical connection with Colard Mansion, the printer at Bruges. 2 vol. London, 1861 à 1863. — « Numismata typographica ». Ouvrage publié en 1883 et qui reproduit l'histoire de l'imprimerie par les médailles qui ont été frappées différentes époques pour la glorification de l'art typographique. Préface et annotations de Léon Degorge.

Blanc (C.). « Grammaire des arts du dessin ». Paris, Loones.

Blanc (Joseph). « Bibliographie italico-française universelle de 1475 à 1885 ». Paris, Welter, 1889.

Blanquard-Evrard. « Intervention de l'art dans la photographie ». In-12, Gauthier-Villars.

Blin (Émile). « Traité pratique de photominiature ». Prix : 1 fr. Paris, 1888.

Bobbio. « I materiali e produtti tipografici ». Étude des perfectionnements apportés à l'art de Gutenberg dans les différentes contrées de l'Europe depuis l'Exposition de 1878. Milan.

Böck (Joseph). « La zincographie dans l'imprimerie typographique ». Leipzig, chez Waldow, 1885 (en allemand).

Bodel Nyenhuis (J.-T.). « Dissertatio historico juridica de juribus typographorum et bibliopolarum in regno Belgio ». Leyde, 1819. — « Liste alphabétique d'une petite collection d'imprimeurs, libraires, fondeurs de caractères et correcteurs d'imprimerie ». Leyde, 1836.

Bodet (Ch.). « Rapport sur l'imprimerie (typographie et lithographie) à l'Exposition universelle de 1878 ». In-8º, 31 p. Argers, imp. Lachèse et Dolbeau.

Bodoni (J.-B.). « Manuale tipographico 1788 ». Réédité en 2 vol. en 1819. In-4º. Parme (en italien).

Boivin (F.). « Procédé au collodion ». Notions pratiques sur la photographie, l'électrogravure et l'impression à encre grasse. In-18, 1883, Gauthier-Villars.

Boletin bibliographico. Organe de l'imprimerie et de la librairie, paraissant à Lima.

Bolhoevener et Heidenhaus. « Phototypographie ». Epreuves d'un nouveau procédé d'illustrations pour l'impression au moyen de la lumière. Munich, 1878.

Boni (Mauro). « Lettere sui primi stampe di alcune citta e terre dell'Italia superiore ». Venise, 1794.

Bonnardot (A.). « Essai sur l'art de restaurer les estampes et les livres », 2ᵉ édition, suivie d'un exposé des divers systèmes de reproduction des anciennes estampes et des livres rares. 1 vol. in-8º, Paris, 1858.

Bonnet (Émile). « Les débuts de l'imprimerie à Montpellier ». Montpellier, 1896. — « L'imprimerie à Béziers au XVIIᵉ et au XVIIIᵉ siècles ». Étude historique accompagnée de recherches sur les débuts de la typographie à Pézénas, à Lodève et à Saint-Pons-de-Thomières. In-8º, Béziers, imp. Sapte.

Bonnet (M.-G.). « Manuel de phototypie », 1889. — « Manuel d'héliogravure et de photogravure en relief ». In-12, Paris, Gauthier-Villars.

Boquillon. « De l'électrotypie ». Application à la reproduction des planches en taille-douce, des vignettes en relief, etc.

Bormann. « Le petit livre de l'art noir ». Esquisse du monde de l'encre et du noir d'imprimerie. Stuttgart, 1886.

Bories et Bonnassies. « Dictionnaire pratique de la presse, de l'imprimerie et de la librairie ». 2 vol. in-8º, Paris, 1849.

Bornecque (J.). « La photographie appliquée au lever des plans », 1885.

Bory (Paul). « Les métamorphoses d'un chiffon ». In-8º, 320 p. avec gravures. Abbeville, imp. Paillart.

Bory (J.-T.). « Les origines de l'imprimerie à Marseille ». Marseille, 1858.

Bosquet (Em.). « La reliure ». Études d'un praticien sur l'histoire et la technologie de l'art du relieur-doreur. Ouvrage orné de 24 planches hors texte. Prix : 10 francs. Paris. — « Traité théorique et pratique de l'art du relieur ». 17 figures et 16 planches hors texte, 1890, Paris, Baudry, édit. — « Recueil de devis de travaux de reliure ». Paris, 1892.

Bosse (A.). « De la manière de graver à l'eau-forte et à burin et de la gravure en manière noire ». In-8º. 1745. Une nouvelle édition a paru en 1758. — « Traité des manières de graver en taille-douce, sur l'airain, par le moyen des eaux-fortes et des vernis durs et mols ». In-8°, 1745. (Deux nouvelles éditions de cet ouvrage ont paru en 1745-58.)

Bouant (Emile). « La galvanoplastie, le nickelage, l'argenterie, la dorure, l'électro-métallurgie et les applications chimiques de l'électrolyse ». In-18 jésus, Paris, lib. J.-B. Baillière et fils.

Bouchel (Laurent). « Recueil des statuts et réglements des marchands libraires, imprimeurs et relieurs de la ville de Paris ». Paris, 1620.

Bouchet (Aug.). « De l'ornementation typographique, à propos du spécimen de Charles Derriey ». 1850.

Bouchot (Henri). « Le cabinet des estampes de la bibliothèque Nationale ». Guide du lecteur et du visiteur. Catalogue général et raisonné des collections qui y sont conservées. In-8°, Paris, lib. Dentu. — « Des livres modernes qu'il convient d'acquérir », 1890. — « La lithographie ». In-8°, avec gravures, Paris, imp. et lib. May et Motteroz. — « L'œuvre de Gutenberg ; l'imprimerie et l'illustration ». Paris, 1888, Lecène et Oudin. — « Les reliures d'art à la bibliothèque Nationale, » 1888. — « Les ex-libris et les marques de possession du livre ». Paris, Rouveyre, 1891.

Bouchot. « The printed book »; ist history, illustration and adornment. From the days of Gutenberg, to the present time. Translated from the French and enlarged by E. C. Bigmore. London, 1887.

Boudet (J.-B.) « L'imprimerie à l'Exposition universelle de 1878 ». Compte rendu présenté à l'assemblée générale de la Société des protes de Paris, 1879, publié par la Société fraternelle des protes de Paris. — « Compte rendu de l'Exposition du cercle de la Librairie et de l'Imprimerie ». In-8°, 24 p., Paris, imp. Schlæber.

Boulard (S.). « Le manuel de l'imprimeur ». Ouvrage utile à tous ceux qui veulent connaître les détails des ustensiles, des prix, de la manutention de cet art intéressant, et à quiconque veut lever une imprimerie. In-8°, 1791.

Boullay. « Le timbre des affiches et la responsabilité des imprimeurs ». Rapport présenté au Congrès des maîtres imprimeurs de France. In-8°, 22 p. Lyon, imp. Storck.

Boulmier. « Étienne Dolet, sa vie, ses œuvres, son martyre ». Paris, Aubry, 1857.

Bourgeois (Armand). « Pierre-Quantin Chédel, graveur chalonnais du XVIIIe siècle, et son œuvre ». In-8° de 18 pages.

Bourgougnon (G.). « Notice sur la cuvette-laboratoire », 1887.

Bourlès (A.). « Traité de l'imposition ». Chez l'auteur, à Sisteron, 1864.

Bourloton (Edgar). « A propos de l'origine de l'imprimerie à Poitiers ». In-8°, 19 p. Vannes, imp. Lafolye.

Boursault (H.). « Calcul du temps de pose en photographie ». Gauthier-Villars, 1896.

Boussemaer (E.). « La fonderie typographique ». In-8° de 175 p. Lille, imp. Danel. — « Les transmissions par cordes dans les imprimeries ». Lille, imp. Danel, 1884.

Boussenot (G.). « Chiffres et monogrammes et suite de compositions décoratives de style ». In-folio de 35 pl. Paris, Imp. et Lib. réunies. Prix : 40 fr.

Boutereau (C.). « Nouveau manuel complet du dessinateur, ou traité théorique et pratique de l'art du dessin ». Un vol. in-18 av. atlas de 20 pl., contenant plus de 500 figures. Paris, lib. Roret, 1884. Prix : 5 fr.

Boutillier (A.). « Éléments de sténographie Prévost-Delaunay ». In-18, 35 p. Paris, lib. Nony et Cie.

Boutmy (Eug.). « Les typographes parisiens ». Suivi d'un petit dictionnaire de la langue verte typographique. Paris, 1874. — « Dictionnaire de l'argot typographique ». Suivi d'un choix de coquilles typographiques curieuses et célèbres. Paris, imp. Ve Larousse et Cie.

Bouton (V.-M.). « Traité élémentaire et pratique pour apprendre à graver sans maître. » In-8°.

Boyer (J.). « La photographie et l'étude des nuages ». In-8°, Ch. Mendel, 118, rue d'Assas, Paris.

Brandely (A.). « Galvanoplastie ». 2 vol. in-18, Roret.

Brard (Le docteur E.). « La photogravure nouvelle ou la gravure photographique mise à la portée de tous ». In-16, Paris, lib. Charles Mendel.

Bregeaut. « Manuel complet, théorique et pratique, du dessinateur et de l'imprimeur lithographe ». In-18, 1834. — Nouvelle édition en 1850, par Knecht et Jules Desportes.

Breitkopf (Bern.-Christoph.). « De origine et incrementis Typographiæ Lipsiensis ». Lipsiæ, in ædibus, anno typographiæ seculari III (9 juillet 1740).

Breitkopf. « Sur la bibliographie et la bibliophilie », 1793. — « Description du royaume de l'amour », avec carte géographique. Leipzig, 1777; « La source des vœux pour la nouvelle année ». 1779. Plaisanteries typographiques. — « Sur l'histoire de l'invention de l'art de l'imprimerie », avec une indication préalable du contenu de son histoire de l'invention. Leipzig, 1779. — « Essai sur l'origine des cartes à jouer, l'introduction du papier de chiffons et les commencements de la gravure sur bois en Europe », 1784-1801. 2 parties in-4°; la 2e publiée séparément sous le titre : « Matériaux pour servir à l'histoire de la gravure sur bois », publiés par J.-C.-F. Roch. — « Impression des cartes géographiques », avec épreuve d'une carte composée et imprimée typographiquement. Leipzig, 1777.

Breitkopf. « Les rouleaux en pâte et leur fabrication ». Leipzig, 1823; gravures lithographiées.

Breton (Victor). « Essais progressifs sur la composition typographique des tableaux et travaux de ville divers ». Paris, école Estienne, 1893. — « Notice sur la coupe des filets en typographie ». Brochure in-8º raisin d'environ 80 p., avec nombreuses figures. Prix : 20 cent.; franco : 30 cent. Adresser les demandes chez l'auteur, 5, avenue des Gobelins, ou au siège du Comité central, 20, rue de Savoie. — « Rapport de la délégation ouvrière typographique à l'Exposition de Bordeaux (1895) », 50 p. grand in-4º, avec gravures hors texte et figures. — « Memento des impositions ». Ecole Estienne, 1897. — « Petit cours de mise en pages et d'impositions. Ecole Estienne, 1897.

Brockhaus. « Brockhaus, sa vie, son œuvre », d'après ses notes et lettres, par son petit-fils. 1872-1881, Leipzig, 3 vol., portrait gravé sur acier.

Brogiotti (André). « Table des caractères existant dans l'imprimerie du Vatican ». In-4º, Rome, 1628 (en italien).

Bruère (T.). « Le polypotype ou histoire de l'imprimerie sous la figure d'un monstre ». In-8º, 1827.

Brun (Marcellin). « Manuel pratique et abrégé de la typographie française ». Paris, 1825.

Brunel (Georges). « Le livre à travers les âges ». — « Variations et détermination des temps de pose en photographie ». Manuel élémentaire de posochronographie. In-16, Paris, lib. Charles Mendel. — « La photographie et la projection du mouvement : historique, dispositifs, appareils cinématographiques ». In-16, Paris, lib. Charles Mendel. — « Traité élémentaire d'optique photographique à l'usage des amateurs photographes ». In-16, Paris, lib. Charles Mendel. — « Formulaire des nouveautés photographiques » (appareils, accessoires, produits, formules et procédés, la photographie scientifique et artistique). In-18 jésus, Paris, lib. J.-B. Baillière et fils. — « Encyclopédie de l'amateur photographe ». Nº 1. Choix du matériel et installation du laboratoire. In-16, lib. Tignol, 2 francs. — « Les opérations préliminaires de la photographie ». Nº 2. Le sujet, mise au point, temps de pose. In-16, Paris, lib. Tignol. 2 francs.

Brunet (Jacques-Charles). « Manuel du libraire et de l'amateur de livres ». 6 vol. gr. in-8º à 2 col. Paris, Firmin-Didot et Cie, 1860-1865. Epuisé en librairie. — « Supplément du manuel du libraire et de l'amateur de livres ». 2 vol. gr. in-8º à 2 col. Paris, Firmin-Didot et Cie. Pr. : 40 fr.

Brunet (Gustave). « Etude sur la reliure des livres ». In-8º, 1890. — « Imprimeurs imaginaires et libraires supposés ». Etude bibliographique, suivie de recherches sur quelques ouvrages imprimés avec des indications fictives de lieux ou avec des dates singulières, in-8º, 1866. — « Livres perdus ». Essai bibliographique sur les livres devenus introuvables. In-8º, 1890. — « Les livres cartonnés ». In-8º, 1890. — « Recherches sur diverses éditions elzéviriennes ». In-8º, 1866. — « La reliure ancienne » : Album in-4º jésus de 116 pl., représentant des reliures artistiques des XVIe, XVIIe et XVIIIe siècles.

Paris, lib. des Beaux-Arts appliqués à l'industrie. Prix : 50 fr.

Brunox. « Catalogue de journaux publiés ou paraissant à Paris », précédé d'une statistique de la presse et de la liste des principaux éditeurs de Paris, avec indication de leurs spécialités. 1 vol. in-12.

Bry (Auguste). « Traité de lithographie », 1835. — « Manuel d'autographie.», 1860.

Buchholz. « Esquisses humoristiques d'un voyageur typographe ». Siegen, 1862.

Buguet. « La photographie de l'amateur débutant ». In-18, Paris, lib. de la Société d'éditions scientifiques, 1 fr. 25.

Buisson (Georges). « La sténographie et la machine à écrire en Angleterre ». In-8º, 48 p., Paris, lib. des Publications sténographiques, 2 fr.

Bulletin de l'association syndicale professionnelle des journalistes français. Fondé en 1880. Paris, imp. Boullay, Bur., 46, rue Vivienne.

Bulletin du bibliophile et du bibliothécaire. Mensuel. Paris, 219, rue St-Honoré. Ab., 12 fr. par an. Fondé en 1834. Directeur, Georges Vicaire.

Bulletin de la reliure et des arts annexes. Directeur Paul Adam, à Dusseldorf.

Bulletin de la Chambre syndicale des imprimeurs typographes. Organe mensuel. Bureaux, 77, rue Denfert-Rochereau, Paris. Rédacteur en chef, L. Degeorge. Le service du *Bulletin* est fait gratuitement à tous les membres de la Chambre syndicale. Ab. 10 fr.

Bulletin de la Chambre syndicale des papiers en gros. Organe mensuel. Administration, 66, rue de Rivoli, Paris.

Bulletin général de la papeterie, revue de l'imprimerie, de la lithographie, des industries du papier et articles de bureaux. Guillet-Imbert, directeur, 149, boulevard Murat. Mensuel. Ab. 5 francs.

Bulletin de l'imprimerie et de la librairie. Revue mensuelle avec suppléments. Paris, 7, rue Suger. Fondé en 1876. Gérant, M. Henry Masson. Paris, Imprimeries réunies.

Bulletin - Journal des fabricants de papier. Fusion du *Bulletin des fabricants de papier*, fondé en 1884, et du *Journal des fabricants de papier*, fondé en 1854. Publié par l'*Office des fabricants de papier* sous la direction d'une société d'ingénieurs et de fabricants, paraissant les 1er et 15 de chaque mois, 18, rue des Pyramides, Paris.

Bulletin des libraires, organe de la Chambre syndicale des libraires de France. Hebdomadaire. Paris, 13, rue de Buci. Fondé en 1892. Ab., 10 fr. Secrétaire-gérant, Lucien Chotel.

Bulletin de l'Union des maîtres imprimeurs de France. Organe trimestriel publié sous la direction du Comité central et donnant le compte rendu des séances et des travaux de l'Union. Pour l'administration et la rédaction, s'adresser à M. Chamerot, 19, rue des Saint-Pères, à Paris; M. Boullay, secrétaire général, 2, place du Caire, à Paris.

Bulletin des maîtres imprimeurs typographes et lithographes, publié par la Chambre syndicale des maîtres imprimeurs de Lyon. Mensuel. Lyon, 27, rue de l'Arbre-Sec. Fondé en 1891. Gérant, Saillard. Lyon, imp. Mougin-Rusand.

Bulletin mensuel de la librairie française. Catalogue de toutes les publications françaises. Paris, 15, rue des Saints-Pères. Abonnement 2 fr. 50. Propriétaires-gérants, Schleicher frères.

Bulletin officiel de la Chambre syndicale des ouvriers typographes de Marseille. Trimestriel. Marseille, Bourse du travail, rue de l'Académie.

Bulletin de la presse (Le), organe professionnel des publicistes et petites affiches de la presse, de l'imprimerie et de la librairie. Hebdomadaire. Paris, 21, quai Saint-Michel. Abonnement, un an, 8 fr.; six mois, 4 fr. 50. Fondé en 1889. Directeur, E.-G. Raymond; rédacteur en chef, A. Billiard. Paris, imp. Wattier frères.

Bulletin de l'union centrale des marchands et fabricants de papier de France. Mensuel. Paris, 12, boulevard de la Villette. Ab. 12 fr. Rédacteur-gérant, Ed. Hauet. Paris, imp. Boullay.

Bulletin de la Société française de photographie. Bi-mensuel. Paris, 76, rue des Petits-Champs et lib. Gauthier-Villars. Ab., 15 francs.

Burckhardt et **Hagenbach**. « Discours prononcés à la cathédrale de Bâle, à l'occasion du quatrième anniversaire séculaire de l'invention de l'imprimerie, le 24 juin 1840 ». Publication accompagnée d'une description de la fête. Bâle, 1840 (en allemand).

Burot. « Note sur la fabrication du papier de paille ». Paris, 1883.

Buschmann. « Rapport présenté sur le Congrès typographique de France au conseil d'administration du cercle de la Librairie, le 9 janvier 1888 ». Anvers.

Butsch. « Ornementation des livres de la Renaissance ». Choix d'encadrements de titres, d'initiales, vignettes et marques d'imprimeurs sortant des ateliers italiens, allemands et français, du temps de la première Renaissance. Munich, 1878; 106 pl. et texte explicatif. — « Ornementation des livres ». Milieu et fin de la Renaissance. Munich, 1881; 118 planches et texte explicatif. — « Ludwig Hohenwang, imprimeur d'Augsbourg et non d'Ulm ». Munich, 1885.

Bylaert. « Nouvelle manière de graver en cuivre des estampes coloriées, de façon que, quoique imprimées sur une presse ordinaire, elles conservent l'air et le caractère du dessin ». In-8º. 1722.

C

Cagniard (E.). « Du progrès de l'imprimerie à Rouen au xixe siècle ». Rouen, 1881.

Caille (J. de La). « Histoire de l'imprimerie et de la librairie ». In-4º, Paris, 1689.

Camus (A.-G.). « Notice d'un

livre imprimé à Bamberg en 1462, par Albert Pfister ». In-4º, 1799. — « Mémoire sur les progrès, l'état actuel et le perfectionnement de l'imprimerie ». In-4º, 1798. — « Mémoire sur un livre allemand, intitulé Theuerdank », où l'on examine si ce livre a été imprimé avec des caractères mobiles ou avec des planches gravées en bois. — « Mémoire sur l'histoire et les procédés du polytypage et de la stéréotypie ». In-8º, 1798-1802.

Canton (F.). « Cours complet de sténographie », s'apprenant sans maître et permettant de suivre la parole (système abréviatif greffé sur l'alphabet Duployé). In-8º, Bordeaux, imp. Delmas.

Canton (F.) et **Delmas** (G.). « Méthode d'écriture abrégée, à la main et à la machine à écrire ». In-18, Bordeaux, imp. Delmas.

Capelle (P.). « Manuel de la typographie française ou traité complet de l'imprimerie ». Ouvrage utile aux jeunes typographes, aux libraires et aux gens de lettres. In-4º, 1826.

Carot (H.). « En vacances, comment Georges apprit le dessin ». Gr. in-8º, Mame à Tours.

Carové. « L'art de l'imprimerie considéré dans son rapport avec l'histoire universelle ». Siegen et Wiesbaden, 1843.

Carteron (J.). « Cours familier de photographie », cours complet. In-8º, Paris, lib. Mazo.

Caslon. « Specimens of the ancient Caslon Printing Types », engraved in the early part of the last century. By Caslon, 1716.

Castellani (C.). « L'imprimerie à Venise. De son origine à la mort d'Alde Manuce ». Venise, 1889 (en italien).

Castille et **Chilliat.** « La typographie à l'Exposition universelle de 1889 ». Rapport de MM. Castille et Chilliat, délégués de la Chambre syndicale des compositeurs de la rue Bailleul. 1890.

Catalogue annuel de la librairie française. Jordell, Paris, lib. Per Lamm.

Catalogue mensuel de la librairie française. Paris, 338, rue Saint-Honoré. Ab. 2 fr. 50 par an. Directeur, P. Lamm. Gérant, P. Schmidt. Lib. Nilson, Paris.

Catalogue de la bibliothèque technique du cercle de la Librairie. Petit in-4º, Paris, imp. Dumoulin et Cie.

Catalogue général de la librairie française, continuation de l'ouvrage d'Otto Lorenz, commencé en 1840. Paraît en fascicules in-8º à 3 col. Nancy, imp. Berger-Levrault et Cie, Paris, lib. Per Lamm.

Catalogue d'une collection importante d'incunables, d'impressions gothiques du xvie siècle et de livres anciens et modernes, manuscrits et imprimés, dans tous les genres, composant la bibliothèque de feu M. J.-A.-P. Madden. In-8º, viii-212 p. Paris, imp. Chamerot; lib. Labitte, Em. Paul et Cie; 1284 numéros.

Catalogue d'estampes de l'école française du xviiie siècle, pièces imprimées en noir et en couleurs, dont un grand nombre en épreuves avant la lettre ou de remarque, portraits, vignettes livres et dessins. In-8°, 48 p. Paris, imp. Chamerot.

Catalogue des estampes de l'école française du XVIII° siècle, imprimées en noir et en couleurs, pièces historiques et scènes de mœurs, suites de costumes, portraits, œuvres de Charlet, Gavarni, Lami, Monnier, les Vernet, dessins, composant la collection de M. H. D. In-8°, 267 p. Paris, imp. Dumoulin et Cie.

Catalogue-Tarif à prix forts et nets, pour 1890, des journaux, revues et publications périodiques parus à Paris jusqu'en novembre 1889, publié par Henri Le Soudier. In-8°, 312 p. Paris, lib. Le Soudier.

Catalogue de l'exposition collective du cercle de la Librairie à l'Exposition du livre. Paris, 117, boulevard Saint-Germain.

Catalogue officiel illustré de l'Exposition internationale de blanc et noir. In-8°, Bernard et Cie, 3 fr. 50.

Catherinot. « L'art d'imprimer ». Bourges, 1685.

Catineau-Laroche. « Réflexions sur la librairie », dans laquelle on traite des propriétés, des contre-façons, etc. In-8°, 1807.

Cavrois (Louis). « L'imprimerie à Arras », étude historique. Laroche, imprimeur à Arras, 1878.

Celliez (H.). « Mémoire pour la Chambre des imprimeurs de Paris », sur la question d'indemnité en cas de suppression des brevets d'imprimeurs. In-4°, 1867.

Centarini (B.-L.). « Typo italiano non Elzeviriano ». In-16, Rome, 1879.

Cercle (Le) de la librairie de Paris à l'Exposition du livre (troisième centenaire de Christophe Plantin. Anvers, 1890). Catalogue. Petit in-4°, 176 p. et vign. Paris, 117, boulevard Saint-Germain.

Chable. « Travaux de l'amateur photographe en hiver ». Paris, 1891, Gauthier-Villars.

Chaix (Alban). « Histoire de l'imprimerie et de la librairie centrales des chemins de fer ». Paris, 1 vol. in-8° de 325 pages.

Chambre syndicale des imprimeurs lithographes. « Lois, règlements et usages concernant la lithographie ». 2 fr. 20. 6, rue Saint-Sauveur, Paris.

Challier de Grandchamps. « Le timbre des affiches et la responsabilité des imprimeurs ». Rapport présenté au Congrès des maîtres imprimeurs de France. In-8°, 31 pages, Lyon, imprimerie Storck.

Chamerot (Georges). « Conférence sur l'imprimerie ». Grand in-8° de 48 p. avec figures et 18 planches hors texte. Paris, imp. Chamerot et Renouard, édité par la maison Ch. Lorilleux et Cie.

Champeaux (De), **A. Darcel, G. Lebreton, G. Bapst, Duplessis,** etc. « Les arts du bois, des tissus et du papier ». In-4°, Paris, A. Quantin.

Champier (V.). « Les anciens almanachs illustrés ». Paris, 1886.

Champion (Louis). « Monographie d'un grand atelier ». La papeterie de Monfourat et ses œuvres patronales. In-8°, 31 p., Paris, imp. Levé.

Champour (De) et F. **Malepeyre.** « Nouveau manuel complet de la fabrication des encres de toutes sortes ». In-18, Paris, Roret, 1875.

Chansselle (J.-H.). « Souvenir du 1er août 1885 ». Imp. Plon et Nourrit. Paris, 1885.

Charavay (Gabriel). « Règle définitive du participe passé. » Paris, imp. Motteroz. — « Traité de ponctuation ». Paris, 34, faubourg Poissonnière.

Chardon (A.). « Photographie sur émulsion sèche au bromure d'argent pur ». In-8°, 1877, Paris, Gauthier-Villars.

Charles-Lavauzelle (Henri). « Congrès des maîtres imprimeurs de France ». Paris, 1897. — « Rapport sur l'imprimerie Nationale ». In-8°, 28 p. Limoges, imp. Charles-Lavauzelle.

Charpentier (Paul). « Le papier » (Encyclopédie chimique de Frémy). In-8°, 435 pages avec fig. Paris, lib. Dunod, 17 fr. 50. — « Le papier ». Grand in-8°. avec 167 figures. Prix : 20 fr. ; franco, 21 fr. Office des fabricants de papier, 18, rue des Pyramides, Paris.

Chapoulaud. « L'imprimerie Chapoulaud frères, de Limoges ». In-8°, 1878.

Chataigné. « Méthode pour l'application du bronze sur le papier et sur le vélin ». 1887.

Chateau (Th.). « Étude pratique pour servir à l'histoire chimique du collage et de la charge du papier ». In-8°, Lacroix, Paris, 1879.

Chaux (P.). « La photographie perfectionnée ». Traité général contenant les exposés détaillés et étudiés des manipulations essentielles. In-8°. — « Les positifs sur verre, le papier au gélatino-bromure ». In-16. — « Manuel opératoire du photographe ». In-16, Paris, lib. Bardin et Cie.

Chéri-Rousseau (G.). « Méthode pratique pour le tirage des épreuves de petit format par le procédé au charbon ». In-18 jésus, Paris, Gauthier-Villars.

Chéronnet (C.). « Barême pour calculer les poids relatifs des papiers des différents formats ». Paris, 1891, aux bureaux du *Moniteur de la papeterie*.

Chevallier (A.). « Sur les maladies des imprimeurs ». In-8°, 1835.

Chevalier (J.-B.-A.) et **Langlumé.** « Traité de la lithographie, ou Manuel du lithographe, avec des notes de MM. Mantoux et Joumar ». Paris, 1838. Avec gravures.

Chevillier. « L'origine de l'imprimerie de Paris ». In-4°, Paris, 1694.

Chon. « Note historique sur la famille Panckoucke ». Lille, 1886.

Choquet (Dr). « Le compositeur-typographe ». Hygiène professionnelle. Étude sur les soins hygiéniques particuliers que réclame le soin de la santé pour prévenir les accidents professionnels des ouvriers. Chez A. Delahaye et E. Lecrosnier, place de l'École-de-Médecine, Paris, 1 fr.

Circulaire des protes. Bulletin mensuel de la Société amicale des correcteurs d'imprimerie de province. Perpignan, imp. Ch. Latrobe.

Claude-Michel. « Traité pratique de galvanoplastie ». 1888.

Clément de Ris. « La typographie en Touraine ». In-8°, 1878.

Claudin (A.). « Antiquités typographiques de la France ». Origines de l'imprimerie à Alby, en Languedoc (1480-1484); les pérégrinations de Johann Neumeister, compagnon de Gutenberg en Allemagne, en Italie et en France (1463-1484); son établissement définitif à Lyon (1485-1507), d'après les monuments typographiques et des documents originaux inédits, avec notes, commentaires et éclaircissements. Ouvrage couronné par l'Institut (Académie des belles-lettres), 1880. — « Antiquités typographiques de la France. Origines et début de l'imprimerie à Poitiers ». Bibliographie des premiers livres imprimés dans cette ville (1479-1515), avec notes, commentaires, éclaircissements et documents inédits. In-8°, LXXVI-196 pages. Dole-du-Jura, imp. Bernin. Niort, lib. Clouzot. Paris, lib. Claudin. — « Antiquités typographiques de la France. Monuments de l'imprimerie à Poitiers ». Recueil de fac-similés des premiers livres imprimés dans cette ville (1479-1515). Spécimens de caractères, lettres ornées, filigranes de papiers, etc. In-8°, 19 p. et pl. — « Les origines de l'imprimerie à Saint-Lô ». In-8°, 39 pages. — « Les origines de l'imprimerie en France. Premiers essais à Avignon, en 1444 ». In-8°, 19 p. — « Les origines de l'imprimerie à Sisteron, en Provence (1513) ». Les pérégrinations d'un imprimeur (1507-1513). Imprimerie établie à Servoules, commune de Sisteron, pendant la Révolution. In-8°, 24 p. — « Les origines de l'imprimerie à Limoges ». In-8°, 52 p. avec pl. — « Les origines de l'imprimerie à Auch ». In-8°, 32 p. — « Les débuts de l'imprimerie à Poitiers ». Les Bulles d'indulgences de Saintes; Jean Bouyer, saintongeois, prototypographe poitevin. In-8°, 20 p. — « Les origines de l'imprimerie en Artois ». 1891. — « Les libraires, les relieurs et les imprimeurs de Toulouse au XVIe siècle (1531-1550) », d'après les registres d'impositions conservés aux archives municipales. Documents et notes pour servir à leur histoire. In-8°, 71 p. — « Un typographe rouennais oublié ». Maître (J.-G.), imprimeur d'une édition des communes en 1525 In-8°, 18 p. — « Un nouveau document sur Gutenberg ». Témoignage d'Ulrich Gering, le premier imprimeur parisien, et de ses compagnons, en faveur de l'inventeur de l'imprimerie. — « Les origines de l'imprimerie à Reims », 1892. — « Les origines et les débuts de l'imprimerie à Bordeaux ». Paris, in-8°, 1897. — « Les origines de l'imprimerie à Hesdin-en-Artois ». — « Le premier livre imprimé à Agen ». Recherches sur la vie et les travaux du premier imprimeur agenais. — « Les origines de l'imprimerie à Paris, la première presse à la Sorbonne ». Brochure de 60 pages, imprimée par Empaytaz, à Vendôme.

Claye (Jules). « Manuel de

l'apprenti compositeur ». Paris, 1871. — « De la situation faite aux imprimeurs de Paris par la Société typographique ». In-8°, 1870. — « De la question de l'augmentation du salaire des compositeurs typographes ». In-8°, 1861.

Clédat (Léon). « Collection de reproductions de manuscrits ». Classiques latins. I. Catulle, manuscrit de Saint-Germain-des-Prés (bibliothèque Nationale, n° 14137), précédé d'une étude de M. Émile Chatelain. (Photolithographie de MM. Lumière.) Grand in-8°, 15 fr. — « Collection de reproductions de manuscrits ». Vieux provençal. Rituel provençal, manuscrit 36 de la bibliothèque municipale du palais Saint-Pierre, à Lyon. (Photolithographie de MM. Lumière.) Grand in-8°, Paris, lib. Leroux, 3 fr.

Clerc (L.-P.). « La chimie du photographe ». In-8°, Paris, lib. Mendel, 1 fr. 50.

Clouzot (H.). « Les premiers imprimeurs et libraires de Saint-Jean-d'Angély (1616-1747) ». In-8°, 19 p. Niort, lib. Clouzot. — « Notes pour servir à l'histoire de l'imprimerie à Niort et dans les Deux-Sèvres. » In-8°, 1891.

Clermont-Ganneau. « Sceaux et cachets israélites, phéniciens et syriens, suivis d'épigraphes phéniciennes inédites sur divers objets et de deux intailles cypriotes ». Paris, imprimerie Nationale.

Clymer (G.). « Note descriptive de la presse dite Colombienne ». Paris, Didot, 1819.

Cohen (H.). « Guide de l'amateur de livres à gravures du XVIII° siècle ». Paris, 1886.

Colson (R.). « Les papiers photographiques au charbon ». In-8°, Gauthier-Villars. — « La plaque photographique ». Propriétés, le visible, l'invisible. In-8°, Paris, lib. G. Carré et C. Naud. — « Mémoires originaux des créateurs de la photographie ». Nicéphore Niepce, Daguerre, Bayard, Talbot, Niepce de Saint-Victor, Poitevin, annotés et commentés. In-8°, Paris, lib. Carré et Naud. — « La perspective en photographie ». In-18, Gauthier-Villars.

Combothecra (X.-S.). « Assimilation des titres de journaux aux marques de fabrique ». A propos d'un arrêt du tribunal fédéral suisse. Paris, lib. Fontemoing.

Comet. « Manuel théorique et pratique d'imposition », avec procédé très simple pour faire une garniture. In 16, 108 p. — « La législation des affiches ». In-16, 50 p. — « Journal des typographes », organe hebdomadaire à 5 centimes. Bureaux à Paris : rue de la Tombe-Issoire, 37. A Perpignan : rue Grande-Saint-Jacques. — « Rosenbach (1493-1530) ». Etude historique sur l'imprimerie à Perpignan. Avec pl. Perpignan, chez l'auteur. Prix 2 fr.

Compte rendu des séances du premier Congrès des maîtres imprimeurs de France, tenu à Lyon du 6 au 8 septembre 1894. Excursion. In-8°, Lyon, imp. Storck.

Compte rendu des séances du deuxième Congrès des maîtres imprimeurs de France, tenu à

Marseille du 12 au 14 septembre 1895. In-8°, Marseille, imp. Barthelet et Cie.

Compte rendu des séances du troisième Congrès des maîtres imprimeurs de France, tenu à Lille du 3 au 5 août 1896. In-8°, Lille, imp. Danel.

Compte rendu des séances du quatrième Congrès des maîtres imprimeurs de France, tenu à Paris du 17 au 20 mai 1897. In-8°, Paris, imp. Chamerot et Renouard.

Compte rendu des séances du cinquième Congrès des maîtres imprimeurs de France, tenu à Limoges, du 25 au 27 juillet 1898. In-8°, Limoges, imp. Charles-Lavauzelle.

Congrès international des éditeurs, tenu à Paris du 15 au 18 juin 1896. Documents, rapports, procès-verbaux. In-8°, Paris, imp. Dumoulin et Cie.

Congrès (Septième) national de la Fédération française des travailleurs du livre, tenu à Marseille du 9 au 15 septembre 1895. In-8°, Paris, imp. Mangeot.

Confraternité belge (La). Revue typographique ayant pour but d'arriver à syndiquer les imprimeurs belges pour mettre un frein à l'avilissement des prix. Ciney (Belgique), prix 2 fr. 50. Directeur, Latour-Daury.

Connac (E.). « L'imprimerie à l'Exposition universelle de 1878 ». Compte rendu par E. Connac, délégué par les typographes de Toulouse. In-8°, Toulouse, imp. Privat.

Conyers Middleton. « Dissertation sur l'origine de l'imprimerie en Angleterre ». In-8°, Cambridge, 1735 (en anglais).

Cordier. « Les insuccès en photographie ». Causes et remèdes. Paris, Gauthier-Villars.

Corrard de Bréban. « Recherches sur l'établissement de l'imprimerie à Troyes ». In-8°, 1873.

Cormier (Alexandre). « Traité pratique et théorique de photographie ». In-18 jésus, Paris, lib. Garnier frères.

Correo tipo-litografico, Ronda de la Universidad, 98, y Balmez, 13, à Barcelone.

Cotta de Cottendorf. « Le secret de l'impression sur pierre dans toute son étendue ». Tubingen, 1807 (en allemand).

Cottens père. « Méthode pratique pour imprimer sur zinc ». 1893. Bernard, 53 ter, quai des Grands-Augustins, Paris. — « Instructions générales sur l'emploi du zinc en lithographie ». Paris, 1886.

Cotton (H.). « Le gazetier typographique ». In-8°, Oxford, 1831 (en anglais).

Coupée (Abbé J.). « Méthode pratique pour l'obtention des dispositifs au gélatino-chlorure d'argent pour projections et stéréoscopes ». Paris, 1892, Gauthier-Villars.

Courrèges (A.). « La retouche du cliché ». In-18 jésus. — « Ce qu'il faut savoir pour réussir en photographie ». In-18 jésus, Paris, Gauthier-Villars.

Coutant. « Du salaire des ouvriers compositeurs ». In-8°, 1861.

Coyecque (E.). « Simon

Vostre, Simon Hadrot ». Paris, 1887.

Crapelet (G.-A.). « Le progrès de l'imprimerie en France et en Italie au xvi° siècle ». Son influence sur la littérature, avec les lettres patentes de François Ier, en date du 17 janvier 1538, qui instituent le premier imprimeur royal pour le grec. Paris, 1836. — « Etudes pratiques et littéraires sur la typographie », à l'usage des gens de lettres, des éditeurs, des libraires, des imprimeurs, des protes, des correcteurs et de tous ceux qui se destinent à l'imprimerie. Paris, 1837. — « Robert Estienne, imprimeur royal, et le roi François Ier ». Nouvelles recherches sur l'état des lettres et de l'imprimerie au xve siècle. In-8°, 1839. — « Lettre trentième concernant l'imprimerie et la librairie de Paris », par Dibdin, traduite avec des notes. In-4°, 1821. — « De la profession de l'imprimeur, des maîtres imprimeurs et de la nécessité actuelle de donner à l'imprimerie les règlements promis par les lois ». In-8°, 1840.

Creteur (Othon-Jonas). « Jean Gutenberg ou l'invention de l'imprimerie. » Cologne. (Poésie en sept versets avec un dessin fantaisiste du monument de Gutenberg.)

Cronenberg (W.). « La pratique de la photogravure américaine ». Traduit par C. Féry. In-18 jésus, Paris, Gauthier-Villars, 3 fr.

Cusset (G.). « L'imprimerie à l'Exposition universelle de Paris en 1867 ». Paris, 1868.

Cyme. « Phytochromotypie, ou impression en couleur des végétaux ». Nouvelle méthode permettant d'obtenir avec la plus grande facilité l'image exacte et coloriée d'une plante, sur papier ou autre surface, etc. Marseille, imp. Barlatier-Feissat.

D

Dahl (Johann-Conrad). « L'imprimerie, inventée par Gutenberg, améliorée et portée à la perfection par Peter Schœffer de Gernsheim ». Dissertation critico-historique, avec portrait de Peter Schœffer. Mayence, 1832.

Danel (A.). « L'imprimerie et la photographie à l'Exposition d'Amsterdam ». Lille, imprimerie Danel, 1883.

Danel (L.). « Les presses mécaniques d'imprimerie anglaises et américaines ». In-8°, 1886.

Dareste (R.). « Les papyrus gréco-égyptiens ». Paris, 1883.

Daruty de Grandpré (Le marquis de). « Vade mecum du bibliothécaire » ou règles pratiques pour la rédaction des catalogues et le classement des volumes, suivie d'une instruction raisonnée sur les formats des livres. In-8°, Paris, lib. E. Paul et fils et Guillemin.

Daunou. « Analyse des opinions diverses sur l'origine de l'imprimerie ». In-8°, 1802.

Daupeley-Gouverneur. « Le compositeur et le correcteur typographes ». Imp. Daupeley-Gouverneur, Nogent-le-Rotrou.

Davanne. « Les progrès de la photographie ». In-8°, 1877. — « La photographie, ses origines et ses applications ». Grand in-8°, Paris, Gauthier-Villars, 1879.

Decauville-Lachinée (A.). « Notice sur quelques reliures de la bibliothèque municipale de Caen ». In-8°, Paris, lib. Leclerc et Cornuau.

Décembre-Alonnier. « Physiologie de l'imprimerie, silhouettes typographiques ». In-8°, 1856. — « Typographes et gens de lettres ». In-18, 1864.

Deecke. « Quelques renseignements sur les livres bas-saxons imprimés à Lubeck dans le xv° siècle ». In-4°, Lubeck, 1834 (en allemand).

Defez (E.). « Conseils aux débutants en photographie », méthode pratique. In-8°, Paris, imp. Lecoq.

Degeorge (Léon). « La maison Plantin à Anvers », 130 pages in-8°. Cet ouvrage contient des documents précieux pour l'histoire de l'imprimerie. Il est, en outre, orné d'un portrait de Plantin, d'un tableau généalogique de cette famille célèbre, d'un plan-coupe du rez-de-chaussée de la maison, d'une gravure représentant la cour intérieure, et de la marque du grand imprimeur. Félix Callewaert, Bruxelles, 3° édition, Paris, Firmin-Didot. Prix : 4 fr.

Déjean (L.). « Etude et exposé des conditions du travail dans l'industrie du livre ». Préface de V. Breton. Prix : 1 fr. A Paris, Fédération des travailleurs du livre, 20, rue de Savoie.

Delaborde (Vicomte). « Rapport sur la gravure et la lithographie à l'Exposition universelle de 1878 ». — « La gravure en Italie avant Marc Antoine (1452-1505). » Paris, 1883.

Delalain (Jules). « Législation de l'imprimerie d'après la nouvelle loi de la presse », suivie d'un tableau des cas de responsabilité et de pénalité auxquelles sont soumis les imprimeurs. In-12, 1868.

Delalain (Paul). « Inventaire des marques d'imprimeurs et de libraires ». In-4°, 1886. – « Etude sur le libraire parisien, du xiii° au xv° siècle ». Paris, 1891. — « Résumé de la législation de l'imprimerie et de la librairie ». Paris, imp. Pillet et Dumoulin, 1882.

Delalain (Paul) et **Lyon-Caen** (Ch.). « Les lois françaises et étrangères sur la propriété littéraire et artistique, suivies des conventions internationales conclues par la France (1890-1896) ». In-8°, Paris, imp. Dumoulin et Cie, lib. Pichon.

Delatre (A.). « Eau-forte, pointe sèche et vernis mou », 1887.

Delécluze (E.-J.). « L'imprimerie ». Gr. in-8°, 1855.

Deleschamps (Pierre). « Des mordants, des vernis et des planches dans l'art du graveur ». In-8°, 1836.

Delignières (Emile). « Conférence sur les graveurs abbevillois ». In-8°, Caen, imp. Delesques.

Delisle (Léopold). « Livres imprimés à Cluni au xv° siècle », sur une communication de Maurice Dumoulin. In-8°, Paris, imprimerie Nationale. — « L'imprimeur parisien Josse Bade et le professeur écossais Jean Vaus ». In-8°, 13 pages, Nogent-le-Rotrou, imp. Daupeley-Gouverneur. — « Les bibles de Gutenberg », d'après les recherches de Karl Dziatzko. In-4°, 14 p., Paris, imprimerie Nationale. — « Les très anciens manuscrits du fonds Libri dans les collections d'Ashburnham-Palace ». Communication faite à l'Académie des inscriptions le 22 février 1883. Paris, imp. Schiller.

Delitzsch (Fr.). « L'aile de l'ange ». Une voix du désert, au quatrième anniversaire séculaire de l'art typographique. In-8°, Dresde, 1840 (en allemand).

Dembour. « Ektypographie métallique » tirée du français, par H. Meyer. Feuilles d'épreuves. Brunswick, 1835.

Demeure de Beaumont (A.). « L'affiche illustrée. L'affiche belge ». Essai critique; biographie des artistes avec plus de 100 reproductions d'affiches et 28 portraits en simili-gravure. In-8°, Liège, imp. Bénard.

Denis (Mich.). « Histoire de l'imprimerie à Vienne ». 2 vol. in-4°, Vienne, 1872, avec supplément in-4° (en allemand).

Dereume. « Généalogie des Elzévir ». Bruxelles, 1850.

Derôme (L.). « La reliure de luxe, le livre et l'amateur ». Paris, 1887.

Derriey (Charles). Album, publié en 1862, sur format in-4°, tiré sur des presses à bras, chez Claye et chez Paul Dupont. Il ne renferme pas moins de 180 pages dont plusieurs constituent les plus beaux spécimens de chromotypographie qui se puissent voir. Toutes ces pages sont encadrées et aucun des cadres ne se ressemble. Fonderie Turlot et Cie.

Desbarreaux - Bernard. « L'imprimerie à Toulouse aux xve, xvie, xviie siècles ». In-4°, 1865.

Deschamps (Gaston). « La vie et les livres », 2e série. In-8° jésus, Paris, lib. Colin et Cie.

Deschamps (P.) « Dictionnaire à l'usage du libraire et de l'amateur ».

Deschamps (P.) et **Brunet** (G.). « Manuel du libraire et de l'amateur de livres ». Supplément contenant : 1° un complément du Dictionnaire bibliographique de J.-Ch. Brunet ; 2° la table raisonnée des articles, au nombre d'environ 10,000, décrits au présent supplément. Grand in-8° à 2 col., 1230 p. Paris, Firmin-Didot et Cie.

Déséchaliers (E.). « Répertoire des papetiers et imprimeurs de Paris et de la province ». Un fort vol. in-8° carré, 400 pages, 8, rue Lamarck, Paris.

Desmarest (L.). « Fabrication des encres à écrire, à copier, de couleur, métalliques, à dessiner, etc. ». In-16, Paris, lib B. Tignol.

Desmarets (H.). « La photographie : la chambre noire, le laboratoire, la pose, le cliché, l'épreuve positive, la micrographie, la photographie sans objectif, la photographie des couleurs, causes d'insuccès, vocabulaire ». In-8°, Paris, lib. Larousse, 1 fr. 25.

Desormes (E.). « Notions de Typographie à l'usage des Ecoles professionnelles, précédées d'un avant-propos sur l'origine de l'imprimerie ». 3e édition ; in-8º de 485 pages. Prix : 6 fr. Paris, 77, rue Denfert-Rochereau.
Ce volume forme un guide complet. Indépendamment de la typographie proprement dite, d'intéressants chapitres traitent de la lithographie, clicherie, galvanoplastie, des différents genres de gravure et procédés, de la fabrication du papier et du carton, de la brochure et de la reliure, etc. Si l'*Avant-propos* des *Notions de Typographie* est instructif, l'*Appendice*, dans lequel on trouve les prix approximatifs de tous les objets nécessaires à l'imprimerie, ceux du brochage, du pliage, de la reliure, etc., est très utile, et ne se trouve dans aucun autre manuel.

Desormes (E.) et **Adrien Basile.** « Dictionnaire des Arts Graphiques ; 3e et 4e sections du *Polylexique méthodique* », formant un ouvrage complet.

Despaquis. « Photographie au charbon ». In-18, Paris, Gauthier-Villars.

Desportes (J.). « Le lithographe », journal professionnel, fondé en 1837 et disparu en 1848.

Desroches. « Nouvelles recherches sur l'origine de l'imprimerie ». 1877.

Deutsche Büchdrücker-Zeitung. Hermann Blanke. Berlin, Kleine Rosenthaler Strass, 9, 1873.

Dibdin. « Antiquités typographiques », de Joseph Ames et W. Herbert, refondues en 1810-19, 4 vol. in-4º. Londres (en anglais).

Dibon (H.). « Etude élémentaire des objectifs photographiques », suivie de quelques notions sur le fonctionnement des obturateurs. In-12. — « Traité de photographie », contenant un choix des meilleures formules, toutes essayées par l'auteur. In-16. Avignon, lib. Roumanille, 2 fr. — « Dictionnaire pratique de chimie photographique ». Gauthier-Villars, 1892.

Dietrich. « Hymnes » pour le quatrième centenaire de l'invention de l'art de l'imprimerie, fêtes des 24, 25 et 26 juin 1840, Leipzig, 1840.

Didot (Pierre). « Epître sur les progrès de l'imprimerie », en vers, 1847, Paris. — « Lettre sur les découvertes de M. Didot aîné dans les arts de l'imprimerie, de la gravure des caractères et de la papeterie ». In-8º, 1783.

Didot (Ambroise-Firmin). « Alde Manuce et l'hellénisme à Venise ». Orné de 4 portraits et d'un fac-similé. — « Essai typographique et bibliographique de l'histoire de la gravure sur bois ». Paris, 1863. — « Essai sur la typographie », accompagné de trois planches. Paris, 1851. — « Histoire de la typographie ». (Extrait de l'*Encyclopédie moderne*.) 1882. — « La Société des correcteurs ». In-8º, 1866-1868.

Didot (Alfred-Firmin). « Le papier ». Rapport du jury des industries du papier à l'Exposition technologique de 1882. Paris, Firmin-Didot, 1883.

Dillaye. « La théorie, la pratique et l'art en photographie ».

L'art en photographie avec le procédé au gélatino-bromure d'argent. In-8°. — « La pratique en photographie avec le procédé au gélatino-bromure d'argent », In-8°. — « Les nouveautés photographiques ». Paris, imp. Larousse.

Dingelstedt (Fr.). « Six années de la vie de Gutenberg ». Cassel, 1840 (en allemand).

Disdéri. « L'art et la photographie ». Paris, 1862.

Dittrich. « Guide pour la composition des notes de musique ». Leipzig, 1872.

Donnadieu. « Traité de photographie stéréoscopique ». 1892, Gauthiers-Villars.

Dorlan A.). « Quelques mots sur l'origine de l'imprimerie ou résumé des opinions qui en attribuent l'invention à Jean Mentel, natif de Schelestadt ». In-8°, 1840.

Dormoy (L.). « Photominiature ». Mendel, 118, rue d'Assas, Paris.

Doyen (C.). « Manuel pratique de lithographie ».

Dren. « Pens and Types, or Hint's and Helps, for those who write, print or read ». Boston, 1875.

Drouin (F.). « La photographie des couleurs ». Procédés par impression en couleurs fondamentales ; projections en couleurs ; méthode interférentielle ; procédés divers, In-16. — « Traité du stéréoscope et de la photographie stéréoscopique ». 200 p., 194 fig. Prix : 8 fr. 50, 1893. — « La ferrotypie ». Ch. Mendel, Paris.

Dubarrat (L'abbé). « L'imprimeur béarnais Louis Rabier, 1583-1606 », Renseignements inédits sur lui et sa famille. In-8°, Paris, imp. Nationale.

Dubois. « Notice sur la maison Marc Barbou, de Limoges ».

Dubois (G.). « La photographie en campagne ». 1887.

Duboy (Hip.). « La presse, l'imprimerie, la librairie, le colportage ». Guide légal de l'écrivain, du journaliste, de l'imprimeur et du libraire (avec préface par Jules Favre). In-12, 1869.

Duchatel (E.). « Traité de lithographie artistique ». Préface de Léonce Benedite, conservateur du musée national du Luxembourg. Illustré par MM. Buhot, Bertrand, P. Dillon, etc. In-4°, Paris, imp. Capiomont et Renault ; l'auteur, 8, rue Guy-de-la-Brosse.

Ducos du Hauron (Alcide). « La triplice photographique des couleurs et l'imprimerie » Système de photochromographie. In-18 jésus. Prix : 6 fr. 50, Paris, Gauthier-Villars.

Ducourtieux (Paul). « Les imprimeurs de Brive à l'exposition du livre limousin », 4° centenaire du livre à Limoges (1495-1895) In-8°. — « Les imprimeurs de Tulle à l'exposition du livre limousin », 4° centenaire du livre à Limoges (1495-1895), In-8°. — « Le quatrième centenaire du livre à Limoges » (1495-1895). L'exposition du livre limousin. Catalogue. In-8°. — « Les Barbou, imprimeurs » (Lyon, Limoges, Paris, 1524-1820. Les Barbou de Paris (1704-1808). In-8°. — « Les marques typographiques des imprimeurs de Limoges ». In-8° : — « L'imprimerie : le livre, le journal ». Limoges, 1891, imp. Ducourtieux.

Duhamel du Monceau. « Art du cartier ». 1762.

Dumont (Jean). « Notice biographique sur l'école professionnelle de typographie de Bruxelles ». — « Aide-mémoire à l'usage des élèves de l'école professionnelle de typographie de Bruxelles ». 1890. — « Vade mecum du typographe ». In-8°, 1891 (2ᵉ édit., 1894).

Dumoulin (Joseph). « Charlotte Guillard, imprimeur au xvɪ° siècle ». In-8°, Paris, lib. Leclerc et Cornuau.

Dumoulin. « La photographie sans maître ». Paris, 1890. — « Les couleurs reproduites en photographie ». Procédés Becquerel, Ducos du Hauron, Lippmann, etc., historique, théorique et pratique. In-18 jésus, Paris, 1 fr. 50. — « Manuel élémentaire de photographie au collodion humide ». In-18, 1874. — « La photographie sans laboratoire. » Paris, Gauthier-Villars.

Duplessis (Georges). « Histoire de la gravure en France ». Paris, 1861. — « Notice sur la vie et les travaux de Gérard Audran », graveur ordinaire du roi. In-8°. — « Mémoire et journal de J.-G. Wille, graveur du roi », publiés d'après les manuscrits autographes de la bibliothèque impériale. In-8° 1857. — « Les livres à gravures au xvɪᵉ siècle ». Un vol. gr. in-8° de 64 p. et 11 gr. Paris, lib. de l'Art, 1884. Pr. : 5 francs. — « Les merveilles de la gravure ». Un vol. in-18 de 420 pages, avec fig. dans le texte et hors texte. Hachette et Cⁱᵉ, 1869. Prix : 2 fr. 25. — « Histoire de la gravure en Italie, en Espagne, dans les Pays-Bas, en Angleterre et en France ». Série d'indications pour former une collection d'estampes. In-4°, 532 p., Hachette et Cⁱᵉ, 25 fr.

Duplessis et **H. Bouchot.** « Dictionnaire des marques et monogrammes de graveurs ». In-16, Paris, 1886, lib. Rouam.

Duployé. « La sténographie Duployé ». Petit cours en trois leçons, publié par la Société de sténographie du sud-ouest de la France. In-8°, 8 p. Bordeaux, imp. Dupuch.

Dupont (Paul). « Notice historique sur l'imprimerie ». In-4°, 1849. — « Une imprimerie en 1867 ». Paris, 1867. — « Histoire de l'imprimerie, sa découverte, les imprimeurs célèbres. Des arts auxiliaires de la typographie ». 2 vol. in-8°. Paris, Dupont et Cⁱᵉ, 1854. Prix : 12 fr.

Duprat (F.-A.). « Précis historique sur l'imprimerie Nationale et ses types ». In-8°, 1848. — « Histoire de l'imprimerie Impériale de France », suivie des spécimens des types étrangers et français de cet établissement. Paris, 1861.

Durand. « Rapport sur l'impression typographique à l'Exposition de Vienne en 1873 ».

Dutuit (E.). « Manuel de l'amateur d'estampes », contenant : un aperçu sur les plus anciennes gravures, sur les estampes en manière criblée, sur les livres xylographiques, sur les estampes coloriées, etc., et enrichi de fac-similés des estampes les plus rares reproduites par l'héliogravure. Gr. in-8°, xxiv-682 pages et grav. Paris, libr. A. Lévy.

Duverger (E.). « Histoire de l'imprimerie par les monuments ». Album typographique exécuté à l'occasion du jubilé européen de l'invention de l'imprimerie. Paris, 1840.

É

Eder. « Annales pour la photographie et la reproduction technique », 1887-88-89, Halle. — « La photographie instantanée », son application aux arts et aux sciences, traduit par O. Campo. In-8°, 1888. — « La photographie à la lumière du magnésium », traduit de l'allemand par Henri Gauthier-Villars. In-12 avec grav. Paris, Gauthier-Villars. Prix : 1 fr. 75.

Eder et **Valenta.** « Recherches sur la photographie au moyen des rayons Rœntgen ». Prix : 25 fr. Paris, 1896, Gauthier-Villars.

Egasse. « Manuel de photographie au gélatino-bromure d'argent ». Paris, 1888.

Egger (E.). « Le papier dans l'antiquité et dans les temps modernes ». Paris, 1866. — « Histoire du livre depuis ses origines jusqu'à nos jours ». Paris, 1882.

Egger (E.) et **Didot** (Ambr.-Firmin). « Sur le prix du papier dans l'antiquité ». Paris, 1857.

Eichsfeld (Ephr.-Gottl.) « Relation de la fête jubilaire des typographes célébrée par toutes les imprimeries de Wittenberg qui, depuis l'invention de cet art, et notamment depuis la réforme de Luther, ont existé ici ». In-4°, Wittenberg, 1740.

Eisenmann. « La presse mécanique », sa construction, ses montages et son maniement ». Leipzig, 1872.

Eisenmann (Ernest). « Le contrat d'édition et les autres louages d'œuvres intellectuelles. » In-8°. Paris, lib. Pichon et lib. Picard et fils.

Elsder. « Traité de météorologie à l'usage des photographes ». Traduit de l'anglais par H. Colard. 1888, Gauthier-Villars.

Emery (H.). « Formulaire pratique de photographie ». In-16, Paris, lib. H. Desforges, 1 fr.

Engel (S.). « Lettre sur l'origine de l'imprimerie et sur diverses éditions anciennes ». In-8°, 1742.

Enlumineur (L') (l'art dans la famille), mensuel, 12 fr. par an, 5, rue de Javel, Paris.

Ermel. « Le matériel et les procédés de la papeterie, des teintures et des impressions à l'Exposition universelle de 1878 à Paris ». In-8°, Paris, imp. Nationale.

Ernesti. « L'imprimerie bien organisée ». Comprenant 118 types de caractères : allemands, latins, grecs, hébreux ; nombreux alphabets de langues étrangères, notes de musique, etc. Il s'y trouve à la fin un petit traité de règles usuelles à l'usage des imprimeurs. Nuremberg, 1721.

Ed. C. M. « Histoire de l'art typographique et de son inventeur Gutenberg ». In-16, Hambourg, 1840 (en allemand).

Engelmann (G). « Traité théorique et pratique de lithographie ». 1840. — « Ensemble du domaine de la lithographie ou guide pratique et théorique de la lithographie », 49 pl. Chemnitz, 1840. 2° édit. remaniée, à Leipzig, 1843 (en allemand). — « Manuel du dessinateur lithographe ». In-8°, 1823. — « Rapport sur la lithographie et particulièrement sur un recueil de dessins lithographiques ». In-4°, 1816. — « Recueil d'essais lithographiques ». In-4°, 1817.

Eylac (D') et **Claye** (A. de). « La bibliophilie en 1894 ». In-4° carré, VI-203 p. Paris, lib. Leclec et Cornuau.

F

Fabre (Ch.). « Aide-mémoire de photographie ». Publication annuelle faite sous les auspices de la Société photographique de Toulouse. In-18. — « Traité encyclopédique de photographie ». In-8°. — « Traité encyclopédique de photographie ». Supplément. In-8°, paraît en fascicules. — « La photographie sur plaque sèche ». Paris, 1880, Gauthier-Villars.

Fage (René). « Note pour servir à l'histoire de l'imprimerie à Tulle ». Imprimerie Crauffon, à Tulle, 1879. — « Introduction de l'imprimerie à Ussel. Wolpmann et Rossignol. Contribution à l'histoire de l'imprimerie à Tulle ». In-8°, 15 p. Limoges, imp. veuve Ducourtieux.

Falk (Dr **Franz**). « L'art de l'imprimerie au service de l'Eglise, principalement en Allemagne, jusqu'en 1520 ». Cologne, 1879.

Falkenstein (Ch.). « Histoire de l'art typographique dans son origine et dans son perfectionnement ». In-4°, Leipzig, 1840 (en allemand).

Faulmann (Karl). « Histoire illustrée de l'imprimerie » (en allemand), 1881. — « La découverte de l'imprimerie ». In-8°, Vienne, Pesth et Leipzig (en allemand).

Faust. « Traité des rouleaux en usage en Allemagne, comment chacun peut les confectionner » ; nombreux exemples. Neuwied, 1822.

Fédération lithographique (La), organe officiel de la corporation lithographique et de toutes les parties similaires. Mensuel. Paris, 140, boulevard Richard-Lenoir. Ab., 2 fr.

Fédération typographique belge (La), organe officiel, paraissant le premier de chaque mois, 10 cent. le numéro. Belgique, 1 fr. 50; étranger, 2 fr. Grand'Place, 9, à Bruxelles.

Federici (Fortuné). « Annales de l'imprimerie volpi-cominienne ». In-8° Padoue, 1807 (en italien). — « Mémoires trévisans sur la typographie du XVe siècle ». In-4°, Venise, 1805 (en italien).

Félix (J.). « Les anciens imprimeurs, certificat de l'examen universitaire d'un imprimeur rouennais ». Rouen, 1883.

Ferber. « Guide pratique pour la composition des arcs, ronds et cercles, d'après une nouvelle méthode de composition ». Offenbach-sur-Mein, 1876.

Fernandes Alves (J.). « O graphico », orgao da liga das artes graphicas », organe technique, sous la direction de J. Fernandes Alves, président de la Ligue des arts graphiques. Lisbonne.

Ferret (L'abbé J.). « La photogravure sans photographie ». In-18 jésus, 1 fr. 25. — « La photogravure facile et à bon marché ». In-18, Paris, Gauthier-Villars.

Féry (Ch.) et **Burais** (A.). « Traité de photographie industrielle ». In-18 jésus, Gauthier-Villars.

Fertel. « La science pratique de l'imprimerie ». In 4°, Saint-Omer, 1723.

Fichet (Guillaume). « L'imprimerie à Paris en 1472 ». Epître adressée à Robert Gaguin, le 1er janvier 1472 (en latin). Champion, quai Voltaire, Paris, 1889.

Fichtenberg. « Manuel du fabricant de papier de fantaisie ».

Fievée (J.). « Observations et projet de décret sur l'imprimerie et la librairie ». In-4°, 1809.

Figgins. « Specimen of Printing Types by Vincent Figgins », letter founder, Swan Yard, Holborn Bridge. In-8°, London, 1793.

Finaton (Ch.). « Les papiers collodionnés à pellicules transférables et leurs diverses applications : contretypes, positifs pour agrandissements, renforcement et réduction des négatifs ». In-16, Paris, Ch. Mendel, 2 fr.

Fisch (A.). « Nouveaux procédés de reproduction industrielle ». Michelet, Paris, 1887. — « La photographie au charbon et ses applications à la décoration du verre, de la porcelaine, du métal, du bois, des tissus, ainsi que la production des portraits similicamaïeux, des photographies lumineuses, des lithophanies, des filigranes, suivie des procédés au bitume de Judée, du photocalque indélébile, etc., etc. ». Ch. Mendel, Paris. — « La photocopie, ou procédés de reproductions industrielles par la lumière d'une façon rapide et économique des dessins, plans, cartes, etc. ». Paris, lib. Michelet.

Fischer. « Notice du premier monument typographique en caractères mobiles ». In-4°, 1804. — « Description de raretés typographiques et de manuscrits remarquables », avec documents pour l'histoire de l'art de Gutenberg. Mayence et Nuremberg, 1800 à 1804. — « Essai sur les monuments typographiques de Jean Gutenberg, mayençais, inventeur de l'imprimerie ». Mayence, 1802. — « Quelques mots adressés aux Mayençais, à l'occasion de l'inauguration du monument qui va être élevé en l'honneur de Gutenberg. In-4°, Moskwa, 1836.

Fischer. « Guide pour la composition des travaux de fantaisie », accompagné de plus de 150 spécimens. Leipzig, 1877.

Fleury et **Rey.** « Memento de sténographie ». Méthode Prévost-Delaunay. In-16, Paris, Hachette et Cie.

Fleury-Hermagis et **Ros-**

signol. « Traité des excursions photographiques ». Paris, 1889. — « L'atelier de l'amateur ». Paris, 1889.

Flick. « Manuel de l'art de l'imprimerie », coloriage du papier, modèles d'impression, etc. Berlin, 1820.

Fondet. « Nicéphore Niepce », Chalon-sur-Saône, 1883.

Fontenier (G.). « L'impôt sur le papier devant les Chambres ». In-12, 22 p. Saint-Omer, imp. Fleury-Lemaire.

Ford. « The compositor's Handbook », designed as a Guide in the composing room. With the Practice as to book, Job, News Paper, Law and parliamentary Nork, the London scale of Prices. Appendix of terms. London, 1854. — « Reninders in grammar and orthography » or rules and examples by which many of the doubts constant by arising may be set at rest. London, 1856.

Forest (Max). « Ce qu'on peut faire avec des plaques voilées ». 1893, Gauthier-Villars.

Forestié, neveu (E.). « Les débuts de l'imprimerie à Montauban (1518-1526) ». Montauban, 1876.

Fortier (G.). « La photolithographie ». Paris, Gauthier-Villars, 1876.

Fouque. « La vérité sur l'invention de la photographie, Nicéphore Niepce, sa vie, ses essais et ses travaux ». In-8°, Paris, Gauthier-Villars.

Fouret (R.). « Rapport sur l'imprimerie et la librairie à l'Exposition internationale de Philadelphie », 1876.

Fourié (L'abbé E.). « L'affiche ». L'affiche politique, sociale, religieuse, électorale ; organisation de l'affiche. In-8°, 32 p. Montpellier, imp. de la Manufacture de la Charité.

Fournier (le Jeune). « Dissertation sur l'origine et les progrès de l'art de graver en bois », pour éclaircir quelques traits de l'histoire de l'imprimerie et prouver que Gutenberg n'en est pas l'inventeur. Paris, 1758. — « De l'origine et des productions de l'imprimerie primitive en taille en bois ». Suivi d'une réfutation des préjugés plus ou moins accrédités sur cet art. Paris, 1758. — « Epreuve de deux petits caractères nouvellement gravés et exécutés dans toutes les parties typographiques ». In-18, Paris, 1757. — « De l'origine et des productions de l'imprimerie primitive en taille-douce ». 1759. — Observations sur un ouvrage intitulé : « Vindiciæ Typographiciæ ». 1760. — « Manuel typographique utile aux gens de lettres et à ceux qui exercent les différentes parties de l'art de l'imprimerie ». 1re partie, Paris, 1764. 2e partie, Paris, 1766. — « Modèles de caractères de l'imprimerie et de choses nécessaires au dit art ». In-4°, 1745. — Modèle des caractères de l'imprimerie historique des principaux graveurs français ». In-4°, Paris, 1742. — « Remarques sur un ouvrage (par E. Baer) intitulé : « Lettres sur l'origine de l'imprimerie », pour servir de suite au traité : « De l'origine et des productions de l'imprimerie primitive en taille de bois ». In-8°,

1761. — « Table des proportions des caractères d'imprimerie. In-4°, 1737. — « Traité historique et critique sur l'origine et les progrès des caractères de fonte pour l'impression de la musique avec des épreuves de nouveaux caractères de musique. In-4°, Paris, 1765.

Fournier (Henri). — Traité de la typographie. Editions en 1825, 1854, 1870.

Fourtier (H.). « Les lumières artificielles en photographie ». In-8°, 1895. — « Dictionnaire pratique de chimie photographique », contenant une étude méthodique des divers corps usités en photographie, 1892. — « Les positifs sur verre ». Théorie et pratique. Les positifs pour projections. Stéréoscope et vitraux. Méthodes opératoires. Coloriage et montage. 1892. — « La pratique des projections ». Etude méthodique des appareils. Les accessoires. Usages et applications diverses des projections. Conduite des séances, 2 vol. 1893. — « Les tableaux de projections mouvementés ». Etude des tableaux mouvementés; leur confection par les méthodes photographiques. Paris, Gauthier-Villars, 1893.

Fourtier, Bourgeois et **Bucquet.** « Le formulaire classeur du photo-club de Paris ». Collection de formules sur fiches, classées en trois parties : Phototypes, photocopies et photocalques, notes et renseignements divers. 1892-1894..

Fourtier et **Molteni.** « Les projections scientifiques ». Etude des appareils, accessoires et manipulations diverses pour l'enseignement scientifique par les projections. In-18, 1894.

Fraipont (G.). « Manière d'exécuter les dessins pour la photogravure et la gravure sur bois ». In-8°, 50 dessins inédits de l'auteur. Paris, lib. Laurens.

Francisco Mendez (Le P.). « Typographia espagnola ».

Franke. « Manuel de l'art de l'imprimerie », d'après ma propre expérience et celle d'autres imprimeurs renommés. Weimar, 1867. — « Le catéchisme de l'imprimeur », revu et remis au courant des connaissances actuelles, par Alexandre Waldow. Leipzig, 1879.

Franklin (Benjamin). « Sa vie écrite par lui-même ». Préface par Berthold Auerbach, et une introduction politico-historique, par Kapp. Portrait de Franklin. Stuttgart, 1876.

Franklin (Alfred). « Ambroise-Firmin Didot ». Notice nécrologique. Paris, 1876. — « La Sorbonne, ses origines, sa bibliothèque, les débuts de l'imprimerie à Paris ». Paris, Willem, 1875.

François (Emile). « Rapport du délégué des compositeurs typographes à l'Exposition universelle de Philadelphie ». 1876.

Fraula (De). « Note sur l'invention des caractères en bois ». In-4°, 1825.

Frége (L.). « Réjouissances jubilaires en Allemagne et en Prusse ». Souvenirs des années 1440, 1540, 1640 et 1740. Berlin, 1840 (en allemand).

Freie Künste, Fachblatt für Lithographie Steindruckerei, und Buchdruckerei. Bi-mensuel. Wien und Leipzig, 1878.

Freissean de Neudegg. « Description de l'ektypographie destinée aux aveugles et son emploi pour les voyants ». Vienne, 1837.

Frère E.). « Recherches sur les premiers temps de l'imprimerie en Normandie ». In-8°, 1829. — « De l'imprimerie et de la librairie à Rouen dans les xve et xvie siècles, et de Martin Morin, célèbre imprimeur rouennais », In-4°, 1843.

Fréron. « Lettre au sujet de l'édition d'une bible annoncée pour être la première production de l'imprimerie ». In-8°, 1763.

Frëse. « Comptabilité en partie double pour la direction des imprimeries et les branches qui s'y rattachent ». Leipzig.

Frey (A.). « Nouveau manuel complet de typographie », publié en deux volumes sous la forme de dictionnaire, par l'*Encyclopédie Roret* (1828, 1835, 1855). — « Nouveau manuel complet de typographie, principes théoriques et pratiques de cet art ». Nouvelle édition revue, corrigée et augmentée par E. Bouchez, correcteur à l'imprimerie Jules Claye. Paris, 1857.

Friedlaender (G.). « Matériaux pour servir à l'histoire de l'imprimerie à Berlin ». In-4°, Berlin, 1834 (en allemand).

Fritsch (A.). « Documents concernant les imprimeurs, libraires, fabricants de papiers, principalement leurs statuts, libertés, différends, censures, inspections des imprimeries et magasins, ordonnances, etc. » Regensburg, 1750.

Fromberg. « L'art graphique et la galvanoplastie ». Quedlinburg, 1857.

Frommann. « Suffrage américain sur la question : Caractères romains ou italiques pour le livre ? » Congrès réuni à Philadelphie par Hering. Conclusion par Frommann. Iéna, 1871.

Funckter (J. Michel). « Description des procédés de stéréotypie ». Erfurth, 1740 (en allemand).

G

Gadbin (René). « Quelques notes sur l'histoire de l'imprimerie à Château-Gontier (xviiie et xixe siècles) ». In-8°, Laval, imp. Goupil.

Gallon (E.). « Rapport du compositeur typographe du journal *Le Havre*, délégué ouvrier à l'Exposition universelle de 1878 ». In-12, 24 p.

Ganichot. « Traité pratique de chimie photographique ou description raisonnée des diverses opérations photographiques ». — « Traité pratique de retouche positive et négative ». — « La photographie et ses applications ». Traité pratique de la préparation des produits photographiques 2 vol. in-18. Paris, Ch. Mendel.

Garin et **Aymard.** « La photographie vitrifiée ». Gauthier-Villars, 1890.

Garnier (Jules). « Histoire de l'imagerie populaire à Chartres ».

Gastine. « La chromophotographie sur plaque fixe et sur pellicule mobile ». Gauthier-Villars, 1897.

Gaubert. « Rénovation de l'imprimerie, nouvelle puissance de la mécanique, notice sur le gérotype ou machine à distribuer et à composer en typographie ». In-8º, 1843.

Gaucher. « Lettre à M Quatremère de Quincy sur la gravure ». In-12, 1791.

Gaudin (M.-A.) « Vade mecum du photographe ». — « Traité pratique de photographie ». In-8º, Paris, 1844.

Gaullier (E.). « L'imprimerie à Bordeaux en 1486 ». In-8º, 1869.

Gauthier. « Les sorciers du cloître Saint-Benoît ». Episode dramatique sur les origines de l'imprimerie. In-16, 1867.

Gauthier (Eug.). « Eléments pratiques d'évaluation et de tarification typographiques ». In-4º oblong, Nice, 1876. — « Annuaire de l'imprimerie et de la presse pour 1854 ». Paris, lib. Dentu. — « Projet d'un conseil de famille de la typographie parisienne et d'une assurance mutuelle entre les typographes parisiens pour le cas de manque involontaire de travail ». In-8º, 1862.

Gauthier-Villars (Henry). « La platinotypie ». Exposé théorique et pratique d'un procédé photographique aux sels de platine, permettant d'obtenir rapidement des épreuves inaltérables. — « Manuel de ferrotypie ». Paris, Gauthier-Villars, 1891.

Gautier. « Lettre concernant le nouvel art de graver et d'imprimer les tableaux ». In-12, 1749. — « Lettre à l'auteur du Mercure sur l'invention et l'utilité de l'art d'imprimer les tableaux ». In-12, 1756. — « Seconde lettre à l'auteur du Mercure », sur l'invention et l'utilité de l'art d'imprimer les tableaux, et réponse à celle de M. Robert. In-12, 1756.

Gautier (G.). « Représentation artistique des animaux par la photographie ». Paris, Ch. Mendel.

Gervais (Théophile). « Précis sur les rouleaux typographiques ». In-4º. Nîmes, 1891.

Ged (Guillaume). « Mémoires biographiques comprenant un exposé de ses progrès dans l'art d'imprimer en planches ». In-8º, Londres, 1785 (en anglais).

Ged (James). « Mémoire sur les procédés de William Ged ». 1750.

George (A.). « Rapport sur la typographie française et étrangère à l'Exposition universelle de 1878 ». In-8º, 24 p. Châlons-sur-Marne, imp. Le Roy.

Germain (M.). « Martyrologe de la presse ». Paris, 1789 à 1861.

Gessner. « L'apprenti instruit dans l'art de l'imprimerie, ou principes élémentaires de l'utile et nécessaire art de l'imprimerie », communiqués par un confrère d'art, sur tout ce qui peut se présenter à l'étude, suivis de la *Depositio Cornuti Typographici*. Leipzig, 1743.

Geymet. « Traité pratique de gravure en demi-teinte, obtenue par l'intervention exclusive du cliché photographique ». Paris, 1888. Prix : 3 fr. 50. — « Traité pratique de phototypie ». 1888, 2 fr. 50. — « Photographie aux couleurs d'aniline ». — « Traité pratique de gravure héliographique et de galvanoplastie ». In-18, 1885. — « Traité pratique de photolithographie ». In-18, 1888. — « Traité pratique de gravure et d'impression sur zinc par les procédés héliographiques ». 2 vol. in-18, 1887. — « Transport de photogravure sur zinc et sur cuivre ». In-12, 1886. — « Traité pratique de photographie », revu et augmenté par E. Dumoulin, 1894. — « Traité pratique du procédé au gélatino-bromure ». 1885. — « Traité pratique de gravure sur verre par les procédés héliographiques ». 1887. — « Traité pratique des émaux photographiques ». Secrets (tours de main, formules, palette complète, etc. à l'usage du photographe émailleur sur plaques et sur porcelaines. 1885. — « Traité pratique de céramique photographique ». Epreuves irisées or et argent (Complément du Traité des émaux photographiques). 1885. — « Héliographie vitrifiable ». Températures, supports perfectionnés, feux de coloris. 1889. — « Traité pratique de platinotypie sur émail, sur porcelaine et sur verre ». Gauthier-Villars, 1889.

Geymet et **Dumoulin** (Eugène). « Traité pratique de photographie ». In-18 jésus, Gauthier-Villars.

Ghesquière J.). « Réflexions sur deux pièces relatives à l'histoire de l'imprimerie ». In-8º, 1780.

Gillet (G.-B.-G.) « L'imprimerie ». (Poème). In-4º, 1765.

Gillé (Joseph). « Typographie ». 1859.

Gillot (F.). « Paniconographie ». In-8º, 1852.

Ginoux (P.-F.). « Comptes-faits typographiques à l'usage des imprimeurs, libraires, etc. » In-4º de 32 pages, Ginoux, à Laigle (Orne).

Giornale della Libreria. — Milan.

Girard. « Photomicrographie » en cent tableaux pour projections. Gauthier-Villars.

Giraudet (E.). « Les origines de l'imprimerie à Tours (1467-1550) ». Gr. in-8º. — « Une association de libraires et d'imprimeurs réfugiés à Tours au XVIe siècle ». Tours, Rouillé-Ladevèze, 1877.

Giustiniani (Laurent). « Essai historique et critique sur la typographie du royaume de Naples ». In-4º, 1793 (en italien).

Gloria (H.). « Le premier imprimeur mâconnais, Michel Wensler, de Bâle ». In-8º, 1877.

Gobin, Jeunesse, Kaeppelin et **Pieraggi.** « L'art de peindre la parole ». Etudes sur l'imprimerie, la librairie, les cartes, les globes, la fonderie en caractères, la stéréotypie, la polytypie, la lithographie, la gravure sur bois, cuivre, etc. Paris, 1874.

Godard (E. « Encyclopédie des virages ». — « Traité pratique de peinture et dorure sur verre. Emploi de la lumière; application de la photographie ». 1885. — « Procédés photographiques pour l'application directe sur la porcelaine avec couleurs vitrifiables de dessins, photographies ». Paris, 1888, Gauthier-Villars.

Gœbel (Th.). « De la composition de l'anglais », avec indications spéciales sur la division des mots Leipzig, 1865. — « Industrie du livre et de l'imprimerie dans le Wurtemberg ». Aperçu sur leur histoire. Stuttgart, 1889. — « Frédéric Kœnig et l'invention de la presse mécanique d'imprimerie ». Stuttgart, 1883 ; 5 lithographies et nombreuses gravures sur bois. Traduit en français par Paul Schmidt, 1885. — « Nos couleurs, considérées sous le rapport historique et technique ». Saint-Gall, 1886.

Gosse (P.-F.). « Portefeuille d'un ancien typographe ». In-8º, 1827.

Gossin (H.). « La photographie, son histoire, ses procédés, ses applications ». In-18, Paris.

Gottwald (Ed.). « Méditation d'un typographe au pied du monument de Gutenberg et le rêve du maître ». (Poésies). In-8º, Dresde, 1840 (en allemand).

Gould « The letter » *Press Printer*. A complete Guide the art of printing, containing practical instructions for learners at Case, Prys, and Machine. London, 1876.

Goupy (V.). « L'imprimerie Nationale et sa collection de types orientaux ». In-8º, 1874.

Gourdet (S.). « Simple question à MM. les imprimeurs de France ». In-8º, 1872.

Granger (A.). « Guide du photographe amateur ». In-18 jésus, Rueff et Cie.

Granges de Surgères (Le marquis de). « Contribution à l'histoire de l'imprimerie en France ». Notes sur les anciens imprimeurs nantais du xvᵉ au xviiiᵉ siècle. In-8º, Paris, lib. Techener.

Grant. « The news paper Press », its origin, progress and present position. London, 1871.

Gratiot (A). « Pétition à MM. les députés pour qu'ils sauvent l'imprimerie ». Paris, 1839.

Grimont (F.). « Manuel annuaire de l'imprimerie et de la librairie ». In-8º, 1855.

Grincourt (B.). « Rapport typographique relatif à l'Exposition universelle de 1878 ». In-32, 7 pages, Saint-Omer, imp. Fleury-Lemaire

Gravure sur bois (La). Trimestriel. Paris, 72, boulevard de Port-Royal. 2 fr. par an.

Greffier (Désiré). « Les règles de la composition typographique à l'usage des compositeurs, des correcteurs et des imprimeurs ». Paris, Arnold Muller, 36, rue de Seine. Prix : 1 franc.

Grotefend (Dr C.-L.). « Histoire des imprimeries dans les pays de Hanovre et de Brunswick ». Hanovre, Culemann, 1840. — « Christian Egenolff, premier imprimeur à résidence fixe à Francfort-sur-Mein, et ses devanciers ». 1881.

Grouchy (Le vicomte de). « La presse sous le premier Empire », d'après un manuscrit de la bibliothèque de l'Opéra. In-8º. Paris, lib. Leclerc et Cornuau.

Gruel (Léon). « Quelques

mots sur l'Exposition rétrospective de la reliure au palais de l'Industrie en 1894 ». In-8º, Paris, lib. Leclerc et Cornuau. — « Manuel historique et bibliographique de l'amateur de reliure ». In-4º, 1887.

Guérin (L.-P.). « Recherches sur l'histoire, la pratique, et l'enseignement de la sténographie ». In-18 jésus. Paris, imp. Chaix.

Guérin-Nicollet. « La lithographie pour tous ». In-12, 1875.

Guerrée (Noël). « L'hygiène du typographe, à l'atelier et dans le ménage ». In-8º, Lausanne, 1898.

Guerronnan (Anthony). « Dictionnaire synonymique français, allemand, anglais, italien et latin des mots techniques et scientifiques employés en photographie ». Gauthier-Villars, 1895.

Gubitz. « Collection d'ornements en clichés pour presse à imprimer ». Berlin, 1824 à 1832.

Guichard. « Recherches sur les livres xylographes ». In-8º, 1840-41.

Guichard (E.). « La grammaire de la couleur ». 3 vol. Paris, lib. des Beaux-Arts appliqués à l'Industrie. Prix : 120 fr. — « Guide-Annuaire officiel des fabricants de papier et de carton français et étrangers ». En vente au *Bulletin des fabricants de papier*, 18, rue des Pyramides, Paris.

Guiffrey. « Les grands relieurs parisiens du XVIIIe siècle ». Paris, 1884.

Guigues (G. de). « Principes de composition typographique pour diriger un compositeur dans l'usage des caractères orientaux de l'imprimerie ». In-4º, 1790.

Guigne (M.-C.). « De l'origine de la signature et de son emploi au moyen-âge ». Paris, 1863.

Guilandinus (Melchior). « Papyrus, hoc est commentaria in tria C. Plinii majoris de Papyro capita, multiplici rerum variorum cognitione refertur, recenseta Henrico Salmulth ». Amberg, 1613.

Guillaume (B.). « Notice biographique et éloge de Gutenberg ». In-8º, 1861.

Guillaume (C.-G.). « Les rayons X et la photographie à travers les corps opaques ». Gauthier-Villars, 1897.

Guillet-Imbert. « Tableau des formats des papiers français ». 17, rue La Fontaine, Paris.

Guilmard (D.). « Les maîtres ornemanistes, dessinateurs, peintres, architectes, sculpteurs et graveurs ». Paris, Plon, 1880.

Guillot (E.). « L'ornementation des manuscrits au moyen-age », recueil de documents : lettres ornées, bordures, miniatures, etc., tirés des principaux manuscrits de la bibliothèque Nationale, de diverses bibliothèques et des monuments de l'époque. L. Turgis et fils, 60, rue des Écoles. Paris, 1891.

Guillot-Saguez. « Méthode théorique et pratique de photographie sur papier ». Paris, 1847.

Guiraudet. « Projet d'association entre tous les imprimeurs de France ». In-8º, 1857.

Gussaco (G.-J.). « Mémoires historiques et critiques sur la typographie bresciane ». In-8º, Brescia, 1811 (en italien).

Gutenberg (Le). Organe corporatif bi-mensuel, Genève.

Gutenberg-Journal. (V. Revue des Arts graphiques).

Gutsch et **Rupp.** « L'art typographique ». Carlsruhe, 1840 (en allemand).

Guyot (P.). « Notice sur l'imprimerie E. Guyot, à Bruxelles ». In-8º, 1883.

H

Haas. « Description d'une nouvelle presse inventée à Bâle, en 1772 ». Bâle, 1790.

Habermann (Charles-Frédéric). « Description des fêtes qui ont eu lieu à l'occasion du centenaire de l'invention de l'imprimerie, les 23 et 24 juin 1840 ». In-8º, Hildberghausen (en allemand).

Haller-Goldschach. « Caractères d'imprimerie aux épaisseurs systématiques. »

Haltaus. « Collection de notices d'auteurs allemands à l'occasion du quatrième centenaire de l'imprimerie ». Leipzig, 1840.

Hamelin. (E.). « Note sur l'imprimerie Nationale et son monopole ». In-8º, Montpellier, 1879. — « La liberté de l'imprimerie ». In-8º, 1867.

Hammann (J.-M.). « Des arts graphiques destinés à multiplier par l'impression ». In-18, Joël Cherbuliez. Genève et Paris, 1857.

Hammerich (E.-F.). « Feuille jubilaire vouée aux mânes des inventeurs de l'art typographique ». Altona, 1840 (en allemand).

Hannot (Le capitaine). « Exposé complet du procédé photographique à l'émulsion de M. Warnecke ». In-18, Paris, Gauthier-Villars, 1879. — « Les éléments de la photographie ». I. Aperçu historique et exposition des opérations de la photographie. II. Propriété des sels d'argent. III. Optique photographique. In-8º.

Hansard (T.-C.). « Typographie ». In-8º, Londres, 1825 (en anglais).

Hans. « Guide pour l'exécution des planches d'impression au moyen de la morsure sur zinc ». Leipzig.

Harpel. « Typograph or Book of specimens ». Containing useful informations, and a collection of letterpress job printing, arranged for the assistance of master printers, amateurs, apprentices et others. Cincinnati, 1870.

Hartenbach. « Nouveau système d'exécuter les cartes géographiques ». Leipzig, 1840.

Hase (Dr Oscar de). « Les Koberger ». Exposition de l'industrie de la librairie à l'époque de la transition du moyen-âge aux temps modernes. Leipzig, 1885 ; collection de lettres des Koberger, avec fac-similés. — « Les Koberger. Une grande librairie allemande au temps du moyen-âge et de la Renaissance ». Leipzig, 1886. — « Développement de l'industrie du livre à Leipzig ». Leipzig, 1887.

Hasse. « Courte histoire de l'art de l'imprimerie à Leipzig, dans le cours de son IVe siècle ». Leipzig, 1840.

Hassler. « Histoire de l'imprimerie à Ulm », composée pour la célébration du 4º centenaire de l'invention de l'art typographique. In-4º, Ulm, 1840 (en allemand).

Hasper. « Galvanoplastie ». Guide approfondi pour établir les types et planches de cuivre de la manière la plus simple et la plus économique. Carlsruhe, 1855. — « Manuel de l'art de l'imprimerie ». Carlsruhe, 1835.

Hatin (E.). « Histoire du journal en France, de 1631 à 1853 ». Paris, 1858.

Hauser (H.). « Une grève d'imprimeurs parisiens au XVIe siècle (1539-1542). » Paris, lib. Giard et Brière.

Hédiard (G.). « Les maîtres de la lithographie : Camille Roqueplan ». In-8º. Le Mans, imp. Monnoyer. — « Les maîtres de la lithographie : Diaz ». In-8º, Châteaudun, imp. de la Société typographique. — « Les maîtres de la lithographie : Charlet ». In-8º.

Hédow (Jules). « La lithographie à Rouen ». In-8º, 1877.

Heichen. « De la composition du français ». Leipzig.

Heinlein (H.). « Ecrit pour le centenaire de l'invention de l'art de l'imprimerie ». Exposition de sa naissance, de son développement et de son perfectionnement jusqu'à nos jours. Leipzig, 1840.

Heinritz. « Essai d'une histoire de l'art typographique dans la principauté de Bayreuth jusqu'à la fête du 4e centenaire de cet art ». In-8º, Bayreuth, 1840 (en allemand).

Helbig (H.). « Notice biographique sur le premier livre imprimé à Liège ». In-8º, 1847.

Héliochromie (*L'*). Revue artistique et littéraire de photochromie et reproductions d'art. Paris, 233, rue Saint-Martin. Mensuel. 6 fr. par an. Directeur : M. Ed. Laussedat.

Hell (Th.). « Poésie publiée à l'occasion du 4e centenaire de l'invention de l'imprimerie ». Dresde, 1840 (en allemand). — « Les plus importantes petites machines motrices, leurs avantages et désavantages ». Brunswick, 1878.

Heller. « Histoire de la gravure sur bois, depuis les temps les plus reculés jusqu'à nos jours, avec supplément contenant l'origine des cartes à jouer et une liste de tous les ouvrages xylographiques ». Bamberg, 1823.

Heim (Joseph). « Grand album lithographique ». Paris, au journal *L'Imprimerie*.

Heinecken (Von). « Idée générale d'une collection complète d'estampes, avec une dissertation sur l'origine de la gravure et sur les premiers livres d'images ». In-8º, 1771.

Henaux (F.). « Recherches historiques sur l'introduction de l'imprimerie dans le pays de Liège ». In-8º, 1843.

Hennebert (F.) « Sur les premières productions de la presse à Tournay ». In-8º, 1847.

Henning. « La vie de l'imprimeur Petersen pendant les dix ans de son séjour en Afrique ». Kiel, 1851.

Henricy (A.). « Notice sur l'origine de l'imprimerie en Provence ». In-8º, 1826.

Henze. « Manuel de la fonderie des caractères et de ses diverses branches ». Weimar, 1844.

Héricourt et Caron. « Recherches sur les livres imprimés à Arras ». In-8º, 1851-53-55.

Hering. « Guide pour l'histoire de la gravure sur bois ». Leipzig. — « La galvanoplastie et son emploi dans l'imprimerie ». Leipzig.

Herluison (H.). « Recherches sur les imprimeurs et libraires d'Orléans ». In-8º, 1863.

Hervet. « Ode à Laurent Koster ». 1823.

Herzberg (Wilhelm). « Analyse et essais des papiers ». Traduit de l'allemand par G.-E. Marteau, ingénieur des arts et manufactures. Un vol. in-8º, 1894. Prix : 5 fr. Gauthier-Villars.

Hesse (Frédéric). « La chromolithographie et la photochromolithographie ». Edition française, revue et augmentée avec 87 figures dans le texte, par A. Mouillot et G. Lequatre. Arnold Muller, imprimeur-éditeur, 36, rue de Seine, Paris.

Hessels (J.-H.). « Gutenberg : was he the inventor of printing ? an historical investigation ». London, 1882.

Heybrard (E.) et **Pech** (J.). « Rapport sur l'Exposition universelle de Paris (1878) ». In-8º, Toulouse, imp. Hébrail, Durand et Delpuech.

H. M. « Notice sur l'atelier typographique, établi en 1622 par l'abbesse Jeanne de Beauvilliers dans l'abbaye d'Avenay (Marne) ». In-8º, 1875.

Hodson. « An historical and pratical Guide to art illustration, in connection with boocks, periodical and general decoration ». London, 1884.

Hoechel (H.). « Les héros de l'art ». Tableau caractéristique des typographes les plus distingués des anciens temps, destiné à servir de souvenir à l'occasion de la fête du 4e anniversaire séculaire de l'invention de l'imprimerie et dédié aux mânes de Gutenberg. In-8º, Ulm, 1836.

Hoffmann (Karl). « Traité pratique de la fabrication du papier ». In-4º, Paris, H. Erveling, 1876.

Holtrop. « Thierry Martens d'Alost », étude biographique. In-8º, 1867. — « Monuments typographiques des Pays-Bas ». In-fº, 1868.

Hornschuh. « Le correcteur instruit, ou court renseignement à ceux qui veulent corriger les ouvrages qui vont être imprimés ». Francfort et Leipzig, 1739.

Horsley-Hinton (A.). « L'art photographique dans le paysage ». Traduit de l'anglais par H. Colard. In-8º, Paris. — « La platinotypie ». Traduit de l'anglais par P. Devanlay. In-18 jésus, Paris, Gauthier-Villars, 55, quai des Grands-Augustins.

Houbloup. « Théorie lithographique, ou manière facile d'apprendre à imprimer soi-même ». In-8º, 1825.

Houdoy (Jules). « Les imprimeurs lillois ». Bibliographie des impressions lilloises de 1595 à 1700. Paris, D. Morgand et C. Fatout. Pr. : 25 fr., 1879.

Houghton. « The Printer's practical Every-Day book, calculated to assist the Young Printers to work with ease and expedition ». Preston, 1857.

Hove. « L'imprimerie lithographique basée sur les réformes et les progrès les plus sûrs qui ont été faits dans cet art jusqu'à ce jour ». In-8°, Hambourg, 1828.

Hoyer (E.). « Le papier ». Etude sur sa composition, analyses et essais. In-8°.

Hoyois (E.). « Notice sur Josse Bade ». In-8°, 1843.

Huber. « Manuel des curieux et des amateurs d'art. » Notice abrégée des principaux graveurs et catalogue de leurs ouvrages. In-8°, 1797-1808. — « Notices générales des graveurs, divisés par nations ». In-8°, 1787.

Huberson. « Formulaire pratique de la photographie aux sels d'argent ». In-18 jésus, Paris, Gauthier-Villars. — « Précis de Microphotographie ». In-18 jésus.

Hullmandel. « The art of drawing on stone, giving a full explanation of the various style and of the different methods to be employed to insure success and of the modes of correcting, as well, as the several causes of failure ». In-8°, London, 1835.

Humphreys. « A history of the art of printing, from its invention to its wide-spread developement, in the middle of the sixteenth century ». London, 1867.

Hunt. « The Fourths Estates, Contributions towards at history of news paper, and of the Liberty of the Press ». London, 1870.

Husnik (Jacob). « Gravure sur zinc, chimigraphie et zincotypie ». A. Hartlebens, Vienne, Pesth et Leipzig.

I

Ihm. « Les couleurs dans l'imprimerie, de leur impression sur les machines à grande vitesse ».

Imprimerie Nationale. « Réponse de l'imprimerie Nationale aux attaques de ses adversaires, 1792-1896 ». Paris, imp. Nat., 1896. Imprimé aux frais du personnel de l'imprimerie Nationale, M. Christian étant directeur de cet établissement. — « Rapports de la commission chargée d'étudier le fonctionnement et la réorganisation de l'imprimerie Nationale ». Paris, 1897.

Imprimeur (*L'*). Journal hebdomadaire. Directeur-gérant : M. G. Marichal.

Imprimeurs et libraires de Lyon. « De la suppression des brevets d'imprimeurs et libraires ». In-4°, 1869.

Imprimeurs de la ville de Paris. « Requête et mémoire adressés à M. le Ministre de l'Intérieur pour les imprimeurs de la ville de Paris, afin qu'ils soient indemnisés du dommage qui leur a été causé par la suppression de leurs brevets ». Paris, 1877.

Imprimerie (*L'*). Journal bimensuel de la typographie, de la lithographie et des arts qui s'y rattachent, fondé par Gabriel Charavay en 1864. Directeur-gérant : C. Motteroz. Ab. : France, 10 fr. par an ; hors de France, 12 fr. ; le numéro, 50 cent. Rue du Faubourg-Poissonnière, 34, à Paris.

Inland Printer (*The*). A technical journal, devoted to the art of printing. Chicago.

Installation d'un atelier de composition pour les journaux. In-4º, Paris, Turlot, 1885.

Intermédiaire des Imprimeurs (L'). Organe des intérêts typographiques et lithographiques. Mensuel. Lyon, 42, quai de la Charité. Ab. : 4 fr. par an. Fondé en 1886 par Eugène Sédard, directeur-gérant.

Isermann. « Guide pour la chimietypie ». Leipzig.

Iunius. « Batavia. In qua præter gentis et insulæ antiquitatem originem, decora mores aliaque ad eam historiam pertinentia, etc. ». Lugduni Bataviarium, 1588.

J

Jack. « Mémoires pour les fêtes du jubilé à Bamberg, le 24 juin 1840 ». Situation de l'imprimerie depuis sa période historique. Erlangen, 1840, portrait et planches de fac-similé.

Jackson. « The Pictorial Press, its origin and progress ». London, 1885, 150 illustrations.

Jacob Aîné. « Idées générales sur les causes de l'anéantissement de l'imprimerie. » In-8º, 1806.

Jacobi. « The Printer's Vocabulary. A collection of same 2,500 technical terms, phrases, abbreviations and other expressions, mostly relating to letterpress printing ». London, 1888.

Jacquot (A.). « Les graveurs lorrains ». In-8º, 23 p. Paris, imp. Plon, Nourrit et Cie.

Jadart (H.). « Les débuts de l'imprimerie à Reims et les marques des premiers imprimeurs ». (1550-1560.)

Jaeck (Heinr.-Joach.). « Mémoire pour la fête du centenaire de l'art typographique à Bamberg, le 24 juin 1840 ». Bamberg, 1840 (en allemand).

Janecke (frères). « Souvenir du 4e centenaire de l'invention de l'imprimerie ». Hanovre, 1840 (en allemand).

Janin (Jules). « Le livre ». In-8º, 1870.

Janin (Cl.). « Les imprimeurs et les libraires dans la Côte-d'Or », 2e édit. Dijon, imp. Darantière.

Jansen (H.). « Essai sur l'origine de la gravure en bois et en taille-douce, et sur la connaissance des estampes des XVe et XVIe siècles ». Paris, 1808. — « De l'invention de l'imprimerie, où analyse des deux ouvrages publiés sur cette matière par M. Meerman. Suivi d'une notice chronologique et raisonnée des livres avec et sans date, imprimés avant 1501 dans les Pays-Bas ». In-8º, 1809.

Japing (E.). « L'électrolyse, la galvanoplastie et l'électro-métallurgie ». Traduction de Ch. Baye et G. Fournier. In-8º, Paris, lib. Tignol.

Jeanvrot (V.). « Code pratique de la presse et de l'imprimerie, contenant près de 2,000 décisions judiciaires avec références aux divers recueils de jurisprudence ». Paris, Chevalier-Marescq.

Jeunesse (A.). « L'imprimerie et les livres ». In-8º, 1867.

Jennings. « Un mystère », ouvrage sur l'organisation de l'imprimerie Royale, adressé à

S. M. Louis-Philippe. In-4°, 1843.

Johnson (J.). « La typographie ou l'instructeur de l'imprimeur ». 2 vol. in-32, Londres, 1824 (en anglais).

Jolly (E.). « La photographie pratique ». 1887.

Jouan (D.). « Formulaire photographique ». In-18 jésus, Paris, Ch. Mendel.

Journal de l'industrie photographique, organe de la Chambre syndicale de la photographie. Gauthiers-Villars.

Journal des Typographes. (D. Comet).

Journal des papetiers en gros et en détail, des imprimeurs et des libraires, des relieurs et des cartonniers. Organe de la Chambre syndicale du papier et des industries qui s'y rattachent. Mensuel. Paris, 20, rue Turgot. Ab. 12 fr. Directeur, A Fayolle.

Journal für Buchdruckerkunst. Organe de la Société des graveurs et fondeurs d'Allemagne. Brunswick.

Julia de Fontenelle et **Poisson.** « Manuel du papetier et du régleur. »

Julien (Stanislas). « Documents sur l'art d'imprimer à l'aide de planches en pierre, de types mobiles, inventé en Chine bien longtemps avant que l'Europe en fît usage ».

Jullieron (N.). « Trésor de l'imprimerie démontré par la multitude et diversité de ses caractères ». In-4°, 1622.

K

Kaselowski. « Manuel de la galvanoplastie, ou couche métallique hydroélectrique dans son emploi général ». Stuttgart, 1876.

Kauffmann. « Le secret de l'imprimerie lithographique dans toute son étendue pratique et sans réserves ». In-4°, Tubingen, 1810.

Kempe. « Guide à travers la stéréotypie et la galvanoplastie ». Nuremberg, 1889.

Keufer (Auguste). Conférence faite à la fête des travailleurs du livre de Marseille en 1891. — « Rapport tendant à rechercher les moyens de parer aux funestes conséquences du système actuel des adjudications », par Auguste Keüfer, ouvrier typographe, secrétaire général de la Fédération française des travailleurs du livre, 20, rue de Savoie, Paris, 1896.

Klary. « L'éclairage des portraits photographiques ». 6e éd. revue et augmentée par H. Gauthier-Villars, 1887. — « L'art de retoucher en noir les épreuves positives sur papier ». 1888. — « Traité pratique de la peinture des épreuves photographiques ».

Klaynach. « Gutenberg, sa vie et son œuvre, sous forme de contes ». Cologne, 1876.

Klein (Ch.). « Sur Gutenberg et le fragment de sa presse, trouvé dans la maison où il a établi sa première imprimerie ». 1856. — « Gutenberg, inventeur de l'art de l'imprimerie, détails sur le fragment de la première presse trouvé dans la maison où la première imprimerie fut établie ». Mayence, 1857.

Klinkhardt. « Imprimerie anastatique ou impression de

tous genres, arts, livres. » Quedlinbourg et Leipzig.

Knauth (Ch.). « Annales Typographici Lusatiæ Superioris » ou histoire des imprimeries de la Haute-Lusace, dans laquelle on traite de l'établissement, de l'aménagement et des vicissitudes des imprimeries dans la Haute-Lusace, des maîtres imprimeurs et des impressions qu'ils ont fait paraître. 1740.

Knecht. « Nouveau manuel complet du dessinateur et de l'imprimeur lithographe ». In-12, 1867.

Knight. « The Old Printer and the modern Press ». London, 1854.

Kobell. « La galvanographie, méthode de reproduire à l'infini les aquarelles au moyen de planches de cuivre galvanisé ». Munich, 1842.

Koehler (J.-D.). « Documents irrécusables établissant l'honneur de Jehan Gutenberg, natif bourgeois de Mayence, d'une famille noble du pays du Rhin, nommée Gansefleisch, comme premier inventeur de l'art de l'imprimerie, mettant fin à la dispute qui durait depuis trois cents ans ». Leipzig, 1741 ; image de titre et arbres généalogiques.

Kœnig (J.). « Dissertation sur l'origine, l'invention et le perfectionnement de l'imprimerie ». Amsterdam, 1819 (en hollandais, traduit en français).

Kranner. « Le télégraphe imprimeur automatique de M. Olsen ». In-8º, Paris, imp. Arnous de Rivière.

Kraus et **Malté.** « Manuel pour lithographes et imprimeurs », contenant une description précise de tous les procédés en usage aujourd'hui : crayon, plume, gravure, morsure, autographie, impression en noir, en couleurs, notes, etc. In-8º, Stuttgart, 1853.

Krebs (Benjamin). « Manuel de l'art de l'imprimerie ». Francfort-sur-Mein, 1827 ; gravures et suppléments.

Kress. « Galvanoplastie industrielle et artistique ». Francfort-sur-le-Mein, 1867.

Külb (Dr Ph.-H.). « Histoire de l'invention de l'imprimerie ». In-8º, Mayence, 1837.

Kuntz (C.). « Gutenberg », l'invention de l'art de l'imprimerie, son commencement et son développement, accompagné d'un rapport sur les fêtes données à Strasbourg en 1840, à l'occasion du 4e centenaire de cette invention. Strasbourg, 1840.

Kunzel. « Préparation et impression des illustrations. » Leipzig, 1879.

L

La Baume-Pluvinel (A. de). « La théorie des procédés photographiques ». In-16, Paris, Gauthier-Villars et lib. G. Masson.

La Blanchère (H. de). « Monographie du stéréoscope et des épreuves stéréoscopiques ». In-8º, Paris, Gauthier-Villars.

Laborde (L. de). « Débuts de l'imprimerie à Mayence et à Bamberg, ou description des lettres d'indulgence du pape Nicolas V, imprimées en 1454 ». — « Débuts

17.

de l'imprimerie à Strasbourg, ou recherches sur les travaux mystérieux de Gutenberg et sur le procès qui lui fut fait en 1439 à cette occasion ». Paris, 1840. — « Histoire de la gravure en manière noire ». In-8º, Paris, 1839.

La Bouillerie (Séb. de). « Histoire de l'imprimerie à La Flèche, depuis ses origines jusqu'à la Révolution (1575-1789) ». In-4º, Paris, lib. Lamulle et Noisson.

La Bouralière (A. de). « Les imprimeurs et les libraires du département de la Vienne (hors Poitiers) ». In-8º, 146 p. Poitiers, imp. Blais et Roy.

Lacroix (Auguste. « Historique de la papeterie d'Angoulême ». Paris, 1863, imp. Lainé.

Lacroix (Paul), **Fournier** (E.) et **Seré** (F.). « Le livre d'or des métiers ». Histoire de l'imprimerie et des arts et professions qui se rattachent à la typographie : calligraphie, enluminure, parcheminerie, librairie, gravure sur bois et sur métal, fonderie, papeterie et reliure. Paris, 1852.

Lafon (Mary). « Histoire d'un livre ». Paris, Parmentier, 1857.

Lagarde (Jules). « Rapport du délégué de l'Union typographique toulousaine à l'Exposition universelle de Lyon ». In-8º, 45 p. Toulouse, imp. Berthoumieux.

Laire. « Dissertation sur l'origine et les progrès de l'imprimerie en Franche-Comté, pendant le XVᵉ siècle ». In-8º, 1785.

La Lande (De). « Art de fabriquer le papier ». Comment on pratique en France, en Hollande, en Chine et au Japon, description de son origine, etc. Traduit en espagnol par Miguel Geronymo Suarez y Nunez, 1778.

Lalanne (Maxime). « Traité de gravure à l'eau-forte ». In-8º, Paris, lib. Lamour. 9 fr.

Lallemand. « Nouveaux procédés d'impression autographique et photolithographique ». In-12, Gauthier-Villars, 1869.

Lama (Joseph). Vie de Jean-Baptiste Bodoni ». 2 vol. in-4º, 1816, Parme (en italien).

Lamartine (A. de). « Gutenberg inventeur de l'imprimerie ». Paris, 1853.

Lambinet. « Recherches historiques, littéraires et critiques sur l'origine de l'imprimerie ». In-folio, Bruxelles, 1798. — « Origines de l'imprimerie d'après les titres authentiques, l'opinion de M. Daunou et celle de M. Van Praet ». Suivi de l'établissement de cet art dans la Belgique, et de l'histoire de la stéréotypie. Paris, 1810.

Landi (Salvadore). « Guide pour ceux qui impriment ou font imprimer ». Chez Ulric Hœpli, Milan, bureaux de l'*Arte della Stampa*, 1892. — « Il Ragazzo di Stamperia, di cinquant'anni fa », Milan, 1894. — « L'apprenti typographe il y a cinquante ans » : Intéressante notice sur la position peu enviable du jeune débutant dans la typographie en Italie, vers le milieu de notre siècle. Milan.

Langbein. « Manuel complet de la galvanoplastie et galvanostegie ». Leipzig, 1886.

Lanquest (G.). « Traité pratique et élémentaire de photographie », contenant les nouveaux révélateurs : hydroquinone, éosine, iconogène. Conseils indispensables aux commençants et amateurs. In-8º, 40 p., Paris, Mauchaussat ; chez l'auteur, 1, rue Gay-Lussac.

Lappenberg (J.-M.). « Additions à l'histoire de l'art typographique à Hambourg ». Hambourg, 1840 (en allemand).

Larroque (Paul). « De l'imprimerie, son origine jusqu'à nos jours ». In-8º, Moulins, imp. Crépin-Leblond.

Lasalette. « Sténographie musicale » ou manière abrégée d'écrire la musique, à l'usage des compositeurs et des imprimeurs. In-8º, 1805.

Lasker (Dr). « La quatrième fête séculaire de l'invention de l'imprimerie, le 24 juillet 1840. » Dantzig, 1840 (en allemand).

La Sorte, journal humoristique, satirique et bienfaisant. Directeur Marius-le-Brave, gérant Henri Colombon. Abonn. : 1 fr. 50 ; le numéro : 10 cent. ; paraît mensuellement. Marseille, 25, cours Lieutaud.

Lasteyrie (De). « Typographie économique ou l'art de l'imprimerie mis à la portée de tous ». (1837).

Laugier (J.) « Modèles graphiques d'alphabets industriels ». Bureaux de l'*Imprimerie*, 34, faubourg Poissonnière.

Laurencin. « La galvanoplastie, son histoire et ses procédés ». Paris, J. Michelet, 1888.

Laynaud. « Guide pratique de l'imposeur ». Tournon-sur-Rhône ; imp. Blanc et Laynaud.

Le Blon « Il colorito ». Le coloris ou l'harmonie des couleurs. In-4º, Londres (V. Mont-Dorge, G. de).

Leboiteux (E.). « Album de documents lithographiques ». A été publié en cahiers in-4º de 6 planches chacun. Bordeaux, imp. spéciale de l'Album, 156, rue Tondu. La 1re série date de 1889.

Lebon (G.). « Les levers photographiques et la photographie en voyage ». Gauthier-Villars, 1889.

Lebrun. « Cartonnier, cartier et fabricant de cartonnages ». In-18, Paris, lib. Roret.

Lecesne (H.). « Pourquoi une imprimerie fut établie à Châteaudun en 1610 ». In-8º, Châteaudun, imp. de la Société typographique.

Leclerc (Emile). « Nouveau manuel complet de typographie », préface de Paul Bluysen. In-8º, iv-572 p. avec 110 illustrations. Paris, imp. Lahure, lib. Mulo. 4 fr. (Collection de l'Encyclopédie Roret).

Lecoy de La Marche (A.). « L'art d'enluminer ». In-16, Paris, lib. Leroux.

Leipziger Correspondenzblatt, organe central des employés de librairie, fondé à Leipzig.

Lefèvre (J.). « La photographie et ses applications aux sciences, aux arts et à l'industrie ». In-12, J.-B Baillière et fils.

Lefèvre (Théotiste). « Guide pratique du compositeur d'imprimerie ». Deux vol. in-8º de 764 p.

avec fig. dans le texte et hors texte. Paris, Firmin-Didot. Prix : 20 fr. — « Recueil complet d'impositions ». In-18, Firmin-Didot. Prix : 3 fr. — « Instruction pour diviser les mots à la fin des lignes ». In-18, Firmin-Didot et Cie, 1861. Prix : 60 cent. — « Instruction pour la lecture des épreuves ». In-8º (sans date). — « Instruction pour la composition du grec ». In-8º, 1847.

Lefranc et Cie. « Agenda annuel contenant de nombreux renseignements indispensables aux imprimeurs ». Rue de Seine, 12, Paris.

Leforestier (J.). « Manuel pratique et bibliographique du correcteur ». Paris, Quantin, 1890. Prix : 1 fr.

Lehmann (G.). « La statue de Gutenberg à Strasbourg ». (Imprimé dans le bâtiment de l'Université).

Lehne (Fréd). « Quelques observations sur l'entreprise des sociétés savantes de Haarlem tendant à faire accroire malgré tout que l'art typographique a été inventé dans cette ville ». In-8º, Mayence, 1823.

Le Marchand. « La sténographie vulgarisée ». In-8º, Périgueux, imp. Bonnet, 1874.

Lemercier (A.). « La lithographie française de 1796 à 1896 ». Vol. gr. in-4º, Paris, 7, rue Suger.

Lempertz. « Etudes sur la palaeo-typographie et sur l'ancienne xylographie ». Cologne, 1839. Un seul fascicule a paru ; 14 fac-similés en xylographie.

Lemoine (Raoul) et **du Ma-**

noir (Ch.). « Les matières premières employées dans l'imprimerie, les arts, la peinture, comprenant l'étude, la préparation et l'emploi des huiles, des encres, des vernis et des couleurs ». Gr. in-8º, Benderitter, édit., Rouen.

Lenormand (Séb.) et **Maigne.** « Manuel du relieur, du cartonneur, du doreur, du brocheur ». In-18. — « Le relieur en tous genres », contenant les arts de l'assembleur, du satineur, du brocheur, du rogneur, du cartonneur et du doreur. In-18, lib. Roret, Paris. Prix : 3 fr.

Lenormand et Vergnaud. « Manuel du fabricant de papier peint », traitant de l'impression des étoffes et des papiers destinés à l'ameublement. Un vol. in-18, Paris, lib. Roret. Prix : 3 fr.

Leriche (Louis). « Les étapes de Gutenberg ». Comédie en quatre actes avec chants ; histoire de l'introduction de l'imprimerie en France. Paris, 1891. Chacornac, 11, quai Saint-Michel.

Le Roux. « L'invention de l'imprimerie à Strasbourg par J. Gutenberg ». In-8º, 1840.

Leroy (A.). « De la commandite obligatoire et autres questions typographiques ». In-8º de 32 p. Paris, imp. Masquin et Cie, 1876. Prix : 25 cent.

Leroy-Beaulieu (A.). « Les responsabilités de la presse ». In-16, 16 p. Paris, imp. Levée.

Lesprit (A.). « Histoire des chiffres ». Ch. Mendel, éditeur.

Le Soudier (H.). « Rapport sur l'Exposition internationale de Chicago, 1893 : Imprimerie, librairie et cartographie ». In-4º, imp. Nationale. — « Catalogue-Tarif » à prix forts et nets des journaux, revues et publications périodiques, parus à Paris jusqu'en juin 1883. Paris, lib. Le Soudier. — « Catalogue de clichés », 1re livraison, 4 fr.

Le Soudier (H.) et le commandant **Delforges**. « Exposition internationale de Chicago, 1893 ». Rapport du Comité 35 : Instruments de précision, photographie et appareils photographiques. Gr. in-8º, Paris, imp. Nationale.

Lesser. « Typographia Jubilans », c'est-à-dire court exposé de l'art de l'imprimerie, traitant de l'origine de ce noble art, de son commencement, de son développement, de son perfectionnement, de son ornementation, des qualités et devoirs de l'imprimeur, etc. Leipzig, 1740. — « Aide-manuel » pour imprimeur, compositeur, prote, correcteur et autres, etc. Leipzig. — « Manuel nouvellement corrigé, utile à l'art de l'imprimerie ». Lubeck, 1724.

Leturcq (J.). « Notice sur Jacques Guay, graveur sur pierres du roi Louis XV ». Documents inédits émanant de Guay et notes sur les œuvres de gravure en taille-douce et en pierres fines de la marquise de Pompadour. In-8º, Paris, 1873.

Leven. « Etablissement de planches de fond marbré, leur impression avec quatre épreuves ». Duisburg, 1878.

Lewis. « Vie de Guillaume Caxton ». In-8º, Londres, 1738 (en anglais).

Leymarie (L. de). « L'œuvre de Gilles Demarteau, l'aîné, graveur du roi ». In-8º, lib. Rapilly.

Lhomme (Ch.). « Annuaire de la papeterie universelle ». Prix : 6 fr., chez l'auteur, 9, rue Lagrange, Paris.

Libonis (L.). « Traité pratique de la couleur dans la nature et dans les arts ». Composition, mélange, solidité, jeu et nuance des couleurs, etc. In-8º, Paris, lib. Laurens, 2 francs.

Lichtenberger (G.-F.). « Histoire de l'invention de l'imprimerie, pour servir de défense à la ville de Strasbourg contre les prétentions de Harlem », avec une préface de M. J.-G. Schweighæuser. In-8º, Strasbourg, 1825.

Liébert (A.). « La photographie en Amérique ». Gr. in-8º de 680 p. avec nombreuses fig. et pl. Paris, 1878.

Liesegang (R.-Ed.). « Chimie photographique à l'usage des débutants ». Traduit de l'allemand par J. Maupeiral. In-18 jésus. — « Le développement des papiers photographiques à noircissement direct ». Traduit de l'allemand par V. Hassreidter. In-18 jésus. — « Notes photographiques ». Gauthier-Villars.

Linde (Dr A. de). « Gutenberg ». Histoire véridique et assertions fantaisistes. Stuttgart, 1878 (en allemand). — « De Haarlemsche Coster legende Wetenschappelijk ondezoek ». Gravenhage, 1870, 2e éd. — « Histoire de l'art de l'imprimerie ». Berlin, 1885 à 1886. — « La légende costerienne de Haarlem ». In-8º, 1871.

Lisch. « Histoire de l'art de l'imprimerie à Mecklembourg jusqu'en 1540 ». Schwerin, 1839.

Le Lithographe, organe fondé en 1837 par Jules Desportes.

La Lithographie, organe des artistes lithographes. Mensuel. Paris, 34, boulevard de Clichy. Ab., Paris, 3 fr. ; dép., 4 fr. Directeur-gérant, J. de Marthold.

Livre répertoire des imprimeurs. Répertoire spécial dressé par la sûreté du commerce. In-8°, Paris, 3, rue d'Uzès, 1889.

Londe (Albert). « Aide-mémoire pratique de photographie ». In-18 jésus. Paris, J.-B. Baillière et fils. — « La photographie moderne ». Traité pratique de la photographie et de ses applications à l'industrie et à la science. In-8°, Paris, lib. G. Masson. — « Traité pratique du développement ». Etude raisonnée des divers révélateurs photographiques. In-18 jésus. — « La photographie dans les arts, les sciences et l'industrie », 1888. — « La photographie instantanée (théorie et pratique) ». In-16. — « La photographie médicale ». Application aux sciences médicales et physiologiques. 1893. — « Le cinquantenaire de la photographie et le 1er congrès international de photographie (conférence) ». In-8°, Gauthier-Villars.

Longhi (Pietro). « Traité historique et pratique de la gravure ». XVIIIe siècle (en italien).

Lorck. « Manuel de l'histoire de l'art de l'imprimerie ». 1re partie : Invention, propagation, apogée, décadence, 1450 à 1750. Leipzig, 1882. 2e partie : Renaissance et nouvelle hauteur de l'art, 1751 à 1882. Leipzig, 1883. — « L'avenir de l'industrie du livre à Leipzig ». Imprimé en manuscrit. Leipzig, 1884. — « L'imprimerie et la librairie à Leipzig pendant quatre siècles ». Souvenirs de l'introduction de l'art de l'imprimerie à Leipzig en 1479, et de l'Exposition d'art industriel en 1879. Leipzig, 1879. — « Etablissement d'ouvrages d'impression ». Avertissements pratiques pour les auteurs et les libraires.

Lorenz (G.). « Catalogue général de la librairie française, depuis 1840. »

Lorenz (O.) et **Nilsson.** « Catalogue mensuel de la librairie française ». Fondé par O. Lorenz, continué par la librairie Nilsson, 338, rue Saint-Honoré, à Paris. In-8°. Prix : 3 fr. 50.

Lorilleux (Ch.). « Traité de lithographie ». Histoire, théorie, pratique. In-8°, publié par la maison Ch. Lorilleux, 16, rue Suger, à Paris. — « Panthéon des célébrités de l'imprimerie », hommage à MM. les imprimeurs, 1880. (Ce calendrier à feuillets paraît tous les ans ; plusieurs éditions contiennent une courte notice sur la vie et les travaux des plus célèbres imprimeurs, hommes de lettres, etc.). — « Ephémérides de 1895 : Bibliothèque de l'imprimeur au 1er juillet 1894. — 1896 : Bibliothèque des arts graphiques. Notes et renseignements techniques. — 1898 : Jurisprudence. Jugements et arrêtés intéressant MM. les imprimeurs. »

Loschin (Dr). « Programme

de la fête du centenaire de l'imprimerie ». Imp. Wedel, Dantzig, 1840 (en allemand).

Lostalot (A. de). « Les procédés de la gravure ». In-8º avec fig., imprimé par Quantin et Cie. Imprimeries et Librairies réunies. Paris. Prix 3 fr. 50.

Lhote (Amédée). « Histoire de l'imprimerie à Châlons-sur-Marne ». Notices historiques et bibliographiques sur les imprimeurs, libraires et lithographes (1488-1894), avec marques typographiques et illustrations. Gr. in-4º, avec grav., vign. et pl. Paris, lib. Claudin.

Lottin Aîné. « Catalogue chronologique des libraires et imprimeurs de Paris ». 2 parties, in-8º, Paris, 1789.

Lottin (Auguste). « Les plaintes de la typographie contre certains imprimeurs ignorants ». Traduit d'Henri Estienne.

Louisy (P.). « Le livre et les arts qui s'y rattachent, depuis les origines jusqu'à la fin du XVIIIe siècle ». Firmin-Didot et Cie, Paris, 1886.

Luce. « Essai d'une nouvelle typographie ». Gravé par Luce. In-4º, Paris, 1771.

Lumière (A. et L.). « Les développateurs organiques de photographie et le paramidophénol ». Gauthier-Villars, 1893.

M

Mackenstein. « Manuel simplifié de photographie ». In-18 jésus, Paris, imp. Levée.

Macklot. « Spécimen des caractères de l'imprimerie de la cour ». Carlsruhe, 1840.

Madden (J.-P.-A). « Lettres d'un bibliographe, suivies d'un essai sur l'origine de l'imprimerie de Paris ». In-8º, Paris, lib. H. Leroux.

Madinier (H.) et **Parrot** (A.) « Amour et typographie », comédie-vaudeville en deux actes. Paris, 1856.

Maertens. « Sur la netteté et l'harmonie des caractères, leurs ornements, plantes et figures ». Bonn, 1881.

Magne de Marolles. « Recherches sur l'origine et le premier usage des registres, des signatures, des réclames et des chiffres de pages dans les livres imprimés ». In-8º, 1782 et 1783. (2 éd.).

Mahlau. « Les prix-courants des travaux d'impression ». Francfort-sur-Mein, 1871.

Maignien (E.). « Bibliographie des ouvrages sortis des presses de la Correrie (imprimerie particulière de la Grande-Chartreuse) ». In-8º, Paris, lib. Leclerc et Cornuau.

Maignier (E.). « L'imprimerie, les imprimeurs et les libraires à Grenoble, du XVe au XVIIIe siècle ». In-8º, 1885.

Maillard (L.). « Les menus et programmes illustrés ». Invitations, billets de faire part, cartes d'adresses, petites estampes du XVIIe siècle jusqu'à nos jours. Orné de 460 reproductions d'après les documents originaux. In-4º. Paris, lib. Boudet-Tallandier.

Maimbressy (Ch. de). « La photographie ». Matériel, atelier, laboratoire, devis approximatif. In-18, Paris, lib. Delarue.

Maimieux (J. de). « Pasigraphie », nouvel art-science d'écrire et d'imprimer en une langue à manière d'être lu et entendu dans toute autre langue. In-4º, 1797.

Maindron (E.). « Les affiches illustrées » (1886-1895), 64 lithographies en couleurs et 102 reproductions en noir et en couleur, d'après les affiches originales. In-4º, Paris, lib. Boudet.

Mairesse (L.). « Quelques conseils aux amateurs photographes ». Appareils à main et d'agrandissement. In-8º, Lille, imp. Lefebvre-Ducrocq et lib. Mairesse. 25 cent.

Mairet (F.). « Notice sur la lithographie ». In-16, 1818-24.

Maittaire. « Annales typographiques ».

Malinkrot (Bern. de). « De ortu ac progressu artis typographicæ », dissertatio historica, in qua proque Moguntinis contra Harlemensis concluditur. Coloniæ Agripp., 1640.

Mame (Alfred). « Invention de l'imprimerie ». (Poème). Suivi de la Fête-Dieu. In-8º, 1813.

Mame. « Imprimerie, librairie, reliure ». Notice et documents. In-4º, 1862.

Marahrens. « Manuel complet, théorique et pratique de la typographie dans son état actuel ». 1er vol. : la composition et ses diverses branches ; 2" vol. : l'impression et ses diverses branches. Leipzig, 1870.

Marcassin (J.) « Guide du minerviste ». In-16. Prix : 1 fr. 85.

— « Traité d'impressions typographiques ». In-4º écu.

Marcenay de Ghuy. « Idée de gravure ». 1756.

Marchand (Prosper). « Histoire de l'origine et des premiers progrès de l'imprimerie à La Haye » 1740.

Marco Mendoza. « La photographie la nuit ». Gauthier-Villars, 1893.

Maréchal (H.). « Guide pratique pour l'établissement des garnitures ». Brochure in-8º de 8 pages. Paris, 1882, aux bur. de l'*Imprimerie*. Prix : 1 fr. 05.

Marguery (E.). « Procédé infaillible, simple et économique, pour le tirage des portraits à fonds dégradés, dits vignettes anglaises ». Paris, 1888. Prix : 1 fr.

Marinoni (Maison). « Catalogue général des machines d'imprimerie ». 116 pages gr. in-8º illustrées de pl. en chromolithographie, en chromotypographie, en phototypie et en taille-douce, exécutées sur ses machines.

Marion. « Guide pratique de photographie ». In-18 jésus. — « La mariotypie, ou art des impressions par la lumière ». Broch. in-8º, Paris, Marion fils et Géry, 14, cité Bergère, 1873.

Marius Michel. « La reliure française, commerciale et industrielle depuis l'invention de l'imprimerie jusqu'à nos jours ». 1 vol. gr. in-8º colombier. Imp. Plon et Cie. 50 fr. — « L'ornementation des reliures ». Un vol. gr. in-8º avec 15 pl. h. texte. Paris, Baudry et Cie. Prix : 20 fr.

Marius (G.). « La galvanoplastie électrochimique sur métaux ». Brochure in-8°, Orléans, 1881, imp. Puget et C¹ᵉ.

Marolles (L'abbé Michel de). « Le livre des peintres et graveurs ». — « 1° Catalogue de livres et de figures en taille-douce ». Paris, Fréd. Léonard, 1666, in-8°; 2° Le complément de ce même catalogue. Paris, Jacq. Langlois, 1672, in-12 de 72 pages, avec 163 monogrammes de vieux maîtres.

Marquant (Eug.). « La lettre à travers les âges ». Etude d'histoire technique, orné de gr. et de 4 pl. h. texte. Prix : 2 fr. Paris, 1897. Chez l'auteur, 13, rue des Petits-Champs, et lib. du *Moniteur de la Jeunesse*, 31, avenue La Motte-Piquet, Paris.

Martens. « Traité élémentaire de photographie ». Gauthier-Villars, 1887.

Martin (L.-H.). « Réhabilitation d'Estienne Dolet ». In-12, 1830.

Martin (G.). « Les papeteries d'Annonay (1634-1790) ». In-8°, Besançon, imp. Jacquin (Extrait du *Bibliographe moderne*).

Martin (Jules). « Nos peintres et sculpteurs, graveurs, dessinateurs ». Portraits et biographies, suivis d'une notice sur les salons français depuis 1673. In-32, Paris, lib. Flammarion, 2 fr. 50.

Martinet (Emile). « Rapport sur l'imprimerie et la librairie à l'Exposition universelle internationale de 1878 ». Paris, imp. Nationale.

Maskell et Demachy. « Le procédé à la gomme bichromatée ou photo-aquateinte ». Traité pratique sur un nouveau procédé d'impression en pigment, convenable surtout pour les travaux artistiques. Traduit de l'anglais par G. Devanlay. In-18 jésus, Gauthier-Villars.

Masselin (A.). « Traité de photographie appliquée au dessin industriel ». Vol. in-18, Paris, Gauthier-Villars, 1890. Prix : 1 fr. 50.

Masson (A). « Le monopole des lettres de décès ». Rapport présenté au Congrès des maîtres imprimeurs de France. In-8°, Lyon, imp. Storck.

Matériel typo-litho (Le). Mensuel. Lille, 212, rue de Paris. Gérant, A. Turbelin, imprimerie du journal.

Mathet. « La photographie durant l'hiver ». In-18, Paris, Ch. Mendel. — « Le procédé au charbon ». In-16, Paris, Société générale d'éditions, 2 fr. — « Les insuccès dans les divers procédés photographiques ». 2 vol. in-18 jésus. 1ʳᵉ partie : Etudes positives, 168 pages. Paris, lib. Ch. Mendel.

Maugerard (Dom. J.-B.). « Mémoire lu à la séance du 24 avril 1789, de la Société royale, sur la découverte d'un exemplaire de la Bible connue sous le nom de Guttemberg, accompagné des renseignements qui prouvent que l'impression de cette Bible est antérieure à celle du Psautier de 1457 ». In-12, 1789.

Maurel (F.). « L'imprimerie au Japon ». In-4°, 1872.

Mayr. « Procès de Fust contre Gutenberg, année 1455 ». Ecrit couronné par l'académie de Munich, en 1856, sur l'histoire de l'invention de l'art de l'imprimerie. Munich, 1858.

Mazerolle (F.). « Documents sur les relieurs miniaturistes et calligraphes des ordres royaux de Saint-Michel et du Saint-Esprit ». In-8°, Paris, lib. Techener.

Meerman (G.). « Origines typographicæ ». 1765, 2 vol. in-4°, portraits de Meerman et de Laurent Coster, pl. de fac-similé. — « De l'invention de l'imprimerie ». Suivi d'une notice chronologique et raisonnée des livres avec et sans date, imprimés avant 1501, dans les 17 provinces des Pays-Bas. In-8°, 1809. — « Plan du traité des origines typographiques ». Traduit du latin, par Meerman. In-8°, 1762.

Meersch (P.-C. van der). « Recherches sur la vie et les travaux de Pierre Keysere, imprimeur à Paris de 1473-79 ». In-8°, 1846. — « Recherches sur la vie et les travaux de quelques imprimeurs belges établis à l'étranger pendant les XVᵉ et XVIᵉ siècles ». In-8°, 1860. — « Un mot sur la question de l'invention de l'imprimerie ». In-8°, 1860.

Meissner. « La fête du centenaire de l'invention de l'imprimerie à Hambourg ». Hambourg, 1840 (en allemand).

Mémorial de la librairie, recueil de catalogues d'éditeurs français avec tables. Hebdomadaire. Paris, 174, boulevard Saint-Germain. Ab. 8 fr. pour Paris ; 10 fr. pour les dép.

Mendel (Ch.). « Agenda du photographe ». Ouvrage paraissant tous les ans. In-8° jésus de 300 p. Prix : 1 fr. br., 1 fr. 75. — « La photographie et ses applications ». Traité pratique de photographie à l'usage des amateurs et des débutants. In-18, 90 pages avec fig. — « Traité élémentaire de photographie ». In-18 jésus; 123 p. av. fig., chez l'auteur, 118, rue d'Assas, Paris.

Mendel (Ch.) et **G. Brunet.** « Le livre à travers les âges ».

Mendez (Fr.). « Typographie espagnole ». In-4°, Madrid, 1796 (en espagnol).

Menzel et **Unzelmann.** « Histoire de l'invention de l'imprimerie ». Berlin, 1840 (en allemand).

Mercier (B.). « Observations sur la lettre de M. J. G*** (Ghesquière) », avec une notice de quelques éditions faites à Bruges par Colard Mansion, durant le XVᵉ siècle. In-8°, 1779. — « Supplément à l'histoire de l'imprimerie de Prosper Marchand ». In-4°, 1773-1775. — « Lettre de M. Mercier, abbé de Saint-Léger de Soissons, à MM. les auteurs du *Journal des Sçavans* », contenant diverses remarques critiques sur son supplément à l'histoire de l'imprimerie de P. Marchand. In 4°, 1776.

Merlin. « Origine des cartes à jouer ». In-4°, 1869.

Mermet (Emile). « La presse, l'affichage et le colportage ». Histoire et jurisprudence comprenant la nouvelle loi sur la presse du 21 juillet 1881. 1 vol. in-18, 3 fr. 50. Paris, Marpon et Flammarion. — « La publicité en France ». Paris, imp. Chaix.

Méry (J.) et **de Nerval** (G.).

« L'imagier de Harlem, ou découverte de l'imprimerie ». Drame-légende en 5 actes et 10 tableaux (en prose et vers), représenté pour la première fois à Paris, à la Porte-Saint-Martin, le 27 décembre 1851. In-8º, 1832.

Messieux (A.). « L'art du dessin ». 1887.

Métairie (A.). « Nouveau guide pour l'établissement des garnitures dans les impositions ». Paris, 1891.

Metzger (G.-C.). « Les plus anciens imprimés et les travaux de taille du bois pour impressions », avec une histoire abrégée de l'art typographique et de la librairie à Augsbourg. Augsbourg, 1840 (en allemand).

Meyer (L.-E.). « L'art typographique à Augsbourg, lors de son origine ». Mémoire publié à l'occasion de la fête du 4e anniversaire de l'invention de Gutenberg. Augsbourg, 1840 (en allemand).

Meyer (Henri). « Album de Gutenberg ». Ed. en gr. in-8º, et éd. de luxe en gr. in-4º ; avec le portrait de Gutenberg et des tableaux. Brunswick, 1840.

Meyer. « Manuel de stéréotypie ». Brunswick, 1838. — « Histoire de l'imprimerie et de la librairie de Hessenland à Stettin, de l'année 1577 à 1877 ». Stettin, 1877.

Michels et fils. « Système antisyllabique pour la composition typographique en caractères romains des langues européennes ».

Middleton (Dr). « Dissertation sur l'origine de l'imprimerie en Angleterre ». Traduit de l'anglais par G.-B. Imbert. In-8º, Londres, 1775, et Paris, chez D. Couturier père, imp.-libraire.

Midoux et Matton. « Étude sur les filigranes des papiers employés en France aux XVe et XVIe siècles ».

Millet. « Notice sur les imprimeurs d'Orange et les livres sortis de leurs presses ». In-8º, 1877.

Miron (Fr.). « La photographie ». In-16, Paris, lib. Vicq-Dunod et Cie.

Mittheilungen. Organe des maîtres imprimeurs de la Suisse romande.

Moessard (P.). « Enseignement supérieur de la photographie : l'optique photographique ». In-8º, Gauthier-Villars.

Mohnike (G.). « Histoire des impressions de Stralsund jusqu'en 1809, pour servir de matériaux à l'histoire littéraire de la Poméranie ». In-4º, Stralsund, 1833 (en allemand). — « Histoire de l'art de l'imprimerie en Poméranie ». Stettin, 1840.

Mohr (Louis). « Des impressions microscopiques ». Paris, lib. Rouveyre, 1879.

Molinier. « Les manuscrits et les miniatures ». Paris, Hachette, 1892.

Momoro. « Traité élémentaire de l'imprimerie, ou le Manuel de l'imprimeur » (3 éditions). In-8º, 1786-93-96. — « Le manuel des impositions ». Paris, 1787.

Monckhoven (Van). « Nouveau procédé de photographie sur plaques de fer, et notice sur les vernis photographiques et le collodion sec ». Gauthier-Villars.

Monet (A.-L.). « Le conducteur de machines typographiques ». Guide pratique. 1872. — « Les machines et appareils typographiques en France et à l'étranger ». Suivi des procédés d'impression. Paris, 1878. Nombreuses illustrations. — « Procédés de reproductions graphiques appliqués à l'imprimerie ». Paris, 7, rue Suger, 1888. — « Machines typographiques et procédés d'impression ». Guide pratique du conducteur. Traité complet, avec préface de M. G. Chamerot, président de la Chambre des imprimeurs typographes. 3e édit., entièrement refondue. Vol. gr. in-8º, av. 99 fig. et 4 pl. en couleurs; Gauthier-Villars, 1898. Prix : 11 francs.

Monis (J.-J.). « Méthode de sténographie à portée, dite sténographie Monis ». In-16, Lisieux, imp. Choppe et Morière.

Moniteur de la librairie, de l'imprimerie et de la presse (Le). Paris, 8, rue Montyon. Bi-mensuel, abonn., 5 francs.

Moniteur de la papeterie française. Bi-mensuel. Paris, 6, rue du Pont-de-Lodi. Abonn., 30 fr. Fondé en 1864, directeur-gérant, A. Person du Bief.

Moniteur de la photographie. Revue internationale et universelle des progrès de la photographie et des arts qui s'y rattachent. Bi-mensuel. Paris, 55, quai des Grands-Augustins, lib. Gauthier-Villars. Ab., 15 francs.

Monod (E.-G.). « La photographie des couleurs ». In-8º, Dôle, imp. Bernin.

Monnoyer (C.). « L'imprimerie Monnoyer; ses publications locales ». In-8º, Le Mans, imp. Monnoyer.

Monrocq. « Manuel pratique de lithographie sur zinc ». Pet. in-8º. Paris, chez l'auteur, rue Suger, 1878. Prix : 4 fr. — « Lithographie sur zinc ». Paris, 1883.

Mont-Dorge (G. de). « L'art d'imprimer les tableaux ». Traité d'après les écrits, les opérations et les instructions verbales de J. C. Le Bon. In-8º, Paris, 1756.

Moock. « Traité pratique d'impressions photographiques ». In-18. Prix : 3 fr. — « Traité pratique d'impression photographique aux encres grasses, de photographie et de photogravure ». 3e éd., entièrement refondue par Geymet. In-18, 1888.

Moreni. « Annales de la typographie florentine de Laurent Torrentino ». In-8º, Florence, 1811 (en italien).

Morin (Louis). « L'apprentissage des imprimeurs et des relieurs au XVIIIe siècle », d'après deux poèmes de l'époque. Paris, 44, rue de Rennes. — « Histoire corporative des artisans du livre à Troyes ». 1897. — « Délibération du Chapitre de la cathédrale de Troyes relative à l'impression des livres liturgiques du diocèse (1578) ». Extrait de la *Revue des Bibliothèques*. In-8º de 2 pages.

Morin (Ed.). « Essai sur les Impressions en couleurs ». Prix : 1 fr. — « Les impositions expliquées ». Prix : 1 fr. 50. — « Les impressions en couleurs ». Jolie brochure de 70 p. 1899, L.-Henry May, 9 et 11, rue Saint-Benoît,

Paris, et chez l'auteur, 40, avenue des Gobelins.

Morin (D^r). « L'hygiène du travail ». Vol. in-18, Paris, 1889, libr. Hetzel et Cie. Prix, *franco*: 4 fr. 50.

Moriondo (L.). « I Rulli delle machine da stampa ». Turin, imp. Paravia, 1880. — « Rapport sur l'Exposition universelle de 1878 ». Turin.

Morisand (C.). « De la triste situation de l'imprimerie départementale et les moyens de remédier à sa décadence ». In-8°, 1849.

Motais (D^r). « Hygiène professionnelle. Hygiène de la vue chez les typographes ». Angers, imp. Burdin et Cie.

Motteroz. « Essai sur les gravures chimiques en relief ». Gauthier-Villars, Paris, 1871. — « Essai sur les gravures chimiques ». Fac-similé héliographique de l'éd. de 1871, 80 p. in-16 : 20 fr. Paris, 1888. — « Reproduction héliographique de l'essai sur les gravures chimiques en relief ». In-12, 83 p. Paris, imp. héliographique Motteroz. — « Les Machines rotatives, leurs organes, leur fonctionnement ». Bureaux de l'*Imprimerie*, 34, faubourg Poissonnière.

Mouton (E.). « L'art d'écrire un livre, de l'imprimer et de le publier ». In-16 carré. Paris, lib. Welter.

Moyret. « Généralités sur la teinture et l'impression ». 1887.

Muëhler (Ch.). « Gutenberg ». Berlin, 1840 (en allemand).

Muhlfeld (Lucien). « Le monde où l'on imprime. Regards sur quelques lettrés et divers illettrés contemporains ». In-16, Tours, lib. Perrin et Cie.

Mullin (A.). « Instructions pratiques pour produire des épreuves irréprochables au point de vue technique et artistique ». In-18 jésus, Paris, Gauthier-Villars.

Munier (J.-B.). « Almanach-Guide de l'imprimerie, de la librairie et de la papeterie ». Paris, 1869. — « Nouveau guide de l'imprimerie, de la librairie et de la papeterie ». Un vol. in-18 jésus. Paris, 1886, lib. Marpon et Flammarion. Prix : 1 franc.

Muther (Richard). « Illustration des livres allemands, gothiques et commencement de la Renaissance ». Munich, 1884.

N

Naldon. « Aide-Mémoire pour conducteur de machine à la presse rapide ». 1re partie : Guide pour l'étude de la construction des diverses presses rapides existantes. 2e partie : Guide pour l'adoption des formats, garnitures, impositions, mise en train, etc.

Naudé (Gabr.) « Addition à l'histoire de Louis XI, contenant plusieurs recherches curieuses sur diverses matières ». In-8°, 1630.

Naudet (G.). « La photocollographie sur supports souples ». Paris, H. Desforges, 41, quai des Grands-Augustins. Prix : 1 fr. 25. 1897.

Née de la Rochelle. « Recherches historiques et critiques sur l'établissement de l'art typographique en Espagne et en Portugal ». In-8°, 1830. — « L'imprimerie savante ». 5 vol. in-8°. — « Vie d'Etienne Dolet ». In-8°, 1879.

Nessely. « Guide pour la connaissance et la collection des ouvrages d'impressions d'art ». 2ᵉ éd., Leipzig, 1886.

Neuburger. « Manuel pratique de l'art de l'imprimerie ». Leipzig, 1841. — « Chromolithographie ». In-8°, Berlin, 1867.

Nichols (J.). « Anecdotes biographiques sur Guillaume Bowyer, imprimeur ». In-4°, Londres, 1782 (en anglais).

Nicolas (Georges). « Médaillons typographiques ». Ouvrage en vers, où l'auteur a rendu hommage au dévouement, à la vaillance, au zèle des maîtres de la typographie. Rue Bouchardon, 13, Paris. — « Brins d'Œuvre », œuvre poétique éditée chez Lemerre, Paris, où l'auteur, ouvrier typographe, puise la plupart de ses sujets dans sa profession.

Niérat (Jean). « Petit manuel de composition typographique », éd. rev. et corr. In-16, 84 p. et pl. Annecy, imp. Niérat. 1 franc.

Niesert (J.). « Matériaux pour servir à l'histoire de la typographie à Munster, ou catalogue des livres imprimés dans cette ville, de 1486 à 1700 ». In-8°, Cœsfeld, 1828 (en allemand).

Niewenglowski (G.-H.). « Leçons élémentaires de photographie pratique ». — « Principes de l'art photographique ». In-8°, Paris, lib. Desforges. 2 fr. 50. — « La photographie et la photochimie ». In-8°, Paris, lib. F. Alcan. 6 fr. — « Dictionnaire de photographie ». Paris, 1895, Ch. Mendel, 118, rue d'Assas. — « Leçons de photographie pratique ». In-8°, Arcis-sur-Aube, imp. Frémont, 1 franc.

Noble (Frédéric). « La connaissance et l'emploi des couleurs pour l'imprimerie » (en anglais), à l'office du *Printers Register* St. Bride E. C. London, 1881.

Nusterbuch. « Livre modèle pour travaux graphiques ». Stuttgart, 1ʳᵉ série, 40 pl., titre et table ; 2ᵉ série, 40 pl. titre et table.

Nuti-Lazzerini et **L. Moriondo.** « Imprimerie et stéréotypie ». Union typographique éditrice de Turin (en italien).

Nyenhuis (J.-T.-B.). « Liste alphabétique d'une petite collection de portraits d'imprimeurs, libraires, fondeurs, etc. » In-4°, 1836.

O

Oberlin. « Essai d'annales de la vie de Gutenberg ». Strasbourg, 1804.

Obrecht. « Guide pour l'impression des illustrations ». Prix : 1 fr. 60, chez l'auteur, à Berne (Suisse).

Odagir (H.). « Le procédé au gélatino-bromure ». Suivi d'une note de M. Milsom sur les clichés portatifs et de la traduction des notices de M. Kennet et Rév. G. Palmer. In-18, Paris, Gauthier-Villars, 1877.

Œsterreichische Buchdrucker-Zeitung. Vienne.

Olmer (Georges). « Du papier mécanique et de ses apprêts dans les diverses impressions ». Ouvrage accompagné d'un tableau de concordance entre les poids des divers formats. Paris, 1882, Ed. Rouveyre, 1, rue des Saints-Pères. Prix : 2 francs.

Orlandi. « Origine et progrès de l'imprimerie ». In-4°, Bologne, 1722 (en italien).

Oudry (C.). Les machines typographiques à l'Exposition univelle de 1878 ». Compte rendu. In-8°, 25 pages. Toulouse, imp. Privat.

P

Pache (Constant). « Les Estienne à Genève ». Opuscule. Genève, 1897.

Pailhès (A.). « Étude sur les arts graphiques à l'Exposition de Bordeaux ». In-4°, 83 p. Rouen, imp. Gy.

Paitoni. « Venise, la première ville hors de l'Allemagne, où l'art de l'imprimerie a été exercé ». In-8°, Venise, 1772 (en italien).

Pallhausen (V. de). « Monument en stéréotypes, dédié aux mânes de Gutenberg, publié à l'occasion du quatrième anniversaire séculaire de l'invention de l'imprimerie par Rogel ». In-8°, Munich, 1836.

Palmer. « Histoire de l'imprimerie ». In-4°, Londres, 1730 (en anglais).

Panajou. « Manuel du photographe amateur ». Gauthier-Villars.

Panzer. « La plus ancienne histoire de l'imprimerie à Nuremberg, ou liste de tous les livres imprimés à Nuremberg, depuis l'invention de l'art de l'imprimerie jusqu'en 1500, avec notes littéraires ». Nuremberg, 1789. — « Annales de l'ancienne littérature allemande, ou annonce et description des livres allemands imprimés depuis l'invention de l'imprimerie jusqu'en 1520 ». In-4°, Nuremberg, 1788 ; supplément in-4°, Leipzig, 1802 (en allemand).

Paper and stationery, 57-59, Ludgate Hill London. J.-S. Morriss, Editor and sole proprietor.

Papeterie (La), bulletin officiel de la Chambre des papiers en gros. Bi-mensuel. Paris, 9, rue Lagrange.

Papier (Le), journal technique de l'industrie du papier et des industries connexes. Bi-mensuel. Paris, 65, rue de la Victoire.

Papillon (Jean-Baptiste). « Traité de la gravure sur bois ». 1766.

Parfait (Noël). « Notice biographique sur A.-F. Sergent, graveur en taille-douce ». In-8°, 1848.

Parker (T.). Note succincte sur l'origine et les premiers progrès de l'imprimerie ». In-64, 1763, Londres (en anglais).

Paroy (Marquis de) « Précis sur la stéréotypie, précédé d'un coup-d'œil rapide sur l'origine de l'imprimerie et de ses progrès ». In-8°, 1822.

Parr Greswell (Will). « Annales de la typographie parisienne ». In-8°, Londres, 1818 (en anglais). — « Coup-d'œil sur les premiers livres grecs imprimés à Paris, avec la vie des Estienne ». 2 vol. in-8°, Oxford, 1833 (en anglais).

Parret (H.). « Illustrations typographiques ». Recueil de vignettes, alphabets, etc. 2 vol. in-4°, 1838-42.

Pascaud (H.). « Le contrat d'édition en matière artistique ou littéraire, et la nécessité de sa réglementation législative ». In-8°, 34 p. Paris, lib. Thorin et fils.

Passavant (J.-D.). « Le peintre-graveur », contenant l'histoire de la gravure sur bois, sur métal et au burin jusque vers la fin du XIVe siècle. 6 vol. in-8°. 1860-64.

Passerat (A.-L.). « Barême complet pour papeteries, à l'usage des fabricants, marchands de papier, imprimeurs, éditeurs, papetiers, etc. ». In-8° carré. Paris, Ch. Lhomme, 9, rue Lagrange.

Paulmy (de), marquis d'Argenson. « Mélanges tirés d'une grande bibliothèque ». Livres militaires avec notices sur les progrès qu'ont faits pendant ce siècle les arts de l'imprimerie, etc. ». In-8°, 1785.

Payen (A.), **L. Vigreux, A. Prouteaux, R. Orioli** et **D. Kœppelin.** « La fabrication du papier et du carton ». Un vol. gr. in-8° de 236 pages, 19 fig. dans le texte.

Payet (Emile). « Manuel de l'apprenti compositeur ». Chez l'auteur, à Barbezieux (Charente), 1896.

Pégourié. « Traité du timbre des affiches de toute nature ». Suivi d'une étude critique et d'un projet de réforme de la législation sur la matière. In-8°. Prix : 4 francs.

Peignot (E.-G.). « Recherches historiques sur la Danse des Morts, analyse de toutes les recherches publiées jusqu'à ce jour sur l'origine et l'histoire des cartes à jouer ». In-8°, 1826. — « Sur les incunables exécutés au XVe siècle dans les villes de France, par des ouvriers d'Allemagne ». 1836. — « Recherches historiques sur les imprimeries particulières et clandestines, qui ont existé tant en France qu'à l'étranger depuis le XVe siècle jusqu'à nos jours ». In-8°, 1840.

Pélegry. « La photographie des peintres, des voyageurs et des touristes ». In-18, Paris, Gauthier-Villars, 1879.

Pellechet. « Georges Serre, imprimeur à Avignon en 1502 ». In-8°, 3 pages et 2 fac-similés. Paris, lib. Picard.

Pellegrini. « De la première origine de l'imprimerie de Venise, par l'œuvre de Jean de Spire ». In-8°, Venise, 1794 (en italien).

Pelletan (Edouard). « Le livre ». Opuscule traitant de la loi de l'illustration. — « Première lettre aux bibliophiles ». Opuscule traitant de la gravure sur bois. — « Deuxième lettre aux bibliophiles ». Opuscule traitant du texte et des caractères d'imprimerie.

Pelletier. « La typographie ». (Poème). In-8°, 1832. 25 pages seulement de cet ouvrage, qui se compose de 125 pages en tout, contiennent le poème ; le reste consiste en notes relatives à la typographie.

Perrot. « Construction et dessin des cartes géographiques ». Vol. in-18 orné de pl. Paris, lib. Roret. Prix : 2 fr. 50. — « Manuel du graveur ou traité complet de l'art du graveur en tous genres ». Collection Roret, Paris, 1830.

Perrot de Chaumeux (L.). « Premières leçons de photographie ». 2ᵉ éd. In-18 jésus, Gauthier-Villars, 1878.

Perrot et **Malepeyre.** « Traité complet de l'art de la gravure ». In-18, orné de pl. Lib. Roret, Paris, rue Hautefeuille.

Peters (Adolf). « Jean Gutenberg : 1° son œuvre ; 2° son sort » (en allemand).

Petit (Fernand). « L'A B C typographique ». Brochure de 40 p. Paris, 1888. — « Table de multiplication typographique, ou solution de 30,000 problèmes donnant le nombre de lettres de chaque justification et la justification de tous les nombres de lettres par calibrage de l'alphabet sur point typographique ». Une broch. in-4°, Paris, 1871. Bureaux du journal *L'Imprimerie*.

Petit (C.-G.). « Des différents genres de similigravure ». In-8°, 16 p. Paris, imp. Plon, Nourrit et Cⁱᵉ.

Petit fils (Pierre). « La photographie industrielle ». Un vol. in-18. Gauthier-Villars, 1887. Pr. 2 fr. 25.

Petity (Abbé de). « Traité sur l'imprimerie avec des planches gravées et des spécimens d'alphabets orientaux ». In-4°, 1767. Ce volume, complet en lui-même, forme le tome II de la Bibliothèque des artistes, publiée par l'abbé de Petity.

Petit Typo marseillais (*Le*), organe annuel des travailleurs du livre de la 15ᵉ section. Syndicat typographique marseillais. Prix : 0 fr. 15.

Philippe (Jules). « Origines de l'imprimerie à Paris, d'après des documents inédits ». Un vol. in-8° av. pl. Paris, Charavay, 34, faubourg Poissonnière, 1885. Prix : 10 fr.

Phillips (S.-Ch.). « Annuaire de la papeterie de toutes les nations pour 1885-1886 ». Cet ouvrage, imprimé en plusieurs langues, donne la nomenclature des fabriques de papier et de carton de chaque pays, ainsi que le nombre des machines qu'elles emploient.

Philomneste junior (G. Brunet). « Recherches sur les imprimeries imaginaires, clandestines et particulières ». In-8°, 1879.

Phipson (Dʳ). « Le préparateur photographe, ou traité de chimie à l'usage des photographes et des fabricants de produits photographiques ». In-12, Gauthier-Villars.

Photographie pour tous (*La*). Revue mensuelle illustrée, et le *Journal des Photographes*, organe de la Chambre syndicale de la photographie. Paris, 17, boulevard Haussmann. Ab., 8 francs.

Photographie et les Annales photographiques réunies (*La*). Revue mens. illust. Paris, 45, rue Daguerre. Ab., 5 fr. Directeurs, MM. Niewenglowski et L.-P. Clerc.

Pichon (Le baron Gérôme)

et **Vicaire** (Georges). « Documents pour servir à l'histoire des libraires de Paris (1486-1600) ». In-8°, Paris, lib. Leclerc et Cornuau. 10 francs.

Pichon (A.). « Notice sur la règle de réduction pour la transformation des dessins en tous genres ». Broch. in-8° de 16 pages av. pl. Bordeaux, imp. Ragot, 1881.

Picot (Emile) « Coup-d'œil sur l'histoire de la typographie dans les pays roumains au xvi° siècle ». In-f°., 45 p. av. grav. Paris, imp. Nationale.

Pierres. « Description d'une nouvelle presse d'imprimerie ». In-4°, Paris, 1786.

Piet-Lataudrie (F.). « Les réimpressions de timbres-poste, timbres-taxe, télégraphe, fiscaux, enveloppes et bandes, cartes, etc., et leurs caractères distinctifs ». In-8°, av. 220 grav. Niort, imp. Favre.

Pieters (Ch.). « Annales de l'imprimerie elzévirienne ou Histoire de la famille des Elzévir et de ses éditions ». In-8°, Gand, 1851.

Pilinski (Adam). « Monuments de la xylographie ». Paris, Pilinski et fils, éditeurs.

Pinsard (Jules). « L'illustration du livre moderne et la photographie ». Paris, Ch. Mendel.

Pischon. « Histoire résumée de l'invention de l'imprimerie ». Berlin, 1840 (en allemand).

Pizzighelli et baron **Hübl.** « La platinotypie ». Exposé théorique et pratique d'un procédé photographique aux sels de platine, permettant d'obtenir rapidement des épreuves inaltérables. Traduit de l'allemand par M. H. Gauthier-Villars. Paris, Gauthier-Villars.

Planche (Gabriel). « De l'industrie de la papeterie ». Un vol. gr. in-8°, av. de nombreuses pl., h. texte. Paris, Firmin-Didot et Cie. Pr. 25 francs.

Plaoran (F.-R.). « Mémoire à M. le comte de Montalivet, ministre de l'intérieur, sur l'imprimerie et sur la librairie ». In-4°, 1839.

Plondel (H.). (Attribué à l'abbé.) « Mémoire sur les vexations qu'exercent les libraires et imprimeurs de Paris ». In-f°, 1720.

Poitevin (P.) « La grammaire, les écrivains et les typographes modernes ». Un vol. in-12. Paris, Firmin-Didot et Cie. Pr. 2 fr. 75.

Poitevin (A.). « Traité des impressions photographiques ». Paris, Gauthier-Villars, 1883.

Polain (L.). « Les premières impressions liégeoises ». In-8°, 1842. — « Police de l'imprimerie et de la librairie dans l'ancien pays de Liège ». In-8°, 1854.

Pomba (G.). « Cenni storici intorno all'arte tipografica e suoi progressi in Piemonte ». In-8°, 138 pages, 1876.

Porcher (R.). « Notice sur les imprimeurs et libraires blésois, du xvi° au xix° siècles ». In-16, 294 p. Blois, imp. Migault et Cie.

Portalis (Roger) et **Beraldi** (Henri). « Les graveurs du xvii° siècle ». Vol. in-8° carré, 30 fr. — « Les graveurs du xviii°

siècle ». 1880. — « Charles-Etienne Gaucher, graveur ; notice et catalogue ». Paris, Morgand et Ch. Fatout, 55, passage des Panoramas.

Potin (Emile). « Résumé des leçons de sténographie professées dans cinq cours d'adultes selon la méthode Prévost-Delaunay ». Paris, 1887, chez Dubois, 130, boulevard Saint-Germain.

Pouillet (E.). « Traité théorique et pratique de la propriété littéraire et artistique, et du droit de représentation ». In-8º. Lib. Marchal et Billard, 11 francs.

Pony (F.). « Recherches historiques et bibliographiques sur l'imprimerie et la librairie, et sur les industries qui s'y rattachent, dans le département de la Somme ». In-8º, 1863-1864.

Pozzo. « Armi ed impresse della Real casa di Savoia ». Turin, imp. Pozzo, 1882.

Praet (Van). « Notice sur Colard Mansion, libraire et imprimeur de la ville de Bruges ». In-8º, 1780.

Printers Register. St. Bride E. C. London.

Printing Times and Lithographer (The). In-18 jésus de 64 pages, 5 schellings par an. London, 1892.

Printing Trades' Diary and Book (The) pour 1879. Wymes et Son, Great Queen street, Lincoln's Inn Fields W. C. London.

Printing World. Londres. J. Basset, directeur.

Procédés modernes d'illustration (Les). Revue mensuelle des applications de la photographie à la science, aux beaux-arts et à l'industrie. Genève, Thévoz et Cie.

Process Year Book for 1896 (The) ou Revue illustrée des procédés photomécaniques. Penrose et Cie, Londres.

Progrès typo-litho (Le). Bimensuel, 129, rue Montmartre. Ab., 6 francs.

Prouteaux. « Guide pratique de la fabrication du papier et du carton ». Un vol. in-18, avec pl., 4 francs.

Prud'homme. « Teinture et impression » In-16. Lib. Gauthier-Villars et lib. G. Masson. 2 fr. 50.

Publicateur typo-litho (Le). Mensuel. Bordeaux, 43, rue Saint-Clair. Bordeaux, imp. P. Cassignol.

Puyo (C.). « Notes sur la photographie artistique ». In-4º, Gauthier-Villars.

Q

Quantin (A.). « Les origines de l'imprimerie et son introduction en Angleterre ». Paris, imp. Quantin, 1877. — « Alde Manuce ».

Quatremère de Quincy. « Réflexions nouvelles sur la gravure ». In-8º, 1791.

Quesda (E.). « L'imprimerie et les livres dans l'Amérique espagnole aux XVIe, XVIIe et XVIIIe siècles ». In-8º, 1879.

Quinquet (Bertrand). « Traité de l'imprimerie ou l'art de l'imprimeur ». In-4º, Paris, an VII.

R

Rabut (A. et F.). « L'imprimerie, les imprimeurs et les

libraires en Savoie, du XVᵉ au XIXᵉ siècle ». In-8°, 1877

Racourt de Charleville. « Mémoire sur les expériences lithographiques faites à l'école des Ponts et Chaussées, ou Manuel théorique et pratique du dessinateur lithographe ». In-8°, 1819.

Radau (R.). « La photographie et ses applications scientifiques ». In-18 jésus, 1878. — « La lumière et les climats ». In-18 jésus, 1877. — « Les radiations chimiques du soleil ». In-18 jésus, 1877. — « Actinométrie ». In-18 jésus, 1877, Paris, Gauthier-Villars.

Rahlenbeck. « Notice sur les auteurs, les imprimeurs et les distributeurs de pamphlets religieux et politiques du XVIᵉ siècle ». In-8°, 1860.

Ralliement typographique (Le). Organe mensuel de la Société typographique parisienne, 1, rue Bailleul, à Paris. A cessé de paraître depuis la fusion des deux syndicats, vers 1890.

Ralston (J.-H.) « Rapport sur l'art typographique dans les divers pays de l'Europe ». In-8°, 1879.

Ramas Ochotoreno (Manuel). « L'origine et les progrès de l'écriture en Espagne et les caractères d'imprimerie » (en espagnol). Imp. Cerventès, Santiago du Chili.

Raucour. « Mémoire sur les expériences lithographiques faites antérieurement à 1819, à l'école royale des Ponts et Chaussées de France ».

Ravelet (A.). « Code manuel de la presse ». Paris, Firmin-Didot.

Raybaud (Ch.). « Marques de fabrique; loi de 1857; responsabilité des imprimeurs et des graveurs en matière de contrefaçon ». Rapport présenté au 2ᵉ Congrès des maîtres imprimeurs de France. In-8°, 18 p. Lyon, imp. Storck.

Raymond (E.-G.). « Guide de la presse ». Bibliographie des journaux et périodiques. Paris, paraît annuellement.

Redinger. « Petit livre des formats, composition nouvelle, avec figures, pour le placement des colonnes de tous les formats dans le louable art de l'imprimerie ». Francfort-sur-Mein, 1677.

Reeb (E.). « Etude sur l'hydroquinone et son application en photographie ». Paris, Gauthier-Villars, 1891.

Reference Catalogue of current literature. Vade mecum de la librairie anglaise, contenant environ 156 catalogues des principaux éditeurs des pays de langue anglaise. Il pèse près de 4 kilos.

Reiber (F. et P.). « Montagne-Verte et le couvent de Saint-Arbogast, où l'on prétend que Gutenberg a fait ses premiers essais de typographie ». In-4, 1877.

Reis (Dʳ Ed.) « Silhouettes de Mayence et description des genres particuliers ». In-8°. (On y trouve Gutenberg et son monument. Description de la première fête en l'honneur de Gutenberg, 1837.)

Relieur (Le). Organe de la

Chambre syndicale ouvrière de la reliure. Mensuel. Paris, 25, rue Popincourt. Ab., 1 fr. 50. Gérant, C. Régnier.

Reliure (La). Organe de la Chambre syndicale patronale des relieurs, brocheurs, etc. Mensuel. Paris, 7, rue Coëtlogon. Ab., 6 fr.

Renaud (H.-D.). « Programme général d'enseignement de la lithographie et de ses dérivés ». In-8º de 24 pages. Paris, 1891. Chez l'auteur, 5, rue des Carbonnets, Paris.

Renouard (Antoine-Augustin). « Note sur la vie et les ouvrages des trois Manuce ». In-8º, 1803. — « Annales de l'imprimerie des Alde ou histoire des trois Manuce et de leurs éditions ». In-8º, Paris, 1826. — « Note sur Laurent Coster ». In-8º et in-4º, 1838. — « Annales de l'imprimerie des Estienne ». Paris, 1837 et 1843.

Renouard (Philippe). « Les imprimeurs parisiens aux XVe et XVIe siècles; libraires, fondeurs de caractères et correcteurs d'imprimerie ». Paris, 1898, imp. Chamerot et Renouard.

Renouvier. « Des types et des manières des maîtres graveurs, pour servir à l'histoire de la gravure en Italie, en Allemagne, dans les Pays-Bas et en France ». In-4º, 1853-1856.

Répertoire des Papetiers et Imprimeurs. Annuaire de la papeterie, l'imprimerie, la librairie, la reliure et des industries qui s'y rattachent, 8, rue Lamarck.

Requin (L'abbé). « Philippe Mellan, graveur d'Avignon, 1657-1674 ». In-8º, 14 p., Caen, imp.

Delesques. — « Origines de l'imprimerie en France ». Paris, 1891. — « L'imprimerie à Avignon en 1444 ». In-8º, 1890.

Reume (Aug. de). « Recherches historiques sur Louis Elzévir et sur ses six fils ». In-8º, 1846. — « Recherches historiques, généalogiques et bibliographiques sur les Elzévir ». Bruxelles, 1847. — « Variétés bibliographiques et littéraires », avec 100 fac-similés de marques d'imprimeurs et lettres ornées. In-8º, 1847. — « Recherches sur les imprimeurs belges ». In-8º, 1848-1849. — « Notes sur quelques imprimeurs étrangers ». In-8º, 1849. — « Notices bio-bibliographiques sur quelques imprimeurs, libraires, correcteurs, fondeurs, lithographes, etc. ». In-8º, 1858.

Reure (L'abbé). « La presse politique à Lyon pendant la Ligue (24 fév. 1589, 7 fév. 1594) ». In-8º, Lyon, lib. Bernoux et Cumin.

Réveil typographique (Le). Organe du cercle d'études sociales; bi-mensuel. A cessé de paraître.

Revista tipografica. Revue typographique. Santiago (Chili). Directeur, M. Ramas Ochotoreno.

Revue des Arts graphiques (anciennement *Gutenberg-Journal*). Organe hebdomadaire des arts graphiques et industries similaires. Paris, 9, rue de Fleurus. Ab., 12 fr. Fondé en 1877. Rédacteur en chef, M. Paul Bluysen. Paris, imp. Lahure.

Revue des Imprimeries du Sud-Ouest et du Midi. Recueil spécial de typographie, lithographie, gravure, fonderie, reliure, papeterie, stéréotypie et industries similaires. Mensuel. Bordeaux, 15, rue de la Rousselle. Fondé en 1893. Directeur, Victor Mandavy.

Revue des Industries du Livre. Imprimerie, librairie, papeterie et tout ce qui s'y rattache. Paraissant tous les mois. Paris, 36, rue de Seine. Ab., 2 fr. Directeur, Arnold Muller. Fondé en 1892.

Revue de la Papeterie française et étrangère. Bi-mensuel. Paris, 20, rue Turbigo. Ab., 18 fr. Fondée en 1864. Directeur, A. Fayolle.

Revue graphique belge. Mensuel. Galerie du Commerce, 40, Bruxelles. Ab. 4 fr. Imp. Xavier Havermans.

Rey (Ch.). « La typocratiade ». (Poème). In-8°, 1842.

Reybert. « Lettre sur la manière de se servir du nouveau burin typographique ». 1781.

Richard (E.). « Composition typographique ; le double-type ; casse nouvelle ». In-12, 10 p. et pl. Paris, imp. Desnos.

Richard (G.). « La photographie rendue facile ». In-16, Paris.

Richmond. « Grammaire de la lithographie ». Londres, 1878. — « Colour and Colour Printing, as applied to lithography ». Containing an introduction to the study of Colour, an account of the general and special qualities of Pigments employed, etc. London, 1885. In-8°, 180 pages.

Rietsch (A.). « Manuel du conducteur-typographe ». Un vol. petit in-16, 3 fr. 50. En vente aux bureaux de l'*Intermédiaire des imprimeurs*.

Riom (L.). « La sténographie perfectionnée ». In-8°, 56 pages, Paris, lib. Larousse, 1 fr. 50.

Ris-Paquot. « Guide pratique du restaurateur amateur de tableaux, gravures, dessins, pastels, miniatures, etc., reliures et livres ». Suivi de la manière de les entretenir en parfait état de conservation ; pl. hors texte, fig. et monogr. In-8°, Paris, lib. Laurens. — « Manuel pratique élémentaire de phototypie ». In-8°, 20 pl. en phototypie. Abbeville (Somme.)

Robaglia. « Presse, imprimerie, librairie ». Manuel administratif, suivi d'un recueil des lois sur la presse, etc. In-8°, 1874.

Robert (Karl). « Traité pratique de l'enluminure des livres d'heures, canons d'autel, images et gravures, selon la méthode des anciens d'après les documents du moine Théophile, et selon les procédés modernes d'après les meilleurs artistes peintres, imagiers et enlumineurs ». In-8°, av. grav. Paris, lib. H. Laurens, 6 francs.

Robinson. « L'atelier du photographe » (en anglais). Traduit en français par M. Colard, 3 fr 50. Paris, Gauthier-Villars, 1888. — « Effet artistique en photographie » (en anglais). — « La photographie en plein air » (en anglais).

Roblin (Ch.). « Notice sur Etienne Dolet ». In-18, 1858.

Rochambeau (Marquis de). « Les imprimeurs vendômois et leurs œuvres ». In-8°, 1880-1881 (2° éd.).

Roche (Marcel). « Notice biographique sur Charles de Lasteyrie, importateur de la lithographie en France ». Brochure de 54 pages, in-8º raisin. Chez l'auteur, Brive (Corrèze).

Rocourt (Olivia de). « Lettre d'une femme aux ouvriers typographes ». In-8º, 1862.

Rodrigues (J.). « Procédés photographiques et méthodes diverses d'impression aux encres grasses ». In-8º, 1879.

Rondot (Natalis). « Les relieurs de livres, à Lyon, du xiv° au xvii° siècle ». In-8º, Paris, lib. Leclerc et Cornuau. — « Les graveurs sur bois et les imprimeurs à Lyon au xv° siècle ». In-8º, Paris, lib. Claudin. — « Les graveurs d'estampes sur cuivre à Lyon au xvii° siècle ». In-8º, 128 p. Lyon, imp. Mougin-Rusand.

Rood (O.-N.). « Théorie scientifique des couleurs et leur application aux arts et à l'industrie ». Paris, Félix Alcan, 1884.

Rooses (Max). « Le musée Plantin-Moretus, à Anvers ». Description sommaire des bâtiments et des collections. In-8º, 1878-1880. — « Plantin et l'imprimerie plantinienne ». In-8º, 1878. — « Le plus ancien fac-similé d'un manuscrit et notes sur l'édition plantinienne des œuvres de Hubert Goltzius ». In-8º, 1881. — « Christophe Plantin, imprimeur à Anvers ». Anvers, 1882. J. Maes, édit.

Roth. « L'industrie du livre à Tubingen, de 1500 à 1800 ». Discours prononcé à l'occasion du jour de la naissance du roi de Wurtemberg, le 6 mars 1880. Tubingen.

Rouget de l'Isle. « Impression en relief à l'aide de deux planches de cuivre gravées ». In-4º, 1848.

Rouillé-Ladevèze. « Sépia-photo et sanguine-photo ». In-18 jésus, Gauthier-Villars, 0 fr. 75.

Roustan (Paul). « Méthode pratique d'impression sur zinc pour les travaux lithographiques ». 1890. Prix : 0 fr. 60.

Roux (V.). « Traité pratique de gravure héliographique en taille-douce sur cuivre, bronze, zinc, acier et galvanoplastie ». Paris, 1886. — « Formulaire pratique de phototypie à l'usage des préparateurs et imprimeurs pour les procédés aux encres grasses ». In-18, Gauthier-Villars, Paris, 1887. Prix : 2 fr. — « Traité pratique de gravure héliographique et de galvanoplastie ». 1889. — « Traité pratique de zincographie, photogravure, autogravure, reports, etc. ». In-18 jésus, 1891. Prix : 1 fr. 25. — « Traité pratique de la transformation des négatifs en positifs servant à l'héliogravure et aux agrandissements ». In-16, Gauthier-Villars.

Rowe Mores (Edw.). « Dissertation sur les fondeurs et fonderies typographiques d'Angleterre ». In-8º, 1776, Londres (en anglais).

Rozan (Ch.). « Jules Claye, ancien imprimeur ». In-8º, 1879.

Ruelle (Jules). « Traité de comptabilité spécial à l'industrie du livre (typographie, lithographie, librairie) ». Frameries (Belgique). Prix : 3 fr.

Ruelens (Ch.). « La question

de l'origine de l'imprimerie et le grand concile typographique ». In-8°, 1855. — « Un plaidoyer nouveau pour Laurent Coster ». In-8°, 1860. — « La vierge de 1418 et légende de saint Servais ». Documents iconographiques et typographiques de la bibliothèque royale de Belgique. In-f°, 1877. — « La légende de saint Servais », document inédit pour l'histoire de la gravure en bois. In-8°, 1873.

Russel (C.). « Le procédé au tannin ». Traduit de l'anglais par M. Aimé Girard. In-18 jésus, Gauthier-Villars, 1864.

S

Sachse. « Commencements de la censure du livre en Allemagne ». Leipzig, 1871. Chapitre étendu du martyrologe des imprimeurs en Allemagne.

Sadag. « Les procédés modernes d'illustration et les industries qui s'y rattachent ». Revue publiée par la Société des arts graphiques, ancienne maison Thévoz, Genève. Paraissant six fois par an ; ab., 5 fr.; le numéro, 1 fr. Paris, 18, rue des Écoles.

Saint-Paul (F.-B. de). « Nouveau système typographique » ou essai de composition par l'emploi des logotypes. In-4°, 1776.

Saint-Georges (De). « Notice historique sur l'imprimerie Impériale ». 1851.

Saint-Prosper (A.-J.-C.). « Du monopole de l'imprimerie ». In-8°, 1831.

Saint-Victor (P. de). « La photochromie ». In-8°, 1876.

Sala (G.). « Manuale del compositore tipografo » sulla pratica ed estetica per opere e giornali lavori avventizi, lavori di fantasia Milan, imp. Bartolotti G. Prato, 1889.

Sanier (G.). « Rapport adressé au ministre du Commerce et de l'Industrie sur l'école professionnelle d'apprentissage de dessinateurs lithographes ». In-8°, 1888.

Sanier, père et fils. « Recueil complet de chiffres à deux et à trois lettres », composé et dessiné par Sanier père. Un vol. in-8°.

Sardini. « Examen des commencements de la typographie française et italienne, ou critique de Nic. Janson ». Lucques, 1796 (en italien). — « Essai sur Nicolas Janson ».

Sasvari (Armand). « Catalogue du groupe papeterie, arts graphiques de l'Exposition nationale millénaire à Budapest ». Budapest, 1896.

Saugrain. « Code de la librairie et de l'imprimerie de Paris ». Ce livre contient les ordonnances, édits, déclarations, arrêtés, règlements et jugements rendus au sujet de la librairie et de l'imprimerie, depuis l'an 1332 jusqu'en 1744. Paris, 1744. Imprimé chez Quillau.

Saunois. « De l'invention de l'imprimerie, suite de celle de l'écriture ». In-12, Amsterdam, 1765.

Saussay. « Impression de journaux sur étoffes ».

Savage (W.). « Idées pratiques sur l'imprimerie ». In-4°, 1822, Londres (en anglais).

Sauvel (Ed.). « De la propriété artistique en photographie, spécialement en matière de portraits ». In-18 jésus, Gauthier-Villars.

Scamoni. « Manuel d'héliographie ». Suivi d'un guide pratique de l'art de graver, morsure sur métaux, dorure, galvanoplastie, photosculpture, etc. Berlin, 1872.

Schaab (Dr K.-A.). « L'année 1436 », c'est-à-dire l'année de l'invention de l'imprimerie et la composition d'un jury destiné à se prononcer sur l'anniversaire séculaire de cette invention. In-8°, 16 p. — « Histoire de l'invention de l'art typographique, par Jean Gensfleisch, dit Gutenberg, à Mayence ». 3 vol. in-8°, Mayence, 1830 (en allemand). — « L'esprit de Jean Gensfleisch, nommé Gutenberg ». Adressé au docteur K.-A. Schaab et au comité désigné pour l'érection d'un monument en son honneur à Mayence. In-8°, Utrecht, 1836.

Schall (J.). « Rapports sur l'imprimerie, la lithographie, la fonderie et la reliure à l'Exposition universelle de 1878 ». Nancy, imp. Berger-Levrault et Cie.

Schasler. « L'école de la gravure sur bois ». Histoire technique et esthétique de l'art de la gravure sur bois, avec illustrations. Leipzig, 1866, 258 gravures.

Scheibel. « Histoire de l'imprimerie de la ville de Breslau depuis trois cents ans ». Documents historiques pour l'histoire générale de l'art de l'imprimerie. Breslau, 1804.

Scheltemar (J.). « Lettre à J. Koning, sur l'invention de l'imprimerie ». In-8°, 1819. — « Berigt aangeonde het stuk, van Dr G. Braun, over de contrasten des ceuwfesten te Haarlem in 1823, te Mentz in 1836 ». In-8°, Utrecht, 1836.

Scherzer. « L'art de l'imprimerie et les progrès de l'humanité ». Berlin, 1882. — Discours prononcé à Vienne lors des fêtes du quatrième centenaire de l'introduction de l'invention à Vienne.

Schickler (M.). Rapport sur le 3e Congrès ouvrier de France ». In-8°, Marseille, imp. Samat et Cie.

Schiltz. « Manuel pratique d'héliogravure et taille-douce ». In-18 jésus, Gauthier-Villars, 1899. Prix : 1 fr. 75.

Schlotke. « Album Senefelder ». In-folio, Hambourg, 1871.

Schmidt (Paul). « Frédéric Kœnig et l'invention de la presse mécanique ». Traduit de l'allemand, d'après l'ouvrage de Th. Goebel.

Schmidt Weissenfels. « Douze imprimeurs, confrères remarquables ». Stuttgart, 1876.

Schnauss. « La photographie et la photolithographie ». Grav. dans le texte et 4 pl., 3e éd. Dusseldorf, 1886.

Schnitzler. « Notice sur Jean Gutenberg ». In-8°, 1863.

Schnurrer (Ch.-F.). « Impressions de livres slaves dans le Wurtemberg au XVIe siècle ». In-8°, Tubingen, 1799 (en allemand).

Schœpflin. « Vindiciæ typographiæ ».

Schroder (W.) « Album de

la fête de Gutenberg, à Hanovre, en 1840 ». Publié par les imprimeurs de la cour, frères Janecke. In-8°, 6 feuilles et 108 p. avec vig., Hanovre, 1840 (en allemand).

Schumacher (Gust.). « La fête de Gutenberg à Mayence », comédie en deux actes, avec titre formant image. In-8°, Mannheim, 1837.

Schunemann. « Schœfer (Jean-Guillaume). Description historique de l'invention de l'imprimerie et du perfectionnement de cet art ». Publication faite à l'occasion du 4e anniversaire séculaire de l'invention de l'imprimerie, avec le portrait de Gutenberg. In-8°, Brême, 1840.

Schwabe (C.-L.). « Invention de l'imprimerie et ses suites ». Ecrit préparatoire pour les fêtes du 4e centenaire.

Schweizer Graphischer Central-Anzeiger. (Indicateur central graphique suisse.) H. Keller, édit., Lucerne, 1899.

Schwetschke (Gustave). « Histoire de l'imprimerie dans la ville de Halle ». In-4°, Halle, 1840 (en allemand).

Seelhorst. « Catéchisme de la galvanoplastie ou Manuel pour l'étudier sans maître ; son usage dans les ateliers ». Leipzig, 1879.

Segard (A.). « Rapport sur les produits de la lithographie (outillage et impressions) exposés à l'Exposition universelle de Paris en 1878 ». In-8°, 8 p. Rouen, imp. L. cerf.

Selves fils. « La lithographie appliquée à l'enseignement ». In-8°, 1823.

Senefelder. « Livre d'instruction complète de l'imprimerie lithographique, » contenant la description claire de toutes les manipulations nécessaires à la pratique de cet art, accompagné des planches et des épreuves nécessaires; précédé d'une histoire détaillée de la lithographie depuis sa naissance jusqu'au temps présent. In-4°, Munich et Vienne, 1818.

Senefelder, revue mensuelle paraissant à Turin, à l'Imprimerie coopérative.

Serna - Santander. « Mémoire sur l'origine et le premier usage des signatures et des chiffres dans l'art typographique ». In-8°, 1796. — « Essai historique sur l'origine de l'imprimerie, ainsi que sur l'histoire de son établissement dans les villes, bourgs, monastères et autres endroits de l'Europe, avec la notice des imprimeurs qui y ont exercé cet art jusqu'en l'an 1500 ». In-8°, 1805. — « Supplément au catalogue des livres de la bibliothèque de M. C. Serna-Santander », contenant des observations sur le filigrane du papier des livres imprimés dans le XVe siècle, un mémoire sur le premier usage des signatures et des chiffres dans l'art typographique. In-8°, 1803.

Siècle typographique (Le). Technique, artistique, littéraire, illustré. Mensuel. Paris, 41, rue Le Peletier. Ab., 2 fr. Paris, et 2 fr. 50 dép. Fondé en 1891. Directeur, A. Junius-Joyeux.

Siennicki. « Recueil des éditions des imprimeurs célèbres de l'Italie, de la France et de la Belgique, conservées dans la bibliothèque de l'université de Varsovie ». In-8º, 1878.

Silvestre. « Les marques typographiques ».

Simon (E.). Rapport sur la typographie à l'Exposition universelle de 1878 ». In-8º, 8 p. Nancy, imp. Gebhart.

Simonneau (L.). « Recueil d'estampes gravées en taille-douce, pour servir à l'histoire de l'art de l'imprimerie et de la gravure ». In-folio, 1694.

Skeen. « Early Typography ». Colombie, Ceylan, 1872.

Sloupe (F.-G.-A.). « Mémoire sur le rétablissement de la communauté des imprimeurs de Paris ». In-8º, 1806.

Smalian (H.). « Manuel pratique du typographe dans ses relations avec les fondeurs en caractères (Praktisches handbuch für Buchdrucker im Verkehr mit Schriftgiesserein) ». Leipzig, 1877.

Smiles. « Men of Invention and Industry ». In-8º, London, 1884.

Socard (E.). « Supplément à la xylographie et à l'illustration de l'ancienne imprimerie troyenne ». In-4º, 4 p. avec 124 fac-similés. Paris, lib. Menu.

Sœnnecken (F.). « De l'emploi des caractères allemands et de la nécessité d'une réforme ». Bonn, 1882.

Soret (A.). « Cours théorique et pratique de photographie ». In-8º, Paris, lib. de la Société d'éditions scientifiques. — « Photographie ». Guide pratique du débutant, avec la description sommaire des premiers produits indispensables à l'obtention des épreuves ». In-8º, Le Havre, lib. Dombre.

Sorte (La). Organe typographique incolore, bienfaisant, satirique, antilittéraire, peu artistique et quelquefois illustré, paraissant presque régulièrement du 1er au 30 de chaque mois. Marseille, 25, cours Lieutaud. Ab., 1 fr. 50; 2 fr. pour six mois. Fondé en 1891. Rédacteur en chef, Marius-le-Brave. Gérant, Henri Colombon.

Soullier (Isaac). « Traité élémentaire de composition typographique ». — « Etude sur le calcul des prix d'impression ». Broch. de 50 pages. Genève, 1893.

Souquet (G.). « Mémoire sur un nouvel instrument nommé justificateur ». In-8º, 1824.

Southward (John). « Practical Printing. A Handbook of the art of Typography ». 782 p. in-8º, chez A. Powell, Londres.

Stadele. « Impression sur zinc, ou guide théorique et pratique complet pour l'autographie dans toute son étendue jusqu'à son état actuel, avec appendice d'impression anastatique ». Munich, 1872.

Staeger. « Nuit et aurore ou la fête de Gutenberg à Halle ». Halle, 1840 (en allemand).

Steenakers (H.). « Quatrains-silhouettes. A travers l'imprimerie ». In-8º, 1877.

Steiff. « La première imprimerie à Tubingen, 1498 à 1534 ». Document pour l'histoire de l'Université. Tubingen, 1881.

Stein (Henri). « Nouveaux documents sur les Estienne, imprimeurs parisiens (1517-1665) »

In-8º, Nogent-le-Rotrou, imp. Daupeley-Gouverneur. — « La papeterie d'Essonne ». In-8º, Paris, lib. Picard et fils. — « L'atelier typographique de Wolfgang Hopyl, à Paris, 1489-1523 ». In-4º.

Steinheil (Robert). « La reproduction des couleurs par la superposition des trois couleurs simples, du noir et du vernis ». Album gr. in-4º jésus de 150 pl. en chromotypographie, donnant près de 15,000 tons différents, groupés en gammes chromatiques, lavées, rabattues ou grisées, avec texte explicatif. Prix : tirage papier émail (papier d'alfa), 80 fr. — Papier blanc pur couché, 100 fr. — Papier du Japon, 150 francs.

Stephanus (H.). « Plainte de la typographie contre certains imprimeurs ignorants qui lui ont attiré le mépris où elle est tombée ». Poème latin, traduit en français par un imprimeur de Paris (J. R. L. de Saint-Germain, XVIIIº siècle.) In-4º, 1785.

Stern. « Jean Gutenberg ». Poème épique. Leipzig, 1873.

Sternau. « Jean Gutenberg ». poésie épique en cinq chants. Dresde, 1840 (en allemand).

Stevens (A.). « Pierre et Christine. Invention de l'imprimerie ». In-12, 1874.

Stockbauer (Dr J.). « La dorure sur cuir, reliure, ciselure et gaufrure en Allemagne ». 2 vol. in-4º. Paris, lib. des Beaux-Arts appliqués à l'industrie.

Stockmeyer et **Balthasar Rober.** « Matériaux pour servir à l'histoire de l'imprimerie à Bâle ». In-4º, Bâle, 1840 (en allemand). — « Supplément pour l'histoire de l'imprimerie de Bâle ». Bâle, 1840.

Stolle (Fréd.). « Les procédés de l'imprimerie photomécanique : Instruction pratique pour faire le tirage de lithographie en clichés métalliques pour l'impression de livres artistiques ». Francfort-sur-le-Mein, H. Bechold, lib.

Stoup (F.-G.-A.). « Réflexions d'un ancien prote d'imprimerie sur un prospectus intitulé : *Éditions stéréotypes* ». In-8º, 1800.

Stower (C.). « Grammaire de l'imprimeur ou introduction à l'art de l'imprimerie ». In-8º, Londres, 1808 (en anglais).

Strauss (Emile). « Notes d'art ». Marc Mouclier, peintre et lithographe, avec un portrait par Louis Vallat, 4 lith. et 2 gr. sur bois. In-8º, Saint-Amand, imp. Pivoteau.

Stückrad (G.). « Programme pour le centenaire de Gutenberg au XIXº siècle ». Offenbach, 1837. In-8º.

Sutaine. « Un mot sur la gravure et cet art en Champagne ». In-8º, 1860.

Sylvestre (L.-C.). « Marques typographiques, ou recueil des monogrammes, chiffres, insignes, emblèmes, rébus et fleurons des libraires et imprimeurs qui ont exercé en France depuis l'introduction de l'imprimerie, en 1470, jusqu'à la fin du XVIº siècle ». 2 vol. in-8º, 1853-67.

Syndicat typographique. « Rapport tendant à rechercher les moyens de parer aux funestes conséquences du système actuel des adjudications ». Prix : 0 fr. 15, rue de Savoie, 20, Paris.

T

Taillandier (A.). « Résumé historique de l'introduction de l'imprimerie à Paris ». In-8°, 1837. — « Procès d'Estienne Dolet ». In-12, 1836.

Tallon (E.). « La Presse en 1631 ». In-8°, 1870.

Tanganelli (Ulysse). « Canto del Tipografo italiano ». Imprimé chez S. Landi. Florence, 1879.

Tarif des prix de main-d'œuvre, publié par la Société typographique parisienne. In-8°, 1868.

Tassis (S.-A.). « Guide du correcteur ». In-12, Paris, Firmin-Didot. — « Traité pratique de la ponctuation », contenant plus de 800 exemples en vers et en prose, dans lesquels sont exposées les véritables règles de la ponctuation, etc. Paris, 1882.

Taubel. « Dictionnaire de l'imprimerie ». 3 vol. in-4°, Vienne, 1805 (en allemand). — « Manuel orthographique ou guide pour les connaissances indispensables aux auteurs et libraires et principalement aux correcteurs. Avec appendice et vocabulaire typographique ». Halle et Leipzig, 1785.

Tanzin (G.). « La sténographie, méthode Canton ». In-8°, Bordeaux, imp. Delmas, 0 fr. 30.

Telle (T.). « Modifications et corrections proposées dans les écritures et dans les caractères typographiques (enseignement de la typographie et des écritures européennes) ». 1848.

Ternaux-Compans (H.). « Notice sur toutes les imprimeries qui existent ou ont existé en Europe ». In-8°, 1843.

Thayer. « How Benjamin Franklin, the printer boy, made his mark ». An example for youth. In-8°, Edimbourg, 1875.

Thiboust (Louis). « L'imprimerie ». Poème latin du XVII° siècle, traduit en français par le fils de l'auteur et publié à Paris.

Thierry-Poux. « Premiers monuments de l'imprimerie en France au XV° siècle ». In-folio, 1870.

Thirion. « Monotypie ou l'art d'écrire et d'imprimer avec un seul caractère ». In-8°, 1797.

Thoinan (E.) « La reliure française (1500-1800) ». Biographie critique et anecdotique, précédée de l'histoire des relieurs et doreurs de livres de la ville de Paris et d'une étude sur les styles des reliures. Paris, 1893.

Thomas (Isaïe). « Histoire de l'imprimerie en Amérique ». 2 vol. in-8°, Worcester, 1810 (en anglais).

Thompson. « Recueil de vignettes gravées sur bois et polytypie ». In-4°, 1828-31-32; in-8°, 1833.

Thou (De). « Observations sur quelques endroits des annales typographiques de Mattaire ». In-4° (sans date).

Tipografia (La). Journal d'imprimerie, publié à Madrid.

Tipografo (El). Organe des intérêts de la fédération typographique sud-américaine. Buenos-Ayres.

Timperley. « Encyclopaedia of Literary and Typographical anecdote, being a chronological

Digest of the most interesting facts illustrative of the history of Literature and Printing, from the earliest period to the present time ». London, 1842. — « The printer's Manual ». London, 1838. Ensemble : 1132 p. avec grav.

Tissandier (Gaston). « Les merveilles de la photographie ». In-18, 76 vignettes. Hachette, Paris, 1874. — « Une conférence sur l'héliogravure et ses applications à la librairie ». In-12, 1874.

Tory (Geofroy). « Champ-Fleury, auquel est contenu l'art et science de la vraie proportion des lettres attiques, ou antiques, autrement dites romaines, selon le corps et visage humain ». Petit in-folio, 1529. Une 2º éd. in-8º, 1549.

Toszka. « De la composition du polonais ». — « De la composition du russe ». — « De la composition du grec et de l'hébreu ». — « De la composition des ouvrages mathématiques et de la composition des tables ». Leipzig.

Toureaux (L.). « Typographie. Grammaire de la composition ». In-18, Paris, 1884, chez Champion.

Trahan. « Statuts et règlements de la communauté des maîtres imprimeurs en taille-douce de la ville et de l'université de Paris ». In-8º, 1754.

Tramaux-Malhet. « Vade mecum ou l'indispensable aux typographes (maîtres et ouvriers), libraires, auteurs et journalistes ». Louvain, 1843. — « Notice historique sur la typographie, la lithographie et la gravure sur bois ». In-18.

Tranchant (L.). « La photo-collographie (phototypie) simplifiée ». In-8º, Paris, lib. Desforges. 2 fr. — « Manuel pratique du photographe ». In-16, Paris, lib. Guyot, 0 fr. 20.

Treunert (W.). « Poésies et chants pour typographes et fondeurs de caractères d'imprimerie, publiés à l'occasion du 4º anniversaire de l'invention de l'imprimerie ». In-12, 56 pages. J.-H. Meyer, Brême, 1840.

Trithème. « Annales ». (Annales Monast. Hirsaugiens. Adannum 1450-1514. Typis monasterii S. Galli, 1690, 2 vol. in-fº.) L'auteur y donne un récit circonstancié de l'invention de l'imprimerie.

Trutat (E.). « Traité pratique des agrandissements photographiques ». 2 vol. in-18, Gauthier-Villars, 1891. Prix : 5 fr. 50. — « Impressions photographiques aux encres grasses. » In-18. Pr.: 2 fr. 75. — « Les épreuves positives sur papiers émulsionnés ». Prix : 2 fr. Gauthier-Villars. — « Les épreuves à projections ». — « Traité général de projections ». In-8º. Prix : 7 fr. 50. Ch. Mendel, 118, rue d'Assas. — « La photographie en montagne ». — « La photographie appliquée à l'archéologie ; reproduction des monuments, œuvres d'art, mobilier, inscriptions, manuscrits ». In-18 jésus, 1879, 3 francs.

Tucker. « Dictionnaire typo-lithographique », paru dans les colonnes de la *Typologie*. Paris, 35, rue Jacob.

Tudot (F.). Traité de lithographie ». In-18, 1834.

Typographe de l'Est (Le). Paraissant le 1er de chaque mois. Nancy, 7 ter, rue Claudot.

Typographie de l'Est et du Nord (La). Mensuel. Nancy, 34, rue Sellier, 2 fr. Fondé en 1894. Gérant, Lefebvre. Nancy, imp. coopérative.

« Typographie à l'Exposition universelle de 1889 (La) ». Rapport des délégués de la Chambre syndicale. In-8°, 72 pages. Paris, imp. Barré.

Typographie française (La). Organe officiel de la fédération française des travailleurs du livre. Bi-mensuel. 4 fr. par an, 20, rue de Savoie, Paris.

Turpin (Henri). « Les typographiques ». Variété de poésies récréatives sur le matériel et le personnel de la typographie, et sur les savants apôtres de cette noble profession. In-8°, 1890.

Typographische Jahrbücher (en allemand). Leipzig.

Typologie Tucker et circulaire Caslon (La). Recueil de l'imprimerie et de la lithographie, publication traitant de la fonderie en caractères, de l'outillage typo-lithographique et des arts et manufactures qui s'y rattachent, 35, rue Jacob, Paris.

U

Ugolini (Abbé Nicolas). « Lettres typographiques ». In-8°, 1778 (en italien).

Umbreit (A.-E.). « L'invention de l'art typographique ». In-8°, Leipzig, 1843 (en allemand).

Unger (Carl). « Coup-d'œil sur les dernières quarante années du quatrième siècle de l'art de l'imprimerie ». Berlin, 1840.

Urbain (V.). « Les succédanés du chiffon en papeterie ». In-16, Paris, Gauthier-Villars et lib. Masson et Cie, 2 fr. 50.

Uzanne (Octave). « *L'Art et l'Idée* ». Revue illustrée, suite de *Le Livre moderne*. Paris, Quantin, 1892. — « L'Art dans la décoration extérieure des livres en France et à l'étranger ». Les couvertures illustrées, les cartonnages d'éditeurs, la reliure d'art. In-4° avec grav. dans le texte et hors texte. Paris, lib. Henri May. 40 fr. — *Le Livre*. Revue mensuelle, A. Quantin, 7, rue Saint-Benoît, Paris. — « La reliure moderne ». Lib. artistique et fantaisiste. E. Rouveyre, rue Jacob, 45, Paris.

V

Vachon (Marius). « Les arts et les industries du papier en France ». 250 pages, in-4°, Paris, 1897.

Valade. « Notes sur l'ancien imprimeur de la liste civile de Louis XVI ». In-8°, 1822.

Valdau (G.-E.). « Vie d'Antoine Koburger, un des premiers et des plus célèbres imprimeurs de Nuremberg, avec un catalogue de tous les écrits imprimés par lui ». In-8°, Vienne, Dresde et Leipzig, 1786 (en allemand).

Valette (A.). « Manuel pratique de lithographie ». Un vol. in-8° orné de pl. hors texte, 356 p. Lyon, chez l'auteur, 30, rue Suchet, 1891. Prix : 8 francs.

Van den Corput (Le Dr). « De la fabrication du papier au point de vue de la technologie chimique et des perfectionnements successifs apportés à cette industrie ». Un vol. in-12, Paris, E. Lacroix.

Vanderhaegen (F.). « Recherches sur la vie et les travaux des imprimeurs de Gand ». In-8°, 1858-69.

Van der Linde (A.). « La légende costérienne ». Nouvel examen critique, précédé d'une introduction historique par Ch. Ruelens. In-8°, Bruxelles, 1871.

Varlot (L.). « Illustration de l'ancienne imprimerie troyenne ». In-4°, 1850.

Varron (De). « Les anciens ont-ils connu la gravure en taille-douce et l'art d'imprimer les dessins en couleur » ? In-8°, 1848.

Varusoltis. « Xylographie de l'imprimerie troyenne pendant les xv°-xviii° siècles », précédée d'une lettre du bibliophile Jacob sur l'histoire de la gravure sur bois. In-4°, 1859.

Vauthier (E.). « Typographie moderne, ou le véritable instituteur ». In-12, 1816.

Vayssière (A.). « Les commencements de l'imprimerie à Bourg-en-Bresse ». In-8°, 1878.

Velaslavin. Ce journal, imprimé en langue bohème, avait pour but de répandre parmi les imprimeurs slaves toutes les innovations faites dans le domaine si étendu de l'art typographique. — Il est paru pour la première fois en 1863.

Veller Singer (S.). « Quelques renseignements sur le livre imprimé à Oxford, en 1468 ». In-8°, Londres, 1812 (en anglais).

Ventre (C.). « Nouvelle méthode de sténographie horizontale, pouvant être imprimée en caractères typographiques ». 1890.

Verfasser (J.). « Phototypogravure à demi-teinte » (en allemand). G. Knapp. Halle-s.-Saale. Prix : 4 marks. — « La photogravure à demi-teintes ». Manuel pratique des procédés de demi-teintes sur zinc et sur cuivre. Traduit de l'anglais par E. Cousin. In-18 jésus, Gauthier-Villars, 3 francs.

Ver Huell (A.). « Jacobus Houbraken et son œuvre, célèbre graveur » (avec supplément). 2 vol. in-8°, 1875-1877.

Verlet. « Eloge de l'imprimerie. » In-8°, Lescure, Nancy, 1771.

Vernière. « Note sur le premier livre connu imprimé à Clermont ». In-8°, 1833.

Vétillart (M.). « Etude sur les fibres végétales textiles employées dans l'industrie ». Un vol. gr. in-8°. Paris, Firmin-Didot, 1876. Prix, 15 francs.

Veuclin (E.). « L'imprimerie à Bernay, depuis son établissement jusqu'en 1833 ». In-8°.

Vermiglioli. « De la typographie de Pérouse au xv° siècle ». In-8°, Pérouse, 1806 (en italien).

Vernazza. « Leçons sur l'imprimerie ». In-8°, Cagliari, 1778 (en italien). — « Observations typographiques sur les livres imprimés en Piémont dans le xv° siècle ». In-8°, Bassano, 1807 (en italien).

Veyrat (G.). « La caricature

à travers les siècles ». In-4º, 96 p., avec grav. Paris, imp. Chamerot et Renouard, libr. Ch. Mendel

Vidal (Léon). « Traité pratique de photographie au charbon, complété par la description de divers procédés d'impressions inaltérables. Photochromie et tirages photomécaniques ». In-18 jésus, 1877, 4 fr. 50. — « Traité pratique de phototypie ou impression à l'encre grasse sur une couche de gélatine ». In-18 jésus, 1879, 8 fr. — « La photographie appliquée aux arts industriels ». In-18 jésus, avec pl., 1879. — « Cours de reproductions industrielles ». Exposé des principaux procédés de reproductions graphiques, bibliographiques, plastiques, hélioplastiques et galvanoplastiques. Paris, 1882, Delagrave, édit. — « Manuel pratique d'orthochromatisme ». In-18 jésus, Paris, 1891, Gauthier-Villars. — « Photographie des couleurs et projections polychromes ». In-8º, Paris, imp. Larousse. — « La photographie des couleurs ». Sélection photographique des couleurs primaires. Son application à l'exécution de clichés et de tirages propres à la production d'images polychromes à trois couleurs, 2 fr. 75, Paris, Gauthier-Villars, 1896. — « De la possibilité de reconstituer les couleurs d'un objet polychrome par une méthode graphique automatique ». In-8º, Paris, imp. Plon, Nourrit et Cie. — « La photographie en relief et en creux et la photochromographie ; leurs applications à l'industrie du livre ». Plaquette in-8º, avec illustr.

Gauthier-Villars. — « Traité des impressions photographiques ». Suivi d'appendices relatifs aux procédés usuels de photographie négative et positive sur gélatine, d'héliogravure, d'hélioplastie, de photolithographie, de phototypie, de tirage au charbon, d'impressions aux sels de fer, etc. In-18, 1883. — « Manuel d'orthochromatisme ». Gauthier-Villars. — « Absence d'un texte légal réglant les droits d'auteur afférents aux œuvres des arts mécaniques de reproduction ». Diversités d'opinions relatives à cette question. Solution qui semble la plus rationnelle. In-8º, Marseille, imp. Barlatier. — « Annales de la photographie ». Traité pratique de phototypie ou impression à l'encre grasse sur une couche de gélatine. In-18 jésus, Gauthier-Villars. — « Traité de photolithographie ». Photolithographie directe et par voie de transport, photozincographie, photocollographie, autographie, photographie sur bois et sur métal à graver, tours de main et formules diverses. Gauthier-Villars. — « Traité pratique de photoglyptie, avec et sans presse hydraulique ». In-18, 1881.

Vigouroux (Dr H.). « Hygiène du compositeur typographe ». Paris, imp. Chaix et Cie.

Vigreux (L.). « La papeterie à l'Exposition universelle de 1878 ». In-8º, Paris, imp. Lacroix.

Villamur. « Manuel de la typographie espagnole ». En vente au Correo tipo-litografico, ronda de la Universidad, 98, y Balmez, 13, à Barcelone.

Villanova (De) « Le papyrographe ». Prix, 2 fr. Ch. Mendel, 118, rue d'Assas, Paris.

Villaroya (D. Joseph) « Dissertation sur l'origine de l'art typographique et son usage dans la ville de Valence ». In-4°, Valence, 1796 (en espagnol).

Villet-Collignon. « L'imprimerie au XVIII° siècle et au XIX° siècle, considérée dans ses rapports avec les divers gouvernements qui se sont succédé en France, depuis le règlement du 28 février 1723 jusqu'à ce jour ». In-8°, 1857.

Villon (A.-M.). « Manuel du dessinateur et de l'imprimeur-lithographe ». 2 vol. et un atlas ; libr. Roret, rue Hautefeuille, Paris, 1891. — « Traité pratique de photogravure au mercure ou mercurographie ». In-18, Gauthier-Villars. Pr. : 1 franc.

Vinçard (B.) « Idée sur l'origine de l'imprimerie, ses progrès jusqu'à ce jour et la perfection dont elle est encore susceptible ». In-8° (paru sans date). — « L'art du typographe ». Ouvrage destiné aux hommes de lettres, bibliographes et typographes. Paris, 1806.

Vincent (J.-B.). « Sur un imprimeur belge, F.-J. Hublon ». In-8°, 1857. — « Manuel grammatical à l'usage des compositeurs typographes ou les difficultés de la langue française ». Bruxelles, 1854.

Vinet (Ernest). « Un mot sur *L'Alde Manuce* de M. Ambroise Firmin-Didot ». In-8°, 1875.

Vingtrinier (A.). « Histoire de l'imprimerie à Lyon, depuis l'origine jusqu'à nos jours ». A. Storck, imp.-édit., Lyon. Vol. in-8° de 450 pages ; 70 reproductions et marques d'imprimeurs. — « Vieux papiers d'un imprimeur ». Lyon, 1859.

Vinne (De). « Historic Printing types ». A Lectures read before the Grolier Club of New-York. With additions and new illustrations. New-York, 1886. — « The invention of Printing ». A collection of facts and opinions descriptive of early prints and playing Cards, the block books of the fifteenth Century, the Legend of Laurens Janszoon Coster of Haarlem and the work of John Gutenberg and his Associates. New-York, 1876.

Vitu (Auguste). « Petite histoire de la typographie ». Paris, Delagrave, 1886.

Vogel. « La photographie des objets colorés ». Traduit de l'allemand par H. Gauthier-Villars. Paris, 1887.

Voirin. « Manuel pratique de phototypie ». Paris, 1892.

Voisin (A.). « Notice bibliographique et littéraire sur quelques imprimeries particulières des Pays-Bas ». In-8°, 1840. — « Notes pour servir à l'histoire de l'imprimerie dans l'ancienne Belgique ». In-8°, 1850. — « Sur Arnaud et Pierre de Keyser, premiers imprimeurs de Gand ». In-8°, 1839. — « Josse Lambert, imprimeur, graveur, poète et grammairien gantois du XVI° siècle ». In-8°, 1842.

Vollet de Virville. « Les inventeurs de l'imprimerie en Allemagne ». In-8°, 1858.

Volpi (Gaët). « La librairie des Volpi et l'industrie cominienne illustrées ». In-8º, Padoue, 1756 (en italien).

Volta (L.-C.). « Essai historique et critique sur la typographie de Mantoue dans le xvᵉ siècle ». In-4º, Venise, 1786 (en italien).

Vries (De). « Eclaircissement sur l'histoire de l'invention de l'imprimerie ». In-8º, La Haye, 1843 (en hollandais). Traduit en français par Noordziek.

Vuttke. « Naissance de l'écriture, ses divers systèmes; peuples écrivant sans alphabet ». Leipzig, 1812; 38 planches servant à l'histoire de l'écriture.

W

Wackernagel. « Livre de comptes des Froben et Episcopius, imprimeurs et libraires à Bâle, 1557 à 1564 ». Bâle, 1881.

Waldow (Alexandre). « Guide des mécaniciens. Presse rapide rotative ». Leipzig, 1892. — « Les archives de la typographie (Allemagne) ». — « Conseils pour la manipulation des couleurs dans l'impression : polychromie de fonds teintés, bronze, or, en relief ». Leipzig, 1884. — « Guide pour l'impression en couleurs sur la presse et sur la machine typographiques. Considérations sur l'impression d'iris, bronze et or en feuilles ». Leipzig, 1883. — « Enseignement typographique, matériel d'esquisses pour les travaux en vignettes ». Leipzig, 1885 (en allemand). — « Mise en train et impression des illustrations ». Leipzig. Cet ouvrage a été écrit sous le pseudonyme de Hermann Künzel. — « L'art de l'imprimerie, dans son exercice technique et commercial ». Leipzig. — « Encyclopédie illustrée de l'art graphique et des branches qui s'y rattachent ». Leipzig, 1884. — « L'art de l'imprimerie dans son exploitation pratique ». Deux volumes. 1ᵉʳ volume : De la composition, Leipzig, 1874, avec exemples de compositions. 2ᵉ volume : De l'impression, avec modèles d'impressions et de couleurs ; atlas et gravures de machines. — « Presse platine, sa construction, son fonctionnement avant et pendant l'impression ». Guide pour les imprimeurs et les personnes étrangères à la partie. Format miniature, nombreuses illustrations. Leipzig, 1880. — « Guide pour la correction ». — « Instruction pour la composition ».

Wallon (H.). « Notice sur la vie et les travaux de M. Ambroise Firmin-Didot ». Lue à l'Institut de France par M. H. Wallon, secrétaire perpétuel de l'Académie, dans la séance annuelle de fin d'année (1886).

Warnsdorff. « Les fautes d'impression ». Appel au public, principalement aux lecteurs de journaux. Berlin, 1879.

Wattenbach. « L'écriture au moyen-âge ». Leipzig, 1871.

Wedding. « Description de la presse scandinave inventée et construite par les mécaniciens Nasmyth, Caskell et Cⁱᵉ, à Manchester ». Berlin, 1845.

Wegelin. « Les imprimeries

de la Suisse ». Mémoire à l'occasion des fêtes du quatrième centenaire de l'invention de l'imprimerie, Saint-Gall, 1836.

Wehle (J.-H.). « Le Livre ». Art technologique et pratique d'écrire des livres, manuel pour les auteurs. Vienne, Pesth et Leipzig (en allemand).

Weinstein. « Règles de l'imposition, basées sur un nouveau principe, et leur application à la mise en pages ». Une broch. in-18, Paris, bureaux du journal *L'Imprimerie*. Prix, 75 cent.

Weishaupt. « Domaine général de l'impression lithographique ou instruction complète, théorique et pratique de la lithographie dans toute son étendue et dans son état actuel, avec appendice de zincographie, impression anastatique et photographique ». Weimar, 1875.

Weiss. « La galvanoplastie ou Guide sûr pour la galvanoplastie ». Ses procédés dans toutes ses parties. Vienne, 1878. — « Exécution de planches de fond en carton, celluloïde, bois madré, papier moiré, etc. » Leipzig, 1889.

Wernigerode. « Struck (Michel-Ant.), imprimeur de la cour du comté ». Fête jubilaire et de reconnaissance célébrée pour fêter l'art typographique inventé il y a trois cents ans, 1440, 24-26 juin 1740. In-4°, 9 feuilles et 2 pl. de grav.

Westreenen de Tiellandt (Baron de). « Rapport sur les recherches relatives à l'invention première et à l'usage le plus ancien de l'imprimerie stéréotype ». In-8°, La Haye, 1833 (en hollandais).

Wetter (J.-C.). « Réponse à la question : Dans quelle année l'imprimerie a-t-elle été inventée et quand devra-t-on en célébrer le centenaire? » In-8°.

Wetter (F.). « Histoire critique de l'invention de l'art de l'imprimerie par Jean Gutenberg à Mayence ». Réfutation de Schœpflin et de ses partisans quant aux prétentions de la ville de Strasbourg, de même que pour la ville de Harlem. Mayence, 1836.

Wheatley (H.). « Les reliures remarquables du musée Britannique ».

Willems (A.). Les Elzevier. Histoire et annales typographiques ». Vol. gr. in-8°, 30 francs.

Willett (R.). « Mémoire sur l'origine de l'imprimerie ». In-8°, Newcastle, 1817 (en anglais). — « Observations sur l'origine de l'imprimerie ». In-8°, Newcastle, 1819 (en anglais).

Wilson. « Les presses mécaniques d'imprimerie anglaises et américaines ». Traduction française, chez L. Danel, Lille, 1886.

Wilson et Douglas Grey. « A Practical Treatise upon Modern Printing Machinery, and Letterpress Printing ». In-8°, 464 p. London, 1888.

Winaricky. » Jean Gutenberg, né en 1412, à Kuttenberg (Bohême), bachelier ès arts à l'université de Prague, promu le 18 novembre 1445, inventeur de l'imprimerie à Mayence, en 1450 ». Essai historique et critique, par le Révérend Charles Winaricky, curé de Kowan, près Jungbunzlau. Traduit du manuscrit allemand, par le chevalier Jean de Carro. Bruxelles, 1847.

Wogel (H.). « La photographie des objets colorés avec leur valeur réelle ». 1887.

Wolff (J.-C.). « Monumenta typographica ». 4 vol. in-8°, Hambourg, 1740.

Wodberry. « A History of Wood Engraving ». In-4°, Londres, 1883.

Woodeock's Printer's and Lithographer's Weekly Gazette and Newspaper Reporter. New-York.

Wunder (Moritz). « Le calcul du prix des imprimés ». Traduit de l'allemand par M. Paul Jacquin, imprimeur à Besançon. En vente chez l'auteur et au bureau de *L'Imprimerie*. Prix : franco 3 fr. 15.

Wust. « Armoiries des imprimeurs-lithographes ». Une planche en chromolithographie, imprimée en treize couleurs mates. Prix : 3 fr.

Wuttke. « Les journaux allemands et l'origine de l'opinion publique ». Document pour l'histoire de la publicité. Leipzig, 1875. — « Le journalisme allemand et la formation de l'opinion publique en Allemagne ». Traduit par R. Pommerol, avec l'autorisation de l'auteur ». In-18, 1876.

Wyman. « List of Technical Terms relating to Printing Machinery, Compiled by the Editor of the *Printing Times and Lithographer* ». In-8°, London, 1883.

Z

Zapf. « La plus ancienne histoire de l'art de l'imprimerie à Mayence, depuis son invention jusqu'en 1499 ». Ulm, 1790.

Zeitschrift für Deutschlands Buchdrücker, Leipzig, 1888.

Zeltner (Conrad). « Correctorum in typographiis eruditorum centuria ». In-8°, Nuremberg, 1716.

19.

OUVRAGES ANONYMES

ADD

« Additions à l'histoire de l'art typographique à Bâle ». A l'occasion de la fête de la Saint-Jean 1840. Publiées par la société historique de Bâle, avec la reproduction des monogrammes des imprimeurs de Bâle. In-4°, Bâle, 1840 (en allemand).

« American Commercial Specimens ». — « Americanische Mercantil-Arbeiten ». (Album lithographique de spécimens américains, destinés au commerce et à l'industrie). Bureaux de *L'Imprimerie*.

« Annales hébraïco-typographiques de Crémone ». In-8°, Parme, 1808 (en italien).

« Appel au monde civilisé, pour célébrer dignement la fête séculaire de l'art de l'imprimerie par l'érection d'un monument en l'honneur de son inventeur Jean Gensfleisch de Gutenberg ». In-4°, Mayence, 1822. (A paru en allemand et en français.) C'est Thorwaldsen qui l'emporta sur tous les concurrents et le monument fut inauguré en 1837.

BOR

« Art (L') de l'imprimerie en deux essais : 1° substance de la dissertation de Middleton sur l'origine de l'imprimerie en Angleterre ; 2° exposé de Meerman sur la première invention de l'art typographique ». In-8°, Londres, 1776 en anglais).

« Atlas de la grammaire française, à l'usage des typographes ». Paris, bureaux de *L'Imprimerie*. Prix, 90 cent.

« Aux fils et aux filles des pays de la principauté de Waldeck et aux amis et protecteurs des sciences, pour célébrer dignement la fête de Gutenberg ». In-4°, Arolsen, 1840 (en allemand).

« Aux mânes de Gutenberg, le jour de l'inauguration de sa statue, de la part des typographes de Stuttgart ».

B

« Bordures, initiales, culs-de-lampe pour impression, dessinés et gravés à l'imprimerie de l'Etat ». Berlin, 1884 ; 42 pl., titre et préface. Suite, Berlin, 1888; 20 pl. et titres.

C

« Cahiers illustrés pour l'histoire de la librairie, des arts et des industries qui s'y rattachent ». Un ouvrage spécial. Cologne, 1853-65; 13 livraisons. Ces cahiers contiennent 65 pl. et 220 motifs de sujets divers : cuivres, aciers, lithographies, impressions en couleurs, représentant des portraits et autographes d'imprimeurs célèbres, leurs marques, leurs sceaux, fac-similés d'anciennes impressions, etc.

« Casses et Compositeurs, ou la guerre des cris-cris sous presse ». Leipzig, 1867.

« Catalogue de l'imprimerie des artistes lithographes français ». 2, rue de la Sorbonne, Paris.

« Catalogue officiel des ouvrages de peinture, sculpture, architecture, gravure et lithographie des artistes vivants, exposés au palais des Champs-Elysées, le 15 septembre 1883 ». Paris, Motteroz.

« Catalogue raisonné des livres imprimés à Vicence et sur son territoire dans le xve siècle ». In-8º, Vicence, 1796 (en italien).

« Censvres (Les) des theologiens de Paris, par lesquelles ils avoient faulsement condamne les Bibles imprimees du Roy : avec la response d'iceluy Robert Estienne ». Traduictes de latin en françois M.D.LII, par Robert Stephanus. (Ce livre a été réimprimé en 1866, par M. Fick, imprimeur à Genève ; il contient des détails intéressants sur la iberté de la presse au xvie siècle.)

« Cercle de la librairie, de l'imprimerie, de la papeterie (Le) ». Notice historique et descriptive. Brochure grand in-8º, imprimée par Quantin et ornée de 6 belles gravures en taille-douce représentant les parties les plus intéressantes de l'hôtel du Cercle. Prix, 5 fr — « Catalogue de la 2º exposition du Cercle de la Librairie ». Exposition de gravures anciennes et modernes; juillet 1881, 1 vol. in-4º. Prix net, 50 francs.

« Chansons, chantées dans l'île des Corbeaux, près de Halle, à l'occasion du 4e centenaire de l'imprimerie ». Imp. Jebauer-Schwetschke, Halle, 1840 (en allemand).

« Chanson, chantée à la fête de l'inauguration : C'est de là que se présente à nous avec éclat sa noble image (sa noble figure). » Imprimerie J. Wirth, in-4º, 6 p.

« Chanson pour la fête de Gutenberg, à Dresde, le 21 juin 1840 ». In-8º, 4 pages (imp. par E. Blochmann). Dresde, 1830 (en allemand).

« Chansons pour le quatrième centenaire de l'invention de l'imprimerie ». In-8º, Chemnitz, 1840, imp. de Pickenhahn (en allemand).

« Chanson pour typographes, le 4 octobre 1824 ». In-8º, 4 p. (Th. de Zabern).

« Chansons publiées à l'occasion de la fête du 4e centenaire de l'invention de l'imprimerie, chantées au Cerf-Blanc, près de Dresde, le 22 juin 1840 ». In-8º, 4 p Dresde, 1840 (en allemand).

« Chant : Dans l'union intime avec l'image de Gutenberg ». Imprimerie, usine Reuling. In-4°, 4 pages.

« Chants des collègues typographes de Darmstadt, exécutés pendant le voyage d'Oppenheim à Mayence, où les typographes de cette ville assistaient aux fêtes organisées à cette occasion, le 13 août ». In-8°, 4 p. O. O. N. (Darmstadt.)

« Chants publiés à l'occasion du 4° centenaire de l'invention de l'imprimerie, hommage à l'art typographique, le 24 juin 1840 ». In-8°, 14 p. (Imprimerie de J. G. Heyse.) Brême, 1840.

« Chants publiés lors du 4° centenaire de l'invention de l'imprimerie, le 24 juin 1840 ». In-8°, 6 feuilles sans pagination. Imp. de C. Schünemann.) Brême, 1840.

« Code des usages de la fabrication et du commerce du papier ». In-8°, Paris, Ch. Lhomme, 9, rue Lagrange, 0 fr. 30.

« Collection de dessins originaux à la main des meilleurs artistes bavarois vivants, les mieux adaptés pour l'impression sur pierre ». Munich, Zeller, 1817.

« Compte rendu du 7° Congrès de la Fédération française des travailleurs du livre (1895) ».

« Conférences publiques sur la photographie (Les) au Conservatoire des Arts et Métiers ». Vol de plus de 550 p., où sont reproduites avec de nombreuses fig. et pl. hors texte les conférences qui ont été faites au Conservatoire en 1891 et en 1892 par un groupe de savants. Gauthier-Villars, édit. Paris, 1893.

« Coup-d'œil rapide sur les dernières quarante années du siècle du 4° centenaire de l'invention de l'imprimerie ». (Dunkeret Humblot). Berlin, 1840 (en allemand).

« Coup-d'œil sur l'histoire de la typographie ». In-8°, 8 p. Berlin, 1840 (en allemand).

D

« Délégation ouvrière libre des relieurs à l'Exposition universelle de Philadelphie (1876) ». In-18 jésus, Paris, imp. Masquin et chez tous les libraires.

« Description de la fête du 4° anniversaire séculaire de l'invention de l'imprimerie, célébré dans l'usine de Jules Sittenfeld ». Berlin (en allemand).

« Description de la fête du 4° anniversaire séculaire de l'invention de l'imprimerie dans l'usine de L. W. Krause, 1840 ». Berlin (en allemand).

« Discours prononcés à Arolsen, à l'occasion de la fête de Gutenberg, le 24 juin 1840 ». In-8°, 2 feuilles 1/2 (Spire). Arolsen, 1840 (en allemand).

« Discours prononcés dans le royaume des morts par les inventeurs de l'art de l'imprimerie; lesquels traitent de l'origine, des progrès, de la destinée et principalement de la ville de Mayence, qui a le droit de revendiquer la renommée de l'invention, suivis de nouveautés tirées du monde des vivants ». Erfurt, 1740. Portraits de Gutenberg, Faust et de quelques autres.

« Document par lequel les fabricants de cartes de Venise se plaignent au Sénat que leur commerce de cartes et figures imprimées éprouve un grand dom mage par la quantité considérable des cartes à jouer et des figures imprimées et peintes hors de Venise ». Venise, 1841.

« Domaine de la librairie ». Mémoire de l'inauguration de l'hôtel de la librairie allemande, 29 avril 1888. Leipzig, 1888. Nombreuses gravures à l'eau-forte, photographies, gravures sur bois, autotypies, fac-similés, etc.

E

« Ecole professionnelle typographique Gutenberg. Notice historique ». Paris, 1888.

« Ecole professionnelle de typographie de Bruxelles. Notice historique ». In-8°, 1889.

« Ecole Jean de Tournes. Cours professionnel de typographie, années scolaire 1894-95-96-97 ». Lyon, 62, rue Mercière.

« Ecrit jubilaire publié à l'occasion du 4ᵉ anniversaire séculaire de Jean Gutenberg, en 1840 ».

« Essai sur la mise en train typographique ». Librairies et Imprimeries réunies. Paris, 1891.

« Exposition du livre et des industries du papier, organisée à Paris, en 1894, par le cercle de la Librairie ». Petit in-4°, 181 p., et grav. dans le texte et hors texte. Paris, imp. Dumoulin et Cⁱᵉ.

F

« Faits inédits concernant l'impression sur pierre sous tous les rapports ». Tubingue, 1810.

« Fête de l'imprimerie à Stuttgart, célébrée le 24 juin 1840, en dialecte de la Souabe, de l'auteur de l'écrit : le paysan à la fête de Schiller ». Stuttgart, 1840.

« Fête de Gutenberg (La) à Dresde. » Dresde, 1840 (en allemand).

« Fête de Gutenberg (La), réunion de savants, d'imprimeurs et de libraires, qui a eu lieu le 16 août 1837, à la suite de la rédaction du programme arrêté pour cette fête ». In-fol., 8 pages.

« Fête de l'inauguration du monument élevé à Mayence (La), en l'honneur de Jean Gutenberg ». Feuille en grand format, destinée à perpétuer le souvenir de cette fête. (Sur cette feuille, on voit tous les genres d'impressions qu'on produit de nos jours et au milieu se trouve l'image du monument de Gutenberg). (Imprimé en bronze.)

« Fête du 4ᵉ centenaire de l'invention de l'imprimerie (La) ». Berlin, 1840 (en allemand).

« Fête populaire, joutes et régates sur le Rhin, à l'occasion de l'inauguration du monument de Jean Gutenberg à Mayence, et distribution solennelle des prix aux vainqueurs, le 15 août 1837 ». In-8°, 2 pages.

« Feuille jubilaire publiée à l'occasion du 4ᵉ anniversaire séculaire de l'invention de l'imprimerie ».

« Fust, inventeur de l'imprimerie ». Mayence, 1792.

G

« Gloses sur les fantaisies et les rêveries au sujet de Jean Gensefleisch, nommé Gutenberg, adressées au docteur K.-A. Schaab et au comité formé pour l'érection d'un monument, en l'honneur de l'inventeur de l'imprimerie, dans la ville de Mayence ». (Imprimé à la Haye, 1836, avec deux annexes : I. Preuves historiques que le 4ᵉ anniversaire séculaire de l'invention de l'imprimerie... aura lieu dans l'année courante, 1836, et nullement en 1840 ou une autre année. II. Sur l'affaire du monument et surtout ce qui a été fait depuis trente ans en vue de cette fête). In-8º, Mayence, 1836.

« Gutenberg à Strasbourg ou l'invention de l'imprimerie ». Divertissement en un acte, mêlé de chants et de danses, pour l'inauguration de la statue de Gutenberg. Représenté pour la première fois sur le théâtre de Strasbourg, le 25 juin 1840.

« Gutenberg et l'immortelle invention de l'art de l'imprimerie et de son perfectionnement, dès son début jusqu'à nos jours, avec notice sur les hommes qui ont le plus mérité de cet art, principalement de ceux de l'Allemagne ». Leipzig, 1840.

H

« Histoire de l'origine et des premiers progrès de l'imprimerie ». La Haye, chez la veuve Le Vier et Pierre Paupie, 1740.

« Histoire de l'art typographique à Bâle, des temps les plus anciens jusqu'aux plus modernes ». Publiée par la Société historique de Bâle. Avec grav. In-4º, Bâle, 1840 (en allemand).

« Histoire de l'art typographique et de son inventeur Jean Gutenberg ». Berlin, 1840 (en allemand).

« Histoire critique de l'invention de l'imprimerie par Jean Gutenberg, à Mayence, accompagné d'un examen exact et consciencieux de l'origine de l'art typographique, en laissant complètement de côté les prétentions de Schoepflin et de ses partisans, qui assignent à cet art comme berceau la ville de Strasbourg, et examinant aussi les nouvelles prétentions de Haarlem, cette dernière partie contenant les preuves de l'erreur de Juvius, Meermann, Koenig, Dibdin, Ottley et Ebert, qui s'étaient prononcés pour Haarlem ». Mayence, 1836. In-8º, avec un atlas en 13 tableaux in-fol.

« Historique de l'imprimerie E. Guyot ». In-8º, Bruxelles, 1880.

I

« Imprimerie de Gauthier-Villars, rue de Seine, 10, Paris ». In-4º, 1867.

« Imprimés du XVᵉ au XVIIIᵉ siècle ». Fidèles reproductions éditées par la direction de l'imprimerie de l'État, avec le concours de MM. Lippmann et Dohme. Berlin, 1887 à 1888; 100 pl.

« Imprimerie ; organisation générale de l'imprimerie, auditeurs attachés à la direction de l'imprimerie, censure, journaux ». In-4º, 1807-09. (Collection de 41 cahiers de rapports publiés par l'imprimerie Nationale sur l'administration des divers services de cet établissement.)

« Imprimerie (De l') considérée sous les rapports littéraires et industriels ». In-8º.

« Imprimerie de Bel-Œil ». In-8º, 1871. (Publication d'une presse privée dans un château dans l'Hainaut.)

« Imprimerie française (De l') et des arts et industries qui s'y rapportent, depuis 1789 jusqu'à nos jours ». 1865.

« Imprimerie Nationale, spécimen typographique ». In-fol., 1845. Un magnifique volume publié sous le règne de Louis-Philippe. — « Spécimens de types français et étrangers ». In-fol., 1855. — « Spécimen de types divers ». In-f°, 1878. — « Arrêté du 25 août 1883, établissant un système uniforme d'orthographe ». 1883.

« Imprimerie (L') Nouvelle, histoire d'une association ouvrière ». In-12, 1870-78.

« Imprimerie royale, épreuve du premier alphabet droit et penché, ornée de cadres et de cartouches ». In-32, 1740.

« Imprimeurs (Les) lillois, bibliographie des impressions lilloises de 1595 à 1700. In-8° ».

« Imprimerie (L') en Bretagne au xv° siècle ». Etude sur les incunables bretons, avec fac-similé contenant la reproduction intégrale de la plus ancienne impression bretonne, publiée par la Société des bibliophiles bretons. In-8°, 1878.

« Imprimerie (L') et la librairie dans la Haute-Marne », par deux membres correspondants de la Société historique et archéologique de Langres. Langres, imp. Dangien.

« Impromptu typographique, composé et imprimé à Mayence en 1837, sur la place Gutenberg, pendant la fête d'inauguration du monument ».

« Inaugurations des statues de Théophraste Renaudot. Ses principales œuvres. La *Gazette* jusqu'en 1893 ». In-8°, 71 p. avec grav. Paris, imp. de la *Gazette de France* ; 1 bis, rue Baillif.

« Influence (De l') de l'invention de l'imprimerie sur la propagation de la parole de Dieu ». Berlin, 1840 (en allemand).

« Instructions complètes de lithographie illustrée ». Munich, 1818.

« Intérêts typographiques devant la conférence mixte des maîtres imprimeurs et des ouvriers compositeurs ». In-8°, 1861.

« Invention de l'imprimerie (De l'), suite de celle de l'écriture ». In-12, Amsterdam, 1765.

« Invitation aux fêtes qui auront lieu à l'occasion de l'inauguration du monument élevé en l'honneur de Jean Gutenberg à Mayence, les 14, 15 et 16 août 1837, avec le programme. L'autorité municipale de la ville de Mayence, juin 1837 ». In-4°, 8 pages.

L

« Le génie de l'humanité lui devait d'y mettre son sceau », Imp. Th. de Zabern In-4°, 4 p.

« Lettre à M. Plassan, ancien imprimeur, sur les intérêts matériels de la typographie. Deuxième lettre à M. Plassan, sur les intérêts artistiques de la typographie ». In-4°, 1839.

« Lettres d'anoblissement accordées à Balthazar Moretus III et à ses descendants, avec l'autorisation de continuer l'exercice de la typographie plantinienne, sans déroger à la noblesse ». In-8°, 1884.

Lettre sur l'origine de l'imprimerie, servant de réponse aux observations publiées par Fournier le jeune sur l'ouvrage de Schœpflin, intitulé : *Vindiciæ typographicæ* ». In-8º, 1761.

« Liste générale de toutes les imprimeries avec leur personnel et des librairies de Mayence, déposée avec la première pierre du monument élevé en l'honneur de Jean Gutenberg, dépôt qui a eu lieu le 8 juillet 1837 ».

« Livre des cartouches (Le), représentant de nombreux fleurons, encadrements, etc., à l'usage des graveurs et des lithographes ». 1re collection, 24 pl. in-4º dessinées par F. Wüst ; 2e collection, 24 pl. in 4º dessinées par H.-G. Strohl. Paris, bureaux du journal *L'Imprimerie*. Prix de chaque collection : 12 francs.

« Le livre et le journal ». Notice sur l'imprimerie depuis son origine. Une brochure in-4º à trois col. de 16 p. Paris, 1882, lib. Boulanger. Prix : 60 cent.

« Le manuel des impositions typographiques ». In-8º, 1792.

« Les machines rotatives, leurs organes, leur fonctionnement. Traité pratique à l'usage des imprimeurs, des conducteurs et des clicheurs ». Paris, 1884, avec gravures, aux bureaux de *L'Imprimerie*.

« La maison Mame, 1796-1893 ». Publié à l'occasion des noces de diamant du chef vénéré de cette maison. Cette brochure renferme un portrait de M. Alfred Mame, gravé par Foulquier.

M

« Manuel de l'imprimerie ». Contenant la dénomination des caractères en usage, avec 90 figures au moyen desquelles on peut disposer tous les formats. Paris, 1817.

« Mémoire (A la) de Henri-Auguste Cock ». In-8º, 1884.

« Memoriam Joannis Gutenbergii, artis typograficæ inventoris ». Publié à l'occasion du 4e centenaire de l'imprimerie. Dessau, 1840.

« Mémoire (Premier) sur l'imprimerie en lettres, suivi de la description d'une nouvelle presse exécutée pour le service du roi et publié par ordre du gouvernement ». In-4º, 1785.

« Mémoires pour le cinquantenaire de l'érection de la statue de Gutenberg. Mayence, 14 août 1837 ». Edités par les imprimeurs et libraires mayençais réunis. Mayence, 1887, nombr. gr.

« Mesures contre les accidents et institutions de prévoyance, établies à l'imprimerie Chaix ». In-8º, 1884.

« Misère (La) des apprentis imprimeurs, appliquée par le détail à chaque fonction de ce noble art (en vers burlesques), à M. F*** ». In-8º, 1745.

N

« Notice sur les presses mécaniques de M. Thonnelier ». In-8º, 1832.

« Notice sur les établissements de M. Paul Dupont, imprimeur à Paris ». In-8º, 1867.

« Note sommaire sur l'imprimerie Royale ». In-fº, 1844.

« Note sur la nouvelle presse à tiroir, inventée par Terzuolo ». In-8º, 1842.

« Note sur la constitution légale et sur la constitution administrative de l'imprimerie Impériale ». 1833.

« Notice sur la papeterie de la Haye-Descartes (Indre-et-Loire) ». In-4º, 8 p. et pl. Tours, imp. Mame et fils.

« Notices et documents sur l'imprimerie, la librairie et la reliure à Tours ». In-folio, 1862.

O

« Observations sur le projet de la loi sur la presse en ce qui concerne spécialement l'imprimerie ». In-4º, 1867.

« Observations adressées à MM. les imprimeurs de Paris, sur la brochure intitulée : De l'état de l'imprimerie parisienne en 1854 ». In-8º, 1854.

« Origines (Les) de l'imprimerie à Marseille, recherches historiques et bibliographiques ». In-8º, 1858.

P

« Petit (Le) manuel de lithographie ». In-4º, 1832.

« Photographie (La) à travers les corps opaques ». Un volume illustré de 16 grav. ; prix, 2 fr., Ch. Mendel, 118, rue d'Assas.

« Photographie (La) instantanée par le photosphère ». Traité pratique de photographie instantanée à l'usage des amateurs. In-32, 64 p. et pl. Paris, imp. Mouillot.

« Poésies publiées à l'occasion de la fête de la Saint-Jean 1840 ». In-4º, 80 pages et 9 monogrammes d'imprimeurs. Bâle, 1840 (en allemand).

« Poésie publiée à l'occasion de la fête du 11e centenaire de l'imprimerie, dédiée aux mânes de Gutenberg ». Stuttgart, 1836.

« Portefeuille d'un ancien typographe ou recueil de lettres sur divers sujets de personnages et gens de lettres distingués ». In-8º, 1820.

« Procédés (Les). Traité pratique de phototypie, photolithographie, photozincographie, photogravure, reports sur bois, impressions aux encres grasses ». Un vol. in-18, Paris, 1887, bureaux de *L'Imprimerie*. Prix : 2 fr. 25.

« Procédé actuel de la lithographie, mis à la portée de l'artiste ». In-8º, 1818.

« Procédés de reproductions graphiques ». Un vol. grand in-8º de 344 pages, avec 103 figures dans le texte et 13 planches hors texte, édité par le *Bulletin de l'imprimerie et de la librairie*. Paris, 1888. Prix : 10 francs.

« Procès-verbaux publiés par la Société fraternelle des protes des imprimeries typographiques de Paris, autorisée par décision ministérielle du 17 mai 1847 ». In-16. Ces procès-verbaux forment aujourd'hui une collection de plusieurs volumes, contenant des articles très intéressants pour l'imprimeur.

« Programme du cortège des typographes de Darmstadt qui se sont rendus à Mayence, pour assister à l'inauguration du monument ». In-4º, 2 pages, O. O. U. V.

« Programme pour la célébration du 4e centenaire de l'invention de l'imprimerie, les 23 et 24 juin 1840 ». 1 feuille petit in-fº. Imprimerie de C. Schünemann. Brême, 1840.

« Programme pour l'inauguration du monument de Jean Gutenberg à Mayence. Juin 1837 ». In-4°, 4 pages.

« Programme de la fête célébrée à l'occasion du 4ᵉ centenaire de l'invention de l'art typographique ». Halle, 1840 (en allemand).

« Programme pour la célébration du 4ᵉ anniversaire séculaire de l'invention de l'imprimerie, les 24 et 25 juin, avec cadre en couleur ». Hanovre (en allemand).

« Projet de loi (Le) sur la presse. I. Suppression de l'autorisation préalable. Le cautionnement. II. L'annonce. III. Le timbre. IV. Moyen de remplacer le revenu du timbre. L'impôt de la poste. L'égalité devant l'impôt. Mettre un frein à la littérature de bagne et de guillotine. V. La librairie, l'imprimerie, la liberté. VI. Conclusion », par un ancien journaliste. In-8°, 1867.

R

« Rapport présenté à la Chambre des imprimeurs typographes et lithographes de Lille, sur les modifications de droits proposés par le Conseil supérieur du commerce et de l'industrie ». In-8°, 1890.

« Rapport du délégué de l'imprimerie à l'Exposition de Boston ». Prix : 0 fr. 60, Paris; 0 fr. 75, départements.

« Rapports faits à la Société d'encouragement, sur les presses mécaniques et celles à la Stanhope, de Girodet, etc. » In-8°, 1834.

« Rapport de la Commission des imprimeurs, nommée le 8 mai 1860, pour l'établissement d'une Chambre des imprimeurs ». In-8°.

« Rapports de la Commission nommée par la Chambre des Imprimeurs de Paris, pour l'examen de la casse nouvelle ». In-12, 1854.

« Rapport fait par M. P. Dupont sur la création de la ville typographique, au moyen d'une société coopérative immobilière ». In-12, 1868.

« Recueil de calques et de dessins des titres et figures d'un grand nombre des plus anciens ouvrages, gravés en bois et imprimés en caractères mobiles depuis l'origine de l'imprimerie, pour servir à l'histoire de cet art et à la vérification de plusieurs anciennes éditions rares et recherchées ». Ce recueil figurait au premier rang des merveilles de la bibliothèque de Mirabeau. On croit qu'il fut acquis par un Russe et qu'il serait aujourd'hui à Saint-Pétersbourg.

« Règlement des maîtres tailleurs-graveurs, pour estre à l'avenir gardez et observez sous le bon plaisir de Sa Majesté ». In-4°, 1660.

« Règlement pour la librairie et l'imprimerie en 1618 à Paris ». In-4°, 1620.

« Recueil de règlements pour les corps et communautés d'arts et métiers, imprimeurs, libraires, etc. » In-4°, 1779.

« Recueil de lois, décrets, ordonnances et instructions ministérielles sur l'imprimerie, la librairie et la presse périodique ». In-8°, 1830.

« Règlement pour la librairie et

l'imprimerie de Paris, arresté au Conseil d'Etat du Roy, le 28 février 1723 ». In-4º, 1744.

« Réglement pour l'association libre typographique, adopté le 24 novembre 1853 ». In-8º, 1853.

« Remerciement des imprimeurs à Monseigneur le cardinal Mazarin ». In-4º, 1649.

« Réponse des imprimeurs de Paris à la note sur la constitution légale et sur la gestion administrative de l'imprimerie Impériale ». In-4º, 1864.

« Restauration (De la) de l'imprimerie, librairie, cause efficiente de celle des lettres, etc., suppression du monopole de l'imprimerie ex-impériale, par une société d'imprimeurs et libraires ». In-8º, 1874.

S

« Salutations adressées aux hôtes de Mayence arrivés avec le vapeur *La Princesse Marianne*, chantées au moment du débarquement ». Carlsruhe.

« Souvenirs de la fête du 4ᵉ centenaire de l'invention de l'imprimerie, telle que cette fête a été célébrée dans l'imprimerie Weidle, le 24 juin 1740 ». In-8º, Berlin, 1840 (en allemand).

« Souvenir de la fête du 24 juin 1840 ». In-8º, 15 p. Grass, Barth et Cⁱᵉ, Breslau, 1840

« Souvenir du 4ᵉ centenaire de l'art typographique, célébré le 24 juin 1840 ». Poésie, 2 feuilles. Fol. (Remis par les membres de l'usine L.-W. Heyse, à leur patron). Brême, 1840.

« Souvenir du 4ᵉ centenaire de l'invention de l'imprimerie, célébré à Brunswick, le jour de la Saint-Jean 1840 ». Gr. in-8º, 3 feuilles et 100 p. (Vieweg et fils). Brunswick, 1840.

« Souvenir des jours de fêtes organisées à l'ocasion de l'inauguration du monument de Gutenberg, à Mayence, avec les documents relatifs à l'origine de ces fêtes et une courte notice historique sur Gutenberg ». Publication faite aux frais de tous les imprimeurs de cette ville. In-8º, VIII et 207 p. avec 4 lithographies.

« Souvenir du 4ᵉ centenaire de l'imprimerie ». (Poésie). Hanovre, 1840 (en allemand).

« Souvenir du 4ᵉ centenaire de l'invention de l'imprimerie, célébré à Heidelberg, le 24 juin 1840 ». In-8º, Heidelberg, 1840 (en allemand).

« Souvenir de la fête de Gutenberg, célébrée à Aix-la-Chapelle, le 15 juillet 1840 ». In-8º. (Au profit de la caisse des malades typographes).

« Souvenirs de la fête du 4ᵉ anniversaire séculaire de l'invention de l'imprimerie, célébrée à Dresde ». Dresde, 1840 (en allemand).

« Stéréotypie (La) perfectionnée et de son inventeur véritable ». In-8º, 1834.

T

« Tableau généalogique et héraldique de la famille Estienne ». In-fol., 1852.

« Tableau généalogique et bibliographique des trois grandes familles d'imprimeurs libraires les plus célèbres (les Estienne, les Alde, les Elzevir) ». In-fol., 1853.

« Tableau de typographie universelle de poche et d'ambulance ». In-plano, 1828.

« Tableau des libraires et imprimeurs-jurés de l'Université de Paris, au 1er février 1787 ». In-4º, 1787. — « Tableau des libraires, imprimeurs et éditeurs de livres des principales villes de l'Europe ». In-12, 1804.

« Tarif parisien de la composition typographique élaboré par la commission patronale de 1878 ». Chez Arnold Muller, édit., 36, rue de Seine, et 20, rue de Savoie, Paris.

« Tarif et annexe des prix de main-d'œuvre typographique, adopté par les chambres syndicales patronale et ouvrière de Rouen ». In-8º, 1877.

« Tarif revisé des prix de composition, adopté dans la conférence mixte de 1850 ». In-8º, 1850.

« Traité pratique de gravure sur verre par les procédés héliographiques ». 1887.

« Traité pratique de gravure sur pierre. Paris, 1887.

« Traité Sr Gabriel Putherbein van Thuronshe ». Défense de vendre et confiscation des livres qui ne peuvent être lus parce qu'ils portent atteinte à la conscience et à l'honnêteté. Premièrement écrit en latin du temps de Charles V, mais qui, par son utilité, a été ensuite transcrit en allemand et imprimé en 1581 à Paris, chez Adam Berg.

« Travail (Du) des femmes dans les imprimeries. Réponse à M. Ed. About et aux journaux *L'Opinion Nationale, L'Avenir* et *Le Temps* ». In-12, 1865.

« Temple de fête à Carlsruhe, à l'occasion de l'érection du monument de Gutenberg à Mayence ». Grand tableau. Carlsruhe, à l'imprimerie de la cour, de Hasper.

« Textes et documents concernant la constitution légale de l'imprimerie Nationale ». In-8º, 1874.

« Trois jours (Les) de l'inauguration du monument de Jean Gutenberg, à Mayence, les 14, 15 et 16 août 1836 ». Petit in-8º, 16 pages, avec une gravure. Neuwied, 1837.

« Typographie (La) ». (Poème)- Genève, 1832.

V

« Vade mecum de l'écrivain, du correcteur et du compositeur ». In-12, 1832.

« Valeur d'un livre, par T. P. » In-32, 8 p., avec vignette. Paris, imp. Vᵉ Liévens. (Publications populaires).

« Vérité sur les commandites (La) », par un groupe d'anticommanditaires. Brochure, 1876.

DICTIONNAIRE INDUSTRIEL

DES

ARTS GRAPHIQUES [1]

Autotypie sur cuivre.

Montbaron, Volfrath et Cie, à Neuchatel (Suisse). Autotypie sur cuivre en demi-teinte, d'après les procédés américains les plus récents, avec ou sans le secours de la photographie. Cet atelier, dans lequel s'exécutent des travaux de premier ordre (V. p. 204 t. Ier et p. 47 t. II), se recommande par les soins particuliers qui leur sont donnés et l'interprétation artistique qui les caractérise.

Cordons, Blanchets, Sangles, etc.

Blin et Blin, rue Paul-Lelong, 8.
Jager (Veuve), rue des Bourdonnais, 30.
Lecerf frères, rue de l'Arbre-Sec, 16.
Ogé (Émile), rue des Francs-Bourgeois, 33.

Bronzes en poudre.

Bayle (E.), F. Rensch, successeur, rue de Rennes, 77.
Boussard, avenue de la République, 108.
Carpentier (L.), rue de la Folie-Méricourt, 16 et 24.
Dalmond (C.), rue de Sévigné, 52.
Darvogne, successeur de Rencaume, rue Réaumur, 17.
Desesquelles (F.), place de la Nation, 28.
Detourbe (M.), rue Saint-Séverin, 7.
D'Hu (A.), boulevard de Strasbourg, 57.
Dobrin (H.), rue Notre-Dame-de-Nazareth, 28.
Dornemann (C.-E.), boulevard Voltaire, 148.
Duhamel (L.), rue François-Miron, 70.
Dupont (A), à Charleval (Eure).

---

[1] Tous les noms de fournisseurs des arts graphiques dont l'adresse n'est pas suivie d'une désignation de ville se rapportent à Paris.

Ecuyer (Eug.), rue de Picardie, 2.
Frey (C.), successeur de Fleischer, rue Meslay, 16.
Jacques (E.-T.), rue Bonaparte, 54.
Lefranc et Cie, rue de Valois, 18.
Picou, rue Saint-Denis, 225.
Rencaume, Darvogne, successeur, rue Réaumur, 17.
Sabaud (G.), rue Aubriot, 9.
Sengel (E.), J.-L. et P. Weidner, successeurs, rue Beautreillis, 22.
Thivolle (Fernand), rue de Bellefond, 18 bis.
Valter (D.), rue Beautreillis, 15.
Villemot (A), rue Malher, 14.
Vissac (A.), rue de Terrage, 7.

Caractères d'affiches, en bois.

Martin et Cie, à Ardon (Valais-Suisse).
Montanari, rue Martel, 3.
Ploquin (E.), H. Dareau et F. Gilcart, sucesseurs, à Bressuire (Deux-Sèvres).
Ollière et Ecorcheville, rue Julie, 25.
Roman Scherer, Lucerne (Suisse).

Clicheurs et galvanoplastes.

André et Sleigh, rue Bonaparte, 31.
Auber (ancienne maison Léon Roger), rue des Forges, 6. Clichés et galvanos et tous genres, passe-partout, blocs en plomb et supports en bois.
Ballot (Ve) et fils, rue Visconti, 20, clichés pour illustration de livres et journaux, dessin et gravure.
Barberon (Ch.) rue La Vrillière, 4.
Bastien (A.), passage du Jeu-de-Boules, 1.
Berson (H.), rue Vieille-du-Temple, 20.

Bertrand (E), rue Debelleyme, 14.
Blenner (H.), rue Montmartre, 160.
Boisset et Féry, rue Suger, 13.
Boitel, rue Notre-Dame-de-Nazareth, 68.
Boudreaux (L.), rue Hautefeuille, 8.
Bourdeau, successeur de Lebœuf, rue Bonaparte.
Buisson (C.), fils, successeur de son père, rue Bonaparte, 70 *bis*. Clichés et galvanos en tous genres.
Camis, quai Jemmapes, 172.
Cassell et Cie, rue Bonaparte, 31.
Chambodut et Cie, rue du Temple, 104.
Christophe et Cie, rue de Bondy, 56.
Cléré (Ad.), rue des Fontaines-du-Temple, 31.
Cliché français (Le), rue du Faubourg-Montmartre.
Clicherie centrale, rue Paul-Lelong, 4.
Clicherie générale, boulevard des Capucines, 35.
Clicherie parisienne, rue Vieille-du-Temple, 20.
Clicherie de la Presse, rue Montmartre, 129.
Coudyser et Cléré, rue Jacob, 9.
Delaunay, rue Saint-Gilles, 12.
Delaye (B.), rue Henri IV, 7, 8 et 9, à Lyon.
Dencède, rue de Rennes, 121.
Derval (G.) et Braun, rue Rochechouart, 58.
Dewez, rue Saint-Denis, 210.
Gaiffe (A.), Zipélius-Gaiffe, E. C. P., succ., rue Méchain, 9.
Gautier (M)., rue Jacob, 23.
Giraudon, rue des Archives, 92.
Grande correspondance (La), quai de la Tournelle, 27.

Hadin (R.), Dediot, successeur, rue Saint-Claude, 5.
Heiligenstein (F.), à Strasbourg (Alsace-Lorraine).
Hellé, rue Royer-Collard, 4.
Jaquard, rue Mazarine, 48.
Johannet (G.), successeur de Peuchot, rue de Nesles, 10.
Kossuth et Cie, rue Albouy, 24.
Leblanc (L.) et L. Kuppenheim, rue de la Verrerie, 55.
Le Maire (E.), boulevard des Italiens, 33.
Lemercier, rue Vercingétorix, 44, 46 et 48.
Limon (Paul), rue Bonaparte, 28.
Mantelet (H.), rue de l'Abbé-Grégoire, 15.
Lionnet, F. Foras, successeur, rue Debelleyme, 5.
Markworth (W.), à Strasbourg (Alsace-Lorraine).
Massonnet et Cie, rue du Faubourg-Saint-Denis, 64.
Mauge (J.), ancienne maison Ch.-G. Petit et Cie, boulevard de Vaugirard, 8.
Michalek (F.), rue Paul-Lelong, 4.
Michel (V.), rue Duguay-Trouin, 3.
Miniot (A.), boulevard Voltaire, 5.
Morel (Paul), rue Debelleyme, 3.
Müller-Vogtenberg, à Strasbourg (A.-L.).
Petit (Ch.-G.) et Cie, J. Mauge, successeur, boulevard de Vaugirard, 8.
Philippe, quai Jemmapes, 2.
Pichot, rue de Clichy, 54.
Poyet, rue du Louvre, 17.
Poulain, impasse Saint-Sébastien, 48.
Puchot et Cie, rue Notre-Dame-des-Champs, 115.
Radiguet, boulevard des Filles-du-Calvaire, 15.

Raymond, successeur de A. Michelet, rue de Rennes, 76.
Rivaud (Ch.) fils, rue des Archives, 63.
Robin et Allain, rue Darboy, 3.
Roche (Ch.), rue de Fleurus, 25.
Rodighiero, boulev. Voltaire, 76.
Roger (Léon) (V. Auber, successeur).
Rose (Victor), boulevard des Capucines, 35.
Rousset (Joseph) et fils, rue Visconti, 13.
Rousset (Camille), rue et place Lafayette, 114.
Sédard frères, 42, quai de la Charité, à Lyon. Clicherie, galvanoplastie, photogravure, procédés divers, caractères en plomb et en bois, pâte à rouleaux l'*Irréductible*, potassium concentré, machines à imprimer, composteurs, casses, rangs, marbres, coupoirs, etc., etc.
Sénac (A.), rue Suger, 22, et rue de l'Éperon, 3.
Stoesser père et fils aîné, rue Serpente, 36.
Stransky et Cie, rue Saint-Sauveur, 11.
Zipélius (V. Gaiffe, A.).

Composteurs.

Adam, rue Domat, 20.
Bory (J.) fils, rue du Temple, 21.
Foucher (Auguste), boulevard Jourdan, 62.
Gouverneur, passage du Grand-Cerf, 59.
Mandavy (Victor), rue de La Rousselle, 15, Bordeaux.
Mormot (A.-G.), rue d'Aboukir, 130.
Revert, E. Billet, successeur, rue de l'Hôtel-Colbert, 4.

Sédard frères, 42, quai de la Charité, à Lyon.
Turbelin, 212, rue de Paris, à Lille.
Vander (C.), rue des Nonnains-d'Hyères.

Encres d'imprimerie, lithographiques, autographiques, et de couleurs, vernis, etc.

Berjot (A.), ancienne maison Charbonnel, quai de Montebello, 13.
Brancher (L.), successeur de Painlevé (L.), rue Madame, 16.
Charbonnel (F.) (V. Berjot).
Colliard (J.), E. Lourdelet, successeur, rue du Faubourg-Saint-Denis, 14.
Dagron et Cie, rue Amelot, 74.
Detourbe (M.), rue Saint-Séverin, 7.
Faber (A.-W.), boulev. de Strasbourg, 55.
Falck-Roussel, quai de Jemmapes, 200 et 202.
Friant (E.), avenue d'Italie, 125.
Gauger (E.), rue Le Verrier, 10.
Gerschel (E.) et Cie, rue du Faubourg-Saint-Denis, 80.
Humblot (V^e) et fils aîné, rue du Faubourg-Saint-Martin, 122 et 124.
Jacques-Sauce et Cie, boulevard de Charonne, 133.
Laflèche-Bréham, rue de Condé, 26.
Lagèze et Cazes, rue des Quatre-Fils, 18.
Lefranc et Cie, rue de Seine, 12.
Lorilleux (Ch. et Cie), rue Suger, 16. Couleurs et vernis; encre de Chine, crayons lithographiques, rouleaux à l'abonnement et sans abonnement, pâtes à rouleaux en pains, papiers de reports. — Usine à Puteaux, au moulin de Chante-Coq. — Succursales à Milan, Rome, Barcelone, Madrid, Londres, Vienne, Leipzig, Amsterdam, Budapest, Rio-de-Janeiro, Buenos-Ayres, Santiago, etc. Maison fondée en 1816.
Lucas (E.), rue du Faubourg-Saint-Denis, 81.
Ogé (Émile), J.-B. Pasque, successeur, rue des Francs-Bourgeois, 33.
Pierrot, rue Palloy, 8, à Clichy (Seine).
Prothaix, rue des Beaux-Arts, 12.
Prudon (successeur Société des encres et produits chimiques), route de Vitry, 5, à Ivry-Port (Seine).
Rançon (C. et L.), rue Séguier, 18.
Robelin (L.), à Dijon (Côte-d'Or).
Schneider (E.), à Choisy-le-Roi (Seine).
Singer, rue Lafayette, 194.
Teillac (E.), boulevard de Magenta, 66.
Vanhymbeeck (Auguste), rue de Rivoli, 142.

Enseignes

Bouvais, 13, rue des Petits-Champs, Paris. — Lettres en relief en bois doré. — Enseignes sous glaces et autres, xylocristal. — Envoi en province.

Enveloppes.

Alexandre Napoléon et Cie, rue Lafayette, 88, et rue Montholon, 6.
Auguste-Godchaux (Paul) et Cie, rue de la Douane, 10.
Belluc (L.) et Cie, rue Cadet, 18.
Bachelay père, fils et Cie, passage

Sainte-Avoie, 4, et rue du Temple, 62.
Bertrand (Mme A.-L.) (ancienne maison Pelletier), passage Dubail, 21.
Blancan (Ch.) et Cie (ancienne maison veuve Dimier et Ch. Blancan), rue du Faubourg-Saint-Denis, 154 et 156.
Bouillotte-Dobignie (J.), Charles Michaux, successeur, rue du Temple, 135.
De La Rue et Cie, rue d'Enghien, 37.
Denis, rue Saint-Denis, 150.
Desbordes (Lucien), rue de Rivoli, 134.
Dorival et Léon Vauclin, rue de Richelieu, 82.
Drode (Ch.), rue Albouy, 29.
Essertier (F.), Douvet et Cie, successeur, passage Pecquay, 7.
Fortin (Ch.) et Cie, rue des Petits-Champs, 59.
Geisler (Louis), rue des Minimes, 14 bis.
Gompel frères, rue des Fontaines-du-Temple, 7 et 9.
Graff-Clamaron (Emile), rue de Vaugirard, 57.
Heilbronner frères, Joseph Heilbronner, successeur, rue d'Hauteville, 12 et 14.
Hollebecque (Alf.), rue d'Aboukir, 14.
Jacquelin de Saint-Gand, rue Vieille-du-Temple, 36.
Kossuth et Cie, rue Albouy, 24.
Lamy, rue Censier, 39.
Leclerc (Em.) et Cie, rue Lafayette, 106.
Lefebvre, rue de Turenne, 132.
Legrand, rue du Delta, 10.
Marion, Guibout et Cie, cité Bergère, 14 et 16.

Massias et Cie, passage Saulnier, 16.
Michaux (Charles), successeur de J. Bouillotte-Dobignie, rue du Temple, 135.
Morin (P.-Q.), rue Montmartre, 140.
Muller, rue Villehardouin, 12.
Papeterie centrale des chemins de fer, boulevard Magenta, 83.
Papeterie coopérative d'Angoulême (Laroche-Joubert et Cie). Dépôt à Paris, rue des Archives, 11.
Rayer (Léon), rue St-Martin, 200.
Raynal et Grangeneuve, à Roanne (Loire). Dépôt à Paris, rue Lafayette, 94.
Remy (V^e Ch.) et fils, rue du Faubourg-Saint-Martin, 154.
Rollet, rue du Faubourg-Saint-Martin, 78 et 80.
Schœmann (A.), rue Amelot, 40.
Société anonyme des papeteries du Souche, rue de Reuilly, 73.
Thénot (Julien), rue des Mathurins, 13 bis.
Unsworth, rue de Cléry, 6.
Unzel, rue des Bons-Enfants, 24.
Viton, rue Oberkampf, 121.

Fabricants de papiers.

Abadie, à Theil (Orne).
Alamigeon, à Cumond, par Saint-Privat (Dordogne).
Alamigeon, à Saint-Michel (Charente).
Alamigeon, à Laprade, par Aubeterre (Charente).
Alamigeon (E.) fils aîné, à Colas et au Martinet (Charente).
Allard, à Orthez (Basses-Pyrénées).
Amiel (A.), à Salvages, par Castres (Tarn).

Arnoult (R.), à Montgon, par Le Chesne (Ardennes).
Autran (F.), à Le Tignet (Alpes-Maritimes).
Avot (Emile), à Wavrans, par Lumbres (Pas-de-Calais).
Ballande (Alexandre), à Louvergne Gironde).
Ballande (Emile) aîné, à Plombié, par Cuzorn (Lot-et-Garonne).
Barat, à Montségur (Drôme).
Barbot, à Mouans-Sartoux (Alpes-Maritimes).
Barjon (François), Société anonyme, à Moirans (Isère).
Barthier (A.) et Cie, à Saint-Martory (Haute-Garonne).
Bauer (M.) et Cie, à Strasbourg (Alsace-Lorraine).
Begonin, à Saint-Martin-des-Olmes (Puy-de-Dôme).
Beney (P.) aîné, à Lalinde (Dordogne).
Bergès (Aristide), à Lancey (Isère).
Bergès (P.). à Lorp et à Pourlande (Ariège).
Bernard-Dumas et Cie, à Creysse, par Mouleydière (Dordogne) ; F. Waguet, seul concessionnaire, rue du Parc-Royal, 14, Paris.
Bernèdre, quai de Chartons, 41, à Bordeaux (Gironde).
Bertholet frères, à Wesseling, par Voiron (Isère).
Besson (M.), à Chahaignes, par La Chartre-sur-le-Loir (Sarthe).
Bichelberger (P.), E. Champon et Cie, à Etival (Vosges).
Blanchet frères et Kléber, à Rives-sur-Fure (Isère).
Blanchet, à Clairvaux (Isère).
Bois (L.) fils, à St-Rambert (Ain).

Bolloré, à Odet-en-Ergué-Gabéric, par Quimper (Finistère).
Bonemaison, à Saint-Martory (Haute-Garonne).
Bonfils frères et Cie, à Carpentras (Vaucluse).
Bosch (E.-V.), à Strasbourg (Alsace-Lorraine).
Bourgade (L.), à Châteauneuf-de-Galaure (Drôme).
Bourret (V^r), rue de Creuil, 6, à Saint-Etienne (Isère).
Bourguignon (E.) et Cie, à Anor (Nord).
Bouton et Lasvigne, à Saint-Girons (Ariège).
Brieux, à Beaujeu (Rhône).
Brigalant (G.), à Dieppe (Seine-Inférieure).
Brigalant (G.), à Barentin (Seine-Inférieure).
Brotel et Sutier, à Saint-Egreve-Saint-Robert (Isère).
Caperony, à Martiloque, par Cuzorn (Lot-et Garonne).
Capin père et fils, à Saint-Antonin (Tarn-et-Garonne).
Carroy (J.), à Montfalcon, par Roybon (Isère).
Cartallier, à Saint-Victor-de-Cessieu (Isère).
Cartallier (J.) et Cie, à Vienne (Isère).
Caval père, à Pignans (Var).
Cesbron, à La Flèche (Sarthe).
Cesbron, à Angers (Maine-et-Loire).
Chagot (Paul), à Drap (Alpes-Maritimes).
Chagot (Paul), quai Saint-Jean-Baptiste, 18, à Nice (Alpes-Maritimes).
Chancel, à Saint-Albergaty, par Entraigues-sur-la-Sorgue (Vaucluse).

Chauveau (A.), à Maumont (Charente).

Chauveau (**Alfred**), à Angoulême (Charente).

Chauvin (Henri), à **Poncé** (Sarthe).

Chlecq Saint-Paul, à **Mainbottel**, par Mercy-le-Bas (Meurthe-et-Moselle).

Chouanard (E.) et fils, à Litz, par La Neuville-en-Hez (Oise).

Chouanard (P.), à Étouy (Oise).

Claudel (Louis), à Ville-sur-Saulx, par Sandrupt (Meuse).

Corbel-Caudal, à Chatelaudren (Côtes-du-Nord).

Corbel-Féret, à Étouy (Oise).

Courrier et Montgobert, à Tullins (Isère).

Costes et Ledieu, à Ambert (Puy-de-Dôme).

Cunche (Gabriel), rue de Ayres, 33, à Bordeaux (Gironde).

Daguerre, papeterie de l'Epine, à Saint-Séverin (Charente).

Darblay, à Echarcon, par Mennecy (Seine-et-Oise).

Darblay père et fils, à Essonne (Seine-et-Oise). — Maison à Paris, rue du Louvre, 3.

Darnat frères, à Angoulême (Charente).

Darnat et C^i, à la Motte, par Trois-Palis (Charente).

Darquey et Ballande jeune, à Tierrouge (Gironde).

De Lamothe, à Castelnau (Gironde).

Degrassat (E.), à Châteauneuf-la-Forêt (Haute-Vienne).

Delage (Anatole), à Limoges.

Delage et Coste frères, à Limoges.

Delclaux, à Rieupéroux.

Delory, à Scaer (Finistère).

Demignot, à Angoulême (Charente).

Desloye (V^e) et Terré, à Plancher-Bas, par Champagney (Haute-Saône).

De Mayer et Cie, à Prouvy, par Thiant (Nord).

Desplanques, à Laigle (Orne).

Dioudonnat-Pirot, à Murtin-Bogny, par Lonny (Ardennes).

Dodo et Cie, à Domène (Isère).

Douillet-Badin, à Nivolas-Vermelles, **par** Bourgoin (Isère).

Droniou (**Paul**), à Guégon, par Josselin (Morbihan).

Dumas (B.), à Berg**erac** (Dordogne).

Dumas fils, à Couze (Dordogne).

Duny, à Annonay (Ardèche).

Durif (A.) fils, à Ponts-et-Marais, par Eu (Seine-Inférieure).

Duval fils, à Anceaumeville, par Monville (Seine-Inférieure).

Fabrique des billets de la Banque de France, à Jouarre (Seine-et-Marne).

Falguière, rue de la Devise, 40, à Bordeaux (Gironde).

Fauchier, à Meyrargues (Bouches-du-Rhône).

Favier, à Entraigues (Vaucluse).

Favier, à Saint-Martin-des-Olmes (Puy-de-Dôme).

Ferran, à Soues, par Séméac (Hautes-Pyrénées).

Ferry, à Béard-Geovreissiat (Ain).

Filliat, à Rives-sur-Fure (Isère).

Foch (C.), à Saint-Girons (Ariège).

Fortoul aîné, à Jouques (Bouches-du-Rhône).

Fresnaye (Adrien), à Marenla, par Beaurainville (Pas-de-Calais).

Fuger (Edmond), à Troyes.

Gadel (veuve), à Rambervillers (Vosges).

Gaillard, aux Castilloux (Dordogne).

Gaillard (Em.), à Saint-Amand-Tallende (Puy-de-Dôme).
Gaillard, à Blanzat, par Cebazat (Puy-de-Dôme).
Garcin et Cie, à Vaucluse (Vaucluse).
Garnier, à Espaly-Saint-Marcel, par Le Puy (Haute-Loire).
Gaudineau-Tonnelier, à la Courbe, par Le Lude, et à La Flèche (Sarthe).
Gaulon (G.) et Cie, à Rottersac (Dordogne).
Geisler (Louis), à Raon-l'Etape (Vosges).
Genet (A.), à Durtal (Maine-et-Loire).
Geoffroy fils aîné, à Malaucène (Vaucluse).
Girard frères et Cie, à Tiffauges. — Dépôt à Paris, 18, rue de l'Ancienne-Comédie.
Giraud et Cie, à Orthez (Basses-Pyrénées).
Girod frères, à la Serraz, par Chambéry (Savoie). — Papeterie de Leysse, à Chambéry (Savoie).
Gouraud, à Chantenay-sur-Loire (Loire-Inférieure).
Gloess et Cie, à Joinville-le-Pont (Seine).
Gouraud, à Cugand (Vendée).
Gouraud, à Nantes (Loire-Inférieure).
Grégoire (V^e), à Moulin-Saint-Nabord, par Remiremont (Vosges).
Guély, à Tullins (Isère).
Guerimand (F.) et Cie, à Voiron (Isère).
Guilbert (H.) et Cie, à Tallende, par Veyre (Puy-de-Dôme).
Guillaud (R.), à Saint-Victor-de-Cessieu (Isère).

Guntz (Hip.), à Sisteron (Basses-Alpes).
Heidenreich (Ad.), à Strasbourg (Alsace-Lorraine).
Hennezel-Bailly (L. d'), à Godoncourt, par Monthureux (Vosges).
Hervé, à Saint-Clair-sur-Epte, par Magny (Seine-et-Oise).
Hervé (Cl.), à Château-sur-Epte, par Thilliers-en-Vexin (Eure).
Holwey (C.), à Strasbourg (Alsace-Lorraine).
Huber (E.) fils et Cie, à Strasbourg (Alsace-Lorraine).
Hütten (Jos.), à Strasbourg (Alsace-Lorraine).
Hyde, à Sotteville-les-Rouen (Seine-Inférieure).
Jacob (Paul), à Saint-Martin, par Langres (Haute-Marne).
Jacquemin-Froment, à Courlandon, par Fismes (Marne).
Jardel, à Couze (Dordogne).
Javanaud (J.), à Saint-Jean-d'Angély (Charente-Inférieure).
Johannot et Cie, à Annonay (Ardèche).
Jonis (Paul), à Rouede, par Salies-de-Salat (Haute-Garonne).
Joubert (J.), à Ambert (Puy-de-Dôme).
Jougier fils, à Estissac (Aube).
Jubelin (G.), à Bar-sur-le-Loup (Alpes-Maritimes).
Julien (Marius), à Aix (Bouches-du-Rhône).
Krebs (H.), à Luttenbach, canton de Munster (Alsace-Lorraine).
Lacroix (Adolphe), à Angoulême (Charente).
Lacroix (Lucien), à Angoulême (Charente).
Lacroix (Louis), à Veuze (Charente).

Lacroix (Lucien), à Cothiers (Charente).
Lacroix (Oscar) et Cie, à Angoulême (Charente).
Lacroix frères, Société anonyme de la papeterie de Saint-Cybard (Charente).
Lafaugères, à Bédarieux (Hérault).
Lafuma à Paviot, par Voiron (Isère).
Lahache fils, à Plombières-les-Bains (Vosges).
Laligant (P.), à Maresquel (Pas-de-Calais).
Lantier frères, à Puymoyen (Charente).
Lantier-Flety, à Meounes (Var).
Laroche-Joubert et Cie, papeterie coopérative d'Angoulême (Charente).
Laroche-Joubert et Cie, papeterie coopérative d'Angoulême, à Nersac (Charente).
Latune et Cie, à Blacons, par Crest (Drôme).
Lauvaux (Léon), à Labarthe-Inard (Haute-Garonne).
Lebon (G.), à Saint-Martin-des-Olmes (Puy-de-Dôme).
Lebon-Prat, à Saint-Martin-des-Olmes (Puy-de-Dôme).
Lecomte, à Vitry-sur-Seine (Seine).
Legrand (G.), à Monfourat, par Los Eglisottes-et-Chalaures (Gironde).
Lemétayer (Ad.) et Ed. Hébert, à Angoulême (Charente).
Lemoine (V^e Ch.), à Pontivy (Morbihan).
Louche-Pélissier et Cie, à Vizille (Isère).
Loze (L.), cours d'Alsace-Lorraine, 41, à Bordeaux (Gironde).

Magdelaine, à Salins (Jura).
Maige, à Neuffonds, par Casteljaloux (Lot-et-Garonne).
Maillet, à Thiers (Puy-de-Dôme).
Maison à Paris, 18, rue de l'Ancienne-Comédie.
Maisonneuve (J.), à Doullens (Somme).
Mame (E.), Bergès et Cie, à La Haye-Descartes (Indre-et-Loire).
Massonnet, à Bédarrides (Vaucluse).
Masure et Perrigot, à Arches (Vosges).
Matussière fils et Forest, à Modane (Savoie).
De Mauduit (Henry) et Cie, à Kerisole et au Combout, par Quimperlé (Finistère).
Max-Simonet, à Quintin (Côtes-du-Nord).
Mazerand et Cie, à Cirey-sur-Vezouze (Meurthe-et-Moselle).
Medeville et Laurent, à Orthez (Basses-Pyrénées).
Medeville (P.), Laurent et Cie, allées de Tourny, 7, à Bordeaux (Gironde).
Mercier (Bernard), cours du Chapeau-Rouge, 9, à Bordeaux Gironde).
Mésanguy, à Oinville, par Meulan (Seine-et-Oise).
Metenett et Cie, à La Neuveville-les-Raon, par Raon-l'Etape (Vosges).
Micoud et Fugier, à Grenoble (Isère).
Montagnan (H.) (ancienne maison Dufay), au Moulin-d'Egreville (dit Grand-Moulin), par Château-Landon (Seine-et-Marne).
Montgolfier, papeterie Tour-Clermont, à Charavines (Isère).

20.

Montgolfier frères, à Grosberty, près Annonay (Ardèche).
Montgolfier frères, à Fontaine-de-l'Orme, commune de Touillon, par Montbard (Côte-d'Or).
Montgolfier à Saint-Marcel-les-Annonay (Ardèche).
Mortier fils, à Saint-Victor-de-Cessieu (Isère).
Mougeot (Henry), à Laval, par Bruyère (Vosges).
Moine (Vᵉ) et fils, à Saint-Victor-de Cessieu (Isère).
Neuville, à Maule (Seine-et-Oise).
Neuville, à Montataire (Oise).
Nikly de Montgolfier, à Laveyron, par Saint-Vallier (Drôme).
Nouette-Delorme (P.), à Ligugé (Vienne).
Numa-Meunier, à Bessé-sur-Braye (Sarthe).
Olmer (Georges) et Hesbert (J.), à Sorel-Moussel, Saint-Roch et Saussay (Eure-et-Loir). Anciennes papeteries Didot.
Outhenin-Chalandre fils et Cⁱᵉ, à Savoyeux, par Dampierre-sur-Salon (Haute-Saône).
Outhenin Chalandre fils et Cⁱᵉ, Société anonyme des papeteries bisontines, à Besançon (Doubs).
Papeterie de Lacourtensourt, par Aucamville (Haute-Garonne).
Papeterie de Lacourtensourt, 18, à Bordeaux (Gironde).
Papeterie de Beaujeu, à Beaujeu (Rhône).
Papeterie coopérative d'Angoulême, Laroche-Joubert et Cⁱᵉ, usine de Lescalier (Charente).
Papeteries de Palleau, Société de papeteries, à Ballancourt (Seine-et-Oise).
Papeterie de Ratié, à Cuzorn (Lot-et-Garonne).

Papeteries de Rioupéroux, rue du Jeu-de-l'Arc, 16, Saint-Étienne (Isère).
Papeterie de Vaucluse, à Vaucluse (Vaucluse).
Papeteries d'Yversay, par Boissy-Maugis (Orne).
Papeteries de Leysse, rue du Puits-Gaillot, 25, à Lyon (Rhône).
Papeteries de Jeand'Heurs, cours Lafayette, 14, à Lyon.
Papeteries des Chatelles et de la Chapelle, à Raon-l'Étape (Vosges). — Dépôt à Paris, 14, rue des Minimes.
Papeterie de la Haye-Descartes (Indre-et-Loire). — Dépôt à Paris, rue de l'Ancienne-Comédie, 14.
Papeterie du Val-d'Enraud, à Limoges.
Papeteries de Montbard (Société anonyme des), ancienne maison Montgolfier père et fils, rue Basfroi, 4.
Papeteries du Pont-de-Claix (Isère), ancienne maison Breton frères et Cⁱᵉ. — Dépôt à Paris, rue Mazarine, 60.
Papeterie de Renage (Isère). — Dépôt à Paris, rue Brise-Miche, 2.
Papeteries de Vidalon-les-Annonay (Ardèche). — Dépôt à Paris, rue Palestro, 39.
Papeterie de Villerest-s/-Loire, rue Charlot, 5.
Patry (A.), quai d'Orléans, 33 et 35, au Havre (Seine-Inférieure).
Paul (P.), E. Paul et C. Leroy, succ., à Mirecourt (Vosges).
Paul (A.), gendre et successeur de E. Bonnefoux, à Gemens, par Estrablin (Isère).

Peyron frères, à Vizille (Isère).
Pinson (P.), à Villeneuve, près Bar-sur-Seine (Aube).
Pipon (Al.), à Montreuil-l'Argillé (Eure).
Prat-Dumas et C¹ᵉ, à Couze (Dordogne).
Procop (C.) et C¹ᵉ, successeur de Charles Bécoulet et C¹ᵉ, au Marchais, par Saint-Séverin (Charente).
Quillet, rampe de la Corderie, à Angoulème (Charente).
Rabourdin, à Villeret-sur-Loire, par Roanne (Loire).
Roche, à La Croix-sur-Meuse (Meuse).
Sabatté, rue Buhan, 17, Bordeaux (Gironde).
Sagot-Avot, à Vavrans (Pas-de-Calais).
Scherb (A.), à Orbeis, canton de Schnierlach (Alsace-Lorraine).
Scheineider (F.-H.), à Hanoï (Tonkin, Indo-Chine).
Séguin et C¹ᵉ, à Prouzel, par Saleux (Somme). — Dépôt et siège social à Paris, 60, rue Saint-André-des-Arts.
Senlecq (H.), à Fauquembergues (Pas-de-Calais).
Sempé, au Ramier-du Bazacle, à Toulouse (Haute-Garonne).
Sirven (B.), rue de la Colombette, à Toulouse (Haute-Garonne).
Sestier (Victor), à Grenoble (Isère).
Simian, à Rieupéroux (Aveyron).
Société anonyme des papeteries du Souche (Vosges). — Dépôt à Paris, rue de Reuilly, 73.
Société anonyme des papeteries de Jeand'Heurs, rue Saint-Honoré, 108.
Société anonyme des papeteries de Ballancourt, rue des Mathurins, 6.
Société des papeteries de Vidalou, ancienne manufacture Canson et Montgolfier, rue Palestro, 39.
Société du prieur, passage Saulnier, 7.
Société anonyme d'exploitation des papeteries L. Lacroix fils, à Angoulème (Charente).
Société anonyme des papeteries de Baryon, à Voiron (Isère).
Société anonyme des papeteries de l'AA (ancien établissement Dambricourt frères), à Wizernes (Pas-de-Calais).
Société anonyme des papeteries d'Aurec (Haute-Loire).
Société anonyme des papeteries de Conflandey, par Port-sur-Saône (Haute-Saône).
Société anonyme des papeteries de Glaslan, à Morlaix (Finistère).
Société anonyme des papeteries du Marais et de Sainte-Marie, à Jouy-sur-Morin (Seine-et-Marne). Dépôt à Paris, 3, rue du Pont-de-Lodi.
Société anonyme des papeteries de Monthard, à Monthard (Côte-d'Or).
Société anonyme de Pont-de-Claix (Isère).
Société anonyme fermière de la papeterie de Sologne, à Salbris (Loir-et-Cher).
Société anonyme des papeteries du Souche, par Arnould (Vosges).
Société pour l'industrie du papier, à Huningue (Alsace-Lorraine). Direction à Bâle (Suisse).
Société des pâtes de bois de Fra-

mont, à Schirmeck (Alsace-Lorraine).
Société des papeteries de Vidalon-les-Annonay (Ardèche).
Souchon (Z.), à St-Etienne (Isère).
Springer (W.) et fils, à Strasbourg (Alsace-Lorraine).
Tacussel cousins, à Vaucluse (Vaucluse).
Tacussel (Albin), à Vaucluse (Vaucluse).
Tacussel (Marcel), à Vaucluse (Vaucluse).
Tarrade, à Cautuclade (Dordogne).
The Dieppe pulp and paper mills C° limited, à Neuville-lez-Dieppe, par Dieppe (Seine-Inférieure).
Thibault (L.), à Troyes.
Thollet (V°), à Saint-Didier-sur-Beaujeu, par Beaujeu (Rhône).
Thomas (J.) et Cie, usine de Poulet (Charente).
Thomas (J.) et Cie, Procop et Cie, à Angoulême (Charente).
Tournier et Carre, à Poncharra (Isère).
Turrel aîné, à Moustiers-Sainte-Marie (Basses-Alpes).
Tyssier, à Beaujeu (Rhône).
Vaissier, (E.) et Cie, à Azay-le-Rideau (Indre-et-Loire), et à Vendôme (Loir-et-Cher).
Vallée frères et C^t, à Belle-Isle-en-Terre (Côtes-du-Nord).
Vallée-Manson, à Void (Meuse).
Vessière (Raoul), à Montech (Tarn-et-Garonne).
Véron (Théodore), à Saint-Didier-la-Seauve (Haute-Loire).
Viallon (J.-B.), rue de la Bourse, 20, Saint-Etienne (Isère).
Voinet, à Montaine (Jura).
Voulant, à Meounes (Var).
Voulant, à Meyrargues (Bouches-du Rhône).
Wandling (L.), à Sirod, par Champagnole (Isère).
Weiss (Ed.), rue Laroche, 15, Bordeaux.
Unsworth (Eug.), à Reims (Marne).
Zuber, Rieder et Cie, à Boussières (Doubs).

Fondeurs en caractères.

Abat, rue Joquelet, 10.
Adam, rue Domat, 20.
Allainguillaume et Cie, rue du Montparnasse, 21. Caractères de fantaisie et de labeur, vignettes, passe-partout, attributs de toute nature, etc. Etablissement avec outillage moderne pour la production des filets, blancs, interlignes, lingots et garnitures. Fonte spéciale de cadrats creux pouvant être livrés de suite.
Bague et Léon, 16 *bis*, rue d'Albret, à Bordeaux.
Barbier (M.) et Ch. Lyon, rue Chapon, 13.
Battenberg (V. Allainguillaume).
Beaudoire (Ch.) et Cie, successeurs de Firmin-Didot, rue Duguay-Trouin, 13. Caractères de labeur et de fantaisie ; spécialité de caractères étrangers ; vignettes en tous genres, cadrats, filets de cuivre et de plomb, en lames et systématiques, blocs pour clichés, passe-partout et attributs divers, culs-de-lampe, etc.
Bereux (V^e) (ancienne maison Demolliens), rue Jean-de-Beauvais, 3.

Berthier (S.) et Durey, rue de Rennes, 46.
Bertrand (Ad.), rue de l'Abbaye, 8.
Boudin (Ch.), à Choisy-le-Roi (Seine).
Broutin, 41, rue Saint-Etienne, à Lille.
Caslon (H.-W.) et Cie, rue Jacob, 35. Radiguer et Cie, succ., Caractères en tous genres, composteurs, casses perfectionnées, avec fond inusable, réglettes, etc.
Caz et Cie, 15, rue de Belfort, à Bordeaux.
David (Ve A.), G. Peignot, successeur, boulevard Edgar-Quinet, 68.
Deberny et Cie, rue d'Hauteville, 58. Caractères en tous genres et spécialité de vignettes.
Denoël, 7, rue du Port, à Lille.
Derriey (Ch.), Turlot et Cie, succ., rue de Rennes, 128.
Doublet (Ch.), 56, avenue d'Orléans (5, impasse Cœur-de-Vey). Caractères en tous genres, labeur et fantaisie, vignettes, blocs pour clichés, passe-partout, filets de plomb et de cuivre, interlignes; signes typographiques divers. Grand choix de caractères, genre américain, gravés par M. Ch. Doublet. Cadrats obliques pour compositions de fantaisie. Gravure de poinçons.
Dutreix (J.) et Cie, à Limoges (Haute-Vienne).
Eon (J.-V.), A. Turlot et Cie, succ., rue de Rennes, 128.
Fonderie générale. (V. Beaudoire et Cⁱ), rue Duguay-Trouin, 13.
Fonderie moderne, rue Saint-Lambert, 38 et 40.
Gouverneur, passage du Grand-Cerf, 50.
Houpied, rue Royer-Collard, 16.
Huart frères, rue de la Tombe-Issoire, 21.
Huvé, rue Vavin, 14.
Mackhellar, Smiths et Jordan, rue de Rennes, 108.
Mayeur (Gustave). (V. Allainguillaume et Cie).
Ollière et Ecorcheville, r. Julie, 25.
Olive (Lazare), rue Château-Payan, 73, à Marseille (Bouches-du-Rhône).
Peignot (G.) et fils, successeurs de G. Peignot, 68, boulevard Edgar-Quinet, Paris. — Spécialité de blancs, interlignes et garnitures. — Filets en matière, cuivre ou zinc, en lames et par collections systématiques. — Réglures entre-croisées brevetées. — Coupoir-biseautier, système Peignot. — Blancs cintrés, cadrats obliques. — Ecriture des aveugles, procédé Braille, etc. = Caractères de labeurs. — Types ordinaires, Didot et Elzévir. Nombreuses fantaisies et vignettes diverses.
Renault (G.), rue de Vaugirard, 165. Caractères et vignettes en tous genres, spécialité de filets de cuivre.
Revert (E.), Billet, successeur, rue de l'Hôtel-Colbert, 4.
Société anonyme (Paul Dupont), rue du Bouloi, 4.
Trouvain, à Amiens (Somme).
Turlot et Cie, rue de Rennes, 128. Caractères de labeur et de fantaisie, vignettes, etc., coupoir Derriey.
Ungerer (Ch.-Fr.), à Strasbourg (Alsace-Lorraine).

Valiech (Charles), de Toulouse. — Dépôt à Paris, boulevard Voltaire, 85.
Warnery frères, rue Humbold, 8. Caractères en tous genres, filets, interlignes, vignettes, etc.; lingots lieurs.

Galvanotypie.

Capelle H.), rue Mouffetard, 52.
Cottens (G.), rue Lacépède, 39.
Vuilleaume (H.), rue Saint-Jacques, 277.

Graveurs.

Adam (Julien), Leblond, success., rue de la Perle, 3 (grav. héraldiste).
Agostini, 8, rue Paradis, à Marseille.
Agry, rue Castiglione, 14 (grav. héraldiste).
Alix (E.), boulevard Voltaire, 60.
Allain, Vᵉ Poitrenaud, success., quai du Louvre, 12.
André, rue Dolomieu, 3.
Andrieux, 54, rue de la République, à Marseille.
Ange Graïc, quai d'Orléans, à Nantes.
Appay, rue de la Paix, 24 (grav. héraldiste).
Association des graveurs, quai des Grands-Augustins, 25.
Aubert (Georges), rue Broca, 94.
Augé-Delille, Marquet et Fayet, succ., 30, cours du Chapeau-Rouge, à Bordeaux.
Aumiotte, passage des Panoramas, 47 (grav. héraldiste).
Aymoz, à Grenoble.
Azéma, 42, rue des Filatiers, à Toulouse.
Badon, à Montpellier.
Bagriot (Auguste), F. Bagriot, succ., rue Saint-Denis, 168 et 170 (grav. héraldiste).
Bahloon (L.), à Strasbourg.
Ballot (Vᵒ) et fils, rue Visconti, 20.
Barberon (Ch.), rue La Vrillière, 4.
Barbier (X.), à Orléans (Loiret).
Barbiere (A.), 6, rue de l'Orient, à Toulouse.
Bardon, 36, avenue Thiers, à Bordeaux.
Bardot, à Rouen.
Barkey, 24, rue Piliers-de-Tutelle, à Bordeaux.
Baronié (J.-M.), 20, rue Saint-Antoine.
Bascou, 1, boulevard du Musée, à Marseille.
Bassaget, à Béziers.
Barret (A.), boulevard du Montparnasse, 104 (grav. paniconographe).
Barthet, à Nancy.
Bauby, rue de Charenton, 163.
Bauchart (Georges et Ernest), passage Montbrun, 6.
Bauchereau, rue de la Bourse, 15, à Bordeaux.
Baude (Charles), rue Le Verrier, 8.
Baudet, à Villedieu-les-Poêles.
Baudoin (Georges), rue Beaunier, 58.
Bazin (Léon), aven. du Maine, 44.
Baux, 16, rue Paradis, à Marseille.
Beaurin (A.), à Sedan.
Bellanger, rue Madame, 60.
Bellenger (A.-M.-V.), rue Duguay-Trouin, 3.
Bellenger (Clément), rue du faubourg Saint-Jacques, 27.
Bellevoye, à Reims.
Benneton, boulevard Malesherbes, 83 (grav. héraldiste).

Benoît, à Castres (Tarn).
Berdoulat, 50, rue des Filatiers, à Toulouse.
Berenguier, à Nice.
Berson (H.), rue Vieille-du-Temple, 20.
Bert, à Pau.
Berteaud, à Angoulême.
Bertinetto, à Nice.
Bertrand, passage Dubail, 21.
Bescherer (L.), rue du Cardinal-Lemoine, 21.
Beurton, 4, quai Louis XVIII, à Bordeaux.
Bezé, à Poitiers.
Bezut, à Saint-Omer.
Bienfait (Léon), place de la Nation, 7.
Bizot, 48, rue Bouffard, à Bordeaux.
Blanc (Cl.), rue Sedaine, 78 (grav. sur fer à dorer).
Blettery, rue de Buffon, 31.
Blitz (Ch.) et Cie, rue Baudin, 28 (grav. héraldiste).
Blondeau, rue des Grands-Augustins, 1.
Boillot, à Rouen.
Boireau, à Oran.
Boisset, rue Suger, 13.
Bonnesœur, à Clermont-Ferrand.
Bonnet, au Puy.
Bonnin, à Mâcon (Saône-et-Loire).
Bony, à Reims.
Borel, rue Al-Djazira, 11, à Tunis.
Bory, 29, cours de l'Intendance, à Bordeaux.
Bory (J.) fils, rue du Temple, 21 (grav. sur fer à dorer).
Bouchet, à Clermont-Ferrand.
Boudier, à Mâcon.
Bourdelin (Emile), rue Lafayette, 126.
Bourdon (A.), anc. maison E. Fromont, rue de Louvois (grav. héraldiste).
Bousquet, place du Change, 5, à Marseille.
Bousquet, 3, rue du Musée, à Lyon.
Boutellier, à Nancy.
Bouton (Ch.), rue Hautefeuille, 10.
Bouton (Victor), rue Saint-Jacques, 247.
Boyer (Marius), avenue de l'Opéra, 39 (grav. héraldiste).
Bozzo, à Niort.
Brend'Amour et Cie, rue Michel-Ange, 71.
Brière, à Clermont-Ferrand.
Brink et Winkler, à Strasbourg.
Brocchi (F.), rue du Faubourg-Saint-Honoré, 30 (grav. héraldiste).
Brouquier, rue Canonge, 9, à Marseille.
Bureau, 6, rue Esquermoise, à Lille.
Cambon frères, 45, rue Aubagne, à Marseille.
Canard, au Puy.
Canedi, 4, cours Gambetta, à Lyon (grav. industriel sur bois).
Cannuel, à Brest (Finistère).
Capseck (Ve), à Libourne (Gironde).
Caron, à Amiens.
Cassan (L.) aîné, 37-39, rue des Couteliers, à Toulouse.
Casut, au Havre.
Cau (V.), à Roubaix.
Cauvain, 5, place Gilson, à Lille.
Cavelier, à Saumur.
Chabrol fils, à Thiers.
Chapon, rue du Ruisseau, 55.
Charaire et Cie, rue du Faubourg-Poissonnière, 102 (grav. paniconographe).
Charles, 3, place Kléber, à Lyon.

Charrier (A.), rue d'Aboukir, 94 (grav. héraldiste).
Chaumont, à Nancy.
Chazelle, rue de Vanves, 55.
Chemelat fils, à Nogent-en-Bassigny.
Cher (Alph.), 6, rue Gambetta, à Saint-Etienne.
Chevalier (Aug.), rue Gomboust, 7 (grav. héraldiste).
Chevalier (Thévenot et Cie, succ.), rue de Montmorency, 39.
Cholet, rue Godefroy-Cavaignac, 49 (grav. pour impression).
Chouet (Eug.), rue Castiglione, 14 (grav. héraldiste).
Chovin, rue Leclerc, 1.
Christian (K.), à Thionville (Alsace-Lorraine).
Cizeron, 43, rue Gambetta, à Saint-Etienne.
Claretie, rue de Rome, 175, à Marseille.
Clochez (A.), rue Vic-d'Azir, 5 (grav. héraldiste).
Colas (P.), rue Gobert, 12.
Colette, à Dieppe.
Compagnie nationale des billets de banque, rue Lakanal, 15, à Montrouge (Seine).
Contrault (A.), rue Aumaire, 30.
Cordier, à Valenciennes.
Cordouan (Mme A.), rue Clapeyron, 17.
Coucke (L.), à Roubaix.
Coumes, Petite rue Saint-Rome, à Toulouse.
Cousin, rue Facon, 40, à Marseille.
Crabbe, rue de Lancry, 36.
Crozet, à Tours.
Cuelle, à Abbeville.
Cuénat, à Montpellier.
Danzer (H.), rue Cambon, 19.
Dardignac, 48, rue des Filatiers, à Toulouse.

Darras, à Saint-Quentin.
Darricarrère, à Bayonne.
Daudenarde (Amédée), rue de la Grande-Chaumière, 3.
Daumal, à Abbeville.
David (Alexis), rue Castiglione, 5 (grav. héraldiste).
Davoust, avenue Gambetta, 9.
Deborgies, 188, rue Gambetta, à Lille.
Debuilloud, rue du Bac, 68 (grav. héraldiste).
Dedieu, à Limoges.
Defer, à Nice.
Defranc, 41, rue Blanche, à Lille.
Degrusse et Fournier, rue Paradis, 7, à Marseille.
Delangle (Paul), rue Friant, 17.
Delangle, à Versailles.
Delaunay (Mlle), à Versailles.
Delaval (Aug.), à Grenoble.
Delbecke, au Mans.
Deloche (Ernest), rue Denfert-Rochereau, 47.
Deluaz, rue des Grands-Augustins, 5.
Dencède, rue de Rennes, 121.
Denys (Eug.), à Louvroil (Nord).
Depardon et Boireau, 61, rue Garibaldi, à Lyon.
Derbier, impasse Ronsin, 12.
Dersange, à Nancy.
De Ruaz, 47, rue Saint-Placide.
Desaide (Alph.) fils, quai des Orfèvres, 56 (grav. héraldiste).
Deschamps (Emile), pl. Jussieu, 1.
Desenfants, à Boulogne-sur-Mer.
Desmarets (E.), Palais-Royal, galerie Montpensier, 40 (grav. héraldiste).
Devis, rue de Bône, à Alger.
Dewambez, passage des Panoramas, 63.
Devos, rue Campagne-Première, 8 bis.

D'Hondt, rue Lagrange, 5.
D'Hyvert, à Châlons-sur-Marne.
Dietrich, rue Hautefeuille, 3.
Doc, à Saumur.
Dochy (Henri), rue de Vaugirard, 203.
Doderet (E), à Dijon.
Donnadieu, à Montpellier.
Donzet (Théodore), cours Pierre-Puget, 36, à Marseille.
Dournel père et fils, rue de la Gare-de-Reuilly, 54.
Dubosq fils, à Versailles.
Dujardin, à Tourcoing.
Dumont, 17, rue des Ponts-de-Comines, à Lille.
Dupé, 1, pl. Ste-Croix, à Nantes.
Dupeyrac (G.), 5, place de la Bourse, à Marseille.
Duplassy (B), 16, rue d'Alsace-Lorraine, à Toulouse.
Duponché, à Dieppe.
Dupont fils, à Cherbourg (Manche).
Dupouey, avenue du Maine, 154 (cité Badran).
Dutertre (Victor), rue du Montparnasse, 42.
Dutheil, rue Campagne-Première, 7.
Duvivier (Mme), rue Pernety, 10.
Enfer (Léon), boulevard Voltaire, 219.
Esprene, 14, rue Piliers-de-Tutelle, à Bordeaux.
Eyraud (Mlle Nancy), rue Rochechouart, 21.
Faule (A.), rue de Chambéry, 18.
Fauvel (Henri), au Havre.
Fayol, au Havre.
Ferlat, à Grenoble.
Flagella (Ve Ch.), rue des Archives, 77 (grav. héraldiste).
Flan, rue Fontaine-au-Roi, 56.
Flouret (L.), rue Delambre, 33.
Florian, rue Morère, 20.

Fournex (Gustave), rue Bonaparte, 47.
Fournier (E.), rue Roussin, 4.
Fournier, à Lisieux (Calvados).
Fournier, 17, rue de Rome, à Marseille.
Frennelet, à Amiens.
Fromant, 2, rue des Suaires, à Lille.
Fromont (E.), rue de Louvois, 7 (grav. héraldiste).
Furcy (C.), rue Saint-Placide, 60.
Gaba, à Saint-Quentin.
Ganot, 18, rue Lafayette, à Toulouse.
Gardella, rue Chauveau-Lagarde, 14 (grav. héraldiste).
Gillard (P.), 13, rue du Val-de-Grâce ; illustrations en tous genres ; photogravure pour les sciences, la construction mécanique, etc.; reproduction et réduction de dessins ; spécialité de dessins photogravés imitant la gravure sur bois ; lavis et aquarelles, etc.
Girard (H.), rue Cujas, 11.
Girard-Col, à Clermont-Ferrand.
Girardin, 22, rue Castillon, à Bordeaux.
Girot-Légal, à Nîmes.
Golaudin, passage Ste-Avoie, 4.
Goulon, à Nancy.
Gourdel, Rennes (Ille-et-Vilaine).
Gourdin et Cie, Gérente, Dalbignat et Cie, successeurs, rue de Richelieu, 83 (graveurs héraldistes).
Gran (D.), à Tourcoing.
Grande correspondance (La), quai de la Tournelle, 27.
Grimaud (L.), 28, rue Porte-Dejeaux, à Bordeaux.
Groszos, rue de la Paix, 18 (grav. héraldiste).

Guérelle, rue d'Alésia, 43.
Guérin, à Tours.
Guérin (Louis), rue Bab-Azoum, 14, à Alger.
Guérin, 12, rue Constantine, à Marseille.
Guérin, 8, rue Haxo, Marseille.
Guichard, à Chalon-sur-Saône.
Guieu (M.), 8, place des Hommes, Marseille.
Guillon, à Saint-Nazaire (Loire-Inférieure).
Guitton, 9, quai Port-Maillard, à Nantes.
Gusman (Pierre), rue Vavin, 12 *bis*.
Habert (Emile), à Nogent-en-Bassigny.
Haltermayer, 31, cours Belzunce, Marseille.
Hamel, à Rouen.
Hammer, 100, rue Cuvier, à Lyon.
Hellé, rue Royer-Collard, 4.
Hémart (H.). à Epernay (Marne).
Hennebois, rue du Moulin, 43, à Vincennes (Seine).
Hergot, à Nîmes.
Hessig (Isidore) aîné, rue du Corbillon, 17 et 19, à Saint-Denis (Seine).
Hiret, rue de la Voie-Verte, 51.
Huleux, à Boulogne-sur-Mer.
Huot (Gustave), rue Palestro, 5 (grav. héraldiste).
Huyot (J.) fils, rue des Saints-Pères, 34.
Huyot (J.), rue Saint-Placide, 34.
Imbault, rue Freycinet, 8.
Jeaugeon, avenue de Châtillon, 25.
Johannet (G.), successeur de Peuchot, rue de Nesles, 10.
Jolly, à la Rochelle.
Jolly (V^e), à Epinal.
Jouanin (Ch.), rue de Turbigo, 74 (grav. héraldiste).

Jouannet (V.), boulevard des Capucines, 16 (grav. héraldiste).
Joubard (E.), rue Didot, 43.
Jourdain, 12, rue Priez, à Lille.
Juvanon, 8, rue du Général-Foy, à Saint-Etienne.
Keller-Dorian, 19, rue Saint-Eusèbe, à Lyon.
Keltz (A.), rue Réaumur, 1 (grav. héraldiste).
Kluge (W.), rue des Petits-Champs, 20 (grav. héraldiste).
Kohl (A.), rue de Coulmiers, 17.
Kurth et Cie, boulevard Saint-Germain, 179.
Lachtiver (A.), rue des Trois-Portes, 10 (grav. sur fer à dorer).
Lack, 59, rue Garibaldi, à Lyon (grav. industriel sur bois).
Lacroix, à Béziers.
Lagrange, 25, rue de la Pomme, à Toulouse.
Laigneau (D), ancienne maison Le Loutre, rue du Fouarre, 12 (grav. sur fer à dorer).
Lancevelée (L.), à Sidi-bel-Abbès (Algérie) (département d'Oran).
Langlade, à Limoges.
Langlois, à Dieppe.
Lajoye fils, à Caen.
Lamellet, 105, avenue de Saxe, à Lyon.
Lamendour, à Lorient.
Laporte, à Valenciennes.
Laroche, à Clermont-Ferrand.
Larue (G.), 78, rue Notre-Dame, à Bordeaux.
Larue (G et S.), 25, quai des Chartrons, à Bordeaux.
Lassus, rue des Piliers-de-Tutelle, à Bordeaux.
Laurent, au Puy.
Lautner, à Nice.
Le Boyteux, à Caen.

Lebrun (J.), à Roubaix.
Lechevalier-Havard, à Villedieu-les-Poêles.
Leclerc-Drouot, à Châlons-sur-Marne.
Lecomte, à Poitiers.
Lecoq, à Caen.
Leenknecht, à Roubaix.
Lefèvre, rue des Récollettes, à Marseille.
Legrand, au Havre.
Legros, à Saint-Omer.
Lemoine, 15, rue Crébillon, à Nantes.
Lemoine (A.), rue Saint-Martin, 227 (grav. héraldiste).
Lemoine (Ernest), quai Jemmapes, 16 (grav. héraldiste).
Lemeur (L.), 8, rue Sainte-Catherine, Bordeaux.
Lemonnier (H.), à Saïgon (Indo-Chine).
Léon (S.), rue de Strasbourg, à Alger.
Lepère (A.), père, rue de Vaugirard, 203.
Leroy, à Abbeville.
Leroux, à Versailles.
Lesieur (E.), passage Verdeau, 22 (grav. héraldiste).
Levasseur, à Dieppe.
Léveillé (A.-H.), boulevard du Montparnasse, 25.
Lévy, rue Frochet, 6.
Liesfeld (Ch.), à Strasbourg.
Limon (Paul), rue Bonaparte, 28.
Lobel (J.), à Roubaix.
Loubatié, à Quimper.
Macquaire, 8, rue Mercœur, à Nantes.
Madden (H.), rue des Fontaines-du-Temple, 17 (grav. sur fer à dorer).
Mahieu, 2, rue des Prêtres, à Lille.

Malartre, 61, rue Michelet, à Saint-Étienne.
Malinvaud, à Limoges.
Mallet, 27, rue de la République, à Saint-Étienne.
Manin, 11, rue Haxo, Marseille.
Marchais, 3, rue Sainte-Catherine, Bordeaux.
Marchand (F.), à Oran.
Maréchal, rue Hallé, 53.
Marin, rue Sylvanie, 7, au Parc-Saint-Maur (Seine).
Marin, 42, rue Vacon, à Marseille.
Marlier, rue Dumont-d'Urville, à Alger.
Marquant, 1, rue de la Casbah, à Alger.
Marquis, à Saint-Omer.
Marson frères, à Boulogne-sur-Mer.
Martin, à La Rochelle.
Martin-Richebourg, à Nogent-en-Bassigny.
Mary (A.), rue Saint-Sabin, 16.
Massard, rue Oudinot, 10.
Maurand (Charles), rue Denfert-Rochereau, 94.
Mayen, 12, chemin des Aygalades, à Marseille.
Mendibourc (A.), cours d'Albret, 100, Bordeaux.
Messy (A.), à Arras (Pas-de-Calais).
Métayer, à Poitiers.
Mettais, rue et place Guilleminot, 6.
Mey, au Puy.
Meynard, rue Delambre, 22.
Michel (A.), 30, rue de la Paix, à Marseille.
Mignucci, à Constantine.
Mineur (L.), rue du Bouloi, 2.
Miniot, boulevard Voltaire, 5.
Monnehay et Godard, quai de

l'Horloge, 37 (grav. héraldiste).
Monnier, à Clermont-Ferrand.
Monniet, au Puy.
Monnot (A.-G.), rue d'Aboukir, 130 (grav. héraldiste).
Monnot (A.-G.), rue d'Aboukir, 130.
Montagné, 24, cours du Chapeau-Rouge, Bordeaux.
Montaigne-Savary, 2, rue Masurel, à Lille.
Montel (Emile), rue Chappe, 14.
Montigny, à Niort.
Morateur (J.), boulevard de la Madeleine, 1 (grav. héraldiste).
Morizet (Paul), place de la Sorbonne, 3 bis.
Moreaux, à Châlons-sur-Marne.
Motti, à Nice.
Mouret et Cie, 12, rue Haxo, à Marseille.
Müller, (C.), à Strasbourg.
Müller-Graïe, 16, quai d'Orléans, à Nantes.
Müller-Vogtenberger, à Strasbourg.
Naussan (F.), à Angoulême.
Naud, aux Sables-d'Olonne (Vendée) (grav. en caractères).
Navalier et Mari, boulevard du Montparnasse, 50.
Navellier (Narcisse), rue du Montparnasse, 38.
Naville (F.), à Chambéry (Savoie).
Nivelle (R.), à Angoulême.
Noël, à Rouen.
Nouviaire, à Thionville (Alsace-Lorraine).
Ogier, à Béziers.
Oppert (A.), à Grenoble.
Orsset, rue Morand, 12.
Parry (Arthur), rue de Seine, 76.
Pascal, à Auch (Gers).
Payan (Aug.), à Béziers.

Pélissier (H.), 5, rue Moustier, à Marseille.
Perpéré, 28, rue Porte-Dijeaux, à Bordeaux.
Perrichon fils, rue Dutot, 40.
Petit, rue de Bagneux, 11.
Petit, à Amiens.
Peuchot (E.), G. Johannet, successeur, rue de Nesle, 10.
Peyrachon, à Constantine.
Pin, à La Rochelle.
Pinault, à Châlon-sur-Saône.
Pirion, à Quimper.
Piron, au Mans.
Plain, à Nice.
Poilrat-Descy, à Roubaix.
Porati, à Aix (Bouches-du-Rhône).
Poumarède, à Limoges.
Poyet, rue du Louvre, 17.
Poyet, à Roanne (Loire).
Prunaire, rue Charlet, 2.
Quesnel (Désiré), boulevard du Montparnasse, 74.
Raybaud, 26, rue des Fabres, à Marseille.
Rayé, 80, rue de Tournay, à Lille.
Récipon, à Dunkerque.
Reigner, boulev. Port-Royal, 66.
Renaut, à Nogent-en-Bassigny.
Reyen (A.), rue de Mulhouse, 13 (grav. héraldiste).
Rhein, à Strasbourg.
Riboulet-Goby, rue de la Chaussée-d'Antin, 38 (grav. héraldiste).
Richaud, 8, rue des Templiers, à Marseille.
Rivière (Henri), boulevard de Clichy, 29.
Robert, 9, place de la Bourse, à Marseille.
Robin, au Mans.
Rodighiero, boulevard Voltaire, 76.
Rolland, à Montpellier.
Rondel, à Tours.

Rose (Victor), boulevard des Capucines, 35.
Rougier, 17, rue Pisançon, à Marseille.
Rousseau (Léon), boulevard Arago, 101. Gravure sur bois et dessins en tous genres. Collaborateur de l'*Illustration*.
Rousssel, à Dunkerque.
Rousselet, 3, place du Peuple, à Saint-Etienne.
Roux, à Avignon.
Roux, 24, rue Méry, à Marseille.
Rozet, 2, rue Haxo. à Marseille.
Ryder (Ve), à Epinal.
Sage, 24, rue Louis-Blanc, à Lyon.
Sainton, rue d'Aboukir, 120.
Sardy frères, à Dijon.
Schaller (Ch.), boulevard Voltaire, 149.
Schaller-Esparon, passage des Panoramas, galerie de la Bourse, 10, (grav. héraldiste).
Schleiffer (E.), à Strasbourg.
Schneider (A.), boulevard Haussmann, 109 (grav. héraldiste).
Seyder (Eug.), à Strasbourg.
Sinard, à Avignon.
Sivé, boulevard Raspail, 245.
Sodes, à Bayonne.
Souze (Paul), successeur de A. Lofficiaux, impasse du Maine, 18 *bis* (grav. sur fer à dorer).
Stablo, rue de Vaugirard, 108.
Staiger et Cie, rue de Turbigo, 51 (grav. héraldiste).
Stelmans (C.), boulevard Montmartre, 15.
Stern, passage des Panoramas, 47 (grav. héraldiste)
Sylla, rue Daunou, 18 (grav. héraldiste).
Tamisier (Vᵉ), à Châlon-sur-Saône.
Tarrerias-Delaire, à Thiers.
Tauxier (Alph.), rue Corneille, 7.
Termoz, rue de Paris, à Saint-Denis (Seine).
Terrier, rue Saint-Hilaire, 34, à Colombes (Seine).
Tervoort, à Rouen.
Therias (P.), à Thiers.
Thévenin (G.), rue Dancourt, 4.
Thévenon, 34, rue de Roanne, à Saint-Etienne.
Thiellet, à Grenoble.
Thierry, à Reims.
Thomas et Gauthron, 130, avenue de Saxe, à Lyon (grav. industriel sur bois).
Thomas, au Puy.
Thomas, à Epinal.
Tiñayre, villa de Médicis.
Tirard (Georges), rue Grenéta, 37 (grav. héraldiste.)
Tirot et Josset, rue du Temple, 175 (grav. héraldiste).
Toinon, rue de la Corderie, 1, à Marseille.
Touche, succ. de Ramond, 5, rue Pavillon, à Marseille.
Trévert (Ch.), r. de Rambuteau, 57 (grav. héraldiste).
Tronchon, 40, rue de la Fosse, à Nantes.
Tribout, 72, rue Esquermoise, à Lille.
Vallée, avenue du Roule, 420, à Neuilly (Seine).
Valenting (A.), impasse Truillot, 14.
Vallotton (F.), rue Jacob, 11.
Vedel-Charbonnier, à Thiers.
Viard, à Rouen.
Vigon (L.), à Oran.
Vilano, à Perpignan.
Vionnet, à Avignon.
Virte, à Nancy.
Vuillermoz, à Saint-Claude (Jura).

Walker, à Metz (Alsace-Lorraine).
Wartel, 1 bis, rue des Ponts-de-Comines, à Lille.
Wason (Albert), place de Bellevue, à Saint-Etienne.
Weber (Ed.), à Mulhouse (Alsace-Lorraine).
Weill (N.), boulevard Bonne-Nouvelle, 112 (grav. héraldiste).
Wéry (Ch.), à Reims.
Wiéthoff, avenue du Maine, 185.
Zante (Ed.), à Avesnes (Nord).

Héliographie et Héliotypie.

Barret, boulevard du Montparnasse, 104.
Bisson, rue Rochechouart, 58.
Bordier, rue de l'Estrapade, 21.
Bourdon (Marc), rue Saint-Lazare, 14.
Buirette, rue St-Louis-en-l'Ile, 71.
Chapel et **Hougardy**, 93, rue Dareau. Photogravure artistique et industrielle; similigravure.
Ducourtioux et **Huillard**, rue Saint-Benoît, 7.
Dujardin (P.), rue Vavin, 18.
Farnier (H.), à Sauvigny-s-Meuse (Meuse).
Fernique et fils, rue de Fleurus, 34.
Fillon et Heuse, rue Notre-Dame-des-Champs, 113.
Gillard (P.). (V. ce nom aux graveurs.)
Gillot, rue Madame, 79.
Hellé, rue Royer-Collard, 4.
Lackerbauer, rue de la Gaîté, 47.
Lemercier, rue Vercingétorix, 44, 46 et 48.
Liné, 55, rue du Montparnasse.
Mauge, 8, boulevard de Vaugirard.
Michelet. (V. Reymond.)

Prieux, rue Froidevaux, 21.
Racle, rue Claude-Bernard, 73.
Raymond, succ. de A. Michelet, rue de Rennes, 76.
Rougeron, Vignerot et Cie, rue de Vaugirard, 118.
Talon, Fabert et Cie, 190, rue de Vaugirard.
Van Heer et Cie, 16, rue Littré.
Yves (A.), 69, rue Réaumur.

Machines pour imprimeurs-typographes et lithographes, relieurs, brocheurs, etc.

Abat, rue Joquelet, 10.
Alauzet (V^r), rue Notre-Dame-des-Champs, 87.
Anthoni (G.), boulevard du Château, 67, à Neuilly (Seine).
Barré (Ch.), succ. de Janiot et C. Barré, rue de Vaugirard, 131.
Baumhauer, succ. de Nagel et Franckhauser, rue Oberkampf.
Berthier (S.) et Durey, rue de Rennes, 46.
Bertrand (Ad.), rue de l'Abbaye, 8.
Bizet et Dubois, rue Croulebarbe.
Bonnafous, boul. Voltaire, 207.
Boudin, rue de Turenne, 117.
Bouffier (E.) (maison Lebrun), rue d'Argout, 55.
Bourgeois aîné, rue du Caire, 31.
Bouthor, rue des Bernardins, 26.
Busser (J.), rue Claude-Vellefaux, 50.
Champigneul, rue de Patay, 74.
Chevillard (C.) et A. Girard, rue Péclet, 15.
Clémang et Lecas, succ. de V. Gaudron, boulevard d'Italie, 77 et 79.
Coulon (J. Perrier, succ.), avenue de la République, 1.
Delanneau (A.) et Cie, avenue de la République, 1.

Delage, 7, rue Henri IV, à Lyon.
Derriey (Jules), avenue Philippe-Auguste, 79 à 85.
Dolezon, boulevard Voltaire, 45.
Durand (E.), avenue Victor-Hugo, 163.
Durif, rue des Fourneaux, 284.
Everling, rue de la Victoire, 67.
Flamant, rue de Vannes, 2.
Foucault, Godon et Breton, succ., avenue de la République, 29.
Foucher (A.), boulevard Jourdan, 62. (V. Matériel d'imprimerie.)
Fougeadoire et fils, rue Saint-Honoré, 396.
Gerschel (E.) et Cie, rue du faubourg Saint-Denis, 80.
Grenet et Cellier, 36, quai de l'Hôpital, à Lyon.
Guillebaut, boulevard Contrescarpe, 36.
Hachée. (V. Poirier.)
Hohenhausen, boulevard Rochechouard, 29.
Houpied, rue Royer-Collard, 16.
Jurine, 70, rue Vauban, à Lyon.
Lagrange, boulevard Magenta, 66.
Lambert (Edouard) et Cie, rue de Reuilly, 131.
Lauga (P.), rue d'Enghien, 20.
Leclaire, rue Saint-Maur, 140.
Lesieur (E.), passage Verdeau, 22.
Lhermite (A.), avenue de Saxe, 60.
Lhermite (Georges), rue du Faubourg-Saint-Martin, 208.
Magand (A.), rue du Faubourg-Saint-Martin, 258.
Mallié et Cie, rue du Faubourg-Poissonnière, 155.
Marinoni, rue d'Assas, 96. Machines typographiques et lithographiques en tous genres, avec encrage à plat et cylindrique. Rotatives pour labeurs et journaux, derniers modèles, avec et sans plieuses. Machines à pédales, machines à bronzer. Constructeur de l'*Universelle*, de l'*Indispensable*, de l'*Active*, etc., etc. Outillage perfectionné. *Treize mille deux cent vingt* machines vendues tant en France qu'à l'étranger. Machines à gommer et à vernir, calandres, etc., etc.
Ménard Deluzy (E.), rue de Rennes, 108.
Perreau et Brault, J. Tourey, succ., rue de Sèvres, 66.
Pernet, succ. de Ferron, rue des Gravilliers, 7, 9 et 11.
Perrier (J.), avenue de la République, 1.
Picq, Harmand, succ., rue Chapon, 31.
Pieplu (T.), rue Bréa, 20.
Poirier, Hachée, succ., rue du Faubourg-Saint-Martin, 122.
Preusse et Cie. Fabrique de machines. Leipzig (Saxe). — SPÉCIALITÉS : **Brocheuses à fil métallique et à fil végétal** pour livres, brochures, cahiers d'écriture, etc. — Machines pour la fabrication de tout genre de **Cartonnages**. — Installations complètes pour la fabrication des **Boîtes pliantes**. — **Plieuses** pour labeurs et journaux.
Ragueneau, rue Joquelet, 10.
Ragueneau (H.), rue de Malte, 21.
Schmautz (Ch.), rue de Sèvres, 31.
Schneider (E.), à Choisy-le-Roi (Seine).
Sédard frères, 52, quai de la Charité, à Lyon.
Teillac (E.), boul. Magenta, 66.
Théobald, rue de St-Quentin, 26.

Tournaud, rue de Vaugirard, 192 *bis*.
Trocque, rue Saint-Jacques, 251.
Trouillet (A.), boulevard de Sébastopol, 112.
Turbelin (Alp.), boulevard de la Liberté, 89 *bis*, à Lille.
Voirin (J.), rue Mayet, 15 et 17.
Wibart, avenue Victor-Hugo, 163.

Matériel typographique.

Bertrand, rue de l'Abbaye.
Boildieu, rue du Regard, 8.
Claris et Gallice, rue Robert, 9, à Saint-Etienne (Loire).
Foucher (Auguste), 62, boulevard Jourdan. Constructeur-mécanicien. Machines, outils et accessoires pour composition, impression, stéréotypie, galvanoplastie, zincs, photogravure, brochure, reliure, fonderie en caractères ; casses, casseaux, galées, plateaux en zinc, ais, rangs en bois et en fonte, rayons, marbres avec et sans pieds, bardeaux ; machines à cartes de visite, etc., etc. Approvisionnements considérables.
Vander (C.), rue des Nonnains d'Hyères, 8, Paris. Galées en zinc, équerres simples : 12 × 25, 2 fr. — 12 × 30, 2 fr. 25. — 16 × 25, 2 fr 50. — 16 × 30, 3 fr. — 20 × 30, 3 fr. 50. — 25 × 32, 4 fr.
Plateaux, équerres doubles : 30 × 40, 6 fr. — 40 × 50, 9 fr. — 45 × 60, 12 fr.
Galées pour mise en pages, depuis 8 fr. Galées de tous formats et de toutes combinaisons, selon commande. — Composteurs en acier.
Typomètres, depuis 1 fr. 50. —
Lignomètres, depuis 1 fr. 25. —
Pinces à 0 fr. 60, 1 fr., 1 fr. 25 et 1 fr. 50.
Outillage pour conducteurs. — Molettes, vélos, échoppes, etc.

Numéroteurs (Constructeurs de).

Barbier (M.) et Lyon (Ch.), rue Chapon, 13.
Bavard et Pasteur, rue du Faubourg-Saint-Martin, 180.
Bergougnan, rue de Turenne, 125.
Bory (J.) fils, rue du Temple, 21.
Chevalier fils, rue Charlot, 79.
Couturier boulevard Beaumarchais, 37.
Derriey (Ch.), Turlot et Cie, succ., rue de Rennes, 128.
Dresler et Dry, rue Louis-Blanc, 60.
Klein, rue du Faubourg-Saint-Denis, 86.
Lemoine (Ernest), quai de Jemmapes, 16.
Lesieur, passage Verdeau, 22.
Lhermite (A.), avenue de Saxe, 60.
Luini, quai de Jemmapes, 176.
Monnot, rue d'Aboukir, 130.
Sanglier (Armand), rue Vivienne, 23.
Trouillet (Auguste), boulevard de Sébastopol, 112.

Paniconographie. (V. Héliographie et Héliotypie.)

Papiers en gros.

Abadie, avenue Malakoff, 130 et 132.
Aimé (E.) fils, à Nancy.
Albaret et Cie, rue Haxo, à Marseille.
Alger, rue Basfroi, 41.
Alkan (A.), rue Notre-Dame-de-Nazareth, 23.

Alibaux, Vérilhac et Cie, 78, rue Molière, à Lyon.
Anquetil, 21, rue de la Savonnerie, à Lyon.
Arnault, rue Montorgueil, 40.
Auguste-Godchaux (Paul) et Cie, rue de la Douane, 10.
Aussedat (Ve J.-M), à Cran, près Annecy (Savoie). — Dépôt à Paris, rue du Bouloi, 4 ter.
Avot et Cie, 23, rue Nicolas-Leblanc, à Lille.
Baqué (L.), rue Dauphine, 16.
Barathon et Gumèry, F. Gumèry, successeur, rue des Blancs-Manteaux, 31 et 33.
Barbier (Charles), cité des Trois-Passages, à Versailles.
Bardou-Job et Pauilhac, à Toulouse (Haute-Garonne). — Dépôt à Paris, rue Béranger, 21.
Bareyre, à Bordeaux.
Barjon, à Moirans (Isère). — Dépôt à Paris, rue de Rivoli, 82.
Barraud (J.-E.), à Angoulème.
Barrault (Philippe), rue des Archives, 67.
Barreau (V^e), cours du Chapeau-Rouge, 10, à Bordeaux.
Barret (E.) et Cie, rue Lafayette, 181.
Barthélemy (A.), rue du Jardinet, 5.
Bartholy (Ve J.), rue Michel-le-Comte, 5 et 12.
Baudoux, à Poitiers.
Baudoux-Chesnon (L.), à Port-Marly (Seine-et-Oise). — Dépôt à Paris, boulevard Malesherbes, 153.
Baudin et Leroy, rue Jeanne-d'Arc, à Lille.
Bauer et Cie, à Strasbourg.
Baurie, 8, rue Foy, à Bordeaux.

Bergès, 7, rue Molière, Lyon.
Berger, 21, boulevard Gazzins, à Marseille.
Bertholet frères, à Wesseling, près Voiron (Isère). — Dépôt à Paris, rue Mazarine, 60.
Bertrand-Bouschet, à Clermont-Ferrand.
Bessard (Gustave), à Clermont-Ferrand.
Beux-Detrez, rue Barthélemy-Delespaul, 81, à Lille.
Bichelberger (P.), E. Champion et Cie, quai du Louvre, 16.
Bilbille, rue Vaugirard, 227.
Blancan (Ch.) et Cie, ancienne maison V^o Dimier et Ch. Blancan, rue du Faubourg-Saint-Denis, 154 et 156.
Blanchard, à Verneuil (Eure).
Blanchet frères et Kléber, à Rives (Isère). — Dépôt à Paris, boulevard des Capucines, 24.
Bligny-Cottot, à Autun (Saône-et-Loire).
Blum (Alfred), rue Beaurepaire, 19.
Boncœur, 205, rue de Rome, à Marseille.
Borie et G. Fauqueux, rue Sainte-Croix-de-la-Bretonnerie, 50.
Bosch (E.), à Strasbourg.
Bosq, 67, rue de la Palud, à Marseille.
Bouchez (G.), successeur de Frionnet, rue Pastourelle, 15.
Bourlissier, à Saint-Quentin (Aisne).
Braunstein frères, rue de la Victoire, 50.
Brean, rue des Quatre-Fils, 22.
Brégeras et Sègue, à Limoges.
Brémond, 7, boulevard de la Liberté, à Marseille.
Brianchon (G.), rue du Louvre, 15.

Bride (V⁰ E.), 112, rue Sainte-Catherine, à Bordeaux.
Brocheton, rue Vieille-du-Temple, 36.
Brondel (Léopold), à Angoulême.
Brou (A.), rue de Montmorency, 9.
Brousse (F.) aîné, rue des Lions, 14.
Campagnac, 23, quai de la Guillotière, à Lyon.
Canson et Montgolfier, rue de Palestro, 39.
Capron-Boucher, à Fourmies (Nord).
Cardon, rue de Flandre, 205.
Carles, rue de la Fare, 29, à Marseille.
Cartier frères, à Angoulême.
Catel et Farcy, rue des Minimes, à Vincennes (Seine).
Catel, Farcy et Fournon, rue Brise-Miche, 2.
Cesbron (G.), à Angers.
Chambourdon, 26, rue Saint-Pierre, à Marseille.
Chancel, 40, rue de la Darse, à Marseille.
Chanlouineau, rue Baleschoux, 12, à Tours.
Chauvin, 26, rue des Trois-Couronnes, à Bordeaux.
Chiboust (V⁰), rue de la Verrerie, 87.
Choisnet (Georges), rue Rossini, 3.
Choquet et Périer, rue de Seine, 13.
Chosson, 4, rue Dumarsais, à Marseille.
Chouanard (F.), rue Thénard, 6.
Chouilloux (L.), rue Saint-Joseph, 12.
Clary et Taillefer, à Castres (Tarn).
Clerc et Cⁱᵉ, rue Richer, 42.
Coblanze jeune, rue Montmartre, 62.

Coffre, 62, rue Borie, à Bordeaux.
Combret, à Angoulême.
Constant-Laguerre, à Bar-le-Duc (Meuse).
Coquelin, rue Richer, 42.
Coquenard (L.), à Angoulême.
Cordonnier (H.), rue Montholon, 7.
Cornaille fils, F. Waguet, successeur, rue du Parc-Royal, 11.
Cosseret, 31, rue des Carmes, à Nancy.
Cothenay, Boiron et Vignat, 2, rue Sainte-Hélène, à Lyon.
Courtois et Cⁱᵉ, à Périgueux.
Couteau-Roty (F.), à Boulogne-sur-Mer (Pas-de-Calais).
Crombac (Léon) et Cⁱᵉ, rue du Faubourg-Saint-Denis, 83.
Cunche, 33, rue des Anges, à Bordeaux.
Dallest, 11, rue Venture, à Marseille.
Dalmais (L.), rue Saint-Denis, 163.
Darel (E.), à Lisieux (Calvados).
Dault-Ducange, à Amiens.
David, à Amiens.
Debenay-Lafond, à Tours.
Debenne (P.), rue du Faubourg-Saint-Martin, 121.
Deborde (Lucien), à Angoulême.
Decollogne (Félix), boulevard du Montparnasse, 96.
Degand (veuve), rue des Haudriettes, 12.
Dehamme, boulevard de Belleville, 43.
Dellery, rue Beaubourg, 40.
De Mauduit (Henri) et Cⁱᵉ, rue des Archives, 34.
Deroubaix, à Moulins (Allier).
Desbordes (Lucien), rue de Rivoli, 134.
Desjardins (E. et P.) fils, rue Pierre-Lescot, 20.
Desvergnes, à Limoges.

Dethias et Estève, à Limoges.
Didot (Georges Olmer et J. Hesbert), rue du Pont-de-Lodi, 5.
Dol-Lair (F.), rue Saint-André-des-Arts, 60. Papiers en tous genres pour impressions typographiques et lithographiques, gravures et procédés, etc.
Druinaud, à Poitiers.
Dubut (A.), avenue des Batignolles, 88, à Saint-Ouen (Seine).
Duc, place Bellecour, 18, à Lyon.
— Dépôt à Paris, rue du Faubourg-Poissonnière, 32.
Dufour-Courtat, 49, rue Mercière, à Lyon.
Duhamel, rue François-Miron, 90.
Dupuy (A.) fils aîné, à Angoulême.
Dupuy et Cie, à Angoulême.
Durand, chemin des Chartreux, à Marseille.
Edmond (A.), à Angoulème.
Erard-Durand, à Brest (Finistère).
Essertier (F.), Douvet et Cie, successeurs, passage Pecquay.
Etienne, 83, rue de Turenne, à Marseille.
Failliot fils aîné, à Conty (Somme).
— Dépôt à Paris, rue Sainte-Croix-de-la-Bretonnerie, 37.
Fano (Georges), rue du Grand-Prieuré, 27.
Farcy et Duclos, rue Saint-Jacques, Rouen.
Fitzenkam, à Colmar (Alsace-Lorraine).
Fortin (Ch.) et Cie, rue des Petits-Champs, 59.
Fouque, à Avignon.
Fournier et Dumas, à Roanne (Loire).
Frecnez frères, rue Jarente, 4.

Fredet (Alfred), rue des Archives, 72.
Fritsch (R.) et Cie, rue Nicolas-Flamel, 5.
Gadeune, 131, rue Lannoy, à Lille.
Gagneur, Vérilhac et Cie, 11, rue d'Alsace, à Lyon.
Ganier et Cie, à Strasbourg.
Garnier, au Puy (Haute-Loire).
Gatelliet, Douvet et Cie, successeurs, passage Pecquay, 7.
Gauthier-Lafaye, à Limoges.
Gautron (Ch.), à Angoulème.
Genella, à Avignon.
Genay, Limoge et Cie, Pierre Limoge, successeur, rue des Petites-Ecuries, 27.
Genest (G.), rue des Volontaires, 27.
George (G.) fils, rue de la Lingerie, 5.
Germiquet (A) (ancienne maison Passard-Saigne), rue du Temple, 48.
Gerval (Louis), rue Payenne, 10.
Girard frères et Cie, à Tiffauges (Vendée). — Dépôt à Paris, rue de l'Ancienne-Comédie, 18.
Giry (Marius), rue Sainte, 8, à Marseille.
Givron, à Versailles.
Glairon (Ve A.) et fils, rue des Quatre-Fils, 4.
Godin (L.-E.), cour des Petites-Ecuries, 9.
Gompel frères, rue des Fontaines-du-Temple, 7 et 9.
Gonel (V^r), av. Parmentier, 37.
Gonnet, 38, rue des Arts, à Lille.
Gonde-Dumesnil (J.), à Orthez (Basses-Pyrénées).
Grabié, à Périgueux.
Grimault (F.) et Cie, quai de Jemmapes, 66.

Grosvenor, Chater et C° L^d, rue Favart, 6.
Gueit, 6, rue Autran, à Marseille.
Guérimand, 5, rue Sainte, à Marseille.
Guérimand (F.) et Cie, rue Saint-Merri, 14.
Guérimand, 30, place Bellecour, à Lyon.
Guméry (F.), successeur de Barathon et Guméry, rue des Blancs-Manteaux, 31 et 33.
Gy (Léon), 88, rue Jeanne-d'Arc, Rouen.
Haemers, rue Haranguerie, 14, à Rouen.
Hagnauer, rue des Blancs-Manteaux, 35.
Hamelin, à Caen.
Harding (S. C. et P.), rue de l'Echiquier, 18.
Hauducœur (P.), rue des Archives, 55.
Haymann, Geismar et Lévy, rue du Temple, 71.
Hayman (J.), rue Barbette, 15.
Heidenreich, à Strasbourg.
Hollard (Th.) et Cie, passage Crouin, 8.
Holweg, à Strasbourg.
Holweg (C.) et Cie, à Schiltigheim (Alsace-Lorraine).
Houix-Pottier, rue des Bons-Français, 4, à Nantes (Loire-Inférieure).
Huber fils et Cie, à Strasbourg.
Hüe (H.), à Nonancourt (Eure).
Hütten (G.), à Strasbourg.
Icard, 4, rue de Noailles, à Marseille.
Jacony, 15, rue Barbaroux, à Marseille.
Jeannel, 5, rue Molière, à Marseille.

Jeannot et Gilbert, 11, cours Morand, à Lyon.
Johannot et Cie, rue Bertin-Poirée, 9.
Joly (Victor), à Angoulême.
Joly (A.), 42, rue des Menuets, à Bordeaux.
Jonvaux et Fauquet, à Amiens.
Jutteau-Belouet, 15, rue du Colombier, à Orléans.
Kahn (A.) et A. Brunschwik, rue Amelot, 128 et 130.
Kettner (F.), à Strasbourg.
Krantz (Aug.) et H. Berveiller, rue Dauphine, 31.
Laborde, 111, rue Ney, à Lyon.
Lachapelle et Cie, à Strasbourg.
Hatterer (Ve Joseph), rue Claude-Tillier, 15.
Lacroix (Lucien), boulevard Magenta, 146.
Lafuma, à Paviot, près Voiron (Isère). — Dépôt à Paris, rue Mazarine, 60.
Lambert, rue d'Allemagne, 206.
Laroche frères, du Martinet et Cie, à Angoulême.
Latune et Cie, rue de la Tacherie, 5 bis.
Lavaux et Cie, rue Sainte-Croix, 49, à Bordeaux.
Leboisne fils, à Mamers (Sarthe).
Lebon, 166, rue de Vendôme, à Lyon.
Leclerc (Em.) et Cie, rue Lafayette, 106.
Lecomte, passage des Petites-Ecuries, 9.
Lecoursonnois (V^e) et fils, boulevard d'Italie, 103.
Ledoux (Gustave), rue Armand-Carrel, 46 A, à Rouen.
Lefebvre-Ducrocq, 88, rue de Tournai, à Lille.

Lefilleul (G.), à Arras (Pas-de-Calais).
Le Goaziou, à Guingamp (Côtes-du-Nord).
Legrand, rue Pastourelle, 8.
Lemainais (G.), à Rennes.
Lemancel (Emile), rue du Mail, 24.
Lemetayer et Hébert, à Angoulême.
Lemm (E.-W.) et C°, rue de Paradis, 9.
Lempereur (L.) et Cie, rue Saint-Sauveur, 18.
Léon fils, 138, cours Victor-Hugo, à Bordeaux.
Lesaunier, 16, rue Alsace-Lorraine, à Rouen.
Lesieur (F.), à Valenciennes (Nord).
Lévy (Ve H.) et fils, rue Charlot, 9.
Lévy (Ch.), rue d'Hauteville, 45 et 47.
Lévy (René), rue du Parc-Royal, 8.
Levrard, à Caen.
Lhomme, à Tours.
Lipmann (Gaston), rue du Faubourg-Saint-Martin, 34.
Lœuillet, Mattern-Soyard, successeur, à Remiremont (Vosges).
Loritz (H.), rue du Faubourg-Saint-Denis, 54.
Lozé (L.), 11, rue Parlement-Sainte-Catherine, à Bordeaux.
Maillet (G.), rue de l'Ancienne-Comédie, 18.
Malabre et Olivier, rue Servan, 44.
Malandrin, rue de la Grosse-Horloge, 148, à Rouen.
Malmenayde (Gabriel), rue des Archives, 34.
Manhès, 8, rue de Condé, à Lyon.
Marais et de Sainte-Marie (Société anonyme des papeteries du), rue du Pont-de-Lodi, 3.
Marc (C.-E.), M. Brocchi, successeur, rue de l'Echiquier, 17 - Marchenoir, rue du Temple, 114.
Marcheval, à Ambert (Puy-de-Dôme).
Marien (U.), G. Cremers et Cie, rue Boucher-de-Perthes, 26 et 28, à Lille.
Marion fils et Cie, avenue de la Défense, 80, à Courbevoie (Seine).
Marius (A.), rue Martel, 4.
Marmorat et Gonnelle, 18, rue Lafont, à Lyon.
Marson, successeur de Berson et Grimault, rue de Charenton, 220.
Martys, 5, cours Victor-Hugo, à Bordeaux.
Massias et Cie, pass. Saulnier, 16.
Massucco, rue des Jeuneurs, 12.
Meiriès, 60, cours Gouffé, à Marseille.
Menard fils, 340, rue de Bourgogne, à Orléans.
Mercier (B.), cours du Chapeau-Rouge, 9, à Bordeaux.
Meunier frères, rue de Sévigné, 36.
Michaux (Charles), successeur de J. Bouillotte-Dobignie, rue du Temple, 135.
Michel, 96, vieux chemin de Rome, à Marseille.
Milot jeune, rue Petit, 71, 86 et 88.
Mineur (Léonide), à Angoulême.
Mitsui et Cie, du Japon. — Dépôt à Paris, rue Nicolas-Flamel, 5.
Montagnan (H.) (ancienne maison Dufay), rue Saint-Merri, 12.
Montanari (H.), rue Martel, 3.
Moret et Gaillard, 8, quai de l'Hôpital, à Lyon.
Morin (V.), successeur de P. Marthory, rue de la Verrerie, 74.

Morin (Pierre), rue Perrault, 4.
Moutarde, 44, r. Dubois, à Lyon.
Netter, à Colmar.
Neuville fils, à Maule (Seine-et-Oise). — Dépôt à Paris, rue de la Perle, 18.
Nicolas, à Versailles.
Nouette-Delorme (P.), à Papault, par Ligugé (Vienne). — Dépôt à Paris, rue des Lions, 14.
Nourrisson jeune, fils, à Roanne (Loire).
Nourry (Dominique), à Autun.
Odent (H.) et Cie, boulevard Saint-Michel, 11.
Ogez, à Limoges.
Oliveau, 6, quai de la Douane, à Bordeaux.
Onfroy (Ch.), Dussaucy, successeur, rue Rambuteau, 35.
Outhenin-Chalandre fils, rue Notre-Dame-des-Victoires, 16.
Papeterie régionale, 71, rue Frédéric-Petit, à Amiens.
Papin-Devanlay, à Angers.
Paté (Paul), à Charleville (Ardennes).
Patureau, à Angoulême.
Pauilhac, rue Béranger, 21.
Péchon-Mangin, à Poitiers.
Pégard fils et Tissot, 7, rue Monbet, Marseille.
Peltzer (Henry) et Cie, rue d'Hauteville, 19.
Peraut (A.), rue Faubourg-Saint-Martin, 220. — Usine à Montmorency (Seine-et-Oise), rue de Paris, 50.
Perdreau frères, rue de la Verrerie, 63, 50 et 52.
Perenet et fils, à Bourgoin (Isère).
Périlhon, à Castres (Tarn).
Perrigot-Masure, successeur de Morel, Bercioux et Masure, rue Mazarine, 30.

Peyroche, à Périgueux.
Pezé et Doucet, place Duquesne, à Alger.
Pidoux (François), à Saint-Omer (Pas-de-Calais).
Pierroux et Drevet, 32, rue Molière, à Lyon.
Ploix (R.), 115, rue du Temple.
Plomdeur, rue d'Hauteville, 17.
Poucet (A.), rue du Grand-Prieuré, 10.
Poucet (Ernest), rue Saint-Sauveur, 14.
Poulain (Ismaël), à Sens (Yonne).
Prémion, rue du Pont-Neuf, 18.
Prioux (V^e) et fils, quai des Grands-Augustins, 47, Papiers en tous genres. Spécialité de papiers couchés et vergés. Papier *Idéal* couché de un ou deux côtés. Papier de pur alfa, calandré et super-calandré.
Procop (C.) et Cie, succ. de Ch. Bécoulet et Cie, rue de Richelieu, 45.
Prost (H.), 6, Marché des Capucins, à Marseille.
Pucheu-Hourcade, rue Bergère.
Putois (G.) et J. Le Mahieu, rue de Turbigo, 3. Grand choix de papiers en tous genres pour labeurs, journaux, etc.
Puymoyen (H.), à Angoulême.
Quenard frères et fils, rue du Sergent-Bauchat, 22 et 24.
Radigois et Cie, à Rennes.
Radigois, place Saint-Nicolas, 70, à Nantes.
Rayer (Léon), rue St-Martin, 200.
Raynal et Grangeneuve, à Roanne (Loire).
Rèche, 49, rue Poirier, à Bordeaux.
Renaud-Damidaux (Les fils de), à

Aillevillers (Haute-Saône). — Dépôt à Paris, 14, rue des Plantes.
Ribon et Bavosat, A. Bavosat, succ., rue Guillotière, 16, à Lyon.
Riboulet (Ch.), rue de la Verrerie, 19,
Richard-Ménard, à Orléans.
Ringard, 56, avenue de Noailles, à Lyon.
Riquet (Léon), succ. de E. Riquet-Rohaut et fils aîné, avenue de Bouvines, 8.
Robert, rue de l'Eglise, à Courbevoie (Seine).
Robert-Bosdure, à Ambert (Puy-de-Dôme).
Rolier de la Ferrière et Cie, à Serquigny (Eure). — Dépôt à Paris, rue des Archives, 37.
Rolland, 7, rue Haxo, à Marseille.
Rolland frères, 20, rue Bourgogne, à Bordeaux.
Rosato, 106, rue Consolat, à Marseille.
Rougier (G.), rue du Regard, 11.
Rougier (G.) et M. Chauveau, place Saint-Michel, 6.
Rougon, avenue du Prado, 5, à Marseille.
Roussel (G.), rue de Vaugirard, 217.
Roux, 21, rue Poids de la Farine, à Marseille.
Roy (Lucien), r. Chabanais, 4 et 9.
Royer, 150 bis, rue Solférino, à Lille.
Sabatté, 17, rue Buhan, à Bordeaux.
Savo-Sauveur, rue de la Licorne, à Alger.
Scrive-Prevost, 11, rue Nicolas-Leblanc, à Lille.

Scudo, 4, rue Dumarsais, à Marseille.
Sigfrit et Cie, rue de Rivoli, 78.
Silland, 9, cours Gambetta, à Lyon.
Spalding et Hodge, avenue Victoria, 20.
Springer fils, à Strasbourg.
Stodel, à Caen.
Techeney, 7, rue Grassi, à Bordeaux.
Tesse, 9, place Richebé, à Lille.
Tessier et Borie, Borie et Georges Fauqueux, succ., rue Sainte-Croix-de-la-Bretonnerie, 50.
Thomas, 49, rue des Arts, à Lille.
Thomas (J.) et Cie, à Angoulème.
Thouvenin, à Nancy.
Tochon-Lepage, succ. de A. Lepage aîné, r. des Deux-Boules, 3.
Toury, rue des Lombards, 28.
Toury-Mèles, Gaubert, succ., rue du Jour, 1 et 3.
Trémintin, 12, rue de la Vigilance, à Lyon.
Tribout, rue aux Ours, 13.
Turrel aîné, 16, rue Thubaneau, à Marseille.
Vachon et Soulier, 25, rue Tous-Vents, à Rouen.
Vaissier (E.) et Cie, rue du Château-d'Eau, 48.
Valéry-Blanc, voûte de la Pêcherie, à Alger.
Vallois frères, à Montreuil-sur-Mer (Pas-de-Calais).
Vandorpe-Grillet, 7, rue Gombert, à Lille.
Van-Eslandt, à Saint-Omer (Pas-de-Calais).
Veissière (R.) et Cie, rue Tiquetonne, 64.
Verger (Henry), rue des Petites-Ecuries, 24.

Verlac, 11, rue Porte-Dijeaux, à Bordeaux.
Vezinaut, 12, rue Leyteire, à Bordeaux.
Vicard, 274, rue Vendôme, à Lyon.
Vidal, 4, rue du Parlement-Sainte-Catherine, à Bordeaux.
Vidal fils, 89, rue de Rome, à Marseille.
Viguier, 24, cours Saint-Jean, à Bordeaux.
Villard (C.) et Cie, boulevard de Charonne, 95.
Villaret, 9, rue de la Lyre, à Alger.
Vollaire, 37, rue du Mail, à Lyon.
Vollant, rue Saint-Sauveur, 62 et 64.
Vosgien et Ippensen, à Nancy.
Walter (Jules), rue du Faubourg-Saint-Denis, 148.
Weibel (J.-B.) et Cie, rue Saint-Martin, 199.
Whatmann (J.), rue d'Enghien, 37.

Papiers spéciaux.

Amsler-Jundt, rue Sainte-Croix-de-la-Bretonnerie, 26.
Aubert (P.), rue des Boulets, 93 (cartonnage, reliure, etc.).
Aubry (J.), rue Neuve-Popincourt, 12 (emballage).
Bachelay père, fils et Cie, passage Saint-Avoie, 4 (papier parchemin, deuil, emballage, etc.).
Barthélemy (A.), rue du Jardinet, 5 (cartonnage, reliure, etc.).
Bergot (A.), succ. de F. Charbonnel, quai de Montebello, 43 (autographique).
Bellenger (H.), rue Delambre, 1 (Chine et Japon).
Bernard (A.), rue Saint-Martin, 67 (emballage, parchemin, etc.).

Berthaux et Cie, rue du Vertbois, 43 (emballage).
Blain frères, à Valence (Drôme) (photographique).
Bordes (Léopold), passage des Petites-Ecuries, 22 (cartonnage, reliure, etc.).
Borgne (Ch.), Salorne, succ., rue Chapon, 13 (cartonnage, reliure, etc.).
Borniche et Ch. Badina, rue Beaubourg, 42 (cartonnage, reliure, etc.).
Bourbon et Lochet, à Reims (papier et carton).
Bourguignat, rue du Faubourg-du-Temple, 123 (emballage).
Bouvet, avenue Victoria, 20 (papier anglais).
Brancher (L.), succ. de L. Painlevé, rue Madame, 16 (autographique).
Brion, à Reims (papier et carton).
Brunelière et Cie, à Touvre (Charente) (emballage).
Bur, à Reims (papier et cartons).
Burlat (A.), rue Saint-Jacques, 67 (cartonnage, reliure, etc.).
Cabasson, rue Joubert, 29 (papier et toiles à calquer).
Carmagnolle, à Valence (Drôme) (photographique).
Carry (O.), rue des Filles-du-Calvaire, 10 (papier et toiles à calquer).
Catel et Farcy, rue Saint-Merri, 40 (papier et toiles à calquer, etc.).
Chagniat (Ach.), rue des Gravilliers, 41 (cartonnage, reliure).
Chagniat (V^e) et fils. G. Putois et J. Le Mahieu, success., rue Turbigo, 5 (cartonnage, reliure, etc.).

Chagniat-Aufrère, rue Dussoubs, 20 (cartonnage, reliure, etc.).
Chagniat (V^e) (G. Putois et J. Le Mahieu, succ.), rue de Bagneux, 90, à Montrouge (Seine) (fantaisie).
Chanel (E.), success. de Louis Roggatz, rue Salomon-de-Caus, 4 (cartonnage, reliure, etc.).
Chapon frères, rue du Temple, 13 (papier et toile à calquer).
Chauvet (F.), rue Hermel, 30 (emballage).
Chesney (J.), rue d'Aboukir, 68 (cartonnage, reliure, etc.).
Coppier (G.), passage de la Mare, 21 (papier et toile à calquer).
Couteau (V^e), rue du Petit-Pont, 15 (papier et toile à calquer).
Crampon (A.), rue Fontaine-au-Roi, 58 (autographique).
Darras (Ch.), rue du Faubourg-Saint-Martin, 14 (papier et toile à calquer).
Debrumer (J.) et Cie, Th. Siegrist, successeur, rue de Palestro, 15 (papier et toile à calquer).
Dechamps, rue du Faubourg-Saint-Denis, 78 (papier et toile à calquer).
De La Rue et Cie, rue d'Enghien, 37 (papier buvard).
Denis, rue Saint-Denis, 150 (emballage).
Dessauer, rue Michel le-Comte, 25 (cartonnage, reliure, etc.).
Didiot, rue Cavé, 17 (autographique).
Douvet, avenue Victoria, 20 (papier parchemin).
Dujardin (E.), rue des Grands-Augustins, 20 (cartonnage, reliure, etc.).
Duvelleroy (J.) et Cie, rue Amelot, 114 (cartonnage, reliure).
Eberhardt (V.) et E. Riboud, rue Michel le-Comte, 25 (cartonnage reliure, etc.).
Etienne fils, Ve Etienne fils, succ., rue de l'Echiquier, 12 (papier et toile à calquer, emballage, etc.).
Failliot fils aîné, rue Sainte-Croix-de-la-Bretonnerie, 37 (papier pour journaux, parchemin, emballage, etc.).
Fahlbusch (V.) et Cie, F. Gugenbichler, successeur, rue de Montmorency, 5 (cartonnage, reliure, etc.).
Féron (G.), rue de Turbigo, 13 (emballage).
Fortin Ch.) et Cie, rue des Petits-Champs, 59 (papier et toile à calquer, emballage, etc).
Garnier et Scherf, rue Saint-Séverin, 9 (cartonnage, reliure, etc.).
Gatin (R.), successeur de J. Soyer, rue des Grands-Augustins, 16 (cartonnage, reliure).
Gompel frères, rue des Fontaines-du-Temple, 7 et 9 (deuil).
Grassin et Silvin, L. Silvin et Cie, successeurs, rue Montesquieu, 92, à Lyon. — Dépôt à Paris, 23, boulevard Saint-Martin (cartonnage, reliure, etc.).
Grillet (A.), passage Charles-Dallery, 21, 23 et 25 (cartonnage, reliure, etc.).
Grube (E.), rue de Turenne, 110 (cartonnage, reliure, etc.).
Gumery (F.), rue des Blancs-Manteaux, 31 et 33 (emballage).
Haas (Louis), rue Notre-Dame-de-Nazareth, 37 (papier et toile à calquer).

Hachette aîné, rue d'Aboukir, 14 (cartonnage, reliure, etc.).
Haenlé (Léo), rue Saint-Séverin, 19 (cartonnage, reliure).
Hanriot (E.), rue du Chemin-Vert, 41 (cartonnage, reliure).
Harding (S.-C. et P,), rue de l'Echiquier, 18 (papier et toile à calquer).
Havemann (Elis), passage Saulnier, 5 (Chine et Japon).
Hecker (Léon) et Cie, rue du Faubourg-Saint-Denis, 129 (papier et toile à calquer).
Heilbronner frères, Joseph Heilbronner, successeur, rue d'Hauteville, 12 et 14 (papier et toile à calquer).
Heinrich (J.) et Cie, rue Paradis, 32 (cartonnage, reliure, etc.).
Hoffmann (Emile), boulevard de la Villette, 12 (papier et toile à calquer).
Hurier (J.), rue du Caire, 53 (papier et toile à calquer).
Husson (C.), rue du Temple, 13 (papier et toile à calquer).
Jacquemin-Fremont, à Reims (papiers et cartons).
Jollivet, rue des Haies, 77 (emballage).
Kahn frères et Zabern, rue du Faubourg-Saint-Denis, 132 (cartonnage, reliure, etc.).
Kammerer (G.), V. Eberhardt et E. Riboud, successeurs, rue Michel-le-Comte, 25 (cartonnage, reliure, etc.).
Keller-Douan (A.), rue du Temple, 57 (cartonnage, reliure, etc.).
Labedan, rue du Faubourg-Saint-Denis, 142 (cartonnage, reliure, etc.).
Labrousse frères et Cie, à Saint-Junien (Haute-Vienne. — Dépôt à Paris, quai de Jemmapes, 66 (emballage).
Ladame (Ch.) (ancienne maison A. Féret et Cie), rue Etienne-Marcel, 16 (cartonnage, reliure, etc.).
Lamy (E.), rue de Colombes, 43, à Courbevoie (Seine) (photographique).
Lansiaux et Couturier, à Reims (papiers et cartons).
Lantier (F.), au moulin Garraud, à Champniers (Charente) (carton).
Larcher (E.), rue Portefoin, 8 (cartonnage, reliure, etc.).
Laroche-Joubert et Cie, rue des Archives, 11 (deuil, etc.).
Laroche (Arthur), à Mouthiers (Charente), (papiers glacés et couchés).
Lassalle, rue Fontarabie, 9 (cartonnage, reliure, etc.).
Laubmeyer (Ve E.), rue du Temple, 187 (cartonnage, reliure).
Laurance (M.), success. de Chagniat-Aufrère, rue Dussoubs, 20 (cartonnage, reliure).
Lazard (Aug.), rue des Haudriettes, 5 (cartonnage, reliure).
Leclerc (Em. et Cie), rue Lafayette, 106 (deuil).
Lécuyer, J. Pépin, successeur, rue de la Perle, 5 (cartonnage, reliure, etc.).
Leffmann (G.), rue des Petites-Ecuries, 3 (cartonnage, reliure).
Legallois (H.), rue du Faubourg-Saint-Denis, 81 (cartonnage, reliure, etc.).
Legendre (V^e), rue de Poitou, 43 (deuil).
Legrand, rue du Delta, 10 (deuil).
Lejeune (L.), rue Jacquard, 3 (emballage).

Lemoine (A.), rue Domat, 24 (cartonnage, reliure, etc.).
Lepage (A.) aîné, Tochon-Lepage, successeur, rue des Deux-Boules, 3 (papier et toile à calquer, etc.).
Lepage (H.), rue Rambuteau, 20 (papier et toile à calquer)
Le Roy (J.), rue Chapon, 6 (cartonnage, reliure, etc.).
Levée (F.), rue du Sentier, 8 (emballage).
Lips (A.), R. Fritsch et Cie, successeurs, rue Nicolas-Flamel, 5 (Chine et Japon, etc.).
Lochet à Reims (papiers et cartons).
Loddé (P.), rue Béranger, 24 (papier et toile à calquer).
Maffiotti, rue de Bagneux, 35, à Montrouge (Seine) (papier et toile à calquer).
Maffiotti, Maffiotti fils, successeur, rue des Archives, 35 (papier et toile à calquer).
Malard (L.), rue Dauphine, 18 (papier et toile à calquer).
Marc (C.-E.), M. Brocchi, successeur, rue de l'Echiquier, 17 (papier pour journaux).
Marchand, passage Brady 4 (emballage).
Marais et de Sainte-Marie (Société anonyme des papeteries du), rue du Pont-de-Lodi, 3 (papier buvard).
Marion, Guibout et Cie, cité Bergère, 14 et 16 (deuil).
Martin (J.) et fils, rue Sainte-Croix-de-la-Bretonnerie, 40 (emballage).
Maunoury, Volff et Cie, rue Saint-Martin, 110 (papier pour journaux, buvard, etc.).
Mayer (J.-A.), rue Paul-Lelong, 10 (papier parchemin).
Ménard (A.), rue Domat, 14 (emballage).
Méret (Louis), rue Dauphine, 18 (papier parchemin).
Montgolfier frères, rue de Seine, 18 (papier parchemin).
Morin (H.), rue Boursault, 3 (papier et toile à calquer).
Morin (V.), successeur de P. Marthory, rue de la Verrerie, 74 (emballage).
Munk (S.), rue de Paradis, 54 (emballage).
Noizeux (Prosper), rue Quincampoix, 52 (emballage).
Olive frères, boulevard Diderot, 136 (cartonnage, reliure).
Oppenheim (Maurice), rue de la Grande-Truanderie, 141 (emballage).
Oppenheimer (Gustave), rue Bergère, 28 (Chine et Japon).
Oppenheimer frères, rue de Cléry, 21 (Chine et Japon).
Paillet (F.), rue Vieille-du-Temple, 17 (cartonnage, reliure, etc.).
Papeterie de Sologne, rue du Croissant, 9 (emballage).
Papeterie générale du dessin, rue de l'Entrepôt, 24 (papier et toile à calquer).
Pâris (Lucien), à Pontoise (Seine-et-Oise) (papiers autographiques, à reports, etc.).
Patry, à Saint-Etienne-la-Thillaye, par Beaumont-en-Auge (Calvados) (papier et carton).
Pégard fils et Tissot frères, rue Michel-le-Comte, 22 (cartonnage, reliure, etc.).
Picot (D.), rue Chapon, 15 (cartonnage, reliure, etc.).
Poirier, à Noisy-le-Sec (Seine) Chine et Japon).

Poirot (H.), à Reims (papiers et cartons).

Pourille (E.) et G. Chatron, rue des Filles-du-Calvaire, 11 et 13 (cartonnage, reliure, etc.).

Putois (G.) et J. Le Mahieu, rue Turbigo, 3 (papiers couchés pour impressions, cartonnages, enveloppes de produits alimentaires, etc.). Manufacture de papiers et toiles. Spécialité pour papeterie et reliure.

Renard (L.), successeur de Lussereau, rue Saint-Denis, 163 (cartonnage, reliure).

Revest (Emile), rue des Petites-Ecuries, 8 (emballage).

Rivière (Ch.), Salorne, successeur, rue Chapon, 13 (cartonnage, reliure).

Rollet, successeur de A. Ferlat, rue du Faubourg-Saint-Martin, 78 et 80 (papier et toile à calquer).

Rolier de la Ferrière et Cie, à Serquigny (Eure), (papiers et plaques lithographiques).

Roy (Lucien), rue Chabanais, 4 et 9 (emballage).

Sécail fils, rue de la Clef, 32 (cartonnage, reliure, etc.).

Sevin, boulevard Sébastopol, 91 (papier et toile à calquer).

Singer, rue Lafayette, 194 (autographique).

Singer (Max), rue des Haudriettes, 5 (cartonnage, reliure, etc.).

Sohm (A.), rue Sainte-Croix-de-la-Bretonnerie, 26 (cartonnage reliure, etc.).

Souchard (E.), rue de Cléry, 7 (papier et toile à calquer).

Tardif (V.), A. Vidal, gendre et successeur, rue Philippe-de-Girard, 17 (papier et toile à calquer).

Teillac (E.), boulevard Magenta, 66 (autographique).

Théry, rue du Marché-Popincourt, 2 (emballage).

Tixier (Gilbert), rue de Reuilly, 73 (papier buvard).

Turlin (G.), rue du Faubourg-Saint-Martin, 118 (cartonnage, reliure, etc.).

Unsworth (Eug.), rue de Cléry, 6 (emballage).

Vacquerel (Eugène), rue Réaumur, 41 (cartonnage, reliure).

Vallette, boulevard de Belleville, 64 (cartonnage, reliure, etc.).

Vanhymbeeck, rue de Rivoli, 142 (autographique).

Varré, rue Grégoire-de-Tours, 4 (papier et toile à calquer).

Verkindère-Mayeur, rue Michelle-Comte, 25 (cartonnage, reliure, etc.).

Villeneuve (Ernest), avenue de Choisy, 95 (cartonnage, reliure, etc.).

Warmé (Th.), à Reims (papiers et cartons).

Widmann (Ed.), rue Béranger, 8 (papiers et cartons).

Willième-Matot, à Reims (papiers et cartons).

Wolff, rue Charlot, 24 (emballage).

Worch et Cie, rue Bleue, 9 et 11 (Chine et Japon).

Wurth (Ch.), rue Chapon, 17 (cartonnage, reliure, etc.).

Pâte à rouleaux.

Compagnie canadienne, rue des Petits-Hôtels, 7.

Dorémus, rue Saint-Jacques, 20.

Gaucher (E.), rue Le Verrier, 10.

Heuer, 21, rue Baudin, pâte pour rouleaux d'imprimerie, spécialité pour typographie et pour phototypie. La pâte Heuer pour *rouleaux d'imprimerie* se recommande par l'*économie* qui résulte de son emploi et par une *qualité supérieure*.
Laflèche-Bréham, rue de Condé, 26.
Lagèze et Cazes, successeurs de H. Schmitt, rue des Quatre-Fils, 18.
Lefranc et Cie, rue St-Jacques, 21.
Lorilleux (Ch.) et Cie, rue Suger, 16. Pâtes de toute nature pour presses mécaniques et machines à pédales. Rouleaux à l'abonnement et sans abonnement. Pâtes en pains pour la province et l'étranger.
Pâte Heuer. (V. Heuer.)
Schneider (E.), à Choisy-le-Roi (Seine).
Sédard frères, à Lyon, 42, quai de la Charité. *Pâte irréductible*, en pains ou en rouleaux. Pâtes ordinaires pour presses mécaniques et machines à pédale ou à main.

Photograveurs (V. Héliographie et Héliotypie).

Photographie (Appareils et matériel de).

Mendel (Ch.), 118, rue d'Assas. Appareils photographiques et stéréoscopiques. Produits pour la photographie. Ouvrages techniques sur la photographie et ses applications, sur la science pratique et les distractions d'amateur. Bibliothèque des amateurs de jeux d'esprit. Editeur de la *Photo-Revue* et de l'*Agenda du Photographe*.

Pierres lithographiques.

Bride (Ve Edm.), rue Sainte-Catherine, à Bordeaux.
Dencède (A.), rue de Rennes, 121.
Gerschel (E.) et Cie, rue du Faubourg-Saint-Denis, 80.
Grillet (A.), passage Charles-Dallery, 21, 23, 25.
Jullien, Deplaye et Cie, rue Arnaud-Miquen, 5, à Bordeaux.
« La Jurassienne », à Serrières-de Briord (Ain).
Kammerer (G.), impasse Lebel, à Vincennes (Seine).
Lacan (Gustave), à Montpellier (Hérault).
Loeser, rue Guy-Patin, 7.
Maitrugue (S.), passage du Désir, 5.
Mingalon et Cie, rue Monge, 28.
Navier frères (A. et J.), (ancienne maison Maunoury, L. et Navier frères), rue de l'Arbre-Sec, 12.
Pavard, rue Saint-Sabin, 64.
Schwing (L.), à Hœnheim (Alsace-Lorraine.
Serradell (Eugène), rue Saint-Denis, 123.
Singer, rue Lafayette, 94.
Société anonyme des pierres lithographiques, à Avèze, par Le Vigan (Gard.
Société anonyme des plaques lithographiques, rue Amelot, 74.
Société française du litho-zinc, Delaye (Ch.) et Cie, rue Amelot, 74.
Société des pierres lithographiques de France, avenue Daumesnil, 164.
Toussaint (A.), rue de Poitou, 28.

Pierres ponces et à polir.

Asseline, Gamard et Laflèche, successeurs, rue Sainte-Croix-de-la-Bretonnerie, 24.
Bacot (Léonard), boulevard Bourdon, 35.
Bonnamour et Guillermin, 8, quai Saint-Vincent, à Lyon. — Dépôt à Paris, rue du Parc-Royal, 16.
Borrel fils, cité Industrielle, 19.
Cauchie, rue Amelot, 70.
Chavoutier (J.), rue du Parc-Royal, 9.
Desmazures (G.), rue du Parc-Royal, 8.
Fortin (P.), rue Sedaine, 34 et 36.
Grauer (S.) et Cie, boulevard Richard Lenoir, 74.
Joliot (L.), rue Grenier Saint-Lazare, 7.
Lengellé (H.), rue Hautefeuille, 4.
Scoppini, rue de Sévigné, 28.
Société anonyme des pierres ponces de Ténériffe, rue de Provence, 62.
Thenon (A.), rue Saint-Sébastien, 36.

Potasses.

Asseline, Gamard et Laflèche, successeurs, rue Sainte-Croix-de-la-Bretonnerie, 24.

Boyer (Henri) (anciennes maisons Cauchetier et Barre réunies), rue Saint-Antoine, 110 *bis*.
Daudé (L.), rue des Tournelles, 24.
Margueritte frères, rue des Archives, 2.
Poitrimol (R.), rue Barbette, 10.
Sédard frères, 44, quai de la Charité, à Lyon. Spécialité de *potassium concentré*.
Villemot (A.), rue Malher, 14.

Produits spéciaux pour impression.

Paul Redonnet, 28-30, rue des Vergeaux, à Amiens. L'antimaculine, produit spécial pour empêcher le maculage.

Rouleaux lithographiques.

Barbanchon (L.), successeur de A. Vital, rue Vavin, 39.
Chazal, rue Neuve-Popincourt, 4.
Schmautz (Ch.), rue de Sèvres, 31.

Similigravure (*V. Héliographie et Héliotypie*).

Stéréotypeurs (*V. Clicheurs et Galvanoplastes*).

TABLE DES MATIÈRES

	Pages
Dictionnaire de Photographie. — Chimie photographique	7
Dictionnaire de Photographie. — Technique photographique	39
Dictionnaire des personnages ayant illustré les arts graphiques	129
Dictionnaire de bibliographie graphique et photographique	253
Ouvrages anonymes	334
Dictionnaire industriel des arts graphiques	345

29 Janvier 46

www.ingramcontent.com/pod-product-compliance
Lightning Source LLC
Chambersburg PA
CBHW060611170426
43201CB00009B/983